Biblioteca de los Pioneros Adventistas

Las Profecías de Daniel y Apocalipsis
Tomo 2

Una explicación versículo a versículo
sobre el libro de Apocalipsis.

Urías Smith

ISBN:978-1-0878-9317-4

Independent Publishing

Contenido:

Introducción 5

Capítulo 1—El Método Divino de la Revelación Profética 7

Capítulo 2—Las Cartas de Jesús a las Iglesias 18

Capítulo 3—"He Aquí, Yo Estoy a la Puerta y Llamo" 30

Capítulo 4—Ante el Trono de Dios 42

Capítulo 5—El Desafío del Libro Sellado 46

Capítulo 6—Se Desatan los Sellos del Libro de la Profecía 52

Capítulo 7—El Sello del Dios Vivo 65

Capítulo 8—El Colapso del Imperio Romano 75

Capítulo 9—El Mundo Musulmán en la Profecía 85

Capítulo 10—La Proclamación Mundial del Segundo Advenimiento 99

Capítulo 11—La Batalla entre la Biblia y el Ateísmo 105

Capítulo 12—El Desarrollo de la Intolerancia Religiosa 114

Capítulo 13—La Lucha Secular por la Libertad Religiosa 120

Capítulo 14—Última Amonestación de Dios a un Mundo Impío 154

Capítulo 15—Se Preparan los Cálices de la Ira Divina 185

Capítulo 16—Las Siete Plagas Devastan la Tierra 187

Capítulo 17—Unión Mundial de la Iglesia con el Estado 198

Capítulo 18—La Condenación de la Babilonia Moderna 202

Capítulo 19—Rey de Reyes y Señor de Señores 211

Capítulo 20—La Noche Milenaria Del Mundo 215

Capítulo 21—Un Cielo Nuevo y una Tierra Nueva 224

Capítulo 22—Al Fin Reina la Paz 232

Introducción

LA PALABRA griega *"Apocalypsis"* significa revelación, y el libro de este nombre ha sido descrito como "un panorama de la gloria de Cristo." En los Evangelios tenemos la historia de su humillación y condescendencia, de sus trabajos y sufrimientos, de su paciencia y las burlas que hubo de sufrir de parte de aquellos que debieran haberle reverenciado, y finalmente leemos cómo en la cruz ignominiosa sufrió la muerte que en aquella época se estimaba la más oprobiosa que los hombres pudiesen infligir. En el Apocalipsis, tenemos el Evangelio de su entronización en gloria, su asociación con el Padre en el trono del dominio universal, su providencia predominante entre las naciones de la tierra, y su segunda venida, no como extranjero sin hogar, sino con poder y grande gloria, para castlgar a sus enemigos y recompensar a sus discípulos.

En este libro se nos presentan escenas cuya gloria supera la de cualquier fábula. Desde sus sagradas páginas se dirigen a los impenitentes llamamientos y amenazas de juicio que no tienen paralelo en otra porción alguna del libro de Dios. En él se proporciona a los humildes discípulos que siguen a Cristo en este mundo un consuelo que ningún lenguaje puede describir. Ningún otro libro nos lleva tan inmediata e irresistiblemente a otra esfera. Allí se abren ante nuestros ojos vastos panoramas, que no conocen los límites de objetos terrenales, y nos introducen en otro mundo. Si hubo alguna vez temas de interés emocionante e impresionante, imágenes grandiosas y sublimes, y descripciones magníficas capaces de interesar a la humanidad, son ciertamente los del Apocalipsis, que por su medio nos invita a estudiar cuidadosamente sus páginas y dirige nuestra atención a las realidades de un futuro portentoso y un mundo invisible.

Capítulo 1—El Método Divino de la Revelación Profética

EL LIBRO del Apocalipsis se inicia con el anuncio de su título, y con una bendición para los que presten atención diligente a sus solemnes declaraciones proféticas:

VERS. 1-3: *La revelación de Jesucristo, que Dios le dió, para manifestar a sus siervos las cosas que deben suceder presto; y la declaró, enviándola por su ángel a Juan su siervo, el cual ha dado testimonio de la palabra de Dios, y del testimonio de Jesucristo, y de todas las cosas que ha visto. Bienaventurado el que lee, y los que oyen las palabras de esta profecía, y guardan las cosas en ella escritas: porque el tiempo esta cerca.*

El titulo— En algunas versiones se ha conservado como título del libro el nombre de "La Revelación" y se añaden las palabras "de San Juan, el Teólogo;" pero al hacerlo contradicen las palabras del libro mismo que declara ser "la revelación de Jesucristo." Jesucristo es el Revelador, y no Juan. Juan no fué sino el amanuense empleado por Cristo para escribir esta revelación destinada a beneficiar a su iglesia. Este Juan es el discípulo a quien Jesús amó y favoreció en gran manera entre los doce. Fué evangelista, apóstol y autor del Evangelio y las epístolas que llevan su nombre. A estos títulos anteriores debe añadirse el de profeta; porque el Apocalipsis es una profecía, y así lo denomina Juan. Pero el contenido de este libro proviene de una fuente aun más elevada. No es solamente la revelación de Jesucristo, sino la revelación que Dios le dió. Su origen es, en primer lugar, la gran Fuente de toda sabiduría y verdad; Dios el Padre; él la comunicó a Jesucristo, el Hijo; y Cristo la envió por su ángel a su siervo Juan.

El carácter del libro— Este se expresa en una palabra, "revelación." Una revelación es algo hecho manifiesto o dado a conocer, no algo escondido u oculto. Moisés nos dice que "las cosas secretas pertenecen a Jehová: mas las reveladas son para nosotros y para nuestros hijos por siempre." (Deuteronomio 29:29.) Por lo tanto, el mismo título del libro refuta suficientemente la opinión que a veces se emite de que este libro se cuenta entre los misterios de Dios, y no puede ser entendido. Si tal fuese el caso, llevaría algún título como "El Misterio," o "El Libro Oculto," y no el de "La Revelación."

Su objeto— "Para manifestar a sus siervos las cosas que deben suceder presto." ¿Quiénes son sus siervos? ¿Para quiénes se dió la revelación? ¿Había de ser para algunas personas especificadas, para algunas iglesias en particular, o para algún período especial de tiempo? No; es para toda la iglesia en todo tiempo, mientras queden por cumplirse cualesquiera de los acontecimientos predichos en el libro. Es para todos los que puedan llamarse "sus siervos," dondequiera y cuandoquiera que existan.

Dios dice que daba esta profecía para revelar a sus siervos las cosas que iban a suceder; y no obstante muchos de los expositores de su Palabra nos dicen que nadie puede comprenderla. Es como si Dios intentase hacer conocer a la humanidad verdades importantes, y sin embargo cayese en la insensatez terrenal de revestirlas con un lenguaje o figuras incomprensibles para la mente humana. Es como si impusiera a una persona la contemplación de algún objeto lejano, y luego levantara una barrera impenetrable entre esa persona y el objeto, o como si diera a sus siervos una luz para guiarlos a través de la lobreguez de la noche, y arrojara luego sobre esa luz un paño tan espeso que no dejase pasar un solo rayo de su esplendor. ¡Cuánto deshonran a Dios los hombres que juegan así con su Palabra! No; la Revelación realizará el objeto para el cual fue dada, y "sus siervos" aprenderán de ella las "cosas que deben suceder presto," y que conciernen a su salvación eterna.

Su ángel— Cristo envió la Revelación y la hizo conocer a Juan por "su ángel." Aquí parece presentarse un ángel en particular. ¿Qué ángel puede llamarse con propiedad el ángel de Cristo? Ya encontramos la respuesta a esta pregunta en nuestro estudio, como se verá en los comentarios sobre Daniel 10:21. Llegamos allí a la conclusión de que las verdades destinadas a ser reveladas a Daniel fueron confiadas exclusivamente a Cristo y a un ángel llamado Gabriel. Similar a la obra de comunicar una verdad importante al profeta amado, es la obra de Cristo en el libro del Apocalipsis; es la transmisión de una verdad importante al "discípulo amado." ¿Quién puede ser en esta obra su ángel sino aquel que ayudó a Daniel en la obra profética anterior, a saber el ángel Gabriel? Parecería también muy apropiado que el mismo ángel que fué empleado para transmitir mensajes al profeta amado de antaño, desempeñase el mismo cargo para el profeta Juan en la era evangélica. (Véanse los comentarios sobre Apocalipsis 19:10.)

Una bendición para el lector— "Bienaventurado el que lee, y los que oyen las palabras de esta profecía." ¿Se pronuncia alguna bendición tan directa y categórica sobre la lectura y observancia de cualquier otra parte de la Palabra de Dios? ¡Cuánto nos estimula esto a estudiarla! ¿Diremos que no se la puede comprender? ¿Sería lógico ofrecer una bendición por estudiar un libro cuyo estudio no nos beneficiara? Dios ha pronunciado su bendición sobre el lector de esta profecía, y ha sellado con su aprobación el ferviente estudio de sus páginas maravillosas. Con este estímulo de fuente divina, el hijo de Dios no puede ser inquietado por mil contraataques de los hombres.

Todo cumplimiento de la profecía impone deberes. Hay en el Apocalipsis cosas que deben ser observadas y cumplidas. Deben ejecutarse deberes como resultado de la comprensión y del cumplimiento de la profecía. Un caso notable de esta clase puede verse en Apocalipsis 14:12, donde se dice: "Aquí están los que guardan los mandamientos de Dios, y la fe de Jesús."

"El tiempo está cerca," escribe Juan, y al decir esto nos da otro motivo para estudiar su libro. Este se vuelve cada vez más importante a medida que nos acercamos a la gran consumación. Con referencia a este punto ofrecemos los pensamientos impresionantes de otro escritor: "Con el transcurso del tiempo, aumenta la importancia que tiene el estudio del Apocalipsis. Hay allí 'cosas que deben suceder presto.'... Ya cuando Juan registró las palabras de Dios, el testimonio de Jesucristo y todas las cosas que vio, se acercaba el largo período durante el cual se habían de realizar estas escenas sucesivas. La primera de toda la serie conectada estaba a punto de cumplirse. Si su proximidad constituía entonces un motivo para prestar oído al contenido del libro, ¡cuánto más ahora! Todo siglo que pasa, todo año que transcurre, intensifica la urgencia con que debemos prestar atención a esta parte final de la Sagrada Escritura. Y ¿no realza acaso aun más el carácter razonable de esta exigencia la intensidad con que nuestros contemporáneos se dedican a las cosas temporales? Por cierto, que nunca ha habido una época en que se necesitara más que ahora alguna fuerza poderosa para contrarrestar esta intensidad. La Revelación de Jesucristo debidamente estudiada nos proporciona una influencia correctora apropiada. Ojalá que todos los cristianos recibiesen en la mayor medida la bendición destinada al 'que lee y los que oyen las palabras de esta profecía, y guardan las cosas en ella escritas: porque el tiempo está cerca.' "[1]

La dedicación— Después de la bendición, tenemos la dedicación en estas palabras:

VERS. 4-6*: Juan a las siete iglesias que están en Asia: Gracia sea con vosotros, y paz del que es y que era y que ha de venir, y de los siete Espíritus que están delante de su trono; y de Jesucristo, el* testigo fiel, el primogénito de los muertos, y príncipe de los reyes de la tierra. Al que nos amó, y nos ha lavado de nuestros pecados con su sangre, y nos ha hecho reyes y sacerdotes para Dios y su Padre; a él sea gloria e imperio para siempre jamás. Amén.

Las iglesias del Asia— Había más de siete iglesias en Asia, aun en aquella fracción occidental del Asia que se conocía como Asia Menor. Y si consideramos un territorio menor todavía, a saber, aquella pequeña parte del Asia Menor donde se hallaban las siete iglesias que se mencionan luego, encontramos que en su mismo medio había otras iglesias importantes. Colosas, a cuyos cristianos Pablo dirigió su epístola a los Colosenses, se hallaba a corta distancia de Laodicea. Patmos, donde Juan tuvo su visión, se hallaba más cerca de Mileto que de cualquiera de las siete iglesias nombradas. Además, era Mileto un centro importante del cristianismo, a juzgar por el hecho de que al hacer etapa allí, Pablo mandó llamar a los ancianos de la iglesia de Efeso para que le viesen en ese lugar. (Hechos 20:17-38.) Allí dejó en buenas manos cristianas a su discípulo Trófimo que estaba enfermo. (2 Timoteo 4:20.) Troas, donde Pablo pasó cierto tiempo con los discípulos, y desde donde, después del sábado, inició su viaje, no quedaba lejos de Pérgamo, ciudad nombrada entre las siete iglesias.

Resulta, pues, interesante determinar por qué siete de las iglesias de Asia Menor fueron elegidas como aquellas a las cuales debía dedicarse el Apocalipsis. ¿Es, acaso, el saludo que en Apocalipsis 1 se dirige a las siete iglesias solamente para las iglesias literales nombradas? ¿Y sucede lo mismo con las amonestaciones que se les dirigen en Apocalipsis 2 y 3? ¿Se describen únicamente condiciones que existían allí o las que se les iban a presentar más tarde? No podemos llegar a esta conclusión por buenas y sólidas razones:

Todo el libro del Apocalipsis se dedica a las siete iglesias. (Véase Apocalipsis 1:3, 11, 19; 22:18, 19.) El libro no se les aplicaba mas a sus miembros que a cualesquiera otros cristianos de Asia Menor, como por ejemplo los que moraban en el Ponto, en Galacia, Capadocia y Bitinia, a quienes se dirigió Pedro en su epístola (1 Pedro 1:1); o a los cristianos de Colosas, Troas y Mileto, situados en el mismo medio de las iglesias nombradas.

Sólo una pequeña parte del libro podía referirse individualmente a las siete iglesias, o a cualesquiera de los cristianos del tiempo de Juan, porque los más de los sucesos que presenta estaban tan lejos en lo futuro que no se iban a producir durante la vida de la generación que vivía entonces, ni aun en el tiempo durante el cual iban a subsistir esas iglesias. Por consiguiente, aquellas iglesias específicas no tenían cosa alguna que ver con dichos sucesos.

Las siete estrellas que el Hijo del hombre tenía en su diestra son, como se declara, los ángeles de las siete iglesias. (Vers. 20.) Todos convendrán sin duda en que los ángeles de las iglesias son los ministros de ellas. El hecho de que estén en la diestra del

Hijo del hombre señala el poder sostenedor, la dirección y la protección que les concedía. Pero había solamente siete de ellos en su diestra. ¿Son solamente siete los que son así cuidados por el gran Maestro de las asambleas? ¿No pueden todos los verdaderos ministros de toda época evangélica obtener de esta representación el consuelo de saber que son sostenidos y guiados por la diestra de la gran Cabeza de la iglesia? Tal parecería ser la única conclusión lógica que se pueda alcanzar. Además, Juan, penetrando con la mirada en la era cristiana, vió al Hijo del hombre en medio de sólo siete candeleros, que representaban siete iglesias. La posición del Hijo del hombre entre ellos debe simbolizar su presencia con sus hijos, el cuidado vigilante que ejerce sobre ellos, y su escrutinio de todas sus obras. Pero, ¿conoce así solamente a siete iglesias individuales? ¿No podemos concluir más bien que esta escena representa su actitud con referencia a todas sus iglesias a través de la era evangélica? Entonces ¿por qué se mencionan solamente siete? El número siete se usa en la Biblia para denotar la plenitud y la perfección. Por lo tanto, los siete candeleros representan la iglesia evangélica a través de siete períodos, y las siete iglesias pueden recibir la misma aplicación.

¿Por qué fueron elegidas, entonces, las siete iglesias que se mencionan en particular? Indudablemente por el hecho de que en sus nombres, de acuerdo con las definiciones que les correspondían, se presentaban las características religiosas de aquellos períodos de la era evangélica que ellas habían de representar respectivamente.

Por lo tanto, se comprende fácilmente que "las siete iglesias" no representan simplemente las siete iglesias literales del Asia que llevaban los nombres mencionados, sino siete períodos de la iglesia cristiana, desde los días de los apóstoles hasta el fin del tiempo de gracia. (Véanse los comentarios sobre Apocalipsis 2:1.)

La fuente de la bendición—"Del que es y que era y que ha de venir," o ha de ser, es una expresión que en este caso se refiere a Dios el Padre, puesto que el Espíritu Santo y Cristo son mencionados por separado en el contexto inmediato.

Los siete Espíritus—Esta expresión no se refiere probablemente a los ángeles, sino al Espíritu de Dios. Es una de las fuentes de gracia y paz para la iglesia. Acerca del tema interesante de los siete Espíritus, Thompson observa: "Esto es, del Espíritu Santo, denominado 'los siete Espíritus,' porque siete es un número sagrado y perfecto; pues esta denominación no se le da . . . para denotar pluralidad interior, sino la plenitud y perfección de sus dones y operaciones."[2] Alberto Barnes dice: "El número siete puede haberse dado, por lo tanto, al Espíritu Santo con referencia a la diversidad o la plenitud de sus operaciones en las almas humanas, y a su múltiple intervención en los asuntos del mundo, según se desarrolla ulteriormente en este libro."[3]

Su trono—Esto se refiere al trono de Dios el Padre, porque Cristo todavía no ha ascendido a su propio trono. Los siete Espíritus que están delante del trono indican tal vez "el hecho de que el Espíritu Divino estaba, por así decirlo, preparado para ser enviado, según una representación común en las Escrituras, a cumplir propósitos importantes en los asuntos humanos."[4]

"Y de Jesucristo"—Se mencionan aquí algunas de las principales características de Cristo. El es "el Testigo fiel." Cualquier cosa atestiguada por él es verdad. Cualquier cosa que prometa, la cumplirá con certidumbre.

"El primogénito de los muertos" es una expresión paralela a otras que se encuentran en 1 Corintios 15:20, 23; Hebreos 1:6; Romanos 8:29; y Colosenses 1:15, 18, y se aplican a Cristo; como "primicias de los que durmieron," "Primogénito en la tierra," "el primogénito entre muchos hermanos," "el primogénito de toda criatura," "el primogénito de los muertos." Pero estas expresiones no denotan que fué el primero en ser resucitado de los muertos en lo que se refiere al tiempo; porque otros fueron resucitados antes que él. Además, esto es un punto sin importancia. Cristo es la figura principal y central de todos los que salieron de la tumba, porque si hubo quienes resucitaron antes de su tiempo fué por virtud de la venida de Cristo, su obra y su resurrección. En el propósito de Dios, fué el primero en cuanto al tiempo como en cuanto a la importancia, porque si bien algunos fueron libertados del poder de la muerte antes que él, ello no sucedió sino después que el designio de que Cristo triunfase sobre el sepulcro se hubo formado en la mente de Dios, que "llama las cosas que no son, como las que son" (Romanos 4:17), y fueron libertados en virtud de aquel gran propósito que había de realizarse a su debido tiempo.

Cristo es "el Príncipe de los reyes de la tierra." En cierto sentido lo es ya ahora. Pablo nos informa, en Efesios 1:20, 21, de que se ha sentado a la diestra de Dios "en los cielos, sobre todo principado, y potestad, y potencia, y señorío, y todo nombre que se nombra, no sólo en este siglo, mas aun en el venidero." Los nombres más honrados en este mundo son los de los príncipes, reyes, emperadores y potentados. Pero Cristo ha sido situado muy por encima de ellos. Está sentado con su Padre en el trono del dominio universal, y está a igual altura que él en el control de los asuntos de todas las naciones de la tierra. (Apocalipsis 3:21

En un sentido más particular, Cristo ha de ser príncipe de los reyes de la tierra cuando ascienda a su propio trono, y los reinos de este mundo pasen a ser "los reinos de nuestro Señor y su Cristo," cuando sean entregados en sus manos por el Padre, y salga llevando en su vestidura el título de "Rey de reyes y Señor de señores," para despedazar las naciones como se rompe un vaso de alfarero. (Apocalipsis 19:16; 2:27; Salmo 2:8, 9.)

Se habla, además, de Cristo como de aquel que "nos amó, y nos ha lavado de nuestros pecados con su sangre." Tal vez creemos que hemos recibido mucho amor de nuestros amigos y parientes terrenales: nuestros padres, hermanos, hermanas, o amigos íntimos, pero vemos que ningún amor merece este nombre cuando se compara con el amor de Cristo hacia nosotros. La frase siguiente intensifica el significado de las palabras anteriores: "Y nos ha lavado de nuestros pecados con su sangre." ¡Cuánto amor nos tuvo! Dice el apóstol: "Nadie tiene mayor amor que éste, que ponga alguno su vida por sus amigos." (Juan 15:13.) Pero Cristo encareció su amor al morir por nosotros "mientras éramos aun pecadores." Y hay algo más todavía: "Nos ha hecho reyes y sacerdotes para Dios y su Padre." A los que éramos atacados por la lepra del pecado, nos ha limpiado; a los que éramos sus enemigos nos ha hecho no sólo amigos, sino que nos ha elevado a puestos de honor y dignidad. ¡Qué amor incomparable! ¡Qué provisión sin par ha hecho Dios para que pudiésemos ser purificados del pecado! Consideremos por un momento el servicio del santuario y su hermoso significado. Cuando un pecador confiesa sus pecados y recibe el perdón, los traspasa a Cristo, el Cordero de Dios que quita el pecado del mundo. En los libros del cielo donde estaban registrados, los cubre la sangre de Cristo, y si el que se ha convertido a Dios se mantiene fiel a su profesión de fe, estos pecados no serán nunca revelados, sino que quedarán destruídos por el fuego que purificará la tierra cuando sean consumidos el pecado y los pecadores. Dice el profeta Isaías: "Echaste tras tus espaldas todos mis pecados." (Isaías 38:17.) Entonces se aplicará la declaración que hizo el Señor por Jeremías: "No me acordaré más de su pecado." (Jeremías 31:34.)

No es extraño que el amante y amado discípulo Juan atribuyó a este Ser que tanto había hecho por nosotros, la gloria y el dominio para siempre jamás.

VERS. 7: *He aquí que viene con las nubes, y todo ojo le verá, y los que le traspasaron; y todos los linajes de la tierra se lamentarán sobre él. Así sea. Amén.*

Aquí Juan nos transporta hacia adelante, al segundo advenimiento de Cristo en gloria, acontecimiento culminante de su intervención en favor de este mundo caído. Vino una vez revestido de debilidad, ahora vuelve con poder; antes vino con humildad, ahora en gloria. Viene con las nubes, así como ascendió. (Hechos 1:9, 11.)

Su venida es visible—"Todo ojo le verá." Todos los que estén vivos cuando vuelva Jesús le verán. No se nos habla de una venida personal de Cristo que se haya de producir en el silencio de la medianoche, o solamente en el desierto o en las cámaras secretas. No viene como ladrón en el sentido de llegar a este mundo furtivamente, en secreto y en silencio. Pero viene a buscar sus tesoros más preciosos, sus santos que duermen y que viven, a quienes compró con su preciosa sangre; a quienes arrancó del poder de la muerte en combate franco y justo; y para quienes su venida no será menos abierta y triunfante. Será con el brillo y el esplendor del rayo cuando se manifiesta del oriente hasta el occidente. (Mateo 24:27.) Será con el sonido de una trompeta que penetre hasta las mayores profundidades de la tierra, y con una voz potente que despertará a los santos dormidos en sus lechos polvorientos. (Mateo 24:31; 1 Tesalonicenses 4:16.) Sorprenderá a los impíos como un ladrón porque ellos cerraron insistentemente los ojos para no ver los indicios de su inminencia, y no quisieron creer las declaraciones de su Palabra de que él se acercaba. En relación con el segundo advenimiento, no se puede basar en las Escrituras la representación que hacen algunos de dos venidas: una privada y la otra pública.

"Y los que le traspasaron"—Además de "todo ojo," como se ha mencionado, hay una alusión especial a los que desempeñaron un papel en la tragedia de su muerte; y ella indica que lo verán volver a la tierra en triunfo y gloria. Pero, ¿cómo es esto? Si no viven ahora, ¿cómo podrán contemplarle cuando venga? Habrá una resurrección de los muertos. Esta es la única manera por la cual pueden volver a la vida los que una vez bajaron a la tumba. Pero ¿cómo es que estos impíos resucitan en ese momento, ya que la resurrección general de los impíos no se produce hasta mil años después del segundo advenimiento? (Apocalipsis 20:1-6.)

Acerca de esto Daniel dice: "Y en aquel tiempo se levantará Miguel, el gran príncipe que está por los hijos de tu pueblo; y será tiempo de angustia, cual nunca fué después que hubo gente hasta entonces: mas en aquel tiempo será libertado tu pueblo, todos los que se hallaren escritos en el libro. Y muchos de los que duermen en el polvo de la tierra serán despertados, unos para vida eterna, y otros para vergüenza y confusión perpetua." (Daniel 12:1, 2.)

Lo que se presenta aquí es una resurrección parcial, una resurrección de cierto grupo de justos y de impíos. Se produce antes de la resurrección general de cualquier grupo. Se despenarán entonces muchos de los que duermen, pero no todos; es decir, algunos de los justos para la vida eterna, y algunos de los impíos para vergüenza y oprobio eterno. Esta resurrección se produce en relación con el gran tiempo de angustia sin precedente que habrá antes de la venida del Señor. ¿No pueden los "que le traspasaron" estar entre los que resuciten para vergüenza y oprobio eterno? ¿Qué podría ser más apropiado que ver a los que tomaron parte en la mayor humillación del Señor, y otros que acaudillaron en forma especial la rebelión contra él, resucitar para contemplar su pavorosa majestad cuando vuelva triunfante con llama de fuego para dar la retribución a aquellos que no conocen a Dios ni obedecen a su Evangelio?

La respuesta de la iglesia es: "Así sea. Amén." Aunque esta venida de Cristo es para los impíos una escena de terror y destrucción, es para los justos una escena de gozo y triunfo. Esta venida, que es como llama de fuego, para ejecutar justicia sobre los impíos, traerá su recompensa a todos aquellos que creen. (2 Tesalonicenses 1:6-10.) Todo aquel que ame a Cristo saludará toda declaración e indicio de su regreso como nueva de gran gozo.

VERS. 8: *Yo soy el Alpha y la Omega, principio y fin, dice el Señor, que es y que era y que ha de venir, el Todopoderoso.*

Aquí habla otra persona que no es Juan. Al declarar quién es, usa dos de las mismas caracterizaciones, "Alpha y Omega, principio y fin," que se hallan en Apocalipsis 22:13, donde, de acuerdo con los vers. 12 y 16 de aquel capítulo, es claramente Cristo el que habla. Concluímos, pues, que Cristo es el que habla en el vers. 8.

VERS. 9: *Yo Juan, vuestro hermano, y participante en la tribulación y en el reino, y en la paciencia de Jesucristo, estaba en la isla que es llamada Patmos, por la palabra de Dios y el testimonio de Jesucristo.*

Aquí el tema cambia, porque Juan introduce el lugar y las circunstancias en que le fué dada la revelación. Se presenta primero como hermano de la iglesia universal, su compañero en las tribulaciones.

En este pasaje Juan se refiere evidentemente al futuro reino de gloria. Introduce el pensamiento de que la tribulación es parte de la preparación necesaria para entrar en el reino de Dios. Esta idea se recalca en pasajes como éstos: "Es menester que por muchas tribulaciones entremos en el reino de Dios." (Hechos 14:22.) "Si sufrimos, también reinaremos con él." (2 Timoteo 2:12.) Es verdad que mientras viven aquí en la carne, los creyentes en Cristo tienen acceso al trono de gracia. Es el trono de gracia al cual somos llevados cuando nos convertimos, porque Dios nos ha "trasladado al reino de su amado Hijo." (Colosenses 1:13.) Pero en el segundo advenimiento del Salvador, cuando se inaugure el reino de la gloria, los santos que son ahora miembros del reino de la gracia, al ser redimidos del presente mundo malo, tendrán acceso al trono de su gloria. Entonces habrán terminado las tribulaciones, y los hijos de Dios se regocijarán en la luz de la presencia del Rey de reyes por toda la eternidad.

El lugar donde escribió—Patmos es un islote árido frente a la costa occidental de Asia Menor, entre la isla de Icaria y el promontorio de Mileto, donde en los tiempos de Juan se hallaba situada la iglesia cristiana más cercana. Tiene unos 16 kilómetros de largo y unos 10 de ancho en su lugar de mayor anchura. Se llama actualmente Patmo. La costa es escabrosa y consiste en una sucesión de cabos que forman muchos puertos. El único que se usa actualmente es una honda bahía rodeada por altas montañas de todos lados menos uno, donde está protegida por un promontorio. La aldea relacionada con este puerto se halla situada en una montaña elevada y rocosa que se levanta al borde inmediato del mar. Más o menos a la mitad del camino por la montaña hacia donde está edificada la aldea, se ve una gruta natural en la roca, donde, según la tradición, Juan tuvo su visión y escribió el Apocalipsis. Debido al carácter austero y desolado de esta isla, se la utilizaba durante el Imperio Romano como lugar de destierro. Esto nos explica por qué estuvo Juan desterrado allí. Este destierro del apóstol se produjo bajo el emperador Domiciano hacia el año 94 de nuestra era; de manera que el Apocalipsis fué escrito en 95 o 96.

La causa del destierro—"Por la Palabra de Dios y el testimonio de Jesucristo." Tal era el grave delito y crimen de Juan. El tirano Domiciano, que llevaba entonces la púrpura imperial de Roma, era más eminente por sus vicios que por su posición civil, y temblaba ante este anciano pero indomable apóstol. No osaba permitir la proclamación del Evangelio en su reino. Desterró a Juan al solitario islote de Patmos, donde se podía decir que estaba tan fuera del mundo como si hubiese muerto. Después de encerrarlo en este lugar árido, y condenarlo a la cruel labor de las minas, el emperador pensó sin duda que había eliminado al predicador de la justicia y que el mundo no oiría más hablar de él.

Probablemente los perseguidores de Juan Bunyan pensaron lo mismo cuando lo encerraron en la cárcel de Bedford. Pero cuando el hombre piensa haber sepultado la verdad en el olvido eterno, el Señor le da una resurrección que decuplica su gloria y su poder. De la sombría y estrecha celda de Bunyan brotó un resplandor de luz espiritual, gracias al "Viaje del Peregrino," que durante casi trescientos años ha fomentado los intereses del Evangelio. Desde la isla árida de Patmos, donde Domiciano pensaba que había apagado para siempre por lo menos una antorcha de la verdad, surgió la más magnífica revelación de todo el canon sagrado, para derramar su divina luz sobre todo el mundo cristiano hasta el fin del tiempo. ¡Cuántos de los que reverenciaron y de los que reverenciarán todavía el nombre del amado discípulo, por sus arrobadas visiones de la gloria celestial, habrán ignorado el nombre del monstruo que lo hizo desterrar! En verdad que se aplican a veces a la vida actual las palabras de la Escritura que afirman que "en memoria eterna será el justo," "mas el nombre de los impíos se pudrirá." (Salmos 112:6; Proverbios 10:7.)

VERS. 10: *Yo fuí en el Espíritu en el día del Señor,[*] y oí detrás de mí una gran voz como de trompeta.*

Aunque Juan se hallaba desterrado y apartado de todos los que profesaban la misma fe que él, y hasta parecía casi completamente aislado del mundo, no estaba separado de Dios ni de Cristo, ni del Espíritu Santo, ni de los ángeles. Seguía teniendo comunión con su divino Señor. La expresión "en el Espíritu" parece denotar el más sublime estado de elevación espiritual a que pueda ser llevada una persona por el Espíritu de Dios. En esa condición entró Juan en visión.

"En el día del Señor"—¿Qué día es el que se designa así? Esta pregunta ha recibido diferentes contestaciones. Una clase de personas sostiene que la expresión "día del Señor" abarca toda la era evangélica y no se refiere a un día de 24 horas. Otra clase sostiene que el día del Señor es el día del juicio, el venidero "día del Señor" que con tanta frecuencia se menciona en las Escrituras. La tercera opinión es que la expresión se refiere al primer día de la semana. Pero hay todavía otra clase de personas que sostiene que es el séptimo día, día de reposo del Señor.

A la primera de estas opiniones basta contestar que el libro del Apocalipsis fué fechado por Juan en la isla de Patmos, y eso en el día del Señor. El autor, el lugar donde fué escrito y el día en que fué fechado, son todas cosas que tuvieron existencia real; y no simplemente simbólica o mística. Pero si decimos que el día representa la era evangélica, le damos un significado simbólico o místico que no es admisible. ¿Por qué necesitaría Juan explicar que escribía "en el día del Señor" si la expresión significaba la era evangélica? Es bien sabido que el libro del Apocalipsis fué escrito unos sesenta años después de la muerte de Cristo.

La segunda opinión, de que es el día del juicio, no puede ser la correcta. Aun cuando Juan pudo tener una visión *acerca* del día del juicio, no pudo tenerla *en* aquel día que es todavía futuro. La palabra griega *en*, "en," que es exactamente la misma que en castellano, ha sido definida por Thayer así, cuando se refiere al tiempo: "Períodos y porciones de tiempo en los cuales sucede algo, *en, durante.*" Nunca significa "acerca" o "concerniente a." De ahí que quienes relacionan esta expresión con el día del juicio contradicen el lenguaje usado, haciéndole significar "concerniente a" en vez de "en," o le hacen decir a Juan una extraña mentira al afirmar que tuvo una visión en la isla de Patmos, hace más de 1.800 años, *en* un día del juicio que todavía es futuro.

La tercera opinión, que por "día del Señor" se quiere indicar el primer día de la semana, es la más general. Pero faltan las pruebas de su corrección. El texto mismo no define el término "día del Señor," y por lo tanto si quiere decir primer día de la semana, debemos buscar en otra parte de la Biblia la prueba de que ese día de la semana solía llamarse así. Los únicos otros autores inspirados que hablan del primer día de la semana, son Mateo, Marcos, Lucas y Pablo; y ellos lo designan simplemente como "primer día de la semana." Nunca hablan de él en forma que lo distinga como superior a cualquiera de los otros seis días hábiles. Ello es tanto más notable, desde el punto de vista popular por cuanto los tres hablan de él en el tiempo mismo en que se dice que por la resurrección de Cristo el primer día de la semana llegó a ser el día del Señor, y dos de ellos lo mencionan treinta años después de aquel acontecimiento.

Se dice que "el día del Señor" era la expresión común para designar el primer día de la semana; pero preguntamos: ¿Dónde está la prueba de ello? Nadie la puede encontrar. En verdad, tenemos pruebas de lo contrario. Si ésta hubiese sido la manera universal de designar el primer día de la semana cuando se escribió el Apocalipsis, el mismo autor no habría dejado de llamarlo así en todos sus escritos subsiguientes. Pero Juan escribió su Evangelio después de escribir el Apocalipsis, y sin embargo en él no llamó al primer día de la semana "día del Señor," sino simplemente "primer día de la semana." El lector que desee pruebas de que el Evangelio de Juan se escribió después del Apocalipsis las encontrará en las obras de los escritores que son autoridades en esta cuestión.

El aserto que se hace en favor del primer día queda aun más categóricamente refutado por el hecho de que ni el Padre ni el Hijo reclamaron jamás el primer día como suyo en un sentido superior al que consideran suyo cualquiera de los otros días de trabajo. Ni uno ni otro lo bendijo jamás, ni lo llamó santo. Si se lo hubiese de llamar día del Señor porque Cristo resucitó en él, no cabe duda de que la inspiración nos informaría al respecto. Si en ausencia de toda instrucción relativa a la resurrección llamamos día del Señor al día en el cual ella se produjo, ¿por qué no daríamos el mismo nombre a los días en que se produjeron la crucifixión y la ascensión, que resultan para el plan de la salvación sucesos tan esenciales como la resurrección?

En vista de que quedan refutadas las tres opiniones ya examinadas, la cuarta, a saber, de que el día del Señor designa el sábado, requiere nuestra atención. En favor de esta opinión se pueden aducir las pruebas más claras. Cuando en él principio Dios dió al hombre seis días de la semana para trabajar, se reservó expresamente el séptimo día, puso su bendición sobre él, y lo reclamó para sí como su día santo. (Génesis 2:1-3.) Moisés dijo a Israel en el desierto de Sin, el sexto día de la semana: "Mañana es el santo sábado, el reposo de Jehová." (Exodo 16:23.)

Llegamos al Sinaí, dónde el gran Legislador proclamó sus preceptos morales en pavorosa y sublime escena; y en ese supremo código pide para sí su día santificado: "El séptimo día será reposo *para Jehová tu Dios:...* porque en seis días hizo Jehová los cielos y la tierra, la mar y todas las cosas que en ellos hay, y reposó en el séptimo día: por tanto, Jehová bendijo el día del reposo y lo santificó." Mediante el profeta Isaías, ochocientos años más tarde, Dios habló como sigue: "Si retrajeres *del* sábado tu pie, de hacer tu voluntad en *mi día santo,...* entonces te deleitarás en Jehová." (Isaías 58:13, 14.)

Llegamos a los tiempos del Nuevo Testamento, y el que es Uno con el Padre declara expresamente: "Así que el Hijo del hombre es Señor aun del sábado." (Marcos 2:28.) ¿Puede alguno negar que ese día era *del Señor,* el día del cual se declaró enfáticamente ser el Señor? Así vemos que, trátese del Padre o del Hijo cuando se menciona el título de Señor, ningún otro día puede ser llamado día del Señor sino el sábado del gran Creador.

En la era cristiana hay un día que se distingue sobre los demás días de la semana como "día del Señor." ¡Cuán completamente refuta este gran hecho el aserto que han hecho algunos de que no hay día de reposo en la era evangélica, sino que todos los días son iguales! Al llamarlo día del Señor, el apóstol nos ha dado, hacia fines del primer siglo, la sanción apostólica para observar el único día que puede llamarse día del Señor, a saber, el séptimo de la semana.

Cuando Cristo estaba en la tierra, indicó claramente cuál era su día diciendo: "Porque Señor es del sábado el Hijo del hombre." (Mateo 12:8.) Si hubiese dicho: "El Hijo del hombre es Señor del primer día de la semana," ¿no se presentaría ahora esto como una prueba concluyente de que el domingo es el día del Señor? Por cierto que sí, y con buenos motivos. Por lo tanto, debiera reconocerse al mismo argumento como válido en favor del séptimo día, en referencia con el cual *fué* pronunciada aquella decla-

VERS. 11-18: *Que decía: Yo soy el Alpha y Omega, el primero y el último. Escribe en un libro lo que ves, y envíalo a las siete iglesias que están en Asia; a Efeso, y a Smirna, y a Pérgamo, y a Tiatira, y a Sardis, y a Filadelfia, y a Laodicea. Y me volví a ver la voz que hablaba conmigo; y vuelto, vi siete candeleros de oro; y en medio de los siete candeleros, uno semejante al Hijo del hombre, vestido de una ropa que llegaba hasta los pies, y ceñido por los pechos con una cinta de oro. Y su cabeza y sus cabellos eran blancos como la lana blanca, como la nieve; y sus ojos como llama de fuego; y sus pies semejantes al latón fino, ardientes como en un horno; y su voz como ruido de muchas aguas. Y tenía en su diestra siete estrellas: y de su boca salía una espada aguda de dos filos. Y su rostro era como el sol cuando resplandece en su fuerza. Y cuando yo le vi, caí como muerto a sus pies. Y él puso su diestra sobre mi, diciéndome: No temas: yo soy el primero y el último; y el que vivo, y he sido muerto; y he aquí que vivo por siglos de siglos, Amén. Y tengo las llaves del infierno y de la muerte.*

La expresión "me volví a ver la voz," se refiere a la persona de quien provenía la voz.

Siete candeleros de oro—Estos no pueden ser el antitipo del candelabro de oro que había en el antiguo servicio típico del templo, porque allí había un solo candelabro de siete ramas. Siempre se habla de él en número singular. Pero aquí tenemos *siete* candeleros, que son más bien "soportes de lámpara," o bases sobre las cuales se colocan las lámparas para que iluminen un aposento. No se asemejan en nada al candelabro del antiguo tabernáculo. Por el contrario, estas bases de lámpara se hallan tan alejadas una de otra que se ve al Hijo del hombre andando entre ellas.

El Hijo del hombre—La figura central, la que atrae toda la atención en la escena que se abre ante la visión de Juan, es la majestuosa persona del Hijo del hombre, Jesucristo. La descripción que aquí se da de él, con su vestidura suelta, su cabellera blanca, no por la edad, sino por el resplandor de la gloria celestial, sus ojos de fuego, sus pies que resplandecían como bronce fundido, y su voz como ruido de muchas aguas, no puede ser superada en su carácter grandioso y sublime. Vencido por la presencia de este Ser augusto, y tal vez por el agudo sentido de la indignidad humana, Juan cayó a sus pies como muerto, pero una mano consoladora se puso sobre él, y una voz alentadora le dijo que no temiera. Es igualmente privilegio de los cristianos de hoy sentir que se posa sobre ellos la misma mano para fortalecerlos en las horas de prueba y aflicción, y oír la misma voz que les dice: "No temas."

Pero la seguridad más alentadora que infunden todas estas palabras de consuelo proviene de la declaración que hace este Ser exaltado, de que vive para siempre y es árbitro de la muerte y el sepulcro. Dice: "Tengo las llaves del infierno [*hades*, el sepulcro] y de la muerte." La muerte es un tirano vencido. Puede recoger en la tumba a los seres preciosos de la tierra, y regocijarse un momento por su triunfo aparente. Pero está realizando una tarea infructuosa, porque le ha sido arrebatada la llave de su sombría cárcel, y está ahora en las manos de otro más poderoso que él. Él está obligado a depositar sus trofeos en una región sobre la cual otro tiene control absoluto; y este otro es el Amigo inmutable y el Redentor que se ha comprometido a salvar a su pueblo. Por lo tanto, no os entristezcáis por los justos muertos; están en una segura custodia. Un enemigo los lleva por un tiempo, pero un amigo tiene la llave del lugar donde están provisoriamente encarcelados.

VERS. 19: *Escribe las cosas que has visto, y las que son, y las que han de ser después de éstas.*

En este versículo se le da a Juan una orden muy definida de escribir toda la revelación, pues iba a referirse mayormente a cosas entonces futuras. En algunos pocos casos, se iba a aludir a acontecimientos entonces pasados o que estaban acaeciendo; pero estas alusiones tenían sencillamente el propósito de introducir cosas que se iban a cumplir más tarde, a fin de que no faltase ningún eslabón de la cadena.

VERS. 20: *El misterio de las siete estrellas que has visto en mi diestra, y los siete candeleros de oro. Las siete estrellas son los ángeles de las siete iglesias; y los siete candeleros que has visto, son las siete iglesias.*

Representar al Hijo del hombre como teniendo en la mano tan sólo a los ministros de las siete iglesias literales de Asia Menor, y andando solamente en medio de aquellas siete iglesias, sería reducir a una comparativa insignificancia las representaciones y declaraciones sublimes de este capítulo y los siguientes. El cuidado providencial y la presencia del Señor no se limitan a un número especificado de iglesias, sino que son para todo su pueblo; no sólo de los días de Juan, sino de todos los tiempos. "He aquí, yo estoy con vosotros todos los días--dijo a sus discípulos,--hasta el fin del mundo." (Véanse las observaciones sobre el vers. 4.)

Notas del Capítulo 1:

[1] Augusto C. Thompson, "Morning Hours in Patmos," págs. 28, 29.

[2] Id., págs. 34, 35.

[3] Alberto Barnes, "Notes on Revelation," pág. 62, comentarios sobre Apocalipsis 1:4. Véase también S. T. Bloomfield, "The Greek Testament With English Notes," tomo 2, pág. 565, comentarios sobre Apocalipsis 1:4.

[4] Alberto Barnes, "Notes on Revelation," pág. 62, comentarios sobre Apocalipsis 1:4.

[*] La expresión "domingo" que se ve en algunas versiones no está en el original, y las Biblias que salen hoy de las prensas de las Sociedades Bíblicas dicen correctamente "día del Señor."—Nota del traductor.

Capítulo 2—Las Cartas de Jesús a las Iglesias

EN EL primer capítulo, el profeta bosquejó el tema de las siete iglesias y su ministerio, representadas las primeras por los siete candeleros y el último por las siete estrellas. Ahora considera a cada iglesia en particular, y escribe el mensaje que le está destinado, dirigiendo en cada caso la epístola al ángel de la iglesia, o sea su ministerio.

VERS. 1-7: *Escribe al ángel de la iglesia en Efeso: El que tiene las siete estrellas en su diestra, el cual anda en medio de los siete candeleros de oro, dice estas cosas: Yo sé tus obras, y tu trabajo y paciencia; y que tú no puedes sufrir los malos, y has probado a los que se dicen ser apóstoles, y no lo son, y los has hallado mentirosos; y has sufrido, y has tenido paciencia, y has trabajado por mi nombre, y no has desfallecido. Pero tengo contra ti que has dejado tu primer amor. Recuerda por tanto de dónde has caído, y arrepiéntete, y haz las primeras obras; pues si no, vendré presto a ti, y quitaré tu candelero de su lugar, si no te hubieres arrepentido. Mas tienes esto, que aborreces los hechos de los Nicolaítas; los cuales yo también aborrezco. El que tiene oído, oiga lo que el Espíritu dice a las iglesias. Al que venciere, daré a comer del árbol de la vida, el cual está en medio del paraíso de Dios.*

La iglesia de Efeso—En las observaciones referentes a Apocalipsis 1:4, se han presentado algunas de las razones por las cuales los mensajes dirigidos a las siete iglesias deben considerarse como proféticos y aplicables a siete períodos distintos que abarcan la era cristiana. Puede añadirse aquí que esta opinión no es nueva. Tomás Newton dice: "Muchos contienden, y entre ellos hombres tan sabios como Moro y Vitringa, que las siete epístolas son proféticas de otros tantos períodos sucesivos y estados de la iglesia desde el comienzo hasta la conclusión de todo."[1]

Tomás Scott dice: "Muchos expositores se han imaginado que estas epístolas dirigidas a las siete iglesias eran profecías bíblicas de siete períodos distintos, en los cuales se iba a dividir todo el plazo desde el tiempo de los apóstoles hasta el fin del mundo."[2]

Aunque ni Newton ni Scott apoyan esta opinión, su testimonio demuestra que la habían albergado *muchos expositores.* Dos de ellos dicen:

"El más antiguo comentador del Apocalipsis cuya obra haya llegado hasta nosotros, fué Victorino, obispo de Pettau, o Petavio, que sufrió el martirio en el año 303. Era contemporáneo de Ireneo, y hombre de piedad y diligencia en la presentación de las enseñanzas de las Escrituras, y vigoroso en su percepción del significado de los escritores sagrados. Con excepción de algunos fragmentos, la mayor parte de sus escritos se ha perdido. Sobreviven sus comentarios del Apocalipsis, en un texto menos puro de lo que podríamos desear, pero bastan para darnos el resumen de sus opiniones. En su *Scholia in Apocalypsin,* dice que lo que Juan dirige a una iglesia lo dirige a todas; que Pablo fué el primero en enseñar *que hay siete Iglesias en el mundo entero,* y que *las siete Iglesias nombradas representan la Iglesia Católica* [universal]; y que Juan, a fin de observar el mismo método, no se había excedido del número de siete.

"Lo que Victorino quiere decir es que Pablo, al escribir a *siete* Iglesias, y solamente a siete, quería dar a entender que todas las iglesias de todos los tiempos quedan abarcadas en las siete; y que, de la misma manera, las siete Iglesias del Apocalipsis están destinadas a abarcar todas las iglesias del mundo: es decir la Iglesia Católica [universal] de todas las edades. Tal era también la opinión de Ticonio, en el siglo IV; de Aretas de Capadocia y Primasio de Adrumeto, en el VI; y de Vitringa, Mede, Moro, Girdlestone y muchos otros teólogos de épocas ulteriores."[3]

"Mede expuso las Siete Epístolas como proféticas de las *Siete Edades* de la Iglesia, en forma tal que todo lo bueno se hallase allí profetizado acerca de ella y todo lo malo acerca de Roma (véase Trench, *loc. cit.,* pág. 228). Más tarde aún, Vitringa expuso las epístolas según el mismo principio; y escribe (págs. 32-36): 'Existimo Spiritum S. sub typo et emblemate Septem Ecclesiarum Asiae nobis . . . voluisse depingere septem vanantes status Ecclesiae Christianae . . . usque ad Adventum Domini'; añadiendo 'demonstratur illas *Prophetice* non *Dogmatice* esse exponendas.'

"Mede (en sus 'Obras,' *Advert,* cap. 10, pág. 905) presenta más ampliamente su opinión como sigue: 'Si consideramos que su número es siete, que es un número de revolución de veces, o si consideramos la elección del Espíritu Santo que no abarca todas las iglesias ni siquiera las más famosas del mundo, como Antioquía, Alejandría, Roma, . . . si se consideran bien estas cosas, ¿no puede verse que estas siete iglesias, además de su aspecto literal, estaban destinadas a ser como modelos y figuras de las diversas *edades* de la iglesia católica desde el principio hasta el fin? De manera que estas siete iglesias serían para nosotros muestras proféticas de siete temperamentos y estados sucesivos de toda la iglesia visible según sus diversas *edades.* . . . Y si esto se concede . . . entonces ciertamente la Primera Iglesia (o sea el estado efesio) debe ser la primera, y la última será la postrera. . . . La mención de los falsos judíos y la sinagoga de Satanás (en Apocalipsis 2) al hablar a las cinco iglesias del medio, indica que pertenecen a los tiempos de la Bestia y Babilonia. Y en cuanto a la *sexta en* especial tenemos un carácter adecuado donde situarla; a saber, parcialmente hacia el tiempo en que la Bestia cae, y parcialmente después de su destrucción, cuando viene la Nueva Jerusalén.' "[4]

De los autores citados se desprende que lo que indujo a los comentadores de tiempos más modernos a descartar la opinión que atribuía una naturaleza profética a los mensajes de las siete iglesias, es la doctrina comparativamente reciente y antibíblica del milenario temporal. La última condición de la iglesia, según se describe en Apocalipsis 3:15-17, se considera incompatible con el estado glorioso de cosas que ha de existir en esta tierra durante mil años, cuando todo el mundo se haya convertido a Dios. En este caso, como en muchos otros, se procura que la opinión bíblica se adapte a otra más agradable. Como en los tiempos antiguos, los corazones humanos siguen amando las cosas lisonjeras, y sus oídos se mantienen siempre abiertos favorablemente para los que predicen la paz.

La primera iglesia nombrada es Efeso. Según la interpretación que damos aquí, este símbolo abarcaría el primer período de la iglesia, o sea el apostólico. La definición de la palabra "Efeso" es "deseable," palabra que describe fielmente el carácter y la condición de la iglesia durante su primera etapa. Los cristianos primitivos habían recibido la doctrina de Cristo en toda su pureza. Disfrutaban los beneficios de los dones del Espíritu Santo. Se distinguían por sus obras, labores y paciencia. Fieles a los principios puros enseñados por Cristo, no podían soportar a los que obraban mal, y probaban a los falsos apóstoles, descubrían cuál era su verdadero carácter y los hallaban mentirosos. No tenemos evidencia de que la iglesia literal de Efeso hiciese esto en mayor escala que otras iglesias de aquel tiempo. No lo da a entender el apóstol Pablo en la epístola que dirige a esa iglesia. Era una obra que toda la iglesia cristiana realizaba en aquel tiempo; y era muy propio que lo hiciese. (Véase Hechos 15:2; 2 Corintios 11:13.)

El ángel de la iglesia—El ángel de una iglesia debe representar un mensajero o ministro de aquella iglesia. Como cada iglesia abarca cierto plazo, el ángel de cada iglesia debe representar al ministerio, o sea a todos los verdaderos ministros de Cristo durante el período abarcado por esa iglesia. Por el hecho de que los diferentes mensajes iban dirigidos a los ministros, no deben entenderse como aplicables a ellos solos, sino que se dirigen apropiadamente a la iglesia por su intermedio.

Una causa de queja—"Tengo contra ti--dice Cristo--que has dejado tu primer amor." "El abandono del primer amor es tan merecedor de una amonestación como el apartarse de una doctrina fundamental o de la moralidad bíblica. No se acusa aquí a la iglesia de haber caído de la gracia, ni de haber dejado que se extinguiese su amor, sino de que éste disminuyó. No hay celo que pueda expiar la falta del primer amor."[5] Nunca debe llegar en la experiencia del cristiano la ocasión en que, si se le interroga acerca de cuál es el momento de su mayor amor hacia Cristo, no pueda decir: "El actual." Pero si llega una ocasión tal, entonces debe recordar de dónde cayó, meditar en ello, evocar cuidadosamente el estado de su anterior aceptación con Dios, y apresurarse a arrepentirse y desandar sus pasos hasta llegar a aquella posición deseable. El amor, como la fe, se manifiesta por las obras; y el primer amor, cuando se alcance, producirá siempre sus correspondientes obras.

La amonestación—"Vendré presto a ti, y quitaré tu candelero de su lugar, si no te hubieres arrepentido." La venida mencionada aquí debe ser una venida figurativa. Significa juicio o castigo, por cuanto es condicional. El quitamiento del candelero significa que se privará a la iglesia de la luz y las ventajas del Evangelio para confiarlas a otras manos, a menos que ella desempeñe mejor las responsabilidades de su cometido. Significa que Cristo rechaza a sus miembros como representantes suyos que han de llevar la luz de su verdad y Evangelio ante el mundo. Esta amenaza se aplica tanto a los miembros individuales como a la iglesia en conjunto. No sabemos cuántos de los que profesaban el cristianismo durante ese período fueron deficientes y rechazados, pero indudablemente fueron muchos. Así fueron siguiendo las cosas, permaneciendo algunos firmes, apostatando otros, y dejando de transmitir luz al mundo; pero nuevos conversos llenaban mientras tanto las vacantes dejadas por la muerte y la apostasía, hasta que la iglesia alcanzó en su experiencia una nueva era, señalada por otro período de su historia, y abarcada por otro mensaje.

Los nicolaítas—¡Cuán dispuesto está Cristo a elogiar a su pueblo por cualesquiera buenas cualidades que posean! Si hay algo que él aprueba, lo menciona primero. En este mensaje a la iglesia de Efeso, después de mencionar primero sus características elogiosas, y luego sus fracasos, como si no quisiera pasar por alto ninguna de sus buenas cualidades, dice que sus miembros aborrecían las acciones de los nicolaítas, que él también aborrecía. Las doctrinas de los mismos se condenan en el vers. 15. Parece que eran personas cuyas acciones y doctrinas eran abominación para el cielo. Su origen es en cierto modo dudoso. Algunos dicen que provenían de Nicolás de Antioquía, uno de los siete diáconos, (Hechos 6:5); otros aseguran que le atribuían a él el origen de sus doctrinas para tener el prestigio de su nombre, mientras que una tercera opinión es que la secta recibió su nombre de cierto Nicolás de fecha ulterior. La última teoría es probablemente la más correcta. En cuanto a sus doctrinas y prácticas, parecería que preconizaban la comunidad de esposas, consideraban con indiferencia el adulterio y la fornicación, y permitían que se comiesen cosas ofrecidas a los ídolos. (Véanse Clarke, Kitto, y otros comentadores.)

La invitación a prestar atención—"El que tiene oído, oiga lo que el Espíritu dice a las iglesias." Esta es una manera solemne de atraer la atención universal a lo que es de importancia general y portentosa. Se dirige el mismo lenguaje a cada una de las siete iglesias. Cristo, cuando estuvo en la tierra, empleó la misma forma de hablar al llamar la atención de la gente a las más importantes de sus enseñanzas. La usó con referencia a la misión de Juan (Mateo 11:15), la parábola del sembrador (Mateo 13:9), y la parábola de la cizaña, que recalcaba el fin del mundo (Mateo 13:43). También se usa en relación con el cumplimiento de una profecía importante en Apocalipsis 13:9.

La promesa hecha al vencedor—Al vencedor se le promete que comerá del árbol de la vida que crece en medio del paraíso, o huerto de Dios. ¿Dónde está ese paraíso? Está en el tercer cielo. Pablo escribe, en 2 Corintios 12:2, que conocía a un hombre (se refería a sí mismo) que fué arrebatado al tercer cielo. En el vers. 4 dice que fué arrebatado *al* "Paraíso," lo cual nos permite sacar una sola conclusión, a saber que el Paraíso se halla en el tercer cielo. Parece que en ese Paraíso está el árbol de la vida. La Biblia presenta un solo árbol de la vida. Lo menciona seis veces; tres en Génesis, y otras tres en el Apocalipsis; pero cada vez el nombre va acompañado del artículo definido "el." Es *el* árbol de la vida en el primer libro de la Biblia, *el* árbol de la vida en el último; *el* árbol de la vida en el "Paraíso" (término usado por "huerto" en la traducción griega de Génesis), en el Edén en el principio, *el* árbol de la vida en el Paraíso celestial del cual habla ahora Juan. Si hay solamente un árbol, y estaba al principio en la tierra, se puede preguntar cómo es que ahora está en el cielo. La respuesta es que debe haber sido llevado al Paraíso celestial. La única manera en que un mismo cuerpo antes situado en un lugar pueda situarse en otro, consiste en que se lo transporte allí. Hay buenas razones para creer que el árbol de la vida y el Paraíso fueron trasladados de la tierra al cielo. Un comentador observa al respecto:

"El acto de Dios al colocar querubines 'para guardar el camino del árbol de la vida" (Génesis 3:24) en el huerto de Edén, no tiene solamente su aspecto de severidad judicial, sino que es también, en cierto sentido, una promesa llena de consuelo. La morada bienaventurada de la cual se expulsó al hombre, no es aniquilada ni abandonada a la desolación y la ruina, sino retirada de la tierra y del hombre, y consignada al cuidado de los seres más perfectos de Dios, a fin de que pueda ser devuelta finalmente al hombre cuando haya sido redimido. (Apocalipsis 22:2.) El huerto, como existió antes que Dios lo plantara y adornara, cayó bajo la maldición, como el resto de la tierra, pero el aditamento celestial y paradisíaco fué eximido y confiado a los querubines. El Paraíso verdadero (ideal) ha sido trasladado al mundo invisible. Por lo menos una copia simbólica de él, establecida en el lugar santísimo del tabernáculo, fué concedida al pueblo de Israel, de acuerdo con el modelo que Moisés vió en el monte (Exodo 25:9, 40); y el original mismo, como renovada habitación del hombre redimido, bajará finalmente a la tierra. (Apocalipsis 21:10.)"[6]

Al vencedor se le promete, pues, una restauración que incluirá más de lo que Adán perdió. Esta promesa se dirige no solamente a los vencedores de aquel período de la iglesia, sino a todos los vencedores de todas las épocas, porque las grandes recompensas del cielo no tienen restricciones. Esfuérzate, lector, por ser vencedor, porque el que obtiene acceso al árbol de la vida en medio del Paraíso de Dios, no morirá más.

El plazo de la iglesia—El plazo abarcado por la primera iglesia puede considerarse como el transcurrido desde la resurrección de Cristo hasta el final del primer siglo, o hasta la muerte del último de los apóstoles.

VERS. 8-11: *Y escribe al ángel de la iglesia en Smirna: El primero y postrero, que fué muerto, y vivió, dice estas cosas: Yo sé tus obras, y tu tribulación, y tu pobreza (pero tú eres rico), y la blasfemia de los que se dicen ser Judíos, y no lo son, mas son sinagoga de Satanás. No tongas ningún temor de las cosas que has de padecer. He aquí, el diablo ha de enviar algunos de vosotros a la cárcel, para que seáis probados, y tendréis tribulación de diez días. Sé fiel hasta la muerte, y yo te daré la corona de la vida. El que tiene oído, oiga lo que el Espíritu dice a las iglesias. El que venciere, no recibirá daño de la muerte segunda.*

La iglesia de Smirna[*]—Se notará que al presentarse a cada iglesia, el Señor menciona algunas de sus características que lo hacen particularmente idóneo para darles el testimonio que pronuncia. A la iglesia de Smirna, que estaba por pasar por la terrible prueba de la persecución, se revela como el que estuvo muerto, pero que ahora vive. Si sus miembros estaban llamados a sellar su testimonio por su sangre, debían recordar que los contemplaban los ojos de Aquel que había participado de la misma suerte, pero había triunfado de la muerte, y podía sacarlos de la tumba a la que los hacía bajar el martirio.

Pobreza y riqueza—"Yo sé . . . tu pobreza--le dice Cristo--(pero tú eres rico)." Esto puede parecer al principio una extraña paradoja. Pero ¿quiénes son verdaderamente ricos en este mundo? Los que son "ricos en fe" y "herederos del reino." Las riquezas de este mundo, por las cuales los hombres luchan con tanta energía, y por las cuales con frecuencia truecan la felicidad actual y la futura vida eterna, son "una moneda que no tiene curso en el cielo." Otro escritor ha dicho: "Hay muchos ricos pobres, y muchos pobres ricos."

"Dicen ser Judíos, y no lo son"—Es muy evidente que aquí no se usa la palabra "judío" en su sentido literal. Denota algún carácter que fué aprobado por las normas evangélicas. El lenguaje de Pablo aclara este punto. Dice: "Porque no es Judío el que lo es en manifiesto; ni la circuncisión es la que es en manifiesto en la carne: Mas es Judío [en el verdadero sentido cristiano] el que lo es en lo interior; y la circuncisión es la del corazón, en espíritu, no en letra; la alabanza del cual no es de los hombres, sino de Dios." (Romanos 2:28, 29.) También dice: "Porque no todos los que son de Israel son Israelitas; ni por ser simiente de Abraham, son todos hijos." (Romanos 9:6, 7.) En Gálatas 3:28, 29, Pablo nos dice, además, que en Cristo no hay tales distinciones exteriores como las que caracterizan a los judíos o los griegos; sino que si somos de Cristo, entonces somos "simiente de Abraham" (en el verdadero sentido), y herederos según la promesa. Decir, como dicen algunos que el término "judío" no se aplica nunca a los cristianos, es contradecir todas estas declaraciones inspiradas de Pablo, y el testimonio que dirige a la iglesia de Smirna el testigo fiel y verdadero. Algunos simulaban hipócritamente ser judíos en este sentido cristiano, cuando no poseían las características necesarias. Los tales eran de la sinagoga de Satanás.

Tribulación de dies días—Como este mensaje es profético, el tiempo mencionado en él debe considerarse también como profético. En vista de que un día profético representa un año literal, los diez días representarían diez años. Es un hecho notable que la última y la más sangrienta de las persecuciones que sufrió la iglesia cristiana, la que se inició bajo Diocleciano, duró precisamente diez años, de 303-313.

Sería difícil aplicar este lenguaje si no se consideran proféticos estos mensajes; porque en tal caso se representarían aquí solamente diez días literales. No parecería probable que una persecución de solamente diez días, o sufrida por una sola iglesia, hubiese de ser objeto de una profecía; y además no se puede encontrar mencionado un caso tal de persecución limitada. Por otra parte, si se aplica esta persecución a cualquiera de las notables de aquel período, ¿cómo puede decirse que le tocó a una sola iglesia? Todas las iglesias sufrieron durante esas persecuciones. No resultaría, por lo tanto, apropiado elegir un solo grupo particular, con exclusión de los demás, como el afectado por esa calamidad.

La amonestación—"Sé fiel hasta la muerte." Algunos han querido hacer de esta expresión un argumento en favor de la recepción de la inmortalidad en el momento de la muerte. Es un argumento que no tiene peso, porque no se afirma allí que la corona de la vida sea concedida inmediatamente después de la muerte. Por consiguiente, debemos estudiar otros pasajes de la Escritura para saber cuándo se recibe la corona de la vida; y estos otros pasajes nos informan detenidamente. Pablo declara que esta corona será dada cuando aparezca Cristo (2 Timoteo 4:8); cuando suene la última trompeta (1 Corintios 15:51-54); cuando el Señor mismo descienda del cielo (1 Tesalonicenses 4:16, 17); cuando el Príncipe de los pastores aparezca, dice Pedro (1 Pedro 5:4); en la resurrección de los justos, dice Cristo (Lucas 14:14); y cuando vuelva para llevar a los suyos a las mansiones preparadas para ellos, a fin de que estén siempre con él (Juan 14:3). "Sé fiel hasta la muerte," y habiendo sido así fiel, cuando llegue el momento en que sean recompensados los santos de Dios, recibirás una corona de vida.

La promesa al vencedor—"No recibirá daño de la muerte segunda." ¿No es el lenguaje empleado aquí por Cristo un buen comentario de lo que enseñó a sus discípulos: "No temáis a los que matan el cuerpo, mas al alma no pueden matar: temed antes a aquel que puede destruir el alma y el cuerpo en el infierno"? (Mateo 10:28.) Los miembros de la iglesia de Smirna podían ser muertos aquí, pero la vida futura que se les iba a dar, ningún hombre se la podría quitar, y Dios no querrá hacerlo. Así que no debían temer a los que podrían matar el cuerpo, ni temer cosa alguna de las que habrían de sufrir, pues estaba asegurada su existencia eterna.

Significado y época de la iglesia—Smirna significa "mirra," denominación idónea para la iglesia de Dios mientras pasaba por el horno de la persecución, y era para él un "suave perfume." Pero pronto llegamos a los tiempos de Constantino, cuando la iglesia presenta una nueva fase, que hace aplicables a su historia un nombre muy diferente y otro mensaje.

De acuerdo con la aplicación que antecede, la fecha de la Iglesia de Smirna sería del año 100 al 323.

VERS. 12-17: *Y escribe al ángel de la iglesia en Pérgamo: El que tiene la espada aguda de dos filos, dice estas cosas: Yo sé tus obras, y dónde moras, donde está la silla de Satanás; y retienes mi nombre, y no has negado mi fe, aun en los días en que fué Antipas mi testigo fiel, el cual ha sido muerto entre vosotros, donde Satanás mora. Pero tengo unas pocas cosas contra ti: porque tú tienes ahí los que tienen la doctrina de Balaam, el cual enseñaba a Balac a poner escándalo delante de los hijos de Israel, a comer de cosas sacrificadas a los ídolos, y a cometer fornicación. Así también tú tienes a los que tienen la doctrina de los Nicolaítas, lo cual yo aborrezco. Arrepiéntete, porque de otra manera vendré a ti presto, y pelearé contra ellos con la espada de mi boca. El que tiene oído, oiga lo que el Espíritu dice a las iglesias. Al que venciere, daré a comer del maná escondido, y le daré una piedrecita blanca, y en la piedrecita un nombre nuevo escrito, el cual ninguno conoce sino aquel que lo recibe.*

La iglesia de Pérgamo—No se expresó una sola palabra de condenación contra la iglesia anterior. La persecución tiende siempre a mantener a la iglesia pura, e incita a sus miembros a la piedad. Pero llegamos ahora al período representado por la iglesia de Pérgamo, durante el cual empezaron a obrar influencias que introdujeron errores y males en la iglesia.

La palabra "Pérgamo" significa "altura, elevación." Fué una época durante la cual los verdaderos siervos de Dios tuvieron que luchar contra el espíritu de política mundana, orgullo y popularidad que asomaba entre quienes profesaban seguir a Cristo, y contra las manifestaciones virulentas del misterio de iniquidad, que resultó finalmente en el pleno desarrollo del "hombre de pecado," o sea el papado. (2 Tesalonicenses 2:3.)

El elogio—"Donde está la silla de Satanás." Cristo reconoce la situación desfavorable de su pueblo durante esa época. El lenguaje no tiene probablemente por fin designar una localidad. Satanás obra dondequiera que moren los cristianos. Pero hay ciertamente momentos en que obra con poder especial, y la época abarcada por la iglesia de Pérgamo fué uno de ellos. Durante ese período, se estaba corrompiendo la doctrina de Cristo, estaba obrando el misterio de iniquidad, y Satanás estaba echando los fundamentos de un estupendo sistema de apostasía: el papado. De ahí la desviación predicha por Pablo en 2 Tesalonicenses 2:3.

Es interesante notar que la ciudad de Pérgamo llegó a ser la sede del antiguo culto babilónico del sol. "Los magos caldeos tuvieron un largo período de prosperidad en Babilonia. Un pontífice designado por el soberano presidía un colegio de 72 hierofantes. . . . [Después de la ocupación medo-persa] los caldeos derrotados huyeron al Asia Menor, y establecieron su colegio central en Pérgamo, donde habían llevado consigo el Paladión de Babilonia, o piedra cúbica. Allí, libres del control del Estado, perpetuaron los ritos de su religión, e intrigando con los griegos maquinaron contra la paz del Imperio Persa."[7]

Antipas—Hay buenos motivos para creer que este nombre se refiere a una clase de personas, y no a un individuo; porque no tenemos ni se puede hallar ahora información auténtica acerca de un personaje tal. Con respecto a esto dice Guillermo Miller:

"Se supone que Antipas no era una persona, sino una clase de hombres que se oponía en esa época al poder de los obispos, o papas, y que la palabra es una combinación de dos vocablos: 'Anti,' *opuesto,* y papas,' *padre o papa.* Muchos de esos hombres sufrieron el martirio en aquel tiempo en Constantinopla y en Roma, donde los obispos y papas empezaban a ejercer el poder que pronto sometió a los reyes de la tierra y pisoteó los derechos de la iglesia de Cristo. Y, por mi parte, no veo motivo para rechazar esta explicación de la palabra 'Antipas' en este texto, puesto que la historia de aquellos tiempos calla en absoluto acerca de un individuo así llamado."[8]

El Diccionario Bíblico de Watson dice: "La historia eclesiástica antigua no contiene una sola mención de este Antipas."[9] Adán Clarke alude a la existencia de un escrito llamado los "Hechos de Antipas," pero nos da a entender que no merece crédito.[10]

La causa de queja—Las situaciones desventajosas no excusan la presencia de los males en la iglesia. Aunque esta iglesia actuaba en un momento en que Satanás elaboraba poderosas seducciones, sus miembros tenían el deber de mantenerse libres de sus malas doctrinas. De ahí que se los censure por albergar entre sí a quienes sostenían las doctrinas de Balaam y de los Nicolaítas. (Véanse los comentarios sobre los Nicolaítas en el vers. 6.) La doctrina de Balaam nos es revelada parcialmente aquí. Enseñó a Balac a poner una piedra de tropiezo delante de los hijos de Israel. (Véase el relato completo de su obra y sus resultados en Números 22:25; 31:13-16.) Parece que Balaam deseaba maldecir a Israel para obtener la rica recompensa que Balac le había ofrecido. Pero como el Señor no le permitía maldecirlo, resolvió lograr esencialmente el mismo resultado de otra manera. Aconsejó a Balac que sedujera a los israelitas por medio de las mujeres de Moab para que participasen en la celebración de los ritos idólatras y todos los actos licenciosos que los acompañaban. El plan tuvo éxito. Las abominaciones de la idolatría se difundieron por el campamento de Israel, cayó sobre éste la maldición de Dios y murieron 24.000 personas.

Las doctrinas cuya presencia en la iglesia de Pérgamo provocan una queja eran similares en su tendencia, pues llevaban a la idolatría espiritual, y a una relación ilícita entre la iglesia y el mundo. Este espíritu produjo finalmente la unión de los poderes civiles y eclesiásticos que culminó en la formación del papado.

La amonestación—Cristo declaró que si no se arrepentían los miembros de la iglesia de Pérgamo, tomaría el asunto en sus propias manos, y vendría contra ellos (en juicio), y pelearía contra ellos (los que sostenían esas malas doctrinas); y toda la iglesia sería considerada responsable de los males que habían ocasionado los herejes que ella había albergado en su medio.

La promesa al vencedor—Al vencedor se le promete que comerá del maná oculto, y recibirá la aprobación de su Señor en forma de una piedra blanca, en la cual habrá un nombre nuevo y precioso. La mayoría de los comentadores aplican el maná, la piedra blanca y el nombre nuevo, a las bendiciones espirituales que se pueden disfrutar en esta vida; pero como todas las demás promesas hechas al vencedor, éstas se refieren indudablemente al futuro y se cumplirán cuando llegue el tiempo en que los santos serán recompensados. Las siguientes explicaciones son de las más acertadas:

"Los comentadores suponen en general que esto se refiere a la antigua costumbre judicial de dejar caer una piedra negra en una urna cuando se quería expresar condenación, o una piedra blanca cuando se indultaba al prisionero. Pero éste es un acto tan distinto del descrito en el pasaje que consideramos: Le daré una piedrecita blanca,' que nos sentimos dispuestos a concordar con aquellos que piensan que se refiere más bien a una costumbre muy diferente, y no desconocida para quien haya leído los clásicos, que concuerda en forma bella y muy apropiada con el caso que tenemos delante. En tiempos primitivos, cuando resultaba difícil viajar por falta de lugares de hospedaje público, la hospitalidad era ejercida mayormente por particulares. Encontramos frecuentes rastros de ello en toda la historia, y más que en cualquier otra parte en el Antiguo Testamento. Entre las personas que eran objeto de esa hospitalidad y las que la practicaban, se trababan con frecuencia relaciones de profunda amistad y consideración mutua; y llegó a ser una costumbre bien establecida entre los griegos y los romanos facilitar a los huéspedes alguna marca particular, que se transmitía de padres a hijos y aseguraba la hospitalidad y el buen trato cuandoquiera que se la presentaba. Esta marca era generalmente una piedrecita blanca, cortada por el medio, sobre cuyas mitades el dueño de casa y su huésped escribían mutuamente sus nombres, para después intercambiarlas. La presentación de esta piedra bastaba para asegurar amistad para ellos y sus descendientes cuandoquiera que volvieran a viajar por la misma región, aunque es evidente que estas piedras tenían que guardarse privadamente, y ocultarse con cuidado los nombres escritos en ellas, no fuese que otras personas obtuviesen los privilegios en vez de aquellas a quienes estaban destinados.

"Cuán natural es, pues, la alusión a esta costumbre en las palabras: Le daré a comer del maná escondido;' y habiéndolo hecho, habiéndole hecho participar de mi hospitalidad, habiéndole reconocido como mi huésped, mi amigo, le regalaré la 'piedrecita blanca, y en la piedrecita un nombre nuevo escrito, el cual ninguno conoce sino aquel que lo recibe.' Le daré una garantía de mi amistad, sagrada e inviolable, que él solo conocerá."[11]

Acerca del nuevo nombre, Juan Wesley dice muy apropiadamente: "Jacob, después de su victoria, ganó el nuevo nombre de Israel. ¿Quieres tú saber cual será tu nuevo nombre? Es muy fácil: Vence. Mientras no hayas vencido, serán vanas todas tus averiguaciones. Entonces lo leerás en la piedra blanca." [12]

La época de esa iglesia—El período abarcado por esa iglesia se extiende desde los días de Constantino, o más bien desde su presunta conversión al cristianismo en 323 hasta el establecimiento del papado en 538.

VERS. 18-29: *Y escribe al ángel de la iglesia en Tiatira: El Hijo de Dios, que tiene sus ojos como llama de fuego, y sus pies semejantes al latón fino, dice estas cosas: Yo he conocido tus obras, y caridad, y servicio, y fe, y tu paciencia, y que tus obras postreras son más que las primeras. Mas tengo unas pocas cosas contra ti: porque permites aquella mujer Jezabel (que se dice profetisa) enseñar, y engañar a mis siervos, a fornicar, y a comer cosas ofrecidas a los ídolos. Y le he dado tiempo para que se arrepienta de la fornicación; y no se ha arrepentido. He aquí, yo la echo en cama, y a los que adulteran con ella, en muy grande tribulación, si no se arrepintieren de sus obras: y mataré a sus hijos con muerte; y todas las iglesias sabrán que yo soy el que escudriño los riñones y los corazones: y daré a cada uno de vosotros según sus obras. Pero yo digo a vosotros, y a los demas que estáis en Tiatira, cualesquiera que no tienen esta doctrina, y que no han conocido las profundidades de Satanás, como dicen: Yo no enviaré sobre vosotros otra carga. Empero la que tenéis, tenedla hasta que yo venga, y al que hubiere vencido, y hubiere guardado mis obras hasta el fin, yo le daré potestad sobre las gentes; y las regirá con vara de hierro, y serán quebrantados como vaso de alfarero, como también yo he recibido de mi Padre: y le daré la estrella de la mañana. El que tiene oído, oiga lo que el Espíritu dice a las iglesias.*

Si el período abarcado por la iglesia de Pérgamo ha sido localizado correctamente, terminó cuando se estableció el papado en 538. La división más natural que se pueda asignar a la iglesia de Tiatira sería la duración de la supremacía papal, o sea los 1.260 años que transcurren desde 538 a 1798.

La iglesia de Tiatira—Tiatira significa "dulce sabor de trabajo," o "sacrificio de contrición." Esto describe bien el estado de la iglesia de Jesucristo durante el largo período del triunfo y la persecución papales. Esta era que fué de espantosa tribulación para la iglesia cual nunca hubo (Mateo 24:21) mejoró la condición religiosa de los creyentes. De ahí que reciban, por sus obras, caridad, servicio, fe y paciencia, el elogio de Aquel cuyos ojos son llama de fuego. Se mencionan de nuevo las obras, como dignas de doble elogio, ya que las últimas fueron mejores que las primeras. La condición de los miembros ha mejorado; han crecido en la gracia y en todos aquellos elementos del cristianismo. Este progreso, en tales condiciones, fué elogiado por el Señor.

Esta iglesia es la única a la cual se elogia por haber mejorado en las cosas espirituales. Pero así como en la iglesia de Pérgamo las circunstancias desfavorables no excusaban la existencia de falsas doctrinas, en ésta ninguna cantidad de trabajo, caridad, servicio, fe o paciencia podía servir de compensación por la presencia de un pecado parecido. Se le dirige, pues, una represión por tolerar a un agente de Satanás en su medio.

La causa de queja—"Aquella mujer Jezabel." Como en la iglesia precedente Antipas no representaba a un individuo sino a una clase de personas, "Jezabel" debe entenderse en el mismo sentido. Watson afirma: "El nombre de Jezabel se usa proverbialmente. Apoc. 2:20." [13] Y Miller explica:

"Jezabel es un nombre figurativo, alusivo a la esposa de Acab, que mató a los profetas de Jehová, indujo a su esposo a la idolatría, y alimentó a los protetas de Baal en su propia mesa. No podría haberse usado una figura más vívida para describir las abominaciones papales. (Véase 1 Reyes 18, 19, y 21. . ..) Es muy evidente por la historia, y por este versículo del Apocalipsis que la iglesia de Cristo permitió que en su seno predicasen o enseñasen algunos de los monjes papales."[14]

Cierto comentarista hace la siguiente observación con referencia al vers. 23: "Se habla de los hijos, lo cual confirma la idea de que esto se refiere a una secta y sus prosélitos."[15]

Los castigos con que se amenaza a esta mujer armonizan con las amenazas que hay en otras partes de este libro contra la iglesia católica romana bajo el símbolo de una mujer corrompida, madre de las rameras y abominaciones de la tierra. (Véase Apocalipsis 17-19.) La muerte con la cual se la amenaza es indudablemente la segunda muerte, que llegará al fin de los mil años de Apocalipsis 20, cuando el que escudriña los ríñones y los corazones de todos los hombres les dará una justa retribución. Notemos, además, la declaración: "Y daré a cada uno de vosotros según sus obras," como prueba de que las palabras dirigidas a esta iglesia se aplican proféticamente a la recompensa final o castigo de todos los seres responsables.

"Todas las iglesias sabrán"—Se ha argüído que esta expresión demuestra que estas iglesias no podían denotar siete períodos *sucesivos* de la era evangélica, sino que debían existir contemporáneamente, o de lo contrario *todas* las iglesias no podrían saber que Cristo era el que escudriña los "ríñones y los corazones," al ver sus juicios sobre Jezabel y sus hijos. Pero ¿cuándo han de saber esto todas las iglesias? Cuando esos hijos sean castigados de muerte. Si es en el momento en que se inflige la segunda muerte a los impíos, entonces todas las iglesias sabrán al contemplar ese castigo que ninguna cosa secreta, ningún mal pensamiento o propósito del corazón escapaba al conocimiento de Aquel que, con ojos como llama de fuego, escudriña los corazones humanos.

"Yo no enviaré sobre vosotros otra carga." Creemos que esto encerraba para la iglesia una promesa de que sería aliviada la carga que le tocó soportar tanto tiempo, a saber el peso de la opresión papal. No puede aplicarse a la recepción de nuevas verdades, porque la verdad no es carga para ningún ser responsable. Pero los días de tribulación que le tocaba a la iglesia iban a ser acortados por causa de los escogidos. (Mateo 24:22.) "Serán ayudados--dice el profeta--de pequeño socorro." (Daniel 11:34.) "La tierra ayudó a la mujer," dice Juan. (Apocalipsis 12:16.)

La amonestación—"Tenedla hasta que yo venga." Estas son las palabras del "Hijo de Dios," y nos presentan una venida incondicional. A las iglesias de Efeso y Pérgamo, las amenazó con cierta venida condicional: "Arrepiéntete, porque de otra manera vendré a ti." Esta venida implicaba un castigo. Pero aquí se presenta una venida de un carácter diferente. No es una amenaza de castigo. No depende de ninguna condición. Se la presenta al creyente como una esperanza, y no puede referirse a otro acontecimiento que el futuro segundo advenimiento del Señor en gloria, cuando cesarán las pruebas del cristiano, cuando sus esfuerzos en la carrera de la vida y su lucha para obtener una corona de justicia serán recompensados con éxito eterno.

Esta iglesia nos lleva hasta el momento en que empezaron a cumplirse las señales más inmediatas del pronto advenimiento. En 1780, ocho años antes que se clausurase este período, se cumplieron las señales predichas con respecto al sol y la luna. (Véanse los comentarios sobre Apocalipsis 6:12.) Con referencia a estas señales el Salvador dijo: "Y cuando estas cosas comenzaren a hacerse, mirad, y levantad vuestras cabezas, porque vuestra redención está cerca."

(Lucas 21:28.) Llegamos en la historia de esta iglesia a un punto en que el fin se acerca tanto que se puede llamar apropiadamente la atención de la gente en forma más particular a dicho acontecimiento. Cristo había dicho a sus discípulos: "Negociad entre tanto que vengo." (Lucas 19:13.) Ahora dice, hablando de la carga que han de llevar: "Tenedla hasta que yo venga."

La promesa al vencedor—"Hasta el fin." Esto debe referirse al fin de la era cristiana. "El que perseverare hasta el fin--dijo Cristo,--éste será salvo." (Mateo 24:13.) ¿No encontramos aquí una promesa parecida para los que hacen las obras de Cristo, observan las cosas que él ordenó y guardan la fe de Jesús? (Apocalipsis 14:12.)

"Potestad sobre las gentes"—En este mundo reinan los impíos, y los siervos de Cristo no son estimados. Pero llega el tiempo en que la justicia dominará; cuando toda impiedad será vista tal cual es, y despreciada; y cuando el cetro del poder estará en las manos del pueblo de Dios. Esta promesa queda explicada por los siguientes hechos y pasajes: las naciones han de ser entregadas por el Padre en las manos de Cristo, para que las gobierne con vara de hierro, y las desmenuce como vaso de alfarero. (Salmo 2:8, 9.) Asociados con Cristo cuando él inicie así su obra de poder y juicio, estarán sus santos. (Apocalipsis 3:21.) Ellos han de reinar con él en este carácter mil años. (Apocalipsis 20:4.) Durante este plazo, queda determinado el castigo que han de recibir los impíos y los malos ángeles. (1 Corintios 6:2, 3.) Al fin de los mil años, los santos tienen el honor de participar con Cristo en la ejecución de la sentencia escrita. (Salmo 149:9.)

La estrella de la mañana—Cristo dice en A Apocalipsis 22:16, que él mismo es la estrella de la mañana, precursora inmediata del día. Lo que se llama aquí "estrella de la mañana" se llama "el lucero de la mañana" en 2 Pedro 1:19, donde se asocia con el amanecer: "Hasta que el día esclarezca, y el lucero de la mañana salga." Durante la larga noche de vigilia de los santos, tienen ellos la Palabra de Dios que derrama sobre su senda la luz que necesita. Pero cuando amanezca el lucero de la mañana en sus corazones, o la estrella de la mañana sea dada a los vencedores, serán admitidos a tener una relación tan estrecha con Cristo que sus corazones quedarán plenamente iluminados por su Espíritu, y andarán en su luz. Ya no necesitarán la palabra más permanente de la profecía, que resplandece ahora como una antorcha.

Notas del Capítulo 2:

[1] Tomás Newton, "Dissertations on the Prophecies," tomo 2, pág. 167.

[2] Tomás Scott, "Commentary," tomo 2, pág. 754, nota sobre Apocalipsis 2:1.

[3] José A. Seiss, "The Apocalypse," tomo 1, págs. 128, 129.

[4] F C. Cook, "The Bible Commentary, New Testament," tomo 4, págs. 530, 531.

[5] Augusto C. Thompson, "Morning Hours in Patmos," págs. 122, 123.

[6] Juan H. Kurtz, "Manual of Sacred History," pág. 50.

[7] Guillermo II. Barker, "'Lares and Penates," págs. 232, 233.

[8] Guillermo Miller, "Evidence from Scripture and History of the Second Coming of Christ," págs. 135, 136.

[9] Ricardo Watson, "A Biblical and Theological Dictionary," pág. 69, art. "Antipas."

[10] Adán Clarke, "Commentary on the New Testament," tomo 2, pág. 978, nota sobre Apocalipsis 2:13.

[11] Enrique Blunt. "A Practical Exposition of the Epistles to the Seven Churches of Asia," págs. 116-119.

[12] Juan Wesley. "Explanatory Notes Upon the New Testament," pág. 689, comentarios sobre Apocalipsis 2:17.

[13] Ricardo Watson, "A Biblical and Theological Dictionary," pág. 535.

[14] Guillermo Miller, "Evidence From Scripture and History of the Second Coming of Christ," pág. 139.

[15] Guillermo Jenks, "Comprehensive Commentary,"; tomo 5, pág. 674, nota sobre Apocalipsis 2:23.

[*] El nombre castellano es hoy "Esmirna," pero el vocable antiguo "Smirna," usado en la Biblia se asemeja más al original, y por esto se considera conveniente conservarlo, pues, como se verá, tiene un significado especial. —Nota del traductor.

Capítulo 3—"He Aquí, Yo Estoy a la Puerta y Llamo"

VERS. 1-6*: Y escribe al ángel de la iglesia en Sardis: El que tiene los siete Espíritus de Dios, y las siete estrellas, dice estas cosas: Yo conozco tus obras, que tienes nombre que vives, y estás muerto. Sé vigilante y confirma las otras cosas que están para morir; porque no he hallado tus obras perfectas delante de Dios. Acuérdate pues de lo que has recibido y has oído, y guárdalo, y arrepiéntete. Y si no velares, vendré a ti como ladrón, y no sabrás en qué hora vendré a ti. Mas tienes unas pocas personas en Sardis que no han ensuciado sus vestiduras: y anclaran conmigo en vestiduras blancas; porque son dignos. El que venciere, será vestido de vestiduras blancas; y no borraré su nombre del libro de la vida, y confesaré su nombre delante de mi Padre, y delante de sus ángeles. El que tiene oído, oiga lo que el Espíritu dice a las iglesias.*

La Iglesia De Sardis—Si se han fijado correctamente las fechas de las iglesias precedentes, el período abarcado por la iglesia de Sardis debe empezar hacia 1798. "Sardis" significa "príncipe o canto de gozo," o "lo que queda." Son, pues, las iglesias reformadas las que constituyen esta iglesia, desde la fecha mencionada arriba hasta el gran movimiento que señaló otra era en la historia del pueblo de Dios.

La causa de queja—El gran defecto que se le reprocha al ángel de Sardis es que tiene nombre de que está vivo, pero está muerto. ¡Cuán elevada fué la posición que, desde un punto de vista mundano, ocupó la iglesia nominal durante ese período! Llaman la atención sus títulos altisonantes, y el favor que gozó con el mundo. Pero tanto se habían desarrollado en ella el orgullo y laa popularidad que la espiritualidad había sido destruída, se había borrado la línea de separación entre la iglesia y el mundo, y las diferentes organizaciones populares eran iglesias de Cristo solamente de nombre.

Esta iglesia había de oír la proclamación de la doctrina del segundo advenimiento. "Y si no velares, vendré a ti como ladrón." Esto implica que la doctrina de! advenimiento sería proclamada, y se encargaría a la iglesia el deber de velar. La venida de la cual se habla es incondicional; es condicional solamente la manera en que se produciría para cada uno de sus miembros. El hecho de que no velasen no impediría la venida del Señor; pero si velaban podrían evitar que los sorprendiese como un ladrón. El día del Señor sorprenderá únicamente a quienes no velen. "Mas vosotros, hermanos--dice Pablo,--no estáis en tinieblas, para que aquel día os sobrecoja como ladrón." (1 Tesalonicenses 5:4.)

"Unas pocas personas en Sardis," parecería implicar un período de mundanalidad sin parangón en la iglesia. Pero aun en este estado de cosas, hay algunos cuyas vestiduras no se han contaminado, algunos que se han mantenido libres de la influencia corruptora del pecado. Santiago dice: "La religión *pura* y sin mácula delante de Dios y Padre es ésta: visitar los huérfanos y las viudas en sus tribulaciones, y guardarse sin *mancha de este mundo.*" (Santiago 1:27.)

La promesa hecha al vencedor—"Andarán conmigo en vestiduras blancas." El Señor no pasa por alto a sus hijos en ningún lugar, por pocos que sean. Cristiano solitario, que no puedes tener comunión con otros de la misma fe preciosa, ¿te parece a veces que las huestes de los incrédulos te han de absorber? El Señor no se ha olvidado de ti. La multitud de los impíos que te rodea no puede ser tan grande que te oculte de su visión. Si te mantienes sin mancha del mal que te rodea, la promesa es segura. Obtendrás la vestidura blanca del vencedor. Andarás con tu Señor en gloria.

"Porque el Cordero que está en medio del trono los pastoreará, y los guiará a fuentes vivas de aguas: y Dios limpiará toda lágrima de los ojos de ellos." (Apocalipsis 7:17.)

El ser vestido de vestidura blanca nos es explicado en otros pasajes como símbolo del trueque de la iniquidad por la justicia. (Véase Zacarías 3:4, 5.) La orden: "Quitadle esas vestimentas viles," nos es explicada por el lenguaje que sigue: "Mira que he hecho pasar tu pecado de ti." El "lino fino," o vestidura blanca, "son las justificaciones de los santos." (Apocalipsis 19:8.)

El libro de la vida—Aquí se introduce un objeto de interés conmovedor. ¡Voluminoso libro, en el cual están inscritos los nombres de todos los candidatos a la vida eterna! ¿Existe el peligro de que, después que nuestros nombres hayan sido anotados en ese diario celestial, puedan ser borrados? Sí, o esta amonestación no habría sido escrita. Aun Pablo temía ser desechado. (1 Corintios 9:27.) La única manera en que nuestros nombres pueden ser retenidos en ese libro consiste en que nos mantengamos vencedores hasta el fin. Pero no todos ganarán la victoria. Sus nombres, por supuesto, serán borrados. Se alude aquí a algún momento futuro definido en el cual se hará esta obra. Dice Cristo: *"No borraré"* los nombres de los vencedores, lo cual implica también que al mismo tiempo *borrará* los nombres de los que no hayan vencido. ¿No será en el tiempo mencionado por Pedro? "Así que, arrepentíos y convertíos, para que *sean borrados* vuestros *pecados;* pues que vendrán los tiempos del refrigerio de la presencia del Señor." (Hechos 3:19.)

Decir al vencedor que su nombre no será borrado del libro de la vida, es también decir que sus pecados serán borrados del libro en el cual están registrados, para no ser recordados contra él. (Hebreos 8:12.) Significa que, o su nombre o sus pecados tienen que ser borrados de los registros celestiales. ¡Cuán precioso es el pensamiento de que *ahora* somos perdonados si confesamos nuestras transgresiones! Entonces, si permanecemos fieles a Dios, estos pecados serán borrados cuando venga Jesús.

Cuando llegue esa hora decisiva, que no puede estar ya muy lejos en lo futuro, ¿cuál será tu caso, lector? ¿Habrán sido borrados tus pecados, y tu nombre conservado en el libro de la vida? O ¿será borrado tu nombre del libro de la vida, y tus pecados dejados para que presenten su espantoso testimonio contra ti?

La presentación en la gloria—"Confesaré su nombre delante de mi Padre, y delante de sus ángeles." Cristo enseñó que según los hombres lo confesaran o le negaran, lo despreciaran o le honraran aquí, él los confesaría o negaría delante de su Padre en el ciclo y delante de sus santos ángeles. (Mateo 10:32, 33; Marcos 8:38; Lucas 12:8, 9.) ¡Quién puede medir el honor que representa el ser aprobado delante de las huestes celestiales! ¡Quién puede concebir la felicidad de aquel momento en que seremos reconocidos por el Señor de la vida delante de su Padre como aquellos que hicieron su voluntad, pelearon la buena batalla, corrieron la carrera, le honraron delante de los hombres, vencieron, y cuyos nombres son, por los méritos de él, dignos de permanecer en el registro imperecedero del libro de la vida para siempre jamás!

VERS. 7-13: *Y escribe al ángel de la iglesia en Filadelfia: Estas cosas dice el Santo, el Verdadero, el que tiene la llave de David, el que abre y ninguno cierra, y cierra y ninguno abre: Yo conozco tus obras: he aquí, he dado una puerta abierta delante de ti, la cual ninguno puede cerrar; porque tienes un poco de potencia, y has guardado mi palabra, y no has negado mi nombre. He aquí, yo doy de la sinagoga de Satanás, los que se dicen ser Judíos, y no lo son, mas mienten; he aquí, yo los constreñiré a que vengan y adoren delante de tus pies, y sepan que yo te he amado. Porque has guardado la palabra de mi paciencia, yo también te guardaré de la hora de la tentación que ha de venir en todo el mundo,* *para probar a los que moran en la tierra. He aquí, yo vengo presto; retén lo que tienes, para que ninguno tome tu corona. Al que venciere, yo lo haré columna en el templo de mi Dios, y nunca más saldrá fuera; y escribiré sobre él el nombre de mi Dios, y el nombre de la ciudad de mi Dios, la nueva Jerusalem, la cual desciende del ciclo de con mi Dios, y mi nombre nuevo. El que tiene oído, oiga lo que el Espíritu dice a las iglesias.*

La iglesia de Filadelfia—La palabra "Filadelfia" significa "amor fraternal," y expresa la situación y el espíritu de aquellos que recibieron el mensaje adventista hasta el otoño de 1844. El gran despertar religioso que, proveniente del estudio de las profecías, se produjo durante la primera parte del siglo XIX, culminó en ese movimiento adventista. Hombres de todas las organizaciones religiosas se quedaron convencidos de que se acercaba la venida de Cristo. Al salir de las diversas iglesias, dejaron detrás de sí los nombres y los sentimientos sectarios. Los corazones latían acordes mientras lodos unían sus esfuerzos para dar la alarma a las iglesias y al mundo, y señalaban la venida del Hijo del hombre como la verdadera esperanza del creyente. Dejaban de lado el egoísmo y la codicia, y manifestaban un espíritu de consagración y sacrificio. El Espíritu de Dios acompañaba a cada verdadero creyente, y su alabanza estaba en cada lengua. Los que no participaron de ese movimiento no pueden comprender plenamente cuán profundamente se escudriñaban los corazones, se consagraban a Dios, y cuán grande era la paz y el gozo del Espíritu Santo, y el amor puro y ferviente que sentían unos hacia otros los verdaderos creyentes.

"La llave de David"—Una llave es símbolo de poder. El Hijo de Dios es heredero legítimo del trono de David; y él está por asumir su gran poder y reinar; de ahí que se nos representa como teniendo la llave de David. El trono de David, o de Cristo, sobre el cual ha de reinar, está incluído en la capital de su reino, la Nueva Jerusalén que está ahora en el cielo, pero se ha de asentar en esta tierra, donde él reinará para siempre jamás. (Apocalipsis 21:1-5; Lucas 1:32, 33.)

"El que abre y ninguno cierra"—Para comprender este lenguaje, es necesario considerar la posición de Cristo y su obra en relación con su ministerio en el santuario, o verdadero tabernáculo celestial. (Hebreos 8:2.) Una figura o modelo de este. santuario celestial existió una vez aquí en la tierra. Fué el santuario construído por Moisés. (Exodo 25:8, 9; Hechos 7:44; Hebreos 9:1, 21, 23, 24.) La estructura terrenal tenía dos departamentos: el lugar santo y el santísimo. (Exodo 26:33, 34.) En el primer departamento estaba el candelabro, la mesa de los panes de la proposición, y el altar del incienso. En el segundo se hallaban el arca, que contenía las tablas del pacto, o los Diez Mandamientos, y los querubines. (Hebreos 9:1-5.) El santuario en el cual Cristo ministra en el cielo tiene igualmente dos departamentos, porque se nos indica claramente en Hebreos 9:21-24 que "el tabernáculo y todos los vasos del ministerio" eran "figuras de las cosas celestiales." Como todas las cosas fueron hechas de acuerdo con su modelo, el santuario celestial tiene también muebles similares a los del terrenal. Para reconocer el antitipo del candelabro de oro y el altar del incienso, del primer departamento, véase Apocalipsis 4:5; 8:3; en cuanto al antitipo del arca del pacto, con sus Diez Mandamientos, véase Apocalipsis 11:10. Los sacerdotes ministraban en el santuario terrenal. (Exodo 28:41, 43; Hebreos 9:6, 7; 13:11.) El ministerio de esos sacerdotes era una sombra del ministerio de Cristo en el santuario celestial. (Hebreos 8:4, 5.)

El ciclo completo de los servicios se realizaba en el santuario terrenal una vez al ano. (Hebreos 9:7.) Pero en el santuario celestial el servicio se realiza una vez por todas. (Hebreos 7:27; 9:12.) Al final del ciclo típico anual, el sumo sacerdote entraba en el segundo departamento, o lugar santísimo del santuario, para hacer la expiación; y esta obra se llama apropiadamente la purificación del santuario. (Levítico 16:20, 30, 33; Ezequiel 45:18.) Cuando empezaba el ministerio en el lugar santísimo, cesaba el que se realizaba en el lugar santo; y no había servicio mientras el sacerdote se hallaba en el lugar santísimo. (Levítico 16:17.)

Un abrir y cerrar similar, o cambio de ministerio, debe ser realizado por Cristo cuando llega el momento de purificar el santuario celestial. El momento de iniciar este servicio llegó al fin de los 2.300 días, en 1844. A este suceso puede aplicarse apropiadamente el abrir y cerrar mencionado en el pasaje que consideramos, donde el acto de abrir representaría el comienzo del ministerio de Cristo en el lugar santísimo, y el acto de cerrar, la cesación de su servicio en el primer departamento, o lugar santo. (Véase la exposición del tema del santuario y su purificación, en relación con Daniel 8:14.)

El vers. 4 se aplica probablemente a los que no avanzan juntamente con el progreso de la luz de la verdad, y se oponen a que otros creyentes lo hagan. A los tales se les hará sentir todavía y confesar que Dios ama a los que obedecen a su Palabra, y siguen en el conocimiento de su verdad.

"La palabra de mi paciencia"—Juan dice en Apocalipsis 14:12: "Aquí está la paciencia de los santos; aquí están los que guardan los mandamientos de Dios, y la fe de Jesús." Los que viven ahora obedeciendo paciente y fielmente a los mandamientos de Dios y la te de Jesús, serán guardados en la hora de la tentación y peligro. (Véanse los comentarios sobre Apocalipsis 13:13-17

"He aquí, yo vengo presto."--Vuelve a presentarse aquí la segunda venida de Cristo, con mayor énfasis que en cualquiera de los mensajes precedentes. La atención de los creyentes es llamada a la proximidad de este acontecimiento. El mensaje se aplica a un período en que es inminente este gran suceso. Esto evidencia en forma indubitable la naturaleza profética de este mensaje. Lo dicho a las primeras tres iglesias no contiene alusión alguna a la segunda venida de Cristo, por el hecho de que en los períodos que abarcan no se podía esperar bíblicamente este acontecimiento. Pero con la iglesia de Tiatira había llegado el momento en que esa gran esperanza empezaba a amanecer para la iglesia. Se llama la atención a esa esperanza por una simple alusión: "Tenedla [vuestra carga] hasta que yo venga."

La siguiente etapa de la iglesia, el período de Sardis, encuentra a la iglesia más cerca de este acontecimiento, y se menciona la gran proclamación que ha de anunciar la venida de Cristo, y se impone a la iglesia el deber de velar: "Y si no velares, vendré a ti como ladrón." Llegamos más tarde a la Iglesia de Filadelfia, y la proximidad del mismo gran acontecimiento induce entonces al Santo y Verdadero a pronunciar la conmovedora declaración: "He aquí, yo vengo presto."

De todo esto se desprende que estas iglesias ocupan épocas sucesivamente más cercanas al gran día del Señor, puesto que, con una insistencia que va en aumento, este gran acontecimiento se recalca más y más, y se va llamando la atención a él en forma definida e impresionante. Al llegar a este período, la iglesia puede ver en verdad que el día se acerca. (Hebreos 10:25.)

La amonestación—"Retén lo que tienes, para que ninguno tome tu corona." Por nuestra fidelidad, no privamos a nadie de la corona. El verbo traducido por "tomar" tiene unas cuantas definiciones, una de las cuales es "quitar, arrebatar, *privar de.*" Nadie ni cosa alguna os induzca a renunciar a la verdad, ni os aparte de los caminos rectos del Señor, para haceros así perder la recompensa.

La promesa hecha al vencedor—El vencedor ha de ser una columna en el templo de Dios, y no saldrá más. El templo debe representar aquí a la iglesia, y la promesa de ser hecho columna en él es la promesa de un lugar de honor, permanencia y seguridad en la iglesia, representada como un edificio celestial. Cuando llegue el momento de cumplirse esta parte de la promesa, habrá terminado el tiempo de gracia, y el vencedor estará plenamente establecido en la verdad y sellado. "Y nunca más saldrá fuera," es decir, ya no habrá peligro de que caiga. Pertenecerá al Señor para siempre, y su salvación estará asegurada para siempre.

Se puede decir que desde el momento en que los cristianos venzan y sean sellados para el cielo, estarán rotulados como pertenecientes a Dios y a Cristo, y llevarán la dirección de su destino: la nueva Jerusalén. Han de llevar escrito sobre sí, el nombre de Dios, a quien pertenecen; y el nombre de la nueva Jerusalén, no la vieja Jerusalén que algunos buscan en vano. También llevarán sobre sí el nuevo nombre de Cristo, por cuya autoridad han de recibir la vida eterna, y entrar en el reino. Así sellados y rotulados, los santos de Dios estarán seguros. Ningún enemigo podrá impedirles que lleguen a su destino, el glorioso puerto de descanso, la Nueva Jerusalén celestial.

VERS. 14-22: *Y escribe al ángel de la iglesia en Laodicea: He aquí dice el Amén, el testigo fiel y verdadero, el principio de la creación de Dios: Yo conozco tus obras, que ni eres frío, ni caliente. ¡Ojalá fueses frío, o caliente! Mas porque eres tibio, y no frío ni caliente, te vomitaré de mi boca. Porque tú dices: Yo soy rico, y estoy enriquecido, y no tengo necesidad de ninguna cosa; y no conoces que tú eres un cuitado y miserable y pobre y ciego y desnudo; yo te amonesto que de mi compres oro afinado en fuego, para que seas hecho rico, y seas vestido de vestiduras blancas, para que no se descubra la vergüenza de tu desnudez; y unge tus ojos con colirio, para que veas. Yo reprendo y castigo a todos los que amo: sé pues celoso, y arrepiéntete. He aquí, yo estoy a la puerta y llamo: si alguno oyere mi voz y abriere la puerta, entraré a él, y cenaré con él, y él conmigo. Al que venciere, yo le daré que se siente conmigo en mi trono; así como yo he vencido, y me he sentado con mi Padre en su trono. El que tiene oído, oiga lo que el Espíritu dice a las iglesias.*

La iglesia de Laodicea—"Laodicea" significa "el juicio del pueblo," o según Cruden, "un pueblo justo." El mensaje dirigido a esta iglesia presenta las escenas finales del tiempo de gracia. Revela un plazo de juicio. Es la última etapa de la iglesia. Por consiguiente se aplica a los que han creído en el mensaje del tercer ángel, el último mensaje de misericordia que se proclame antes de la venida de Cristo. (Apocalipsis 14:9-14.) Mientras se realiza la obra del gran día Je expiación, y progresa el juicio investigador referente a la casa de Dios, hay un período durante el cual la iglesia que aguarda, observa como regla de vida la santa y justa ley de Dios.

"He aquí dice el Amén."—Este es pues el mensaje final dirigido a las iglesias antes del fin del tiempo de gracia. La descripción que se hace de los indiferentes miembros de Laodicea es sorprendente y terrible. Sin embargo, es innegable, porque el Testigo es "fiel y verdadero." Además, es el "principio de la creación de Dios." Basados en este lenguaje, algunos han intentado sostener el error de que Cristo es un ser creado, cuya existencia es anterior a la de cualquier otro ser o cosa creada, es decir que sigue en orden al Dios eterno y existente de por sí. Pero el lenguaje no implica que fuera creado; porque las palabras "el principio de la creación" pueden significar simplemente que hablando estrictamente él inició la obra de la creación. "Sin él nada de lo que es hecho, fué hecho." Pero otros, parece con más propiedad, interpretan la palabra *arché* como significando el "agente" o "causa eficiente," que es una de las definiciones de la palabra, y entienden que Cristo es el agente por medio del cual Dios creó todas las cosas.

La causa de queja—La acusación presentada contra los laodiceos es que son tibios, ni fríos ni calientes. Carecen de aquel fervor religioso y de aquella devoción exigidas por su situación en el momento final de la historia del mundo y por el hecho de que resplandece la luz de la profecía sobre su senda. Esta tibieza se demuestra por la falta de buenas obras, porque es el conocimiento de sus obras lo que induce al Testigo fiel y verdadero a presentar esta terrible acusación contra ellos.

"¡Ojalá fueses frío, o caliente!"—En este mensaje se presentan tres condiciones espirituales: la fría, la tibia y la caliente. Es importante determinar qué representa cada condición, a fin de precavernos contra las conclusiones erróneas. Se han de considerar tres condiciones espirituales que afectan a la iglesia y no al mundo. No es difícil concebir lo que significa el término "caliente." En seguida la mente evoca un estado de celo intenso, cuando todos los afectos, elevados a la mayor tensión, se encauzan hacia Dios y su causa, y se manifiestan en las obras correspondientes. Ser tibio es carecer de ese celo, es estar en una condición en que falta fervor en el corazón, en que no hay abnegación, no se lleva cruz alguna, no se testifica resueltamente por Cristo, y ninguna agresión valiente mantiene brillante la armadura. Lo peor de todo es que implica completa *satisfacción* con esa condición. Pero ser frío, ¿qué es? ¿Denota un estado de corrupción, impiedad y pecado, como el que caracteriza el mundo de los incrédulos? No podemos considerarlo así por varias razones:

Nos repugnaría representarnos a Cristo como deseando, cualesquiera que fuesen las circunstancias, que ciertas personas se hallasen en tales condiciones, porque dice: " *¡Ojalá fueses frío, o* caliente!" Ningún estado puede ofender más a Cristo que el del pecador en abierta rebelión, con el corazón lleno de todo mal. Sería por lo tanto incorrecto representarse a Cristo como prefiriendo aquel estado a cualquier situación en que sus hijos puedan estar mientras siguen siendo suyos.

En el vers. 16, amenaza con desecharlos *porque* no son *ni* fríos *ni* calientes. Es como decir que si fuesen fríos o calientes, no serían rechazados. Pero si *frío* representara un estado de abierta impiedad mundanal, serían rechazados muy prestamente. De ahí que tal no pueda ser el significado.

Nos vemos obligados a concluir que en estas palabras nuestro Señor no se refiere a los que están fuera de su iglesia, sino que menciona tres grados de afecto espiritual, dos de los cuales le son más aceptables que el tercero. El calor y el frío son preferibles a la tibieza. Pero ¿qué clase de condición espiritual denota el término "frío"? Podemos observar en primer lugar que es una condición de *sentimiento.* En este respecto es superior a la tibieza, que es un estado de comparativa insensibilidad, indiferencia y suprema satisfacción consigo mismo. El ser caliente es también un estado de sentimiento. Como el "calor" denota un fervor gozoso, un ejercicio vivo de todos los afectos, con un corazón rebosante de la sensible presencia de Dios y su amor, el "frío" parecería denotar una condición espiritual que se caracteriza por la falta de estos rasgos, aunque en dicha condición la persona *siente* esta falta. Este estado queda bien descrito por el lenguaje de Job: "¡Quién me diera el saber dónde hallar a Dios!" (Job 23:3.)

En este estado no hay indiferencia, ni hay contentamiento, sino una sensación de frialdad, incomodidad y falta de preparación. Se busca algo mejor. Hay esperanza para una persona que se halle en tal condición. Cuando un hombre siente que le falta algo y lo desea, se esforzará por obtenerlo. El rasgo más desalentador de los tibios es que no sienten falta ni necesidad de algo. Resulta pues fácil comprender por qué nuestro Señor preferiría ver a su iglesia en una condición de frialdad incómoda, más bien que en una condición de cómoda tibieza indiferente y fácil. La persona no quedará mucho tiempo fría. Sus esfuerzos no tardarán en conducirla a una condición férvida.

Pero si es tibia, corre el peligro de permanecer así hasta que el Testigo fiel y veraz se vea obligado a rechazarla como causa de náuseas y repugnancia.

"Te vomitaré de mi boca"—Aquí la figura se lleva más adelante, y el rechazamiento de los tibios queda expresado por las náuseas que ocasiona el agua tibia. Esto significa un rechazamiento final, una completa separación de su iglesia.

"Rico, y estoy enriquecido"—Así piensan los laodiceos que es su condición. No son hipócritas, porque *no saben* que son pobres, miserables, ciegos y desnudos.

La amonestación—"De mí compres," dice el verdadero Testigo, "oro afinado en fuego, para que seas hecho rico, y seas vestido de vestiduras blancas; . . . y unge tus ojos con colirio, para que veas." Esto muestra en seguida a los engañados laodiceos las cosas de que carecen, y el grado de su indigencia. Les muestra también dónde pueden obtener aquellas cosas en que son tan terriblemente pobres, y les presenta la necesidad de obtenerlas rápidamente. El caso es tan urgente que nuestro gran Abogado ante el tribunal celestial nos envía un consejo especial al respecto. El hecho de que el que ha condescendido a señalarnos nuestras faltas y a aconsejarnos lo que hemos de comprar es el que tiene estas cosas para otorgárnoslas y nos invita a pedírselas, es la mejor garantía posible de que nuestra solicitud será aceptada y nos será concedido lo que pidamos.

Pero ¿cómo podemos comprar estas cosas? Exactamente como conseguimos las otras gracias del Evangelio. "A todos los sedientos: Venid a las aguas; y los que no tienen dinero, venid, comprad, y comed. Venid, comprad, sin dinero y sin precio, vino y leche." (Isaías 55:1.) Podemos comprar así con tan sólo pedir; comprar desechando las cosas sin valor de la tierra y recibiendo en su lugar los tesoros inestimables, comprar yendo simplemente a Cristo y recibiendo, comprar sin dar nada en compensación. ¿Qué compramos en estas condiciones misericordiosas? Pan que no perece, vestidura inmaculada que no se ensucia, riquezas que no se corrompen, y una herencia que no se marchita. ¡Extraña transacción es ésta! Sin embargo, el Señor condesciende a tratar así con su pueblo. Podría obligarnos a presentarnos como mendigos; pero en vez de eso nos da los tesoros de su gracia, y en retribución recibe nuestra indignidad, a fin de que podamos recibir las bendiciones que él tiene para darnos, no como pitanzas que se dan a los mendigos, sino como posesiones legítimas de una compra honorable. Las cosas que se han de obtener exigen que las notemos en forma especial.

"Oro afinado en fuego"—El oro, considerado literalmente, es un substantivo que abarca todos los bienes y riquezas del mundo. Figurativamente, debe denotar lo que constituye las riquezas espirituales. ¿Qué gracia, pues, representa el oro? Indudablemente no es una sola la gracia que responde al sentido completo de ese término. El Señor dijo a la iglesia de Smirna que él conocía su pobreza, pero que era rica. Ese testimonio demuestra que sus riquezas consistían en aquello cuya posesión iban a recibir finalmente sus miembros con la corona de la vida. Dice Santiago:

"Hermanos míos amados, oíd: ¿No ha elegido Dios los pobres de este mundo, *ricos en fe,* y herederos del reino que ha prometido a Sos que le aman?" (Santiago 2:5.) Y Pablo afirma: "Es pues la fe la substancia de las cosas que se esperan, la demostración de las cosas que no se ven." (Hebreos 11:1.) Ser "rico para con Dios," ricos en el sentido espiritual es tener derecho a las promesas, ser heredero de aquella "herencia incorruptible, y que no puede contaminarse, ni marchitarse, reservada en los cielos." (1 Pedro 1:4.) "Y si vosotros sois de Cristo, ciertamente la simiente de Abraham sois, y conforme a la promesa los herederos." (Gálatas 3:29.) ¿Cómo obtenemos esta herencia? De la misma manera que Abrahán obtuvo la promesa, es decir por la fe. (Romanos 4:13,14.)

No es pues extraño que todo el capítulo 11 de los Hebreos se dedique a este asunto importante, y presente las grandes hazañas que se realizaron, y las preciosas promesas que se obtuvieron por la fe. En Hebreos 12:1, nos es dada la gran conclusión del argumento, en la exhortación que se dirige a los cristianos para que desechen todo peso y el pecado (de la incredulidad) que con tanta facilidad los asedia.

No hay cosa que agotará más pronto las fuentes de la espiritualidad y nos hundirá en completa pobreza con referencia a las cosas del reino de Dios, como el dejar que se apague la fe y penetre la incredulidad en el corazón. Para que agrade a los ojos de Dios, toda acción debe ser inspirada por la fe. Al venir a él, lo primero que necesitamos hacer es creer que él existe. Somos salvos por la fe como principal agente de la gracia que es el don de Dios. (Hebreos 11:6; Efesios 2:8.)

De esto se desprende que la fe es el elemento principal de la riqueza espiritual. Pero si, como ya se ha observado, ninguna gracia única puede responder al significado completo del término "oro," es indudable que deben incluirse otras cosas con la fe. "La fe es la substancia de las cosas que se esperan." De ahí que la esperanza acompañe inseparablemente a la fe. (Hebreos 11:1; Romanos 8:24, 25.) Pablo nos dice, además, que la fe obra por amor, y nos habla en otro lugar de ser "ricos en buenas obras." (Gálatas 5:6; 1 Timoteo 6:18.) Es decir que el amor no puede separarse de la fe. Encontramos por lo tanto que las tres cosas son asociadas por Pablo en 1 de Corintios 13: la fe, la esperanza y la caridad (o amor); pero la mayor es la caridad, que es "rica en buenas obras." Tal es el oro probado por fuego que se nos aconseja que compremos.

"Vestiduras blancas"—Acerca de este punto no parece que haya lugar a mucha controversia. Unos pocos pasajes nos proporcionarán la clave para comprender esta expresión. Dice el profeta que "todas nuestras justicias [son] como trapo de inmundicia." (Isaías 64:6.) Se nos aconseja que compremos lo opuesto de los trapos de inmundicia, a saber una vestidura completa y sin mancha. Se emplea la misma figura en Zacarías 3:3, 4, y Juan, en Apocalipsis 19:8, dice claramente que "el lino fino son las justificaciones de los santos."

El colirio—Es más fácil que haya diversidad de opinión en. cuanto al colirio que con respecto a la vestidura blanca. El ungimiento de los ojos no se ha de tomar ciertamente en sentido literal, porque se alude aquí a cosas espirituales. El colirio debe denotar algo que vivifique nuestro discernimiento espiritual. La Palabra de Dios nos revela un solo agente que realice esto, a saber el Espíritu Santo. En Hechos 10:38, leemos que en "cuanto a Jesús de Nazaret; . . . le ungió Dios de Espíritu Santo." El mismo autor que nos transmitió la revelación de Jesucristo que estamos estudiando, escribió como sigue a la iglesia en su primera epístola:

"Mas vosotros tenéis la unción del Santo, y conocéis todas las cosas. . . . Pero la unción que vosotros habéis recibido de él, mora en vosotros, y no tenéis necesidad que ninguno os enseñe; mas como la unción misma os enseña de todas cosas, y es verdadera, y no es mentira, así como os ha enseñado, perseveraréis en él." (1 Juan 2:20, 27.) Si recurrimos a su Evangelio, descubrimos que la obra que Juan presenta aquí como realizada por la unción es exactamente la misma que allí atribuye al Espíritu Santo. "El Consolador, el Espíritu Santo, al cual el Padre enviará en mi nombre, él os enseñará todas las cosas, y os recordará todas las cosas que os he dicho." (Juan 14:26. Véase también Juan 16:13.)

El Testigo fiel y verdadero nos aconseja pues formal y solemnemente, bajo las figuras del oro, la vestidura blanca y el colirio, que procuremos de él un incremento de las gracias celestiales de la fe, la esperanza y la caridad, la justicia que él solo puede dar, y una unción del Espíritu Santo. Pero ¿cómo es posible que un pueblo carente de estas cosas se considere rico? Puede hacerse una deducción posible y tal vez necesaria, pues no cabe otra. Se observará que los laodiceos no son censurados por las doctrinas que sostienen. No se los acusa de albergar a Jezabel en su medio, ni de tolerar las doctrinas de Balaam o de los Nicolaítas. Por cuanto sepamos, su creencia es correcta, y sana su doctrina.

La deducción que se hace, por lo tanto, es que se conforman con tener una doctrina correcta. Se quedan satisfechos con una forma correcta de religión, sin la eficacia de ella. Habiendo recibido la luz acerca de los acontecimientos finales de la era evangélica, y teniendo un conocimiento teórico correcto de las verdades destinadas a la última generación humana, se inclinan a confiar en esto y descuidan el poder espiritual que cambia la vida y forma un carácter enérgico. Por sus acciones, indudablemente, no por sus palabras, se declaran ricos. Teniendo tanta luz y tanta verdad, ¿qué más pueden necesitar? ¿No está completa su justicia, con tal que defiendan la teoría y en su vida exterior se conformen al aumento de luz que han recibido sobre los mandamientos de Dios y la fe de Jesús? ¿No son acaso ricos y no tienen necesidad de nada? En esto estriba su fracaso. Todo su ser debiera clamar por el espíritu, el celo, el fervor, la vida y el poder del cristianismo vivo.

La prueba del amor—Por extraño que parezca, el castigo es la prueba del amor. "Yo reprendo y castigo a todos los que amo." Si somos sin castigo, no somos hijos. (Hebreos 12:8.) Dice Augusto C. Thompson: "Aquí se presenta una ley general de su misericordiosa economía. . . . Como en cierta medida todos necesitan castigo, todos lo reciben en cierta medida, y así tienen pruebas del afecto del Salvador. Esta es una lección difícil de aprender, y los creyentes son alumnos tardos; sin embargo hay aquí y allá en toda la Palabra de Dios y su providencia, demostraciones de que las pruebas son bendiciones suyas, y de que ningún hijo escapa a la vara. Los bloques incorregiblemente mal formados y de grosera contextura son retocados, mientras que los escogidos para la gloriosa estructura son sometidos al cincel y el martillo. No hay en la vid verdadera racimo que no deba pasar por el lagar. 'Por mi parte--dijo un antiguo teólogo en gran aflicción,--bendigo a Dios porque en esta airada dispensación suya he observado y sentido tanta misericordia que estoy casi transportado. Me agrada por cierto pensar en cuán infinitamente dulces serán sus misericordias, cuando son tan misericordiosos sus juicios.' Por lo tanto, en vista del origen y designio de los castigos que recibes; 'Sé pues celoso, y arrepiéntete.' No pierdas tiempo; no pierdas un solo golpe de la vara, sino arrepiéntete en seguida. Sé ferviente en espíritu. Esta es la primera aplicación del estímulo."[1]

Sé celoso y arrepiéntete—Aunque, como ya lo hemos visto, la condición representada por la frialdad es preferible a la tibieza, no es el estado en el cual nuestro Señor desea encontrarnos. Nunca se nos exhortó a procurar ese estado. Hay otro mucho mejor que se nos aconseja alcanzar; a saber el de ser celosos, fervientes, con corazón ardiente, sirviendo a nuestro Maestro.

Cristo llama a la puerta—"Este es el corazón de los corazones--dice Augusto C. Thompson.--A pesar de la actitud ofensiva de ellos y a pesar de su carácter desagradable, siente él tanto amor por sus almas que se humilla a solicitar el privilegio de hacerlas bienaventuradas. 'He aquí, yo estoy a la puerta y llamo.' ¿Por qué llama? No porque esté sin hogar en otra parte. . . . Entre las mansiones de la casa de su Padre no hay una sola entrada cerrada para él. En la gloria, él es la vida de todo corazón, la luz de todo ojo, el canto de toda lengua. Pero él va de puerta en puerta por Laodicea. Se detiene ante cada una y llama, porque vino a buscar y salvar lo que se había perdido, porque no puede renunciar al propósito de comunicar vida eterna a cuantos le haya dado el Padre, y porque no puede ser conocido por los comensales a menos que le abran la puerta y le den la bienvenida. ¿Compraste un terreno, o cinco yuntas de bueyes, y, teniendo el sombrero en la mano, ruegas que se te excuse? El llama y llama. Pero no puedes recibir visitas ahora; te ha dejado agotado tu trabajo; te has acomodado en el sofá, y mandas decir que estás ocupado. El llama y llama. . . . Es la hora de la reunión de oración . . . o tienes oportunidad de hacer una visita cristiana a una persona o a una familia; pero no te mueves. . . . ¡Oh nauseabunda tibieza! ¡Oh fatal mundanalidad! El Señor de la gloria recorre todo el trayecto desde su palacio celestial, viene con pobreza, sudor y sangre, a la puerta de quien profesa ser su amigo, que se lo debe todo, y no puede entrar. Viene a rescatar un hombre cuya casa está incendiada, y él no quiere darle entrada. ¡Oh cuánta altura y profundidad tiene la paciencia de Jesucristo! Hasta el pagano Publio recibió a Pablo, y lo alojó cortésmente tres días. ¿Dirán los cristianos nominales al Señor de los apóstoles que no tienen lugar para él?"[2]

"Si alguno oyere mi voz"—El Señor ruega, pues, mientras llama. La palabra "si" implica que algunos no querrán oír. Aunque él está a la puerta y llama, algunos cerrarán sus oídos para no oír sus tiernas súplicas. Pero no basta oír simplemente. Debemos abrir la puerta. Muchos de los que al principio oyen su voz, y por un tiempo se sienten inclinados a escucharla, dejan finalmente de hacer lo que es necesario para asegurarse la comunión del Huésped celestial.

Lector, ¿prestas tú oído a las súplicas que el Salvador te dirige? ¿Es su voz bienvenida para ti? ¿Le prestarás atención? ¿Le abrirás la puerta y le dejarás entrar? ¿O está la puerta de tu corazón cerrada por montones de escorias de este mundo que no estás dispuesto a sacar? Recuerda que el Señor de la vida no fuerza nunca la entrada. Condesciende a venir y llamar, y procura ser aceptado; pero establece su morada tan sólo en aquellos corazones que lo reciben como huésped bienvenido, y lo invitan como tal.

Luego viene la promesa. "Entraré a él, y cenaré con él, y él conmigo." ¡Cuán enérgica y conmovedora es la figura! ¡Un amigo participa con otro de una comida alegre y sociable! Los dos espíritus sostienen una conversación libre e íntima. ¡Qué festín debe ser tener al Rey de gloria como huésped! [No es una unión común, ni una bendición ordinaria o un privilegio usual lo que denota este lenguaje! ¿Quién puede permanecer indiferente frente a tan tierna súplica y tan misericordiosa promesa?

Ni siquiera se nos pide que pongamos la mesa para ese Huésped exaltado. De esto se encarga él mismo, no con el alimento grosero de la tierra, sino con viandas de su propio alfolí celestial. Nos ofrece gustos anticipados de la gloria que pronto revelará. Nos da arras de nuestra herencia futura, que es incorruptible, incontaminada e inmarcesible. En verdad, cuando cumplamos las condiciones y recibamos esta promesa, experimentaremos el nacimiento del lucero de la mañana en nuestros corazones, y contemplaremos el alba de una gloriosa mañana para la iglesia de Dios.

La promesa al vencedor—El Señor hace la promesa de cenar con sus discípulos antes de expresar la promesa final al vencedor. Esto demuestra que las bendiciones incluídas en esa promesa se han de disfrutar durante el tiempo de gracia y prueba. Ahora se añade a todas las demás promesas ésta dirigida al vencedor: "Al que venciere, yo le daré que se siente conmigo en mi trono; así como yo he vencido, y me he sentado con mi Padre en su trono." Con esto culminan las promesas del Señor. Después de haber sido al principio rebelde, luego caído, degradado y contaminado, el hombre es reconciliado con Dios por la obra del Redentor. Es purificado de sus contaminaciones, redimido de la caída, hecho inmortal y finalmente elevado a un sitio sobre el trono de su Salvador. No pueden ir más lejos los honores ni la exaltación. Las mentes humanas no pueden concebir ese estado, ni puede describirlo su lenguaje. Tan sólo podemos seguir trabajando hasta que, si vencemos, sepamos lo que es.

En este versículo no hay solamente una promesa gloriosa, sino también una doctrina importante. Se nos enseña aquí que Cristo reina consecutivamente en dos tronos. El uno es el trono de su Padre, el otro es su propio trono. En este versículo declara que él venció y está ahora sentado con su Padre en su trono. Está ahora asociado con el Padre en el trono del dominio universal, y se halla a la diestra de él, muy por encima de todo principado, potestad y dominio. (Efesios 1:20-22.) Mientras está allí, es sacerdote-rey. Es sacerdote, "ministro del santuario;" pero al mismo tiempo está "a la diestra del trono de la Majestad en los cielos." (Hebreos 8:1, 2.) Este puesto y esta obra de nuestro Señor fueron así predichos por el profeta Zacarías: "Y le hablarás, diciendo: Así ha hablado Jehová de los ejércitos [Dios], diciendo: He aquí el varón cuyo nombre es Pimpollo [Cristo], el cual germinará de su lugar, y edificará el templo de Jehová. . . . El [Cristo] llevará gloria, y se sentará y dominará en su trono [de Dios], y será sacerdote en su solio [de Dios]; y consejo de paz [en el sacrificio y la obra sacerdotal de Cristo en favor del hombre arrepentido] será entre ambos a dos." (Zacarías 6:12, 13.)

Pero llega el momento en que deberá cambiar de posición, y dejando el trono de su Padre asumirá el suyo propio. Esto sucederá cuando llegue el momento de dar la recompensa a los vencedores, porque cuando ellos la reciban se sentarán con Cristo en su trono, como él venció y está ahora sentado con el Padre en su trono. Pablo presenta así este cambio en la posición de Cristo:

"Luego el fin; cuando entregará el reino a Dios y al Padre, cuando habrá quitado todo imperio, y toda potencia y potestad. Porque es menester que él reine, hasta poner a todos sus enemigos debajo de sus pies. Y el postrer enemigo que será deshecho, será la muerte. Porque todas las cosas sujetó debajo de sus pies. Y cuando dice: Todas las cosas son sujetadas a él, claro está exceptuado aquel que sujetó a él todas las cosas. Mas luego que todas las cosas le fueren sujetas, entonces también el mismo Hijo se sujetará al que le sujetó a él todas las cosas, para que Dios sea todas las cosas en todos." (1 Corintios 15:24-28.)

Las verdades enseñadas en este pasaje pueden expresarse brevemente en una paráfrasis, si se da en cada caso, en vez de los pronombres, los substantivos a los cuales se refieren respectivamente, así:

"Entonces viene el fin (de la era actual), cuando Cristo habrá entregado el reino (que ahora rige conjuntamente con su Padre) a Dios, a saber al Padre; cuando Dios abata todo imperio, toda potencia y potestad (que se opone a la obra del Hijo). Porque Cristo debe reinar (en el trono de su Padre) hasta que el Padre ponga todos los enemigos de Cristo debajo de los pies de éste. [Véase Salmo 110:1 El último enemigo que será destruído es la muerte. Porque Dios (entonces) habrá puesto todas las cosas bajo los pies de Cristo. Pero cuando Dios dice: Todas las cosas se sujeten a Cristo (y él inicie su reinado sobre su propio trono), es manifiesto que Dios queda exceptuado, pues él es quien puso todas las cosas bajo Cristo. Y cuando todas las cosas hayan sido subyugadas a Cristo, entonces se sujetará Cristo mismo a Dios que puso todas las cosas bajo él, a fin de que Dios sea todo en todos."

De esto se desprende que el reino que Cristo entrega al Padre es el que rige actualmente sobre el trono de su Padre, donde, se nos dice, está sentado ahora. Entrega este reino al finalizar su mediación sacerdotal, cuando llega el momento de asumir su propio trono. Después de esto reina en el trono de su Padre David, y está sujeto tan sólo a Dios, que conserva su posición en el trono del dominio universal. Los santos participan en este reinado de Cristo. "Al que venciere, yo le daré que se siente conmigo en mi trono." "Y vivieron--dice Juan--y reinaron con Cristo mil años." (Apocalipsis 20:4.) Entendemos que éste es un reinado especial, o con un fin especial, como se notará en aquel capítulo 20, porque el reinado real de los santos ha de ser para siempre jamás. (Daniel 7:18, 27.) ¿Cómo puede alguna atracción terrenal desviar nuestra mirada de esta perspectiva eterna y celestial?

Así terminan los mensajes a las siete iglesias. ¡Cuán directo y escrutador es su testimonio! ¡Qué lecciones contienen para todos los creyentes de todas las edades! Es tan cierto con respecto a la última iglesia como acerca de la primera, que todas sus obras son conocidas para el que anda en medio de los siete candeleros de oro. Nada puede ocultarse a su mirada escudriñadora. Aunque son pavorosas sus amenazas a los hipócritas y obradores de iniquidad, como bien pueden serlo en justicia, ¡cuán amplias, consoladoras, misericordiosas y gloriosas son sus promesas a los que le aman y le siguen con corazón sincero!

Notas del Capítulo 3:

[1] Augusto C. Thompson, "Morning Hours in Patmos," págs. 260, 261.

[2] Id., págs. 261-264.

Capítulo 4—Ante el Trono de Dios

VERS. 1: *Después de estas cosas miré, y he aquí una puerta abierta en el cielo: y la primera voz que oí, era como de trompeta que hablaba e, y he aquí una puerta abierta en el cielo: y la primera voz que oí, era como de trompeta que hablaba conmigo, diciendo: Sube acá, y yo te mostraré las cosas que han de ser después de éstas.*

EN LOS primeros tres capítulos, Juan expuso la visión que tuvo del Hijo del hombre. Describió su persona majestuosa, y anotó las palabras que pronunció con voz como ruido de muchas aguas. Ahora se abren delante de nosotros una nueva escena y una nueva visión. La expresión "después de estas cosas" no significa que lo registrado en Apocalipsis 4 y los capítulos siguientes se haya de realizar después que se haya *cumplido* todo lo que está registrado en los tres capítulos anteriores. Significa tan sólo que después que el profeta hubo visto y oído lo que ya registró, tuvo la nueva visión que ahora introduce.

"Una puerta abierta en el cielo"—Aquí se nos habla de una puerta abierta en el cielo, no una puerta que diera acceso al cielo. La traducción castellana es fiel al original: "He aquí, una puerta abierta en el cielo." No es como si el cielo se abriera delante de Juan, como en el caso de Esteban (Hechos 7:26), sino que algún lugar situado en el ciclo fué abierto delante de él, y se le permitió contemplar lo que sucedía en el interior. Otras partes del libro demostrarán claramente que el santuario celestial fué lo que Juan vió abierto.

"Las cosas que han de ser después"—Compárese esto con Apocalipsis 1:1. El gran objeto de la Revelación parece consistir en presentar los sucesos futuros en forma capaz de informar, edificar y consolar a la iglesia.

VERS. 2-5: *Y luego yo fuí en Espíritu: y he aquí, un trono que estaba puesto en el cielo, y sobre el trono estaba uno sentado. Y el que estaba sentado, era al parecer semejante a una piedra de jaspe y de sardio: y un arco celeste había alrededor del trono, semejante en el aspecto a la esmeralda. Y alrededor del trono había veinticuatro sillas: y vi sobre las sillas veinticuatro ancianos sentados, vestidos de ropas blancas; y tenían sobre sus cabezas coronas de oro. Y del trono salían relámpagos y truenos y voces: y siete lámparas de fuego estaban ardiendo delante del trono, las cuales son los siete Espíritus de Dios.*

En el Espíritu— Ya hemos encontrado una vez en este libro la expresión: "Fuí en Espíritu en el día del Señor." (Apocalipsis 1:10.) Y vimos que ella significaba que Juan tuvo una visión en sábado, verdadero día del Señor. Si allí expresaba el hecho de estar en visión, ha de denotar lo mismo aquí. Por consiguiente, la primera visión terminó con el capítulo 3 y aquí se introduce una nueva. No se opone a esta opinión la observación de que antes de esto, como lo vemos en el primer versículo de este capítulo, Juan se hallaba en tal condición espiritual que pudo mirar y ver una puerta abierta en el cielo y oír una voz como poderoso sonido de trompeta que le llamaba a ver más de cerca las cosas celestiales. Esteban también, lleno del Espíritu Santo, miró hacia arriba y vió los cielos abiertos, y al Hijo del hombre a la diestra de Dios. Estar en el Espíritu denota una exaltada condición de elevación espiritual. No se nos da información acerca del día en que fué dada la visión.

Nuevamente arrebatado en visión celestial, Juan contempló primero un trono puesto en el cielo, y al Ser Divino sentado en él. La descripción del aspecto que ofrece este personaje, con sus vestiduras de diversos colores, sugiere en seguida al espíritu un monarca ataviado con sus vestiduras reales. En derredor del trono había un arco celeste o arco iris, que añadía majestad a la escena, y nos recuerda que, aunque el que está sentado en el trono es un príncipe omnipotente y absoluto, es sin embargo un Dios que cumple su pacto.

Los veinticuatro ancianos—¿Quiénes son estos seres que rodean el trono de gloria? Se observará que llevan vestiduras blancas y tienen en la cabeza coronas de oro, insignias de un conflicto terminado y una victoria ganada. De ello concluímos que participaron una vez en la guerra cristiana, y anduvieron en la senda terrenal con todos los santos; pero fueron vencedores y, en anticipación a la gran multitud de los redimidos, llevan sus coronas de vencedores en el mundo celestial. A la verdad nos lo dicen claramente en el canto de loor que tributan al Cordero: "Y cantaban un nuevo cántico, diciendo: Digno eres de tomar el libro, y de abrir sus sellos; porque tú fuiste inmolado, y nos has redimido para Dios con tu sangre, de todo linaje y lengua y pueblo y nación." (Apocalipsis 5:9.) Cantan este himno antes que se produzca ninguno de los sucesos mencionados en la profecía de los siete sellos; pues lo cantan con objeto de ensalzar al Cordero porque es digno de tomar el libro y abrir los sellos precisamente por lo que ha realizado ya: la redención de ellos. No es algo intercalado aquí por anticipado, como algo que se aplicara a lo futuro, sino que expresa un hecho absoluto y concluído en la historia de los que lo cantan. Son, pues, una clase de personas redimidas de esta tierra, como todos los demás deben ser redimidos: por la sangre preciosa de Cristo.

¿Leemos en algún otro lugar algo relativo a una clase tal de redimidos? Creemos que Pablo se refiere a esta misma compañía cuando escribe así a los efesios: "Por lo cual dice: Subiendo a lo alto, llevó cautiva la cautividad, y dió dones a los hombres." El original dice: "Llevó una multitud de cautivos." (Efesios 4:8.) Si nos remontamos a los sucesos ocurridos en relación con la crucifixión y la resurrección de Cristo, leemos: "Abriéronse los sepulcros, y muchos cuerpos de santos que habían dormido, se levantaron; y salidos de los sepulcros, después de su resurrección, vinieron a la santa ciudad, y aparecieron a muchos." (Mateo 27:52, 53.) La página sagrada da, pues, una respuesta directa a nuestra pregunta. Estos son algunos de aquellos que salieron de sus tumbas cuando resucitó Cristo, y fueron contados entre la ilustre multitud que Jesús sacó de la cautividad del sombrío dominio de la Muerte cuando ascendió en triunfo al cielo. Mateo habla de su resurrección, Pablo de su ascensión, y Juan los contempla en el cielo, ejecutando los deberes sagrados para cuyo cumplimiento fueron resucitados.

No somos los únicos en creer tal cosa. Juan Wesley habló como sigue de los veinticuatro ancianos: " 'Vestidos de ropas blancas.' Esto y sus coronas de oro demuestran que ya acabaron su carrera y asumieron su puesto entre los ciudadanos del cielo. No se los llama almas, y por lo tanto es probable que ya tienen cuerpos glorificados. Compárese con Mateo 27:52."[1]

Debe prestarse atención particular al hecho de que se dice que los 24 ancianos están sentados en tronos. Nuestra traducción dice "sillas;" pero el griego es *thronoi,* tronos, la misma palabra que se usa tres veces en los vers. 2 y 3, y una vez en el vers. 4, que precede inmediatamente a éste. La Versión Moderna traduce: "Y en torno del trono había veinte y cuatro tronos, y sobre los tronos vi sentados veinte y cuatro ancianos." Por consiguiente, este pasaje ilumina la expresión hallada en Daniel 7:9: "Estuve mirando hasta que fueron puestas sillas" ("tronos," V.M.). Estos son los mismos tronos; y como ya se indicó en los comentarios sobre ese pasaje, no se trata de tronos que son derribados, sino colocados, La figura proviene de la costumbre oriental de colocar esteras o divanes para que se sienten en ellos los huéspedes distinguidos. Estos 24 ancianos (véanse los comentarios sobre Apocalipsis 5) son evidentemente asistentes de Cristo en su obra mediadora en el santuario celestial. Cuando la escena del juicio descrita en Daniel 7:9 se inició en el lugar santísimo, sus tronos fueron puestos allí, de acuerdo con el testimonio de aquel pasaje.

Las siete lámparas de juego—En estas lámparas de fuego tenemos el antitipo del candelabro de oro del santuario terrenal, con sus siete lámparas que ardían siempre. Este candelabro se hallaba colocado por indicación divina en el primer departamento del santuario celestial. (Exodo 25:31, 32, 37; 26:35; 27:20.) Ahora cuando Juan nos dice que vió una puerta abierta en el cielo, y en el departamento que ella le dejaba ver percibe el antitipo del candelabro de oro del santuario terrenal, tenemos una buena prueba de que está mirando al interior del primer departamento del santuario celestial.

VERS. 6-11: *Y delante del trono había como un mar de vidrio semejante al cristal; y en medio del trono, y alrededor del trono, cuatro animales llenos de ojos delante y detrás. Y el primer animal era semejante a un león; y el segundo animal, semejante a un becerro; y el tercer animal tenía la cara como de hombre; y el cuarto animal, semejante a un águila volando. Y los cuatro animales tenían cada uno por sí seis alas alrededor, y de dentro estaban llenos de ojos; y no tenían reposo día ni noche, diciendo: Santo, santo, santo el Señor Dios Todopoderoso, que era, y que es, y que ha de venir. Y cuando aquellos animales daban gloria y honra y alabanza al que estaba sentado en el trono, al que vive para siempre jamás, los veinticuatro ancianos se postraban delante del que estaba sentado en el trono, y adoraban al que vive para siempre jamás, y echaban sus coronas delante del trono, diciendo: Señor, digno eres de recibir gloria y honra y virtud: porque tú criaste todas las cosas, y por tu voluntad tienen ser y fueron criadas.*

El mar de vidrio—No está compuesto de vidrio, sino que es una ancha expansión que se asemeja al vidrio. Es "cristalina, o transparente," como dice Jaime Strong en su diccionario griego. La idea se expresa aun mejor al compararlo con cristal, que se define como significando "cualquier cosa concreta y traslúcida como el hielo o el vidrio." La posición de este mar es tal que demuestra que no lleva analogía alguna con la cuba o mar del antiguo servicio típico. Puede extenderse debajo del trono y ser su fundamento, y tal vez es el de la ciudad misma. Se lo vuelve a presentar en Apocalipsis 15:2, como el lugar donde estarán los vencedores, en el gozo arrobador de la victoria final. Allí alabaremos al que nos dió la victoria.

Los cuatro seres vivientes—Es muy desafortunada la traducción que nos ha dado la expresión "animales" en este versículo. La palabra griega *zoon*, denota apropiadamente "un ser viviente." Bloomfield dice en su comentario: " 'Cuatro seres vivientes' (no *animales*). Así lo rinde Heinr. . . . Creo que todos los comentaristas reconocen el acierto de esta corrección. El vocablo difiere mucho de *therión*, fiera, que designa las bestias proféticas del capítulo 13 y siguientes (Scholefield). Además, Bulkeley presenta varios ejemplos de *zoon* para denotar, no sólo un ser viviente, sino aun un ser humano, especialmente en Orígenes, quien lo aplica a nuestro Señor Jesús."[2]

Se usan imágenes similares en el primer capítulo de Ezequiel. Las cualidades que parecerían significar los emblemas son la fuerza, la perseverancia, la razón y la celeridad: la fuerza del afecto, la perseverancia en ejecutar los requerimientos del deber, la razón para comprender la voluntad divina y la celeridad para obedecer. Estos seres vivientes están aun más estrechamente relacionados con el trono que los 24 ancianos, pues se los presenta como estando en medio de él y en derredor de él. Como los ancianos, en su canto al Cordero le tributan loor por haberlos redimido de la tierra. Pertenecen, por lo tanto, a la misma compañía, y representan una parte de la gran multitud que, según se la ha descrito ya (véanse las observaciones sobre el vers. 4), fué arrancada al cautiverio de la muerte y conducida al cielo. Acerca del objeto de su redención véanse las observaciones sobre Apocalipsis 5:8.

No tienen reposo—"¡Oh, feliz inquietud!"--exclama Juan Wesley. El tema de su constante adoración es: "¡Santo, santo, santo el Señor Dios Todopoderoso, que era, y que es, y que ha de venir!" Nunca salió acorde más sublime de labios creados. Lo repiten día y noche, o sea de continuo, pues la expresión se usa tan sólo como adaptación a. nuestra manera de computar el tiempo aquí, porque no puede haber noche donde está el trono de Dios. (Apocalipsis 21:23, 25.)

Nosotros los mortales propendemos a cansarnos de la repetición del simple testimonio que damos acerca de la bondad y la misericordia de Dios. A veces, nos sentimos tentados a no decir nada, porque no podemos decir continuamente algo nuevo. Pero, ¿no podemos aprender una lección provechosa de la conducta seguida por estos seres santos y celestiales, que nunca se cansan de la incesante repetición de estas palabras: "Santo, santo, santo el Señor Dios Todopoderoso," y no permiten que estas palabras envejezcan para ellos, porque en su corazón arde siempre el sentido de su santidad, bondad y amor? La alabanza no se les hace monótona, porque al expresarla obtienen una nueva visión de los atributos del Todopoderoso. Se elevan a una mayor altura de comprensión en su visión de sus perfecciones; el horizonte se expande delante de ellos; sus corazones se dilatan; y las nuevas emociones de la adoración les arrancan una nueva expresión de su santo saludo, que aun a ellos mismos les resulta nuevo: "¡Santo, santo, santo el Señor Dios Todopoderoso!"

Así también puede suceder con nosotros. Aunque repitamos a menudo las mismas palabras acerca de la bondad, la misericordia y el amor de Dios, el valor de la verdad y los atractivos del mundo venidero, ellas no deben envejecer para nuestros oídos. Durante toda nuestra vida debemos elevarnos a nuevos conceptos de las bendiciones abarcadas por estos temas gloriosos.

"Señor, digno eres de recibir gloria y honra y virtud." ¿Cuán digno es? Nunca podremos comprenderlo hasta que, como los seres santos que se expresan en este lenguaje, seamos transformados y dotados de inmortalidad, para ser presentados "delante de su gloria irreprensibles." (Judas 24.)

"Criaste todas las cosas"—En las obras de la creación se basan el honor, la gloria y el poder atribuídos a Dios. "Por tu voluntad tienen ser y fueron creados." Dios quiso, y todas las cosas llegaron a existir; y por el mismo poder se conservan y sostienen.

Notas del Capítulo 4:

[1] Juan Wesley, "Explanatory Notes Upon the New Testament," pág. 695, comentario sobre Apocalipsis 4:4.

[2] S. T. Bloomfield, "The Greek Testament With English Notes," tomo 2, pág. 574, comentario sobre Apocalipsis 4:6.

Capítulo 5—El Desafío del Libro Sellado

VERS. 1*: Y vi en la mano derecha del que estaba sentado sobre el trono un libro escrito de dentro y de fuera, sellado con siete sellos.*

AL INICIARSE este nuevo capítulo, el apóstol tiene siempre la misma visión en su mente. Con las palabras "del que estaba sentado sobre el trono," quiere designar evidentemente al Padre, puesto que introduce más tarde al Hijo como "un Cordero como inmolado." El libro que Juan vió contenía una revelación de las escenas que iban a desarrollarse en la historia de la iglesia hasta el fin del tiempo. El hecho de que el volumen se hallaba en la diestra de Aquel que estaba sentado en el trono puede significar que el conocimiento del futuro incumbe a Dios solo, excepto en lo que él considere propio revelar a otros.

El libro sellado—Los libros que se usaban en el tiempo en que fué dado el Apocalipsis no tenían la forma de nuestros libros actuales. No consistían en una serie de hojas encuadernadas, sino que se componían de tiras de pergamino u otro material que se enrollaban. Acerca de este punto, Wesley dice:

"Los libros comunes entre los antiguos no eran como los nuestros, sino volúmenes o largos trozos de pergamino, enrollados sobre un palo largo, como enrollamos nosotros los géneros de seda. Tal era el libro aquí representado, sellado con siete sellos. No era como si el apóstol viese todos los sellos a la vez; porque había siete volúmenes enrollados el uno dentro del otro, cada uno de ellos sellado; de manera que al abrir y desenrollar el primero, aparecía el segundo sellado hasta que se lo abría, y así sucesivamente hasta el séptimo."[1]

Este libro no estaba escrito en el interior y el exterior, como parecería indicarlo la puntuación de la versión que usamos. "Grocio, Lowman, Fuller, etc.--dice en cierta Biblia anotada,--suprimen la coma así: 'Escrito de dentro, y de fuera sellado.' "[2] Y acerca de cómo estaban puestos los sellos, se han dado ya suficientes explicaciones.

VERS. 2-4*: Y vi un fuerte ángel predicando en alta voz: ¿Quién es digno de abrir el libro, y de desatar sus sellos? Y ninguno podía, ni en el cielo, ni en la tierra, ni debajo de la tierra, abrir el libro, ni mirarlo. Y yo lloraba mucho, porque no había sido hallado ninguno digno de abrir el libro, ni de leerlo, ni de mirarlo.*

El desafío—Parecería que en la visión Dios sostenía este libro a la vista del universo, y un fuerte ángel, indudablemente un ser preeminente y poderoso, se adelantó como pregonero, y a gran voz desafió a todos los seres del universo a demostrar la fuerza de su sabiduría abriendo los consejos de Dios. ¿A quién podía hallarse digno de abrir el libro y romper sus sellos? Siguió una pausa. En silencio el universo reconocía que era incapaz e indigno de entrar en los consejos de su Creador. "Ninguno podía, ni en el cielo." El griego *oudeís,* nadie, no significa solamente ningún hombre, sino ningún ser que hubiese en el cielo. ¿No es esto una prueba de que las facultades de los ángeles son limitadas, como las del hombre, cuando se trata de penetrar el futuro y revelar lo que ha de suceder? Cuando el apóstol vió que nadie se adelantaba a abrir el libro, temió grandemente que no se revelaran los consejos de Dios que contenía con referencia a su pueblo. Impulsado por sus tiernos sentimientos naturales y su preocupación por la iglesia, lloró mucho. Dice Juan Wesley: "¡Cuán lejos están de albergar el sentir de San Juan los que averiguan cualquier otra cosa antes que el contenido de este libro!"[3]

Acerca de las palabras: "Y yo lloraba mucho," José Benson observa lo siguiente: "Como le afectaba mucho el pensar que no se podía encontrar ser alguno capaz de comprender, revelar y cumplir los consejos divinos, temió que siguiesen ocultos para la iglesia. Este lloro del apóstol brotaba de la grandeza de su espíritu. El corazón tierno que siempre había tenido se manifestaba más claramente ahora que no era dueño de sí mismo. El Apocalipsis no se escribió sin lágrimas, ni tampoco puede comprenderse sin lágrimas."[4]

VERS. 5-7: *Y uno de los ancianos me dice: No llores: he aquí el león de la tribu de Judá, la raíz de David, que ha vencido para abrir el libro, y desatar sus siete sellos. Y miré; y he aquí en medio del trono y de los cuatro animales, y en medio de los ancianos, estaba un Cordero como inmolado, que tenía siete cuernos, y siete ojos, que son los siete Espíritus de Dios enviados en toda la tierra. Y él vino, y tomó el libro de la mano derecha de aquel que estaba sentado en el trono.*

No se le dejó a Juan llorar mucho tiempo. Dios no quiere que sus hijos queden privados de cualquier conocimiento que pueda beneficiarlos. Se habían tomado medidas para abrir el libro. De ahí que uno de los ancianos aconseje a Juan: "No llores: he aquí el león de la tribu de Judá, la raíz de David, que ha vencido para abrir el libro, y desatar sus siete sellos." No nos resulta aparente la razón de por qué uno de los ancianos en preferencia a algún otro ser debió ser quien impartiera esta información a Juan, a menos que estribe en el hecho de que, habiendo sido redimido, conocía a Cristo y se interesaba especialmente en todo lo que concernía al bienestar de la iglesia en la tierra.

Se le llama a Cristo aquí el "León de la tribu de Judá." ¿Por qué se le llama león? ¿Y por qué de la tribu de Judá? En respuesta a la primera pregunta, puede decirse que es probablemente para denotar su fortaleza. Como el león es el rey de los animales, el monarca del bosque, resulta un emblema idóneo de la autoridad y el poder reales. En cuanto al calificativo "de la tribu de Judá," proviene indudablemente de la profecía de Génesis 49:9,10.

"La raíz de David"—Cristo era quien sustentaba a David en su posición y su poder. Que la posición de David fué especialmente ordenada por Cristo y que él lo sostuvo en forma especial, es algo que no puede dudarse. David era el tipo o figura. Cristo el antitipo. El trono y el reinado de David sobre Israel eran una figura del reinado de Cristo sobre su pueblo. El reinará sobre "el trono de David su padre." (Lucas 1:32, 33.) Así como Cristo apareció en la descendencia de David cuando tomó sobre sí nuestra naturaleza humana, es también llamado "el linaje de David," "una vara del tronco de Isaí." (Apocalipsis 22:16; Isaías 11:1, 10.) Envista de su relación con el trono de David y su derecho a reinar sobre el pueblo de Dios, era propio que se le confiase la apertura de los sellos.

"Ha vencido"—Estas palabras indican que el derecho a abrir el libro fué adquirido por una victoria obtenida en algún conflicto anterior. Hallamos el relato de su triunfo más adelante en este capítulo. La siguiente escena nos presenta la gran obra de Cristo como Redentor del mundo, y el derramamiento de su sangre para la remisión del pecado y la salvación del hombre. En esta obra se vió expuesto a los más fieros asaltos de Satanás. Pero soportó la tentación y las agonías de la cruz, surgió vencedor sobre la muerte y el sepulcro, aseguró el camino de nuestra redención, y triunfó. Por esto los cuatro seres vivientes y los 24 ancianos cantan: "Digno eres de tomar el libro, y de abrir sus sellos; porque tú fuiste inmolado, y nos has redimido para Dios con tu sangre."

Juan busca al León de la tribu de Judá y contempla a un Cordero como inmolado en medio del trono y de los cuatro seres vivientes y los ancianos.

"En medio del trono"—Felipe Doddridge traduce así este pasaje: "Contemplé . . . en medio del espacio entre el trono y los cuatro seres vivientes, y en medio de los ancianos, . . . había . . . un

Cordero."[5] En el centro de la escena estaba el trono del Padre, y de pie en el espacio abierto que lo rodeaba estaba el Hijo, presentado bajo el símbolo de un cordero inmolado. En derredor de ellos estaban aquellos santos que habían sido redimidos: primero, los representados por los cuatro seres vivientes; luego los ancianos forman el segundo círculo, y los ángeles (vers. 11) forman el tercero. La dignidad de Cristo mientras se destaca allí bajo la figura de un cordero inmolado, es el objeto de la admiración de toda la santa multitud.

"Como inmolado"—Juan C. Woodhouse, según lo cita un comentario, dice: "El griego implica que el Cordero aparecía como herido en el cuello y la garganta, como víctima inmolada en el altar."[6] Acerca de esta frase dice Adán Clarke: "Como si estuviese en el momento de ser ofrecido. Esto es muy notable; tan importante es la ofrenda y el sacrificio de Cristo a la vista de Dios, que se le sigue representando como en el mismo acto de derramar su sangre para las ofensas del hombre."[7]

"Siete cuernos, y siete ojos"—Los cuernos son símbolos del poder y los ojos simbolizan la sabiduría. Siete es el número que denota el carácter de lo que es completo, o la perfección. Se nos enseña así que el poder perfecto y la sabiduría perfecta son inherentes en el Cordero.

"Y él vino, y tomó el libro"—Ciertos comentadores han encontrado incongruente la idea de que el libro fué tomado por el Cordero, y han recurrido a diversos expedientes para evitar la dificultad. Pero, ¿no es acaso un principio bien establecido que cualquier acción que podría ser ejecutada por la persona o ser representado por un símbolo, puede atribuirse al símbolo? ¿No es ésta la explicación que necesita el pasaje? Sabemos que el Cordero es un símbolo de Cristo. Sabemos que nada incongruente habría en que Cristo tomase un libro; y cuando leemos que el libro fué tomado, pensamos en la acción, no como ejecutada por un cordero, sino por Aquel de quien el cordero era un símbolo.

VERS. 8-10: *Y cuando hubo tomado el libro, los cuatro animales y los veinticuatro ancianos se postraron delante del Cordero, teniendo cada uno arpas, y copas de oro llenas de perfumes, que son las oraciones de los santos. Y cantaban un nuevo cántico, diciendo: Digno eres de tomar el libro, y de abrir sus sellos; porque tú fuiste inmolado, y nos has redimido para Dios con tu sangre, de todo linaje y lengua y pueblo y nación; y nos has hecho para nuestro Dios reyes y sacerdotes, y reinaremos sobre la tierra.*

"Copas de oro llenas de perfumes"—Esta expresión nos permite formarnos una idea de cómo emplean su tiempo los redimidos representados por los cuatro seres vivientes y los veinticuatro ancianos. Tienen copas o cálices de oro, llenos de perfumes, o como lo dice una nota marginal, incienso, que son las oraciones de los santos. Es un ministerio que incumbe a los sacerdotes.

El lector recordará que en el antiguo servicio típico el sumo sacerdote tenía muchos asistentes. Cuando consideramos que estamos ahora mirando al interior del santuario celestial, llegamos a la conclusión de que estos redimidos son los que asisten a nuestro gran Sumo Sacerdote en el cielo. Con este fin fueron sin duda redimidos. ¿Qué podría ser más propio que el ver a nuestro Señor asistido en su obra sacerdotal en favor de la familia humana por nobles miembros de esa familia que por su vida santa y carácter puro fueron dignos de ser resucitados para esto? (Véanse las observaciones sobre Apocalipsis 4:4.)

Sabemos que muchos tienen gran aversión a que haya cosas reales y tangibles en el cielo. Pero aunque el Apocalipsis trata mayormente de *figuras,* no contiene *ficciones.* Describe cosas reales, y llegamos a comprender la realidad cuando llegamos a una correcta interpretación de las figuras. De modo que en esta visión sabemos que el Ser sentado sobre el trono es Dios. Está realmente allí. Sabemos que el Cordero simboliza a Cristo. El también está realmente allí. Ascendió con un cuerpo literal, tangible, y ¿quién puede decir que no lo conserva?

Por lo tanto, si nuestro Sumo Sacerdote es un ser literal, debe tener un lugar literal donde servir. Si los cuatro seres vivientes y los 24 ancianos representan a los que Cristo sacó del cautiverio de la muerte cuando resucitó y ascendió al cielo, ¿por qué no son seres tan literales cuando están en el cielo como lo eran cuando ascendieron?

El canto—Se lo llama "un nuevo cántico," y es nuevo, probablemente, en lo que respecta a la ocasión y la composición. Eran los primeros que podían cantarlo, por ser los primeros redimidos. Se llaman a sí mismos "reyes y sacerdotes." Ya hemos visto en qué sentido son sacerdotes. Asisten a Cristo en su obra sacerdotal. En el mismo sentido son también reyes, sin duda, porque Cristo se ha sentado con su Padre en su trono, e indudablemente éstos como ministros suyos tienen que desempeñar un papel en relación con el gobierno del cielo en lo que se refiere a este mundo.

La anticipación—"Reinaremos sobre la tierra." A pesar de que están redimidos y rodean el trono de Dios y del Cordero, donde todo es gloria inefable, su cántico habla de un estado aun más elevado que alcanzarán cuando la gran obra de la redención se haya terminado, y ellos, juntamente con toda la familia de Dios, reinarán sobre la tierra, la herencia prometida y eterna residencia de los santos. (Romanos 4:13; Gálatas 3:29; Salmo 37:11; Mateo 5:5; 2 Pedro 3:13; Isaías 65:17-25; Apocalipsis 21:1-5.)

VERS. 11, 12: *Y miré, y oí voz de muchos ángeles alrededor del trono, y de los animales, y de los ancianos; y la multitud de ellos era millones de millones, que decían en alta voz: El Cordero que fué inmolado es digno de tomar el poder y riquezas y sabiduría, y fortaleza y honra y gloria y alabanza.*

El santuario celestial—¡Cuán mezquino es el concepto que tenemos de la magnitud y la gloria del templo celestial! Juan fué introducido a ese templo al principio del capítulo 4 de Apocalipsis, por la puerta que fué abierta en el cielo. Sigue mirando al interior de ese mismo templo en Apocalipsis 5:11, 12. Ahora contempla a las huestes celestiales. En derredor del trono están los que son representados por los cuatro seres vivientes. Luego vienen los 24 ancianos. Juan ve a una multitud de ángeles celestiales que rodean el conjunto. ¿Cuántos son? ¿Cuántos, nos parece, podrían congregarse en el interior del templo celestial? "Millones de millones" exclama el vidente. Parecería que no hay expresión numérica capaz de abarcar la multitud innumerable, la que el autor de la epístola a los Hebreos llama "la compañía de muchos millares de ángeles." (Hebreos 12:22.) Y estaban en el santuario celestial.

Tal es la compañía que Juan vió congregada en el lugar que es el centro del culto tributado por el universo, y donde se está llevando a cabo el maravilloso plan de la redención humana. La figura central de esta multitud innumerable y santa era el Cordero de Dios, y el acto central de su vida, que arrancaba de la muchedumbre expresiones de adoración, era el derramamiento de su sangre para la salvación del hombre caído. Todas las voces de aquella hueste celestial se unían para atribuirle la honra que merece: "El Cordero que fué inmolado es digno de tomar el poder y riquezas y sabiduría, y fortaleza y honra y gloria y alabanza." Es una asamblea digna del lugar. Es un canto de adoración digno de ser elevado a Aquel que por el derramamiento de su sangre vino a ser rescate para muchos, y que, como nuestro gran Sumo Sacerdote en el santuario celestial, sigue presentando los méritos de su sacrificio en nuestro favor. Allí, pues, ante tan augusta asamblea, ha de ser examinada pronto nuestra vida. ¿Qué nos capacitará para resistir la prueba escrutadora?

¿Qué nos habilitará para levantarnos y subsistir al fin con la muchedumbre sin pecado en el cielo? ¡Oh infinito mérito de la sangre de Cristo, que puede limpiarnos de todas nuestras contaminaciones, y hacernos pisar la santa montaña de Sión! ¡Oh infinita gracia de Dios, que puede prepararnos para resistir la gloria, y darnos osadía para entrar en su presencia, hasta con gozo indecible!

VERS. 13, 14*: Y oí a toda criatura que está en el cielo, y sobre la tierra, y debajo de la tierra, y que está en el mar, y todas las cosas que en ellos están diciendo: Al que está sentado en el trono, y al Cordero, sea la bendición, y la honra, y la gloria, y el poder, para siempre jamás. Y los cuatro animales decían: Amén. Y los veinticuatro ancianos cayeron sobre sus rostros, y adoraron al que vive para siempre jamás.*

Un universo purificado—En el vers. 13 encontramos una declaración arrancada de su orden cronológico con el fin de seguir hasta su terminación la declaración o alusión anterior. Esto ocurre con frecuencia en la Biblia. En este caso se anticipa el momento en que estará terminada la obra de la redención. En el vers. 10, los cuatro seres vivientes y los 24 ancianos habían declarado: "Reinaremos sobre la tierra." Ahora el espíritu del profeta es llevado por anticipado al acontecimiento. Mira hacia adelante al tiempo en que estará completo el número de los redimidos, el universo libertado del pecado y de los pecadores, y se elevará un himno universal de adoración a Dios y al Cordero.

Es fútil intentar aplicar esto a la iglesia en su condición actual, o a la de cualquier tiempo pasado desde que el pecado entró en el mundo, o aun desde que Satanás cayó de su exaltada posición de ángel de luz y amor en el cielo. Porque en el momento del cual habla Juan, toda criatura del cielo y de la tierra sin excepción alguna eleva su antífona de bendiciones a Dios. Pero en lo que se refiere sólo a este mundo desde la caída, maldiciones en vez de bendiciones son lo que contra Dios y su trono ha exhalado la gran mayoría de los miembros de nuestro género apóstata. Y así continuará siendo mientras reine el pecado.

No hallamos, pues, cabida, para esta escena que Juan describe, a menos que nos anticipemos al tiempo en que se haya completado el plan de redención, y los santos inicien su prometido reinado en la tierra.

Al Cordero igual que al Padre sentado en el trono se tributa alabanza en este canto de adoración. "Al que está sentado en el trono, y al Cordero, sea la bendición, y la honra, y la gloria, y el poder, para siempre jamás." (Apocalipsis 5:13.)

Volviendo de la gloriosa escena anticipada en el versículo 13 a los sucesos que se producen en el santuario celestial delante de él, el profeta oye a los cuatro seres vivientes exclamar: Amén.

Notas del Capítulo 5:

[1] Juan Wesley, "Explanatory Notes Upon the New Testament." pág. 697, comentario sobre Apocalipsis 5:1.

[2] "The Cottage Bible," tomo 2, pág. 1.391, nota sobre Apocalipsis 5:1.

[3] Juan Wesley. "Explanatory Notes Upon the New Testament," pág. 698, comentario sobre Apocalipsis 5:4.

[4] José Benson, "Commentary on the New Testament," tomo 2, pág. 721, nota sobre Apocalipsis 5:4.

[5] Felipe Doddridge, "The Family Expositor," tomo 6, pág. 405, paráfrasis de Apocalipsis 5:5.

[6] Guillermo Jenks, "Comprehensive Commentary," tomo 5, pág. 684, nota sobre Apocalipsis 5:6.

[7] Adán Clarke, "Commentary on the New Testament," tomo 3, pág. 991, nota sobre Apocalipsis 5:6.

Capítulo 6—Se Desatan los Sellos del Libro de la Profecía

VERS. 1, 2: *Y miré cuando el Cordero abrió uno de los sellos, y oí a uno de los cuatro animales diciendo como una voz de trueno: Ven y ve. Y miré, y he aquí un caballo blanco: y el que estaba sentado encima de él, tenía un arco; y le fué dada una corona, y salió victorioso, para que también venciese.*

EL CORDERO toma el libro, y procede en seguida a abrir los sellos. La atención del apóstol es atraída a las escenas que se presentan bajo cada sello. Ya se ha notado que en las Escrituras el número siete denota lo perfecto y completo. Los siete sellos representan acontecimientos de un carácter religioso, y contienen la historia de la iglesia desde el comienzo de la era cristiana hasta la segunda venida de Cristo. A medida que los sellos se rompen, y lo escrito sale a luz, las escenas son presentadas a Juan, no por la lectura de la descripción, sino por una representación de lo que se describe en el libro, representación que se hace desfilar ante sus ojos como animada por personajes vivos, y en el lugar donde la realidad habrá de ocurrir, a saber, la tierra.

El primer sello—El primer símbolo es un caballo blanco, que lleva un jinete armado de arco. Se le da una corona, y sale victorioso para vencer, como emblema idóneo de los triunfos del Evangelio durante el primer siglo de la era cristiana. La blancura del caballo denota la pureza de la fe en ese siglo. La corona dada al jinete y su salida como vencedor para hacer aun más conquistas significan el celo y el éxito con que la verdad fué promulgada por sus primeros ministros. ¿Mediante qué símbolos podría haberse representado mejor la obra del cristianismo cuando salió como principio agresivo contra los tremendos sistemas del error con los cuales tuvo que contender al comienzo? El jinete de este caballo salió. ¿En qué dirección? Su comisión era ilimitada. El Evangelio era para todo el mundo.

VERS. 3, 4: *Y cuando él abrió el segundo sello, oí al segundo animal, que decía; Ven y ve. Y salió otro caballo bermejo: y al que estaba sentado sobre él, fué dado poder de quitar la paz de la tierra, y que se maten unos a otros: y fuéle dada una grande espada.*

El segundo sello—Posiblemente, la primera característica que se nota en estos símbolos es el contraste que hay en el color de los caballos. Este contraste tiene indudablemente un significado especial. Si la blancura del primer caballo representaba la pureza del Evangelio en el período abarcado por aquel símbolo, el color rojo del segundo caballo habrá de significar que durante ese período empezó a corromperse esa pureza original. El misterio de iniquidad ya obraba en los días de Pablo, y al iniciarse el período simbolizado por el segundo sello, la que profesaba ser iglesia de Cristo se había corrompido ya de tal manera que requería este cambio de color que se nota en la descripción del símbolo que la representa. Empezaban a surgir errores y asomaba la afición a las cosas del mundo. El poder eclesiástico procuraba aliarse con el secular. Como resultado se producían disturbios y conmociones.

Hablando del periodo de la iglesia cristiana que va del año 100 al 311, dice un historiador:

"Descendemos ahora de la iglesia apostólica primitiva a la grecorromana; de las etapas de creación a la obra de conservación;

del manantial de la revelación divina a la corriente del desarrollo humano; de las inspiraciones de los apóstoles y profetas a las producciones de maestros iluminados pero falibles. La mano de Dios había trazado una gruesa línea de demarcación entre el siglo de los milagros y los sucesivos, para demostrar, mediante la abrupta transición y el sorprendente contraste, la diferencia que hay entre la obra de Dios y la del hombre."[1] "El segundo período, desde la muerte del apóstol Juan hasta el fin de las persecuciones, o hasta la accesión de Constantino, el primer emperador cristiano, es la era clásica . . . de la persecución pagana, y del martirio y heroísmo cristianos. . . . Proporciona un comentario continuo de las palabras del Salvador: 'He aquí, yo os envío como corderos en medio de lobos.' "[2] "La era anterior al concilio de Nicea . . . es . . . la raíz común de la cual ambos [el catolicismo y el protestantismo] brotaron, el catolicismo (griego y romano) primero, y el protestantismo más tarde. Es la transición natural de la era apostólica a la de Nicea, aunque se realizó dejando atrás muchas verdades importantes de la primera (especialmente las doctrinas paulinas) que habían de establecerse y explorarse en siglos futuros. Podemos encontrar en ella las formas elementales del credo católico, la organización y el culto de la iglesia católica, y también los gérmenes de casi todas las corrupciones del cristianismo griego y romano."[3]

El espíritu de esta época llegó tal vez a su apogeo en los días de Constantino, el así llamado primer emperador cristiano, cuya conversión al cristianismo en 323 produjo una transigencia entre la Iglesia y el Imperio Romano. El edicto de Milán, del año 313, concedía tolerancia a los cristianos y permitía a la gente que se convirtiera al cristianismo. Kenneth S. Latourette declara que los actos que precedieron inmediatamente al edicto de Milán y culminaron con su promulgación en 313 "siguen siendo la más significativa de las muchas piedras miliarias del camino por el cual la Iglesia y el Estado avanzaron hacia la cooperación."[4]

Este moderno erudito historiador eclesiástico declara además:

"El cristianismo, al dar existencia a la Iglesia, desarrolló una institución que era parcialmente rival del Estado. Creaba dentro del Imperio una sociedad que, creían muchísimos, amenazaba la misma existencia del último. El conflicto fué muy pronunciado durante un siglo o más antes de Constantino. . . . Empero cuando Constantino hizo las paces con la fe pareció que el conflicto se había resuelto con la obtención del control de la Iglesia por el Estado. Sin embargo, aun en los días de aparente subordinación de la Iglesia al gobierno, los eclesiásticos procuraban influir en las directivas del último."[5] Tal estado de cosas responde fielmente a la declaración del profeta de que le fué dado al jinete poder "de quitar la paz de la tierra, y que se maten unos a otros: y fuéle dada una grande espada."

VERS. 5, 6: *Y cuando él abrió el tercer sello, oí al tercer animal, que decía: Ven y ve. Y miré, y he aquí un caballo negro: y el que estaba sentado encima de él, tenía un peso [una balanza, V.M.] en su mano. Y oí una voz en medio de los cuatro animales, que decía: Dos libras de trigo por un denario, y seis libras de cebada por un denario: y no hagas daño al vino ni al aceite.*

El tercer sello—¡Cuán rápidamente progresa la obra de corrupción! ¡Qué contraste de color hay entre este símbolo y el primero! ¡Es un caballo negro, precisamente lo opuesto del blanco! Este símbolo debe representar un período de grandes tinieblas y corrupción moral en la iglesia. Los acontecimientos del segundo sello prepararon el terreno para que se produjera el estado de cosas presentado aquí. El tiempo transcurrido entre el reinado de Constantino y el establecimiento del papado en 538 puede distinguirse con justicia como el tiempo en que brotaron en la iglesia los errores más crasos y las supersticiones más absurdas. Acerca de un período que sucedió inmediatamente a los días de Constantino, dice Mosheim:

"Aquellas vanas ficciones, que una afición a la filosofía platónica y a las opiniones populares habían hecho adoptar por la gran mayoría de los doctores cristianos antes del tiempo de

Constantino, quedaron ahora confirmadas, ampliadas y embellecidas de diversas maneras. De ahí nacieron aquella veneración extravagante por los santos difuntos, y aquellas absurdas nociones de cierto fuego destinado a purificar las almas desencarnadas, que ahora prevalecían y que dejaban por doquiera indicios públicos. De ahí también el celibato de los sacerdotes, el culto de las imágenes y reliquias que, con el transcurso del tiempo casi destruyó la religión cristiana, o por lo menos eclipsó su lustre y corrompió su misma esencia de la manera más deplorable. Un enorme séquito de diferentes supersticiones fué substituyendo gradualmente a la verdadera religión y piedad. Esta odiosa revolución se debió a una variedad de causas. Una ridícula precipitación en cuanto a recibir opiniones nuevas, un absurdo deseo de imitar los ritos paganos, y de fusionarlos con el culto cristiano, y aquella ociosa propensión de la humanidad en general a buscar una religión aparatosa, todo contribuyó a establecer el reinado de la superstición sobre las ruinas del cristianismo."[6]

Más adelante añade: "Se necesitaría un volumen entero para enumerar los diversos fraudes que arteros bribones practicaron con éxito para engañar a los ignorantes, cuando la verdadera religión quedó casi completamente reemplazada por la horrible superstición."[7]

Estas citas de Mosheim contienen una descripción del período abarcado por el caballo negro del tercer sello, y ella corresponde exactamente a la profecía. Puede verse por ella cómo el paganismo se incorporó al cristianismo; y cómo durante ese período el falso sistema que resultó en el establecimiento del papado se redondeó rápidamente en su delineamiento completo y maduró en toda la deplorable perfección de su fuerza y estatura.

La balanza—"La balanza indicaba que la religión y el poder civil se iban a unir en la persona que administraría el poder ejecutivo en el gobierno, y que pretendería tener autoridad judicial tanto en la Iglesia como el Estado. Así sucedió entre los emperadores romanos desde los días de Constantino hasta el reinado de Justiniano, cuando dió el mismo poder judicial al obispo de Roma."[8]

El trigo y la cebada—"Las medidas de trigo y de cebada que se dan por un denario indican que los miembros de la iglesia se dedicarían con avidez a los bienes de este mundo, y que prevalecería el amor al dinero, pues por dinero se desharían de cualquier cosa."[9]

El aceite y el vino—Estas cosas "denotan las gracias del Espíritu, la fe y el amor, y había mucho peligro de que resultasen perjudicadas bajo la influencia de tanto espíritu mundanal. Y ha quedado bien atestiguado por todos los historiadores que la prosperidad de la iglesia en aquella época produjo las corrupciones que llevaron finalmente a la apostasía y al establecimiento de las abominaciones anticristianas."[10]

Es de observar que la voz que limitaba la cantidad de trigo que podía obtenerse por un denario y decía: "No hagas daño al vino ni al aceite," no proviene de ningún ser de esta tierra, sino de en medio de los cuatro seres vivientes, lo cual significa que aunque los subpastores o protesos ministros de Cristo no cuidaban del rebaño, el Señor no lo olvidaba en esa época de tinieblas. Llega una voz del cielo. El vela por que el espíritu de mundanalidad no prevalezca hasta el punto de que el cristianismo se pierda enteramente, o de que el aceite y el vino, las gracias de la piedad genuina, desaparezcan de la tierra.

VERS. 7, 8: *Y cuando él abrió el cuarto sello, oí la voz del cuarto animal, que decía: Ven y ve. Y miré, y he aquí un caballo amarillo: y el que estaba sentado sobre él tenía por nombre Muerte; y el infierno le seguía: y le fué dada potestad sobre la cuarta parte de la tierra, para matar con espada, con hambre, con mortandad, y con las bestias de la tierra.*

El cuarto sello—El color de este caballo es notable. La palabra original denota el "color pálido o amarillento" que se ve en las plantas marchitadas o enfermizas. Este símbolo debe representar un extraño estado de cosas en la iglesia que profesa pertenecer a Dios. El jinete que iba en ese caballo se llamaba Muerte y el Infierno (*hades,* sepulcro) le seguía. La mortalidad es tan grande durante este período que parecería como si "las pálidas naciones de los muertos" hubiesen venido a la tierra, y fueran siguiendo en la estela de esta potencia asoladora. Resulta difícil equivocarse acerca del período al cual se aplica este sello. Debe referirse al tiempo en que el papado ejercía su dominio perseguidor sin restricción, a partir más o menos del año 538 hasta cuando los reformadores empezaron a exponer las corrupciones del sistema papal.

"Le fué dada potestad," es decir al poder personificado por la muerte sentado sobre el caballo amarillo; a saber, el papado. Por la cuarta parte de la tierra, se entiende indudablemente el territorio sobre el cual ese poder tenía jurisdicción; y las palabras "espada," "hambre," "mortandad" (es decir, cosas que ocasionan la muerte, como la intemperie o la tortura), y las fieras de la tierra, son figuras que denotan los medios por los cuales se dió muerte a millones de mártires.

VERS. 9-11: *Y cuando él abrió el quinto sello, vi debajo del altar las almas de los que habían sido muertos por la palabra de Dios y por el testimonio que ellos tenían. Y clamaban en alta voz diciendo: ¿Hasta cuándo. Señor, santo y verdadero, no juzgas y vengas nuestra sangre de los que moran en la tierra? Y les fueron dadas sendas ropas blancas, y fuéles dicho que reposasen todavía un poco de tiempo, hasta que se completaran sus consiervos y sus hermanos, que también habían de ser muertos como ellos.*

El quinto sello—Bajo el quinto sello los mártires claman venganza, y les son dadas sendas ropas blancas. Las preguntas que surgen en seguida y piden solución son éstas: ¿Abarca este sello un período de tiempo, y en tal caso, cuál es? ¿Donde está el altar debajo del cual se ven las almas? ¿Qué son estas almas, y cuál es su condición? ¿Qué significa su clamor de venganza? ¿Qué significan las ropas blancas que se les dan? ¿Cuándo reposan por un poco de tiempo, y quiénes son sus consiervos que han de ser muertos como ellas? Creemos que todas estas preguntas pueden recibir respuestas satisfactorias.

Parece lógico creer que este sello, como todos los demás, debía abarcar cierto plazo de tiempo, y que la fecha de su aplicación es inconfundible si los sellos anteriores se han localizado correctamente. Como viene a continuación del período de la persecución papal, el plazo abarcado por este sello debe iniciarse cuando la Reforma empezó a minar la estructura papal y a frenar el poder perseguidor de la iglesia católica romana.

El altar—Este no puede ser ningún altar del cielo, sino que es, evidentemente, el lugar donde las víctimas habían sido muertas, el altar de su sacrificio. Acerca de este punto, Adán Clarke declara:

"Le fué presentada una visión simbólica, en la cual vió un altar; y debajo de él las almas de los que habían sido muertos por la palabra de Dios--que habían sufrido el martirio por su amor al cristianismo,--son representadas como nuevamente muertas como víctimas de la idolatría y la superstición. *El altar está en la tierra, no en el cielo.*"[11] Se encuentra una confirmación de esta opinión en el hecho de que Juan está contemplando escenas que ocurren en la tierra. Las almas son representadas debajo del altar, algo así como víctimas muertas sobre él, cuya sangre corriera al pie de él, y ellas cayeran luego a su lado.

Las almas debajo del altar—Esta representación se considera popularmente como una prueba categórica de que hay espíritus desencarnados y conscientes después de la muerte. Aquí encontramos, se asevera, que Juan vió almas en estado desencarnado aunque conscientes y con conocimiento de lo sucedido, pues piden que se las vengue de sus perseguidores. Esta interpretación de los pasajes es inadmisible por varias razones.

La teoría popular pone a estas almas en el cielo, pero el altar del sacrificio sobre el cual fueron muertas, y debajo del cual se las vió, no puede estar allí. El único altar que se menciona como estando en el cielo es el altar del incienso; pero no sería correcto representarse debajo del altar a las víctimas que acababan de ser muertas, puesto que dicho altar no se dedicó jamás a semejante uso.

Repugnaría a todas nuestras ideas del estado celestial representarse como *encerradas* debajo de un altar a las almas que haya en el cielo. ¿Podemos suponer que el deseo de *venganza* dominaría de tal manera a estas almas en el cielo que las mantendría descontentas e intranquilas hasta que se castigase a sus enemigos, a pesar del gozo y la gloria del estado inefable que debieran gozar? ¿No habrían de regocijarse más bien de que sufrieron persecución y así llegaron más pronto a la presencia de su Redentor, a cuya diestra hay plenitud de gozo y placeres para siempre?

Y, además, la teoría popular que pone a estas almas en el cielo, sitúa al mismo tiempo a los impíos en el lago de fuego, retorciéndose en tormentos indecibles, *bien a la vista* de la hueste celestial. Ahora bien, las almas representadas bajo el quinto sello eran las que habían sido muertas durante el sello anterior, décadas y siglos antes. Sin la menor duda, sus perseguidores habían desaparecido del escenario y, según la teoría que consideramos, debían estar sufriendo bajo sus ojos todos los tormentos del infierno.

Sin embargo, como si no se satisficiesen con esto, claman a Dios como si él demorara su venganza sobre sus asesinos. ¿Qué mayor venganza podían desear? O si sus perseguidores estaban todavía en la tierra, debían saber que antes de muchos años habrían de unirse a la vasta multitud que diariamente desciende por la puerta de la muerte al mundo desdichado. Esta suposición no las hace más amables. Por lo menos una cosa es evidente: la teoría popular concerniente a la condición de los muertos, justos e impíos, no puede ser correcta, o la interpretación que se da generalmente a este pasaje es errónea, pues se excluyen mutuamente.

Pero se insiste en que estas almas deben estar conscientes, porque claman a Dios. Este argumento tendría peso si no existiese una figura de lenguaje que se llama personificación. Pero mientras ella exista, convendrá en ciertas condiciones atribuir vida, acción e inteligencia a los objetos inanimados. Así se dice que la sangre de Abel clamaba a Dios desde la tierra. (Génesis 4:9,10.) La piedra clamaba desde la pared, y la viga le contestaba. (Habacuc 2:11.) El salario de los trabajadores defraudados clamaba, y el clamor entró en los oídos del Señor de los ejércitos. (Santiago 5:4.) Así también podrían clamar las almas de nuestro texto, y no por ello ser conscientes.

La incongruencia de la teoría popular basada en este versículo es aparente, pues Alberto Barnes hace la siguiente concesión: "No debemos suponer que esto ocurrió *literalmente,* y que Juan vió en realidad las almas de los mártires debajo del altar; porque toda la representación es simbólica; ni hemos de suponer que los perjudicados que están en el cielo oran realmente por verse vengados en aquellos que les hicieron daño, o que los redimidos continuarán orando en el cielo con referencia a las cosas de la tierra; pero de este pasaje se puede deducir con justicia que habrá un recuerdo tan *real* de los males sufridos por los perseguidos, los perjudicados y los oprimidos, *como si* se hiciese allí una oración tal; y que los opresores tienen tanto que temer de la venganza divina *como si* aquellos a quienes perjudicaron clamasen en el cielo al Dios que oye la oración y que toma venganza."[12]

Con referencia a pasajes como éste, el lector se ve inducido en un error por la definición popular de la palabra "alma." Dicha definición le hace suponer que este texto habla de una esencia inmaterial, invisible e inmortal que hay en el hombre, y que, apenas muere el cuerpo, se eleva a la libertad que codicia. En ningún caso permite el empleo de la palabra en el original hebreo o griego aceptar una definición tal. Significa con más frecuencia "vida" y con no poca frecuencia se traduce por "persona." Se aplica a los muertos igual que a los vivos, como puede verse en Génesis 2:7, donde la palabra "viviente" no necesitaría haberse añadido si la vida fuese un atributo inseparable del alma; y en Números 19:13, donde la concordancia hebrea dice "alma muerta.". Además, estas almas ruegan que sea vengada su *sangre,* y la sangre es algo que, según la teoría popular, no puede tener un alma inmaterial. La palabra "almas" puede considerarse aquí como significando simplemente los mártires, aquellos que fueron muertos, y la expresión "las almas de los que" es una perifrasis para indicar toda su persona. Estos seres humanos fueron representados a Juan como habiendo sido muertos sobre el altar de los sacrificios papales, en esta tierra, y están muertos debajo de él. No estaban ciertamente vivos cuando Juan los vió durante el quinto sello, porque más tarde vuelve a presentarlos casi en el mismo lenguaje, y nos asegura que la primera vez que recobran la vida después de su martirio es en la resurrección de los justos. (Apocalipsis 20:4-6.) Mientras yacían allí, víctimas de la sed de sangre y opresión que manifestó el papado en la Edad Media, claman a Dios que los vengue, así como la sangre de Abel clamaba a él desde la tierra.

Las ropas blancas—Su clamor: "¿Hasta cuándo, Señor, . . . no juzgas y vengas nuestra sangre?" recibe una respuesta parcial. Bajaron a la tumba de la manera más ignominiosa. Los motivos de su vida fueron falseados, manchada su reputación, infamado su nombre, y sus tumbas cubiertas de vergüenza y oprobio, como si contuviesen el polvo deshonrado de los personajes más viles y despreciables. En verdad, la iglesia de Roma, que amoldaba entonces el sentimiento de las principales naciones de la tierra, no escatimó esfuerzos para hacer de sus víctimas un objeto de aborrecimiento para todos.

Pero la Reforma empezó su obra. Comenzó a verse que la iglesia era corrompida y despreciable, y que aquellos contra los cuales desahogaba su ira eran los buenos, los puros, los fieles. La obra prosiguió entre las naciones más ilustradas de la tierra, y la reputación de la iglesia fué bajando mientras que fué subiendo la de los mártires, hasta que quedaron plenamente expuestas todas las corrupciones y abominaciones papales. Entonces se destacó este gigantesco sistema de iniquidad delante del mundo en toda su desnuda deformidad, mientras que los mártires quedaron vindicados de todas las calumnias debajo de las cuales la iglesia perseguidora procuró sepultarlos. Entonces se vió que habían sufrido, no por ser viles y criminales, sino "por la palabra de Dios y por el testimonio que ellos tenían." Entonces se cantaron sus alabanzas, se admiraron sus virtudes, se aplaudió su valor, se honró su nombre y se apreció su memoria. Así se les dieron sendas ropas blancas.

Un poco de tiempo—La obra cruel del catolicismo romano no cesó completamente, ni aun cuando la Reforma se hubo extendido y establecido firmemente. No pocos estallidos terribles de odio y persecución había de sentir todavía la iglesia verdadera. Muchísimos tenían que ser castigados todavía como herejes, y verse unidos al gran ejército de mártires. La plena justificación de su causa iba a demorarse todavía un poco de tiempo. Durante ese tiempo Roma añadió centenares de miles a la vasta muchedumbre cuya sangre había vertido ya. Pero el espíritu de persecución fué finalmente refrenado, la causa de los mártires fué vindicada, y llegó a su fin el "poco de tiempo" del quinto sello.

VERS. 12-17: *Y miré cuando él abrió el sexto sello, y he aquí fué hecho un gran terremoto; y el sol se puso negro como un saco de cilicio, y la luna se puso toda como sangre; y las estrellas del cielo cayeron sobre la tierra, como la higuera echa sus higos cuando es movida de gran viento. Y el cielo se apartó como un libro que es envuelto; y todo monte y las islas fueron movidas de sus lugares. Y los reyes de la tierra, y los príncipes, y los ricos, y los capitanes, y los fuertes, y todo siervo y todo libre, se escondieron en las cuevas y entre las peñas de los montes; y decían a los montes y a las peñas: Caed sobre nosotros, y escondednos de la cara de aquel que está sentado sobre el trono, y de la ira del Cordero: porque el gran día de su ira es venido; ¿y quién podrá estar firme?*

El sexto sello—Tales son las escenas solemnes y sublimes que ocurren bajo el sexto sello. Tiende ciertamente a despertar en todo corazón un intenso interés en las cosas divinas la consideración de que estamos viviendo ahora en el tiempo de los acontecimientos portentosos de este sello, como pronto se demostrará.

Entre el quinto sello y el sexto parece cambiar repentina y completamente el lenguaje y pasar del altamente figurativo al estrictamente literal. Cualquiera que sea la causa, el cambio es innegable. Ningún principio de interpretación puede hacer literal el lenguaje de los sellos anteriores, ni puede hacerse con facilidad figurativo el lenguaje de este sello. Debemos aceptar, pues, el cambio, aunque no podemos explicarlo. Hay, sin embargo, un hecho significativo al cual quisiéramos llamar la atención aquí. Era durante el período abarcado por este sello cuando las partes proféticas de la palabra de Dios habían de quedar abiertas, y muchos habrían de recorrerlas, o aplicar su atención a comprender estas cosas, y por lo tanto el conocimiento de esta parte de la palabra de Dios iba a aumentar enormente. Sugerimos que ésta puede ser la razón del cambio de lenguaje que ocurre aquí, y que los sucesos de este sello, por ocurrir en un tiempo en que estas cosas se habían de comprender plenamente, no se presentan ya en figuras, sino en lenguaje claro e inequívoco.

El gran terremoto—El primer acontecimiento que se presenta bajo este sello, y tal vez el que marca su comienzo, es un gran terremoto. Como cumplimiento sorprendente de esta predicción, nos referimos al gran terremoto del 1° de noviembre de 1755, que se conoce como el de Lisboa.

Acerca de este terremoto, dice Roberto Sears:

"El gran terremoto de 1755 abarcó una extensión de por lo menos once millones de kilómetros cuadrados. Sus efectos se extendieron hasta debajo de las aguas, en muchos lugares donde sus sacudidas no fueron perceptibles. Afectó las mayores porciones de los continentes de Europa, Africa y América; pero su extrema violencia se sintió en la parte sudoccidental de la primera."[13] "En Africa, este terremoto se hizo sentir casi tan severamente como en Europa. Gran parte de la ciudad de Argel fué destruída. Muchas casas fueron derribadas en Fez y Mequínez, y multitudes quedaron sepultadas bajo sus ruinas. Efectos similares se vieron en Marrakesh. Sus efectos se sintieron igualmente en Tánger, Tetuán, y Funchal en la isla Madera; es probable . . . que toda Africa fué sacudida por esta tremenda convulsión. Por el norte, se extendió hasta Noruega y Suecia;

Alemania, Holanda, Francia, Gran Bretaña e Irlanda fueron todas más o menos agitadas por la misma grande y terrible conmoción de los elementos."[14] "La ciudad de Lisboa . . . antes de esta calamidad . . . tenía más o menos . . . 150.000 habitantes. . . . El Sr. Barretti dice 'que se cree que 90.000 personas perecieron en ese día fatal.'[15]

Sir Carlos Lyell hace la siguiente descripción gráfica de este fenómeno notable:

"En ninguna parte de la región volcánica de la Europa meridional ha ocurrido en los tiempos modernos un terremoto tan tremendo como el que se inició el 1· de noviembre de 1755 en Lisboa. Se oyó un ruido de trueno debajo de la tierra, e inmediatamente después una violenta sacudida derribó la mayor parte de aquella ciudad. En el transcurso de más o menos seis minutos perecieron 60.000 personas. El mar se retiró al principio, y dejó seca la barra; luego volvió rodando y levantándose quince metros sobre su nivel ordinario. Las montañas de la Rábida, Estrella, Julio, Marao y Cintra, que son algunas de las mayores de Portugal fueron sacudidas impetuosamente, desde sus mismos fundamentos, por así decirlo; y algunas de ellas se abrieron en sus cumbres, que se rajaron en forma asombrosa, siendo arrojadas a los valles subyacentes enormes masas de ellas. Se dice que salieron de esas montañas llamas que se supone eran eléctricas; también se dice que humearon; pero vastas nubes de polvo pueden haber dado esta apariencia. . . .

"La gran extensión que alcanzó este terremoto de Lisboa es muy notable. El movimiento fué más violento en España, Portugal y el norte de Africa; pero casi toda Europa, y aun las Antillas sintieron el sismo el mismo día. Un puerto llamado Setúbal a treinta kilómetros de Lisboa, se hundió. En Argel y Fez, en Africa, la agitación de la tierra fué igualmente violenta, y a la distancia de ocho leguas de Marrakesh, fué tragado un pueblo, con sus ocho o diez mil habitantes, juntamente con todos sus ganados. Poco después, la tierra se volvió a cerrar sobre ellos.

"El sismo se sintió en el mar, sobre el puente de una nave situada al oeste de Lisboa, y produjo una sensación muy similar a la que se sintió en tierra. Frente a Sanlúcar, el capitán del barco 'Nancy' sintió que su navío era sacudido tan violentamente que pensó haber embarrancado, pero, al echar la sonda, encontró gran profundidad de agua. El Capitán Clarke, de Denia, estando a los 36° 24' de latitud norte, entre las nueve y las diez de la mañana sintió que su barco era sacudido y esforzado como si hubiese encallado en una roca. Otro barco, a cuarenta leguas al oeste de San Vicente, experimentó una concusión tan violenta que los hombres fueron arrojados medio metro perpendicularmente hacia arriba sobre cubierta. En Antigoa y la Barbuda, como también en Noruega, Suecia, Alemania, Holanda, Córcega, Suiza e Italia, se sintieron temblores y ligeras oscilaciones del suelo.

"La agitación de lagos, ríos y manantiales en Gran Bretaña fué notable. En Loch Lomond, Escocia, por ejemplo, el agua, sin la menor causa aparente, se elevó contra sus márgenes, y luego bajó mucho con relación a su nivel común. La mayor altura perpendicular de esta subida fué de 70 centímetros. Se dice que el movimiento de este terremoto fué ondulatorio, y que viajaba a la velocidad de 30 kilómetros por minuto. Una gran ola barrió la costa de España, y se dice que se elevó a 18 metros en Cádiz. En Tánger, Africa, se elevó y cayó 18 veces sobre la costa; en Funchal, Madera, se elevó perpendicularmente como cinco metros más arriba que la marea alta, aunque la marea, que allí sube o baja unos dos metros, estaba a la mitad de su descenso. Además de entrar en la ciudad y de ocasionar graves daños, inundó otros puertos de la isla. En Kinsale, Irlanda, una oleada se precipitó al puerto, hizo girar varios barcos, y se volcó sobre la plaza del mercado."[16]

Si el lector busca en su atlas los países mencionados, verá cuán grande fué la parte de la superficie terrestre agitada por esa espantosa convulsión. Puede haber habido otros terremotos que fueron tan severos en ciertas localidades particulares, pero ningún otro proporciona todas las condiciones necesarias para constituirlo un suceso adecuado para marcar la apertura del sexto sello.

El obscurecimiento del sol—A continuación del terremoto, según lo anunciado por la profecía, "el sol se puso negro como un saco de cilicio." Esta parte de la predicción se cumplió también. No necesitamos entrar aquí en detalles acerca del admirable obscurecimiento del sol que se produjo el 19 de mayo de 1780. La mayoría de los lectores habrán leído algún relato de lo ocurrido entonces. Las siguientes declaraciones aisladas, de diferentes autores, dan una idea de su naturaleza:

"Día Obscuro, el, 19 de mayo de 1780-así llamado a causa de una notable obscuridad que en aquel día se extendió por toda la Nueva Inglaterra. . . . La obscuridad empezó más o menos a las diez de la mañana y prosiguió hasta la medianoche siguiente, pero con cierta diferencia de grado y duración en diferentes puntos. . . . La verdadera causa de este notable fenómeno no es conocida."[17]

"En el mes de mayo de 1780 hubo en la Nueva Inglaterra un día obscuro muy aterrador, cuando todos los rostros parecieron ennegrecer, y la gente se llenó de temor. Hubo gran angustia en la aldea donde vivía Eduardo Lee, pues temían los hombres que estuviese llegando el día del juicio; y todos los vecinos se congregaron en derredor del santo, [que] pasó las lóbregas horas orando fervientemente por la angustiada multitud."[18]

"La *fecha* de estas tinieblas extraordinarias fué el 19 de mayo de 1780--dice el profesor Williams.--Se presentaron entre las diez y las once de la mañana, y continuaron hasta la medianoche de la noche siguiente, pero con diferentes aspectos en diferentes lugares. . . .

"La *intensidad* que alcanzaron las tinieblas fué diferente en los diversos lugares. En la mayoría de las localidades era tan grande que la gente no podía leer letra de imprenta común, determinar la hora que era por sus relojes, ni comer o atender sus tareas domésticas sin la luz de las velas. En algunos lugares las tinieblas fueron tan densas que la gente no pudo leer letra de imprenta común al aire libre durante varias horas seguidas; pero creo que tal no fué generalmente el caso.

"La *extensión* de esta obscuridad fué muy notable. Nuestra información al respecto no es tan completa como quisiéramos; pero por los relatos recibidos, parece haber alcanzado a todos los estados de la Nueva Inglaterra. Se la observó por el este hasta Falmouth (Portland, Maine). Hacia el oeste entendemos que llegó hasta los confines más alejados de Connecticut y Albany. Por el sur se la observó en todo el largo de las costas, y al norte hasta donde llegan nuestras poblaciones. Es probable que se extendió más allá que estos términos en algunas direcciones, pero no se pueden determinar los límites exactos por las observaciones que he podido reunir. "Con respecto a su *duración,* continuó en este lugar por lo menos catorce horas; pero es probable que no fué exactamente la misma en diferentes partes del país.

"El aspecto y los efectos fueron tales que ofrecían una perspectiva extremadamente lóbrega y apagada. Se encendieron velas en las casas; los pájaros, habiendo dejado oír sus cantos vespertinos, desaparecieron y callaron; las aves de corral se retiraron a sus gallineros; los gallos cantaban todos en derredor, como al amanecer; los objetos no podían distinguirse sino desde una distancia muy corta; y todo tenía el aspecto y la lobreguez de la noche."[19]

"El 19 de mayo de 1780 fué un día obscuro notable. Se encendieron velas en muchas casas; las aves callaron y desaparecieron, y las aves de corral se retiraron a sus gallineros.... Prevalecía en forma muy general la opinión de que el día del juicio se acercaba."[20]

El poeta Whittier pintó así la escena en una poesía bien conocida:

"En un día de mayo de aquel año Mil setecientos y ochenta, fue Cuando sobre las flores y lozana Naturaleza de la primavera, Cual mortaja cayó densa tiniebla Y extendió horror por tierra y firmamento. Calló el ave canora, y a sus gradas Todas las de corral se retiraron; Con paso lento las mugientes vacas Se encaminaron hacia los establos; En sus felpudas alas, los murciélagos Lanzáronse al espacio; se apagaron Los ruidos habituales del trabajo; Por doquiera se oyó llanto y oración, Y atentos los oídos se volvieron, Para oír, rasgando el cielo, el estrépito De la trompeta del juicio final."[21]

"La luna se puso toda como sangre"—Las tinieblas de la noche siguiente al 19 de mayo de 1780 fueron tan extraordinarias como las del día.

"Las tinieblas de la noche siguiente fueron probablemente tan densas como las más densas que se hayan observado desde que la orden del Todopoderoso hizo brotar la luz.... No pude menos de pensar en el momento que si todo cuerpo luminoso del universo se hubiese quedado envuelto en sombras impenetrables, o hubiese cesado de existir, las tinieblas no podrían haber sido más completas. Una hoja de papel blanco sostenida a pocas pulgadas de los ojos era tan invisible como el terciopelo más negro."[22]

"Por la noche . . . no fué tal vez nunca más obscuro desde que los hijos de Israel salieron de la casa de servidumbre. Estas densas tinieblas se mantuvieron hasta más o menos la una, aunque había sido plenilunio la noche antes."[23]

Esta declaración acerca de la fase de la luna demuestra la imposibilidad de que hubiese en esa fecha un eclipse de sol. Cuandoquiera que la luna apareció durante esa noche memorable, como sucedió a ratos, tenía, de acuerdo con esta profecía, apariencia de sangre.

"Las estrellas del cielo cayeron"—La voz de la historia vuelve a clamar: *¡Cumplido!* Nos referimos a la gran lluvia de meteoros del 13 de noviembre de 1833, acerca de la cual bastarán algunos testimonios.

"Al oír gritar: '¡Mire por la ventana!' salté de la cama donde estaba durmiendo profundamente, y con asombro vi el oriente iluminado por la aurora y los meteoros.... Llamé a mi esposa para que contemplase el espectáculo; y mientras se estaba vistiendo, ella exclamó: '¡Mira cómo caen las estrellas!' Contesté; '¡Es el prodigio!' y sentíamos en nuestro corazón que era una señal de los últimos días. Porque en verdad las estrellas del cielo cayeron sobre la tierra, como la higuera echa sus higos cuando es movida de gran viento.' (Apocalipsis 6:13.)

"¿Y cómo caían? Ni yo mismo ni ningún miembro de mi familia oímos explosión alguna; y si hubiese de buscar en la naturaleza un símil, no podría hallar ninguno tan adecuado para ilustrar la apariencia de los cielos, como el que usa San Juan en la profecía ya citada. '¡Llovió fuego!' dice uno. Otro: Era como una lluvia de fuego.' Otro aún: Era como los grandes copos de nieve que caen, antes de una tempestad que se acerca, o grandes gotas de lluvia antes de un aguacero.' Admito la idoneidad de estas comparaciones por su exactitud común; pero distan mucho de tener la exactitud de la figura usada por el profeta: Las estrellas del cielo cayeron sobre la tierra.' No eran hojas ni copos ni gotas de fuego; sino que eran lo que el mundo entiende por estrellas fugaces;' y uno, al hablar a sus compañeros durante la escena, decía: '¡Mira cómo caen las estrellas!' y el que oía no se detenía a corregir la astronomía del que había hablado, como no se detendría a contestar: El sol no se mueve,' al que le dijera: Está saliendo el sol.' Las estrellas caían 'como la higuera echa sus higos cuando es movida de gran viento.' Esta es la exactitud del profeta. Los meteoros que caían no venían como de varios árboles sacudidos, sino como de *uno* solo. Las que aparecían en el este caían hacia el este; las que aparecían en el norte caían hacia el norte; las que aparecían en el oeste caían hacia el oeste; y las que aparecían en el sur caían hacia el sur (pues yo salí de mi residencia al parque), y no caían como caen las frutas *maduras.* Muy lejos de esto, sino que volaban, eran arrojadas, como fruta verde, que al principio se niega a abandonar la rama; y cuando se desprende, vuela velozmente, en *derechura* descendente; y en la multitud que caía algunas cruzaban la trayectoria de otras, como si fuesen arrojadas con mayor o menor fuerza."[24]

"El más sublime fenómeno de estrellas fugaces que se haya registrado en la historia del mundo se presenció a través de los Estados Unidos la mañana del 13 de noviembre de 1833. No se ha establecido todavía con precisión toda la extensión que abarcó esta asombrosa manifestación, pero abarcó una porción considerable de la superficie terrestre. . . . La primera apariencia era la de un fuego de artificio de la más imponente grandeza, que cubría toda la bóveda celestial con miríadas de bolas de fuego semejantes a cohetes voladores. Sus fulgores eran brillantes, resplandecientes e incesantes. Y caían con la frecuencia de los copos de las primeras nieves en diciembre. En comparación con los esplendores de esta exhibición celestial los cohetes voladores y los fuegos de artificio más brillantes no son más que el titilar de la menor estrella frente al resplandor del sol. Los cielos enteros parecían estar en movimiento, y sugerían a algunos la pavorosa grandiosidad de la imagen empleada en el Apocalipsis con referencia a la apertura del sexto sello, cuando las estrellas del cielo cayeron sobre la tierra, como la higuera echa sus higos cuando es movida de gran viento.' "[25]

"Después de recoger y colacionar los relatos presentados en todos los periódicos del país, y también por numerosas cartas dirigidas a mí mismo o a hombres de ciencia amigos míos, los siguientes me parecen ser los *hechos principales* en relación con el fenómeno. La lluvia de meteoros cubrió casi todo el territorio norteamericano, habiéndose presentado con esplendor casi igual desde las posesiones británicas en el norte hasta las Antillas y Méjico por el sur, y desde el grado 61 de longitud al este de la costa americana hasta el océano Pacífico por el oeste. A través de esta inmensa reglón, la duración fué más o menos la misma. Los meteoros empezaron a llamar la atención por su frecuencia y brillo inusitados desde las *nueve a las doce* de la noche; su apariencia fué más sorprendente de las *dos a las cinco;* llegaron a su máximo, en muchos lugares, a eso de las *cuatro;* y continuaron hasta que la luz del día los hizo invisibles."[26]

"El espectáculo debe haber sido del orden más sublime. El apóstol Juan pudo tenerlo presente cuando dijo, en el pasaje referente a la apertura del sexto sello: 'Y las estrellas del cielo cayeron sobre la tierra, como la higuera echa sus higos cuando es movida de gran viento.' "[27]

"El cielo se apartó como un libro"—Este acontecimiento dirige nuestra atención hacia el futuro. Después de examinar lo pasado y contemplar el cumplimiento de la palabra de Dios, se nos invita ahora a mirar acontecimientos futuros, que vendrán con no menor seguridad. Nuestra posición queda definida en forma inequívoca. Nos encontramos entre el vers. 13 y el 14 de este capítulo. Aguardamos el momento en que los cielos se apartarán como un libro cuando es envuelto.

Estos son tiempos de la mayor solemnidad e importancia, porque no sabemos cuán cerca podemos estar del cumplimiento de estas cosas.

Este apartamiento de los cielos está incluído en lo que los autores de los Evangelios llaman, en la misma serie de acontecimientos, la conmoción de las potestades de los cielos. Otros pasajes nos dan más detalles acerca de esta predicción. De Hebreos 12:25-27; Joel 3:16; Jeremías 25:30-33; Apocalipsis 16:17 aprendemos que la voz de Dios, cuando él hable desde los cielos, será la que ocasione esta espantosa conmoción de la tierra y del cielo. Una vez habló el Señor con voz audible, cuando dió su ley eterna desde el Sinaí. Entonces la tierra tembló. Va a hablar de nuevo, y no sólo temblará la tierra, sino también los cielos. Entonces "temblará la tierra vacilando como un borracho." "Será removida, . . . y caerá." (Isaías 24.) Las montañas se moverán de sus firmes bases. Las islas cambiarán repentinamente de lugar en medio del mar. De la llanura surgirán montañas escabrosas. Rocas desgarradas brotarán de la quebrantada superficie de la tierra. Mientras la voz de Dios repercuta sobre la tierra, reinará la mayor confusión sobre la faz de la naturaleza.

Para convencerse de que esto no es una simple fantasía de la imaginación, basta leer las frases exactas que algunos de los profetas usaron con referencia a ese tiempo. Isaías dice: "Quebrantaráse del todo la tierra, enteramente desmenuzada será la tierra, en gran manera será la tierra conmovida. Temblará la tierra vacilando como un borracho, y será removida como una choza; y agravaráse sobre ella su pecado, y caerá, y nunca más se levantará." (Isaías 24:19, 20.) En lenguaje igualmente emocionante Jeremías describe la escena como sigue: "Miré la tierra, y he aquí que estaba asolada y vacía; y los cielos, y no había en ellos luz. Miré los montes, y he aquí que temblaban, y todos los collados fueron destruídos. Miré, y no parecía hombre, y todas las aves del cielo se habían ido. . . . Porque así dijo Jehová: Toda la tierra será asolada." (Jeremías 4:23-27.)

Entonces quedará efectivamente destruído el sueño de seguridad carnal que ha estado elaborando este mundo. Los reyes que, intoxicados con su propia autoridad terrenal, no soñaron nunca que pudiese haber un poder superior al suyo, comprenden ahora que hay Quien reina como Rey de reyes. Los grandes contemplan la vanidad de toda la pompa terrenal, porque hay una grandeza superior a la de la tierra. Los ricos arrojan su oro y su plata a los topos y murciélagos, porque no los pueden salvar en ese día. Los capitanes se olvidan de su breve autoridad, y los poderosos se olvidan de su fuerza. Todo siervo que se halla en la peor servidumbre del pecado, y todo libre, es decir todas las clases de impíos, desde los más encumbrados hasta los más humildes, participan del lamento general de consternación y desesperación.

Los que nunca oraron a Aquel cuyo brazo podía darles salvación, elevan ahora una plegaria agonizante a las rocas y las montañas para que los sepulten para siempre y los oculten de los ojos de Aquel cuya presencia les trae destrucción. Bien quisieran evitar ahora la siega de lo que sembraron por una vida de concupiscencia y pecado. Bien quisieran huir de la ira que han estado acumulando sobre sí para ese día. Bien quisieran hundirse con su catálogo de crímenes en las tinieblas eternas. Así que huyen a las rocas, las cuevas, cavernas y grietas que les ofrece ahora la quebrantada superficie de la tierra. Pero es demasiado tarde. No pueden ocultar su culpabilidad ni escapar a la tan demorada venganza.

El día que ellos pensaron no vendría nunca los ha sorprendido finalmente como una trampa, y el lenguaje involuntario de su corazón angustiado es: "El gran día de su ira es venido; ¿quién podrá estar firme?" Antes que llegue ese día con sus escenas pavorosas, te rogamos, lector, que prestes la más seria y sincera atención a tu salvación.

Muchos hacen gala de despreciar ahora la oración, pero en un momento u otro los hombres han de orar. Los que no quieran rogar ahora a Dios con penitencia rogarán entonces a las rocas y las montañas con desesperación; y ésta será la mayor reunión de oración que se haya celebrado jamás.

Notas del Capítulo 6:

[1] Felipe Schaff, "History of the Christian Church," tomo 2, pág. 7.

[2] Id., pág. 8.

[3] Id., pág. 11.

[4] Kenneth Scott Latourette, "A History of the Expansion of Christianity " tomo 1, pág. 159.

[5] Id., pág. 273.

[6] Juan L. Mosheim, "An Ecclesiastical History," tomo 1, págs. 364, 365.

[7] Id., pág. 368.

[8] Guillermo Miller, "Evidence from Scripture and History of the Second Coming of Christ," pág. 176.

[9] Ibid.

[10] Ibid.

[11] Adán Clarke, "Commentary on the New Testament," tomo I, pág. 994, nota sobre Apocalipsis 6:9.

[12] Alberto Barnes, "Notes on Revelation," pág. 190, 191, comentarios sobre Apocalipsis 6 .9-11.

[13] Roberto Sears, "Wonders of the World," pág. 50.

[14] Id.. pág. 58.

[15] Id., pág. 381.

[16] A. R. Spofford y Carlos Gibbon, "The Library of Choice Literature," tomo 7, págs. 162, 163.

[17] Noé Webster, "Vocabulary of the Names of Noted . . . Persons and Places," en "An American Dictionary of the English Language," ed. de 1882.

[18] "Some Memorials of Edward Lee," en "The Publications of the American Tract Society," tomo 11, pág. 376.

[19] Samuel Williams, en "Memoirs oí the American Academy of Arts and Sciences," tomo I, págs. 234, 235.

[20] Timoteo Dwight, citado por Juan W. Barber, "Connecticut Historical Collections," pág . 403.

[21] Juan G. Whittier, "Abraham Davenport," en "Complete Poetical Works," pág. 260.

[22] Samuel Tenny, en "Collections of Massachusetts Historical Society for the Year 1792," tomo 1, págs. 97, 98.

[23] "Gazette," de Boston, del 29 de mayo, 1780.

[24] "Journal of Commerce," de Nueva York, del 14 de noviembre, 1833, tomo 8, N° 534, pág. 2.

[25] Elias H. Burritt, "The Geography of the Heavens," pág. 163.

[26] Denison Olmstead, "The Mechanism of the Heavens," pág. 328.

[27] Edwin Dunkin, "The Heavens and the Earth," pág. 186.

Capítulo 7—El Sello del Dios Vivo

VERS. 1-3: *Y después de estas cosas vi cuatro ángeles que estaban sobre los cuatro ángulos de la tierra, deteniendo los cuatro vientos de la tierra, para que no soplase viento sobre la tierra, ni sobre la mar, ni sobre ningún árbol. Y vi otro ángel que subía del nacimiento del sol, teniendo el sello del Dios vivo: y clamó con gran voz a los cuatro ángeles, a los cuales era dado hacer daño a la tierra y a la mar, diciendo: No hagáis daño a la tierra, ni al mar, ni a los árboles, hasta que señalemos a los siervos de nuestro Dios en sus frentes.*

EL TIEMPO en que se ha de realizar la obra aquí introducida queda establecido sin equivocación posible. El sexto capítulo se cierra con los acontecimientos del sexto sello, y el séptimo sello no se menciona hasta que llegamos al principio de Apocalipsis 8. Todo el capítulo 7 se dedica por lo tanto a un paréntesis. ¿Por qué se introduce esta obra en este punto? Evidentemente con el propósito de presentar detalles adicionales concernientes al sexto sello. La expresión "después de estas cosas," no significa después del cumplimiento de todos los sucesos anteriormente descritos, sino que después de ser llevado el profeta en visión al final del sexto sello, para que el orden consecutivo de los sucesos predichos en Apocalipsis 6 no fuese interrumpido, su atención fué dirigida a los detalles mencionados en Apocalipsis 7 como cosas adicionales referentes a ese sello. Preguntamos: ¿Entre qué sucesos de dicho sello se realiza esta obra? Debe realizarse antes que los ciclos se aparten como un libro, porque después de esto ya no hay tiempo para hacer una obra tal. Debe realizarse después que hayan aparecido las señales en el sol, la luna y las estrellas, porque estas señales ya han aparecido, pero esa obra de sellamiento no se ha cumplido todavía. Ocurre, por lo tanto, entre los vers. 13 y 14 de Apocalipsis 6. Como se ha demostrada ya, éste es precisamente el punto en que nos encontramos. Por lo tanto, la primera parte de Apocalipsis 7 se refiere a una obra cuya ejecución podemos buscar en nuestra época.

Cuatro ángeles—Los ángeles son agentes que siempre intervienen en los asuntos de la tierra. ¿Por qué no podríamos admitir que se trata aquí de cuatro de los seres en cuyas manos Dios ha confiado la obra de retener los vientos mientras Dios no quiere que soplen, y de soltarlos cuando llega el momento de hacer daño a la tierra?

Los cuatro ángulos de la tierra—Esta expresión significa las cuatro direcciones o puntos cardinales, e indica que estos ángeles tienen a su cargo, dentro de su esfera, toda la tierra.

Los cuatro vientos—En la Biblia los vientos simbolizan las conmociones políticas, las luchas y las guerras. (Daniel 7:2; Jeremías 25:32.) Los *cuatro* vientos, retenidos por los cuatro ángeles que están sobre los cuatro ángulos de la tierra deben representar todos los elementos de lucha y conmoción que existen en el mundo. Cuando queden sueltos y soplen todos juntos, ello constituirá el gran torbellino que se menciona en la profecía de Jeremías ya citada.

Otro ángel que subía del oriente—Otro ángel literal, que tenía a su cargo otra obra específica, nos es presentado aquí. La expresión que nuestra versión traduce literalmente, "del nacimiento del sol," se refiere evidentemente a la manera de subir más bien que a la localidad. Al principio, cuando los rayos del sol nacen oblicuos, tienen poco poder, pero luego va aumentando su fuerza hasta que brillan en todo su esplendor meridiano. Así también la obra de este ángel comienza con moderación, avanza con influencia siempre creciente, y termina con fuerza y poder.

El sello del Dios vivo—La característica que distingue al ángel que sube es que lleva el sello del Dios vivo. Por este hecho y la cronología de su obra, determinaremos, si es posible, qué movimiento simboliza su misión. La naturaleza de su obra nos es sugerida evidentemente por el hecho de que tiene el sello del Dios vivo. Para comprender lo que es esa obra, debemos determinar lo que es el sello del Dios vivo.

Un sello se define como instrumento destinado a sellar, lo que "emplean los individuos, las corporaciones y los estados para hacer impresiones en cera, sobre los documentos escritos, como evidencia de su autenticidad." La palabra original empleada en este texto se define así: "Un sello, es decir, un anillo con sello o distintivo; una marca, estampa, insignia o garantía." El verbo significa: "Dejar algo seguro para cualquiera, asegurarlo; poner un sello o marca sobre cualquier cosa en prueba de que es algo genuino o aprobado; atestiguar, confirmar, establecer, distinguir con una marca." Teniendo estas definiciones como base, comparemos Génesis 17:11 con Romanos 4:11, y Apocalipsis 7:3 con Ezequiel 9:4, y veremos que las palabras "señal," "sello" y "marca," según se usan en la Biblia, son términos sinónimos. El sello de Dios que se presenta en nuestro texto, se ha de aplicar a los siervos de Dios. En este caso no se trata de alguna marca literal impresa en la carne, sino de alguna institución u observancia especialmente relativa a Dios, que servirá como una "marca de distinción" entre los adoradores de Dios y los que no son sus siervos, aunque profesen seguirle.

Se emplea un sello para hacer válido o auténtico cualquier edicto o ley que una persona o poder promulgue. En las Escrituras hay frecuentes casos de ello. En 1 Reyes 21:8, leemos que Jezabel "escribió cartas en nombre de Achab, y sellólas con su anillo." Estas cartas tenían entonces toda la autoridad del rey Acab. En Esther 3:12 se nos dice que "en nombre del rey Assuero fué escrito, y signado con el anillo del rey." Y en Esther 8:8 leemos: "La escritura que se escribe en nombre del rey, y se sella con el anillo del rey, no es para revocarla."

Se usa un sello en relación con alguna ley o decreto que requiere obediencia, o sobre documentos que han de tener valor legal, o de estar sometidos a las provisiones de la ley. La idea de ley es inseparable del sello.

No necesitamos suponer que en los decretos y leyes de Dios, cuya observancia es obligatoria para los hombres, debe ir fijado un sello literal, hecho con instrumentos literales. Por la definición del término y el propósito con que se emplea un sello, según se ha demostrado ya, debemos entender que un sello es estrictamente lo que da validez y autenticidad a los decretos y leyes. Esto se encuentra en el nombre o la firma del poder que hizo la ley, expresados en términos que demuestren lo que es el poder y su derecho a hacer leyes y exigir obediencia. Aun en el caso de un sello literal, debe usarse siempre el nombre según lo indican las referencias ya dadas. Un ejemplo del empleo del nombre solo se halla en Daniel 6:8, donde leemos: "Ahora, oh rey, confirma el edicto, y firma la escritura, para que no se pueda mudar, conforme a la ley de Media y de Persia, la cual no se revoca." En otras palabras, pon la firma de la realeza, que demuestra quien exige obediencia, y que tiene derecho a exigirla.

En la profecía de Isaías 8 leemos: "Ata el testimonio, sella la ley entre mis discípulos." Esto debe referirse a una obra consistente en hacer revivir en la mente de los discípulos algunas de las exigencias de la ley que habían sido olvidadas o desviadas de su verdadero significado. En la profecía, esto se llama sellar la ley, o devolverle su sello que le había sido quitado.

Los 144.000, que han de ser sellados con el *sello* de Dios en sus frentes, según leemos en el capítulo que consideramos, son mencionados de nuevo en Apocalipsis 14:1, donde se nos dice que tienen el *nombre* del Padre escrito en sus frentes.

¿Qué es el sello de Dios?—Dos conclusiones se desprenden inevitablemente del raciocinio, y de los hechos y asertos bíblicos que anteceden:

1. El sello de Dios se halla en la ley de Dios.

2. El sello de Dios es aquella parte de su ley que contiene su nombre, o título descriptivo, y demuestra quién es, la extensión de su dominio y su derecho a gobernar.

Todas las denominaciones evangélicas principales admiten que la ley de Dios se halla contenida sumariamente en el Decálogo, o diez mandamientos. No tenemos más que examinar estos mandamientos para ver cuál es el que constituye el sello de la ley, o en otras palabras, el que da a conocer al Dios verdadero, el poder legislador.

Los primeros tres mandamientos mencionan la palabra "Dios," pero por su medio no podemos discernir a quién designa, porque son multitudes los objetos a los cuales se aplica este nombre. Dice el apóstol que "hay muchos dioses y muchos señores." (1 Corintios 8:5.) Pasemos por alto el cuarto mandamiento por el momento. El quinto contiene la palabra "Jehová" y "Dios," pero no las define, y los cinco preceptos restantes no nombran a Dios. Sólo con la parte de la ley que hemos examinado, sería imposible convencer de su error al idólatra. El adorador de imágenes podría decir: "El ídolo que hay delante de mí es mi dios, su nombre es dios, y éstos son sus preceptos." El que adora los astros podría decir: "El sol es mi dios, y lo adoro de acuerdo con esta ley." De modo que sin el cuarto mandamiento, el Decálogo es nulo e inválido, en cuanto a definir el culto que se debe tributar al verdadero Dios.

Pero añadamos ahora el cuarto mandamiento, devolvamos a la ley este precepto que tantos consideran descartado, y veamos cuál es la situación. Examinemos este mandamiento que contiene la declaración: "Porque en seis días hizo Jehová los cielos y la tierra, la mar y todas las cosas que en ellos hay," y vemos en seguida que estamos leyendo los requerimientos de Aquel que creó todas las cosas. El sol no es, pues, el Dios del Decálogo. El Dios verdadero es el que hizo el sol. Ningún objeto del cielo o de la tierra es el ser que aquí exige obediencia, porque el Dios de esta ley es el que hizo todas las cosas creadas. Ahora tenemos un arma contra la idolatría. Ya no puede aplicarse esta ley a los dioses falsos, "que no hicieron los cielos ni la tierra." (Jeremías 10:11.) El Autor de esta ley ha declarado quién es, la extensión de su dominio, y su derecho a gobernar; porque todo ser creado debe reconocer en seguida que el que es Creador de todo tiene derecho a exigir obediencia de todas sus criaturas. De modo que, teniendo al cuarto mandamiento en su lugar, ese documento admirable que es el Decálogo, el único documento existente entre los hombres que Dios haya escrito con su propio dedo, lleva una firma, lleva algo que lo hace inteligible y auténtico; tiene un sello. Pero sin el cuarto mandamiento, la ley es incompleta y no tiene autoridad.

De la lógica que antecede es evidente que el cuarto mandamiento constituye el sello de la ley de Dios, o el sello de Dios. Las Escrituras añaden su testimonio a esta conclusión.

Ya hemos visto que en la Biblia se usan como sinónimos las expresiones "señal," "sello" y "marca." El Señor dice expresamente que el sábado es una *señal* entre él y su pueblo. "Con todo eso vosotros guardaréis mis sábados: porque es *señal* entre mí y vosotros por vuestras edades, *para que sepáis que yo soy Jehová* que os santifico." (Exodo 31:13.) El mismo hecho se reitera en Ezequiel 20:12, 20. Allí el Señor dijo a su pueblo que el objeto de la observancia del sábado era hacerle saber que él es el Dios verdadero. Es como si Dios hubiese dicho: "El sábado es un sello. De mi parte, es el sello de mi autoridad, la señal de que tengo derecho a exigir obediencia; de vuestra parte, es señal de que me aceptáis como vuestro Dios."

Si alguien dijera que este principio no puede aplicarse a los cristianos actualmente, como si el sábado fuese solamente señal entre Dios y los judíos, bastaría contestarle que los términos "judíos" e "Israel" en el verdadero sentido bíblico no se limitan a la posteridad literal de Abrahán. Este patriarca fué elegido al principio porque era amigo de Dios mientras que sus padres eran idólatras. Sus descendientes fueron escogidos como hijos de Dios, custodios de su ley y depositarios de su verdad, porque todos los demás pueblos habían apostatado. Estas palabras relativas al sábado les fueron dirigidas mientras tenían el honor de haber sido así separados de todos los demás pueblos. Pero cuando la pared medianera de separación fué derribada y los gentiles fueron invitados a participar de las bendiciones de Abrahán, todos los hijos de Dios, judíos y gentiles, entraron en una relación nueva y más estrecha con Dios por su Hijo, y son ahora descritos por expresiones como éstas: "Es judío el que lo es en lo interior," y "un verdadero israelita." (Romanos 2:29; Juan 1:47.) Estas declaraciones se aplican a todos los que cumplen las condiciones que en ellas se exponen, porque tienen tanta ocasión de *conocer* al Señor como su pueblo de la antigüedad.

Así que el Señor considera el sábado del cuarto mandamiento como una *señal* entre sí y su pueblo, o el sello de su ley para todos los tiempos. Al observar ese mandamiento uno indica que adora al Dios verdadero. En ese mismo mandamiento Dios se da a conocer como nuestro Gobernante legítimo, puesto que es nuestro Creador.

En armonía con esta idea, debe notarse el hecho significativo de que cuandoquiera que los escritores sagrados quieren distinguir al Dios verdadero de los dioses falsos de toda descripción, invocan los grandes hechos de la creación en que se basa el cuarto mandamiento. (Véase 2 Reyes 19:15; 2 Crónicas 2:12; Nehemías 9:6; Salmo 96:5; 115:4-7, 15; 121:2; 124:8; 134:3; 146:6; Isaías 37:16; 42:5; 44:24; 45:12; 51:13; Job 9:8; Jeremías 10:10-12; 32:17; 51:15; Hechos 4:24; 14:15; 17:23, 24.)

Nótese nuevamente que la misma compañía que en Apocalipsis 7 tiene el sello del Dios vivo en sus frentes, nos es presentada otra vez en Apocalipsis 14:1 como teniendo el *nombre* del Padre en sus frentes. Esto nos proporciona una buena prueba de que se usan como sinónimos "el sello del Dios vivo" y "el nombre del Padre." La cadena de las evidencias se completa cuando se comprueba que el cuarto mandamiento que es, como se ha demostrado, el sello de la ley, es mencionado por el Señor como algo que contiene su nombre. La prueba de esto se verá en Deuteronomio 16:6: "Sino en el lugar que Jehová tu Dios escogiere para hacer habitar allí su *nombre,* sacrificarás la pascua." ¿Qué había en el lugar donde sacrificaban la pascua? Allí estaba el santuario que contenía en su lugar santísimo el arca con los diez mandamientos, de los cuales el cuarto le identificaba como el Dios verdadero, y contenía su nombre. Dondequiera que estuviese el cuarto mandamiento, allí estaba el nombre de Dios, y era lo único a lo cual podía aplicarse el lenguaje de este pasaje. (Véase Deuteronomio 12:5, 11, 21; 14:23, 24.)

El sellamiento—Ahora que hemos averiguado que el sello de Dios es su santo sábado, con el cual está identificado su nombre, estamos preparados para proceder con la aplicación de los pasajes que estudiamos. Las escenas introducidas en los versículos que consideramos, los cuatro vientos que están por soplar, para precipitar guerras y angustias sobre la tierra, y el hecho de que esta obra destructora sea refrenada hasta que los siervos de Dios estén sellados, todo esto nos recuerda cómo las casas de los israelitas fueron señaladas con la sangre del cordero pascual y pasadas por alto cuando el ángel recorrió el país para matar a los primogénitos de Egipto. (Exodo 12.) También recordamos la marca que ponía el hombre del tintero sobre todos aquellos que debían ser perdonados por los que seguían después con armas. (Ezequiel 9.) Concluímos que el sello de Dios puesto sobre sus siervos es alguna marca distintiva, o característica religiosa, que los habrá de eximir de los juicios de Dios que caerán sobre los impíos en derredor suyo.

Habiendo hallado el sello de Dios en el cuarto mandamiento, seguimos preguntando: ¿Entraña la observancia de ese mandamiento alguna peculiaridad en las prácticas religiosas? Sí, y muy notable. Es uno de los hechos más singulares de la historia religiosa que, en una era cuando brilla tan intensamente la luz del Evangelio, cuando la influencia del cristianismo es tan poderosa y extensa, una de las prácticas más peculiares que una persona pueda adoptar, una de las cruces más pesadas que pueda cargar, es la sencilla observancia del cuarto mandamiento de la ley de Dios. Este precepto requiere que se observe el séptimo día de la semana como día de reposo del Señor; mientras que casi toda la cristiandad, mediante las influencias combinadas del paganismo y del papado, se ha dejado seducir y guarda el primer día. Basta que una persona empiece a observar el día ordenado por el mandamiento para que inmediatamente quede señalada como peculiar. Es distinta de cuantos profesan pertenecer al mundo religioso o al secular.

Concluímos que el ángel que sube del nacimiento del sol y tiene el sello del Dios vivo, es un mensajero divino encargado de una reforma que se ha de realizar entre los hombres en lo que respecta a observar el sábado del cuarto mandamiento. Los agentes de esta obra en la tierra son, por supuesto, ministros de Cristo, porque a los hombres es dada la comisión de instruir a sus semejantes en las verdades de la Biblia. Pero como reina el orden en la ejecución de todos los consejos divinos, no parece improbable que un ángel literal tenga a su cargo la dirección de esta reforma.

Ya hemos notado que la cronología de esta obra la sitúa en nuestro tiempo. Esto resalta aun mejor cuando notamos que en la siguiente escena después del sellamiento de los siervos de Dios, ellos se presentan ante el trono con palmas de victoria en las manos. El sellamiento es, por lo tanto, la última obra que se hace en su favor antes que sean librados de la destrucción que sufre el mundo en relación con el segundo advenimiento.

Identidad del ángel sellador—En Apocalipsis 14 la misma obra nos es presentada bajo el símbolo de un ángel que volaba por en medio del cielo con la amonestación más terrible que haya caído alguna vez en oídos humanos. Aunque hablaremos de esto más en detalle cuando lleguemos a dicho capítulo, nos referimos ahora a su proclamación porque es la última obra que se ha de realizar para el mundo antes de la venida de Cristo, la cual es el acontecimiento que viene después en aquella profecía, de manera que dicha proclamación debe sincronizar con la obra aquí presentada en Apocalipsis 7:1-3. El ángel que tiene el sello del Dios vivo es, pues, el mismo que el tercero de Apocalipsis 14.

Esta opinión vigoriza la anterior exposición del sello. Como resultado de la obra de sellamiento de Apocalipsis 7, cierta compañía queda sellada con el sello del Dios vivo, mientras que como resultado del mensaje del tercer ángel de Apocalipsis 14 una compañía de personas obedece a todos los *"mandamientos de Dios."* (Apocalipsis 14:12.) El cuarto mandamiento del Decálogo es el único que el mundo cristiano viola abiertamente y enseña a los hombres a violarlo. Que ésta es la cuestión vital que entraña este mensaje, es algo que se desprende del hecho de que la observancia de los mandamientos, inclusive el día del Señor, es lo que distingue a los siervos de Dios de aquellos que adoran la bestia y reciben su marca. Como se demostrará más adelante, esta marca es la observancia de un falso día de reposo.

Después de haber notado así brevemente los principales detalles del asunto, llegamos ahora al más sorprendente de todos. De acuerdo con el precedente argumento cronológico, encontramos que esta obra se está cumpliendo ya ante nuestros ojos. El mensaje del tercer ángel se está proclamando ya. El ángel que sube del nacimiento del sol está cumpliendo su misión. Se ha iniciado la reforma relativa a la cuestión del día del reposo; y en una forma segura, aunque en comparativo silencio, se va abriendo camino por la tierra. Está destinada a agitar todo país que recibe la luz del Evangelio, y producirá como resultado un pueblo preparado para la pronta venida del Salvador y sellado para su reino eterno. El sellamiento de los siervos de Dios por el ángel mencionado en el vers. 3 se produce, pues, en reconocimiento de su fidelidad en la observancia de la ley de Dios, quien se identifica por el cuarto mandamiento como Creador del cielo y de la tierra, y como quien estableció el reposo del séptimo día en conmemoración de aquella gran obra.

La retención de los vientos—Después de considerar tan sólo una pregunta más dejaremos estos versículos en los cuales tanto nos hemos explayado. ¿Hemos visto entre las naciones algún movimiento indicador de que recibe respuesta el clamor del ángel que subía: "No hagáis daño" por el soplo de los vientos "hasta que señalemos a los siervos de nuestro Dios"? Es obvio que el tiempo durante el cual los vientos son retenidos no puede ser un tiempo de paz profunda. Ello no correspondería a la profecía, pues para que quede manifiesto que los vientos se están reteniendo, tiene que haber disturbios, agitación, ira y celos entre las naciones, con estallidos ocasionales, como rachas de viento que escapasen de una tempestad encarcelada. Estos estallidos han de ser dominados inesperadamente. En tal caso, y sólo así, resultaría evidente para el que mirase los sucesos a la luz de la profecía que por algún motivo la mano refrenadora de la Omnipotencia pesaba sobre los elementos en pugna. Tal ha sido el aspecto de nuestros tiempos. Se han levantado vez tras vez complicaciones inesperadas, que arrojaban al mundo en una confusión aparentemente inextricable y amenazaban con producir una guerra inmediata y espantosa, cuando de repente e inexplicablemente todo volvía a la calma. En la última mitad del siglo XIX se han visto notables ejemplos de estas coincidencias en la conclusión repentina de la guerra franco-alemana en 1871, la guerra ruso-turca en 1878, y la guerra hispano-americana en 1898.

Luego ocurrió durante la primera parte del siglo presente la primera Guerra Mundial durante la cual se permitió que los cuatro vientos soplasen sobre gran parte del mundo. Muchos escritores declararon que era el Armagedón del Apocalipsis. Con el transcurso del tiempo parecía que esta gran conflagración iba a consumir al mundo entero, sin dejarle raíz ni rama. Pero de repente el ángel clamó: "Deteneos," porque el sellamiento no había terminado todavía. El 11 de noviembre de 1918, los cuatro ángeles detuvieron los vientos de lucha, y un mundo enfermo de guerra, enloquecido por el terror de cuatro años de carnicería, se regocijó nuevamente en una aparente paz y segundad.

El armisticio fué aclamado como principio de una edad de oro y de paz, prosperidad y buena voluntad entre los hombres, pues ¿no se había reñido acaso "la guerra para acabar con las guerras"? Millones de personas creyeron que nunca se volvería a producir otra guerra, que el género humano había aprendido su lección. ¿No se debía más bien la paz a la mano de Dios que intervenía en los asuntos de las naciones para facilitar la terminación de la gran obra descrita por las palabras del ángel registradas en el vers. 3 del capítulo que consideramos: "Hasta que señalemos a los siervos de nuestro Dios en sus frentes"?

El período transcurrido desde el armisticio de 1918 hasta el estallido de la segunda Guerra Mundial distó mucho de ser pacífico, pues el Almanaque Mundial presenta durante ese tiempo una lista de por lo menos 17 conflictos que afectaron cuatro continentes. Muchos de estos estallidos amenazaron con alcanzar proporciones serias. Pero cada vez que el mundo afligido empezaba a temer la difusión de estos conflictos, las dificultades se resolvían inesperadamente. ¿Intervino el ángel en favor de la paz?

Luego, de repente, los cuatro ángeles volvieron a soltar los vientos y éstos cobraron velocidad de torbellino en un conflicto devastador global que llamamos la segunda Guerra Mundial, y casi todo el mundo se vió afectado. En su magnitud y las espantosas depredaciones que desató sobre todo lo que la humanidad aprecia, esta lucha supera por mucho a la primera.

No podemos comprender ni explicar el flujo y reflujo de estas corrientes de guerra y de paz sino por la revelación de Jesucristo dada por el profeta Juan, según está registrada en estos versículos. Cuando conviene a los planes y propósitos de Dios dejar que soplen los vientos de lucha, entonces la naturaleza humana irregenerada por la gracia de Dios se ve suelta y obra sin freno. Pero cuando él dice: "Basta," el ángel clama: "Deteneos, deteneos, deteneos, deteneos," y cesa la lucha para que la obra de Dios pueda proceder. Así será hasta la gran consumación del plan de salvación.

¿Te sientes afligido, amado lector, por la intranquilidad y la confusión que hay entre las naciones? ¿Deseas saber lo que significa todo esto? Hallarás la respuesta en el cuadro que se presenta en estos versículos. "El Altísimo se enseñorea en el reino de los hombres, y a quien él quisiere lo da." (Daniel 4:32.) En el momento decidido por él hará "cesar las guerras hasta los fines de la tierra." (Salmo 46:9.)

VERS. 4-8: *Y oí el número de los señalados: ciento cuarenta y cuatro mil señalados de todas las tribus de los hijos de Israel. De la tribu de Judá, doce mil señalados. De la tribu de Rubén, doce mil señalados. De la tribu de Gad, doce mil señalados. De la tribu de Aser, doce mil señalados. De la tribu de Neftalí, doce mil señalados. De la tribu de Manasés, doce mil señalados. De la tribu de Simeón, doce mil señalados. De la tribu de Leví, doce mil señalados. De la tribu de Isacar, doce mil señalados. De la tribu de Zabulón, doce mil señalados. De la tribu de José, doce mil señalados. De la tribu de Benjamín, doce mil señalados.*

El número de los que han de ser sellados—Aquí se presenta el número de los que han de ser sellados: 144.000. Por el hecho de que hay doce mil sellados de cada una de las doce tribus, algunos suponen que esta obra debió realizarse hace mucho, por lo menos al principio de la era cristiana, cuando esas doce tribus tenían existencia literal. No pueden ver cómo puede aplicarse esta profecía a nuestro tiempo, cuando todo rastro de distinción entre esas tribus ha desaparecido desde hace mucho y ha sido borrado completamente. Recomendamos a los tales que noten el lenguaje empleado al principio de la epístola de Santiago: "Jacobo, siervo de Dios y del Señor Jesucristo, a las *doce tribus* que están esparcidas, salud. *Hermanos míos,* tened por sumo gozo cuando cayereis en diversas tentaciones." Aquellos a quienes se dirige Santiago son creyentes cristianos, pues son sus hermanos. Algunos se habían convertido del paganismo y otros del judaísmo, y sin embargo se los incluye a todos en las doce tribus. ¿Cómo puede ser esto? Pablo lo explica en Romanos 11:17-24. En la vívida figura del injerto que el apóstol introduce allí, la buena oliva representa a Israel.

Algunas de las ramas, descendientes naturales de Abrahán, quedaron cortadas por su incredulidad acerca de Cristo. Por la te en Cristo, los retoños de acebuche, los gentiles, son injertados en la buena oliva, y así se perpetúan las doce tribus. Aquí encontramos una explicación del lenguaje del mismo apóstol: "No todos los que son de Israel son israelitas," y "no es Judío el que lo es en manifiesto; . . . mas es Judío el que lo es en lo interior." (Romanos 9:6-8; 2:28, 29.) Así también encontramos en las puertas de la Nueva Jerusalén, que es una ciudad del Nuevo Testamento, o cristiana, los nombres de las doce tribus de los hijos de Israel. Sobre los cimientos de esa ciudad están inscritos los nombres de los doce apóstoles del Cordero. (Apocalipsis 21:12-14.)

Si las doce tribus perteneciesen exclusivamente a la era judaica, el orden más natural habría sido que sus nombres estuviesen en los cimientos, y los de los doce apóstoles en las puertas; pero no, los nombres de las doce tribus están en las puertas. Como a través de esas puertas, que llevan esas inscripciones, saldrán y entrarán todas las huestes redimidas, así también todos los redimidos serán contados como pertenecientes a esas doce tribus, sin considerar si en esta tierra fueron judíos o gentiles.

Se observará que la enumeración de las tribus difiere aquí de la dada en otros lugares. En el pasaje que consideramos, se omite a Efraín y a Dan, y se pone en su lugar a Leví y José. La omisión de Dan la explican los comentadores por el hecho de que aquella tribu era la que se aficionó más a la idolatría. (Véase Jueces 18.) La tribu de Leví ocupa aquí su lugar con el resto, porque en la Canaán celestial no existirán como en la tierra las razones que le impedían tener herencia. José substituye probablemente a Efraín, pues parece que era un nombre que se aplicaba a la tribu de Efraín o a la de Manasés. (Números 13:11.)

Doce mil son sellados de cada una de las doce tribus, y con ello se demuestra que no todos los que en los registros del cielo tenían un lugar entre esas tribus cuando empezó la obra del sellamiento, resistieron la prueba y fueron vencedores al fin, porque los nombres ya inscritos en el libro de la vida pueden ser borrados si las personas que los llevan no son vencedoras. (Apocalipsis 3:5.)

VERS. 9-12: *Después de estas cosas miré, y he aquí una gran compañía, la cual ninguno podía contar, de todas gentes y linajes y pueblos y lenguas, que estaban delante del trono y en la presencia del Cordero, vestidos de ropas blancas, y palmas en sus manos; y clamaban en alta voz, diciendo: Salvación a nuestro Dios que está sentado sobre el trono, y al Cordero. Y todos los ángeles estaban alrededor del trono, y de los ancianos y los cuatro animales; y postráronse sobre sus rostros delante del trono, y adoraron a Dios, diciendo: Amén: La bendición y la gloria y la sabiduría, y la acción de gracias y la honra y la potencia, y la fortaleza, sean a nuestro Dios para siempre jamás. Amén.*

Una vez terminado el sellamiento, Juan contempla una incontable multitud que, arrobada, adora a Dios ante su trono. Esta vasta muchedumbre está constituída indudablemente por los salvados de toda nación, tribu y lengua que han sido resucitados al venir Cristo por segunda vez, lo cual demuestra que el sellamiento es la última obra realizada en favor del pueblo de Dios antes de la traslación.

VERS. 13-17: *Y respondió uno de los ancianos, diciéndome: Estos que están vestidos de ropas blancas, ¿quiénes son, y de dónde han venido? Y yo le dije: Señor, tú lo sabes. Y él me dijo: Estos son los que han venido de grande tribulación, y han lavado sus ropas, y las han blanqueado en la sangre del Cordero. Por esto están delante del trono de Dios, y le sirven día y noche en su templo: y el que está sentado en el trono tenderá su pabellón sobre ellos. No tendrán más hambre, ni sed, y el sol no caerá mas sobre ellos, ni otro ningún calor. Porque el Cordero que está en medio del trono los pastoreará, y los guiará a fuentes vivas de aguas: y Dios limpiará toda lágrima de los ojos de ellos.*

Una compañía especial—Las preguntas dirigidas por uno de los ancianos a Juan: "Estos que están vestidos de ropas blancas, ¿quiénes son, y de dónde han venido?" consideradas en relación con la respuesta de Juan: "Señor, tú lo sabes," implican que Juan no lo sabía, y parecerían ilógicas si se refiriesen a toda la gran multitud que tenía delante de sí. Porque Juan sabía quiénes eran y de dónde habían venido, por cuanto acababa de decir que eran personas--redimidas, por supuesto--de todas gentes, linajes, pueblos y lenguas. Juan podría haber contestado: Estos son los redimidos de todas las naciones de la tierra. No se nos presenta compañía alguna a la cual se habría de aludir en forma especial con más naturalidad que a la mencionada en la primera parte del capítulo: los 144.000. En verdad Juan había visto a los miembros de esta compañía en su estado mortal cuando estaban recibiendo el sello del Dios vivo entre las escenas tumultuosas de los postreros días; pero mientras están entre la muchedumbre de los redimidos, la transición es tan grande y tan diferente la condición en la cual aparecen ahora, que no los reconoce como la compañía especial de aquellos a quienes vió sellar en la tierra. A esta compañía parece aplicarse en forma especial las siguientes especificaciones:

Salieron de gran tribulación—Aunque en verdad hasta cierto punto todos los cristianos han de entrar "por muchas tribulaciones . . . en el reino de Dios," (Hechos 14:22) esto se aplica en un sentido muy especial a los 144.000. Pasan por el tiempo de tribulación como no lo hubo desde que existe nación. (Daniel 12:1.) Experimentan la angustia mental del tiempo de aflicción de Jacob. (Jeremías 30:4-7.) Han de subsistir sin mediador a través de las terribles escenas de las siete postreras plagas, que son manifestaciones de la ira de Dios derramada sin mixtura sobre la tierra, como veremos en Apocalipsis 15 y 16. Pasan por la más severa época de tribulación que el mundo haya conocido, pero triunfan finalmente y son libertados.

Llevan vestiduras blancas—Han lavado sus ropas y las han emblanquecido en la sangre del Cordero. La última generación recibe muy enfáticos consejos acerca de la necesidad de obtener la vestidura blanca. (Apocalipsis 3:5, 18.) Los 144.000 se niegan a violar los mandamientos de Dios. (Apocalipsis 14:1, 12.) Se verá que basaron su esperanza de la vida eterna en los méritos de la sangre derramada de su divino Redentor, y han hecho de él la fuente de su justicia. Tiene una fuerza peculiar la afirmación de que éstos lavaron sus ropas y las han emblanquecido en la sangre del Cordero.

Llamados primicias—El versículo 15 describe el puesto de honor que ocupan en el reino, y cuán cerca están de Dios. En otro lugar son llamados "primicias para Dios y para el Cordero." (Apocalipsis 14:4.)

No tendrán más hambre—En el versículo 16 se dice que "no tendrán más hambre, ni sed." Esto demuestra que tuvieron una vez hambre y sed. ¿A qué puede referirse esto? Como alude indudablemente a algo que experimentaron en especial, ¿no se referirá a las pruebas que sufrieron durante el tiempo de angustia, y más especialmente mientras caían las últimas siete plagas? Durante ese tiempo los justos se verán reducidos a no tener sino pan y agua, pero estas cosas "serán ciertas" para ellos, es decir que les estarán aseguradas (Isaías 33:16) y tendrán lo suficiente para subsistir. Sin embargo, ¿no podría suceder que cuando se secan los pastos, juntamente con todas las frutas y vegetación (Joel 1:18-20), y los ríos y fuentes de las aguas se truecan en sangre (Apocalipsis 16:4-7), para reducir al mínimo posible su relación con la tierra y las cosas terrenales, los santos que vivirán en ese tiempo tendrán que sufrir ocasionalmente los extremos del hambre y de la sed? Pero una vez obtenido el reino, "no tendrán más hambre, ni sed."

El profeta continúa: "Y el sol no caerá más sobre ellos, ni otro ningún calor." Los 144.000 atraviesan el plazo durante el cual le es dado al sol poder para "quemar a los hombres con fuego." (Apocalipsis 16:8, 9.) Aunque son protegidos del efecto mortífero que tiene sobre los impíos que los rodean, no podemos suponer que su sensibilidad se haya embotado al punto de que no los impresione desagradablemente el calor terrorífico. No; y cuando entren en los campos de la Canaán celestial, estarán preparados para apreciar la promesa divina de que el sol no les dañará.

El Cordero los pastoreará—Otro testimonio que se aplica a la misma compañía y al mismo tiempo dice que la constituyen "los que siguen al Cordero por donde quiera que fuere." (Apocalipsis 14:4.) Ambas expresiones denotan el estado de estrecha y divina comunión a la cual el bienaventurado Redentor los admite.

En el siguiente hermoso pasaje, el salmista parece aludir a la misma promesa: "Serán completamente saciados de la rica abundancia de tu casa, y los harás beber del río de tus delicias." (Salmo 36:8, V.M.) La fraseología de esta promesa hecha a los 144.000 se encuentra también parcialmente en una gloriosa profecía de la pluma de Isaías: "Destruirá a la muerte para siempre; y enjugará el Señor toda lágrima de todos los rostros: y quitará la afrenta de su pueblo de toda la tierra: porque Jehová lo ha dicho." (Isaías 25:8.)

Capítulo 8—El Colapso del Imperio Romano

VERS. 1: *Y cuando él abrió el séptimo sello, fué hecho silencio en el cielo casi por media hora.*

EL PRIMER versículo de este capítulo se relaciona con los sucesos mencionados en los capítulos anteriores, y por lo tanto no debiera estar separado de ellos por la división del capítulo. Aquí se reanuda y se concluye la serie de los siete sellos. El sexto capítulo del Apocalipsis termina con la exposición de los sucesos del sexto sello, y el octavo empieza con la apertura del séptimo sello. De ahí que el séptimo capítulo represente un paréntesis entre el sexto sello y el séptimo, y es aparente que el sellamiento de Apocalipsis 7 pertenece al sexto sello.

Silencio en el cielo—El sexto sello no nos lleva hasta la segunda venida de Cristo, aunque abarca acontecimientos estrechamente relacionados con esa venida. Introduce las espantosas conmociones de los elementos, en las cuales se apartan los cielos como un libro que se arrolla, se desgarra la superficie de la tierra, y los impíos confiesan que ha llegado el gran día de la ira de Dios. Se hallan indudablemente a la expectativa de ver al Rey aparecer en gloria. Pero el sello no llega hasta ese acontecimiento. La aparición personal de Cristo debe, por lo tanto, ocurrir durante el siguiente sello.

Cuando aparece el Señor, viene con todos los santos ángeles. (Mateo 25:31.) Cuando todos los tañedores de arpa celestiales abandonan los atrios de Dios para venir a esta tierra con su divino Señor mientras desciende a buscar los frutos de su obra redentora, ¿no habrá silencio en el cielo? Este período de silencio, si lo consideramos como tiempo profético, durará más o menos siete días.

VERS. 2: *Y vi los siete ángeles que estaban delante de Dios: y les fueron dadas siete trompetas.*

Este versículo introduce una nueva y distinta serie de eventos. En los sellos tenemos la historia de la iglesia durante lo que llamamos la era cristiana. En las siete trompetas que se introducen ahora tenemos los principales acontecimientos políticos y bélicos que se producen durante el mismo tiempo.

VERS. 3-5: *Y otro ángel vino, y se paró delante del altar, teniendo un incensario de oro; y le fué dado mucho incienso para que lo añadiese a las oraciones de todos los santos sobre el altar de oro que estaba delante del trono. Y el humo del incienso subió de la mano del ángel delante de Dios, con las oraciones de los santos. Y el ángel tomó el incensario, y lo llenó del fuego del altar, y echólo en la tierra; y fueron hechos truenos y voces y relámpagos y terremotos.*

Después de introducir a los siete ángeles sobre el escenario en el versículo 2, Juan llama por un momento nuestra atención a una escena completamente diferente. El ángel que se acerca al altar no es uno de los siete que reciben las trompetas. El altar es el del incienso, que en el santuario terrenal se encontraba en el primer departamento. Encontramos, pues, aquí otra prueba de que hay en el cielo un santuario con sus correspondientes enseres para el servicio. Era el original del que el terrenal era una figura; y las visiones de Juan nos llevan al interior de ese santuario celestial. Vemos realizarse en él un ministerio en favor de todos los santos. Indudablemente se nos presenta aquí toda la obra de mediación que se lleva a cabo en favor del pueblo de Dios durante la era evangélica. Esto se desprende del hecho de que el ángel ofrece su incienso con las oraciones de *todos* los santos. El acto del ángel al llenar de fuego su incensario y arrojarlo a la tierra evidencia que esta visión nos lleva al fin del tiempo, y por este acto indica que su obra ha terminado. Ya no se han de ofrecer más oraciones mezcladas con incienso. Este acto simbólico puede aplicarse tan sólo al momento en que termine para siempre en el santuario el ministerio de Cristo en favor de la humanidad. Después de aquel acto del ángel, hay voces, truenos, relámpagos, y terremotos; exactamente lo que según se nos dice en otra parte, ha de suceder cuando termine el tiempo de gracia de los hombres. (Véase Apocalipsis 11:19; 16:17, 18.)

Pero ¿por qué se insertan estos versículos aquí? Constituyen un mensaje de esperanza y consuelo para la iglesia. Han sido introducidos los siete ángeles con sus trompetas bélicas; se van a producir escenas terribles cuando toquen esas trompetas; pero antes que empiecen a tocar, se le hace ver al pueblo de Dios la obra de mediación que en su favor se realiza en el cielo, y se le induce a contemplar lo que será la fuente de su fortaleza y ayuda durante ese tiempo. Aunque sea arrojado a las tumultuosas olas de la guerra y contienda, debe recordar que su gran Sumo Sacerdote sigue ministrando por él en el santuario celestial. Hacia ese lugar sagrado podrá dirigir sus oraciones con la seguridad de que serán ofrecidas con incienso a su Padre celestial. Así podrá obtener fuerza y sustento en toda su tribulación.

VERS. 6: *Y los siete ángeles que tenían las siete trompetas, se aparejaron para tocar.*

Las siete trompetas—Se reanuda la consideración de las siete trompetas, que ocuparán el resto de este capítulo y todo el 9. El símbolo de las trompetas tocadas por los siete ángeles complementa lo que anunciaba la profecía de Daniel 2 y 7 para después de la división del viejo Imperio Romano en diez reinos. En las primeras cuatro trompetas, tenemos una descripción de los sucesos especiales que señalaron la caída de Roma.

VERS. 7: *Y el primer ángel tocó la trompeta, y fué hecho granizo y fuego, mezclado con sangre, y fueron arrojados a la tierra; y la tercera parte de los árboles fué quemada, y quemóse toda la hierba verde.*

Alejandro Keith ha observado apropiadamente lo siguiente:

"Nadie podría elucidar más claramente los textos, o exponerlos más completamente, de lo que ha realizado esta tarea el historiador Gibbon. Los capítulos del filósofo excéptico que tratan directamente el asunto, necesitan solamente que se los haga preceder por un texto y se borren algunas palabras profanas, para formar una serie de exposiciones de los capítulos 8 y 9 del Apocalipsis de Jesucristo."[1] "Poco o nada le queda que hacer al que profesa interpretarlos, sino señalar las páginas de Gibbon."[2]

El primer castigo grave que cayó sobre la Roma Occidental en su derrumbamiento, fué la guerra con los godos mandados por Alarico, que preparó el camino para otras incursiones. La muerte del emperador romano Teodosio ocurrió en enero de 395, y antes del fin del invierno los godos dirigidos por Alarico guerreaban contra el imperio.

La primera invasión que dirigió Alarico asoló el Imperio Oriental. Tomó él las ciudades famosas y esclavizó a muchos de sus habitantes. Conquistó las regiones de Tracia, Macedonia, el Atica y el Peloponeso, pero no llegó a la ciudad de Roma. Más tarde, el jefe godo cruzó los Alpes y los Apeninos y se presentó ante los muros de la Ciudad Eterna, que cayó presa de los bárbaros en 410.

"Granizo y fuego, mezclado con sangre" fueron arrojados sobre la tierra. Los terribles efectos de la invasión goda nos son representados como "granizo," por el origen septentrional de los invasores; como "fuego" por la destrucción de ciudades y campos por las llamas; y "sangre" por la terrible matanza de los ciudadanos del imperio que realizaron aquellos audaces e intrépidos guerreros.

La primera trompeta—El toque de la primera trompeta se sitúa hacia fines del cuarto siglo en adelante, y se refiere a las asoladoras invasiones que los godos hicieron sufrir al Imperio Romano.

Después de citar extensamente la obra de Eduardo Gibbon, "History of the Decline and Fall of the Roman Empire" (Historia de la decadencia y caída del Imperio Romano), caps. 30-33, relativos a las conquistas de los godos, Alejandro Keith presenta un admirable resumen de las palabras del historiador que recalcan el cumplimiento de la profecía:

"Los largos extractos demuestran claramente cuán bien y con cuánta amplitud Gibbon expuso este texto en la historia de la primera trompeta, la primera tempestad que azotó la tierra romana, y la primera caída de Roma. Usando sus palabras como un comentario más directo, leemos así la suma de lo dicho: La nación goda estuvo en armas cuando se oyó el primer sonido de la trompeta, y a pesar de la insólita severidad del invierno, hicieron rodar sus pesados carros sobre el ancho y helado lomo del río. Los fértiles campos de Focia y Beocia quedaron cubiertos por un diluvio de bárbaros; los hombres fueron muertos y las mujeres y los ganados arreados. Las profundas y sangrientas huellas de los godos podían discernirse fácilmente después de varios años. Todo el territorio del Atica fué devastado por la funesta presencia de Alarico. Los más afortunados de los habitantes de Corinto, Argos, y Esparta se salvaron de la muerte pero contemplaron la conflagración de sus ciudades. Durante una estación de tanto calor que se secaron los lechos de los ríos, Alarico invadió el dominio del Occidente. Un aislado 'anciano de Verona' (el poeta Claudiano) lamentó patéticamente la suerte de los *árboles* de su tiempo, que hubieron de *arder* en la *conflagración* de todo el país [nótense las palabras de la profecía: 'La tercera parte de los *árboles* fué quemada']; y el emperador de los romanos huyó ante el rey de los godos.

"Se levantó una furiosa tempestad entre las naciones de Germania, desde cuyo extremo septentrional los bárbaros marcharon casi hasta las puertas de Roma. Lograron destruir el Occidente. La sombría nube que se había formado a lo largo de las costas del Báltico, estalló con acompañamiento de truenos sobre las márgenes del Danubio superior. Las praderas de las Galias, donde pastaban rebaños y manadas, y las orillas del Rin que estaban cubiertas de casas elegantes y predios bien cultivados, formaban un panorama de paz y abundancia, que se transformó repentinamente en un desierto, distinguido de la soledad de la naturaleza tan sólo por ruinas humeantes. Muchas ciudades fueron cruelmente oprimidas o destruídas. Muchos millares fueron inhumanamente muertos. Las llamas consumidoras de la guerra se extendieron sobre al mayor parte de las diecisiete provincias de Galia.

"Luego Alarico extendió sus estragos a Italia. Durante cuatro años los godos saquearon y reinaron sin control. Y durante el saqueo e incendio de Roma, las calles de la ciudad se llenaron de cadáveres; las llamas consumieron muchos edificios públicos y particulares; y las ruinas de un palacio subsistían aún un siglo y medio más tarde como grandioso monumento de la conflagración goda."[3]

Después de este resumen, Keith completa el cuadro diciendo:

"La frase final del capítulo 33 de la historia de Gibbon es por sí misma un comentario claro y abarcante; porque al clausurar su propia descripción de este período breve pero desbordante de acontecimientos, concentró en declaraciones paralelas la suma de la historia y la substancia de la predicción. Pero las palabras que preceden a dichas declaraciones no carecen de significado: 'La devoción pública de aquella época tenía impaciencia por exaltar los santos y mártires de la Iglesia Católica a los altares de Diana y Hércules. La unión del Imperio Romano quedó disuelta; su genio humillado en el polvo; y ejércitos de bárbaros desconocidos, salidos de las regiones heladas del norte, establecieron su reinado victorioso sobre las provincias más hermosas de Europa y de Africa.

"La última palabra, Africa, es la señal para que suene la segunda trompeta. El escenario se traslada de las orillas del Báltico a la costa meridional del Mediterráneo, o de las regiones heladas del norte a las playas ardientes del Africa. Y en vez de ser arrojada una tempestad de granizo sobre la tierra, un monte 'ardiendo con fuego' fué lanzado al mar."[4]

VERS. 8, 9: *Y el segundo ángel tocó la trompeta, y como un grande monte ardiendo con fuego fué lanzado en la mar; y la tercera parte de la mar se tornó en sangre. Y murió la tercera parte de las criaturas que estaban en la mar, las cuales tenían vida; y la tercera parte de los navíos pereció.*

La segunda trompeta—El Imperio Romano, después de Constantino el Grande, se dividió en tres partes. De ahí que la frecuente mención de "la tercera parte de los hombres" sea una alusión a la tercera parte del imperio que sufría el azote. Esta division del Imperio Romano fué realizada al morir Constantino por sus tres hijos: Constancio, Constantino II y Constante. Constancio poseyó el Oriente y fijó su residencia en Constantinopla, la metrópoli del imperio. Constantino II obtuvo Gran Bretaña, las Galias y España. Constante reinaba sobre Iliria, Africa e Italia.

El sonido de la segunda trompeta se refiere evidentemente a la invasión y conquista de Africa, y más larde Italia, por Gaiserico (Genserico), rey de los vándalos. Sus conquistas fueron mayormente navales, y sus triunfos fueron "como un grande monte ardiendo con fuego, . . . lanzado en la mar." ¿Qué figura podría ilustrar mejor o siquiera tan bien la colisión de las flotas o la destrucción general de la guerra en las costas marítimas? Al explicar esta trompeta, necesitamos buscar acontecimientos que influyan particularmente en el mundo comercial. El símbolo usado nos induce naturalmente a buscar agitación y conmoción. Nada que no sea una fiera guerra marítima puede cumplir la predicción. Si el sonido de las primeras cuatro trompetas se refiere a cuatro acontecimientos notables que contribuyeron a la caída del Imperio Romano, y la primera trompeta predecía los estragos hechos por los godos bajo Alarico, al estudiar la segunda trompeta buscaremos el siguiente acto de invasión que sacudió el poder romano ano y preparó su caída. Esta siguiente gran invasión fué la de Genserico, a la cabeza de los vándalos. Su carrera llegó a su apogeo entre los años 428-468. Este gran jefe vándalo estableció su cuartel general en Africa. Pero como dice Gibbon, "el descubrimiento y la conquista de las naciones negras [en Africa] que pudiesen moraren la zona tórrida, no había de tentar la ambición racional de Genserico; así que dirigió las miradas hacia el mar;

resolvió crear una fuerza naval, y ejecutó su audaz resolución con perseverancia activa y constante."[5] Desde el puerto de Cartago salló repetidas veces como pirata, para arrebatar presas al comercio romano y hacer la guerra al imperio. Para hacer frente a ese monarca del mar, el emperador Mayoriano, hizo extensos preparativos navales.

"Se talaron los bosques de los Apeninos; se restauraron los arsenales y las fábricas de Ravena y Misena; Italia y la Galia rivalizaron en hacer contribuciones generosas al erario público; y la marina imperial de trescientas galeras grandes, con una adecuada proporción de transportes y navíos menores, se reunió en el seguro y espacioso puerto de Cartagena en España. . . . Pero Genserico se salvó de una ruina inminente e inevitable por la traición de algunos súbditos poderosos, que envidiaban o temían el éxito de su señor. Guiado por su comunicación secreta, sorprendió la flota sin custodia en la bahía de Cartagena; muchos de los barcos fueron hundidos, capturados o quemados; y los preparativos de tres años fueron destruídos en un solo día....

"El reino de Italia, nombre al que se había reducido gradualmente el Imperio Occidental, fué afligido, durante el gobierno de Ricimero, por las depredaciones incesantes de los piratas vándalos. En la primavera de cada año, equipaban una flota formidable en el puerto de Cartago; y Genserico mismo, aunque ya viejo, comandaba todavía en persona las expediciones más importantes....

"Los vándalos visitaron repetidas veces las costas de España, Liguria, Toscana, Campania, Lucania, Brutio, Apulia, Calabria, Venecia, Dalmacia, Epiro, Grecia y Sicilia....

"La celeridad de sus movimientos les permitía amenazar y atacar los objetivos más lejanos que atrajesen sus deseos; y como siempre embarcaban un número suficiente de caballos, podían recorrer, apenas desembarcaran, la desalentada región con un cuerpo de caballería ligera."[6]

Una última y desesperada tentativa de despojar a Genserico de la soberanía del mar fué hecha en 468 por León I, emperador del Oriente. Gibbon lo atestigua así:

"El gasto total de la campaña africana, cualesquiera que fueran los medios de sufragarla, ascendió a la suma de 130.000 libras de oro, unos 5.200.000 libras esterlinas.... La flota que salió de Constantinopla para Cartago consistía en 1.113 barcos, y el número de los soldados y los marineros excedía de los 100.000 hombres.... El ejército de Heraclio y la flota de Marcelino se unieron o secundaron al lugarteniente imperial.... El viento favoreció los designios de Genserico. Hizo tripular sus mayores barcos de guerra por los más valientes de los moros y vándalos, y arrastraron tras sí muchas barcazas llenas de material combustible. En la obscuridad de la noche, estos navíos destructores fueron impelidos contra la flota de los romanos, que no estaban en guardia ni sospechaban nada, pero se dieron cuenta al instante del peligro. Su orden cerrado facilitó el progreso del fuego, que se comunicaba con violencia rápida e irresistible; y el ruido del viento, el crepitar de las llamas, los gritos disonantes de los soldados y marineros, que no podían ni ordenar ni obedecer, acrecentaban el horror del tumulto nocturno. Mientras trabajaban para desenredarse de los brulotes y salvar por lo menos parte de la flota, las galeras de Genserico los atacaron con valor templado y disciplinado; y muchos de los romanos que escaparon a la furia de las llamas, fueron muertos o capturados por los vándalos victoriosos.... Después del fracaso de esa gran expedición, Genserico volvió a ser el tirano del mar; las costas de Italia, Grecia y Asia volvieron a estar expuestas a su venganza y avaricia; ; Trípoli y Cerdeña volvieron a obedecerle; añadió Sicilia al número de sus provincias; y antes de morir, en la plenitud de sus años y de la gloria, contempló la extinción final del imperio de Occidente."[7]

Acerca de la parte importante que este audaz corsario desempeñó en la caída de Roma, Gibbon usa este lenguaje: "Genserico, un nombre que, en la destrucción del Imperio Romano, mereció igual jerarquía que los nombres de Alarico y Atila."[8]

VERS. 10, 11: *Y el tercer ángel tocó la trompeta, y cayó del cielo una grande estrella, ardiendo como una antorcha, y cayó en la tercera parte de los ríos, y en las fuentes de las aguas. Y el nombre de la estrella se dice Ajenjo. Y la tercera parte de las aguas fué vuelta en ajenjo: y muchos hombres murieron por las aguas, porque fueron hechas amargas.*

La tercera trompeta—En la interpretación y aplicación de este pasaje, llegamos al tercer acontecimiento importante que resultó en la subversión del Imperio Romano. En la exposición del cumplimiento histórico de esta tercera trompeta reconocemos nuestra deuda a las notas de Alberto Barnes por algunos extractos. Como dice este comentador, para explicar este pasaje es necesario "que haya algún capitán o guerrero que pueda compararse a un meteoro ardiente; cuyo curso sea singularmente brillante; que aparezca repentinamente como una estrella fugaz, y luego desaparezca como una estrella cuya luz se apagase en las aguas; que el curso asolador de ese meteoro abarque mayormente las parles del mundo en que abundan los manantiales y los cursos de agua; que se produzca un efecto *como si* esos cursos y manantiales se volviesen amargos; es decir que perezcan muchas personas, y que extensas desolaciones sean causadas en el vecindario de esos ríos y cursos de agua, *como si* una estrella amarga y funesta cayese en las aguas, y la muerte se difundiese por las márgenes adyacentes regadas por ellos."[9]

La premisa sentada aquí es que esta trompeta alude a las guerras asoladoras y furiosas invasiones que Atila, rey de los hunos, dirigió contra el poder romano. Hablando de este guerrero, y particularmente de su apariencia personal, dice Barnes:

"En su aspecto, se parecía mucho a un brillante meteoro que fulgurase por el cielo. Vino del Oriente juntando sus hunos, y los volcó, como veremos, repentinamente sobre el imperio, con la rapidez de un meteoro fulgurante. Se consideraba consagrado a Marte, el dios de la guerra, y solía ataviarse en forma peculiarmente vistosa, de manera que su apariencia, de acuerdo con el lenguaje de sus aduladores, bastaba para deslumhrar a quienes le mirasen."[10]

Al hablar de la *localidad* de los sucesos predichos por esta trompeta, Barnes tiene esta nota:

"Se dice particularmente que el efecto iba a ser sobre 'los ríos' y 'las fuentes de las aguas.' Sea que esto tenga aplicación literal, o que, de acuerdo a lo supuesto en el caso de la segunda trompeta, el lenguaje usado se refería a la parte del imperio que sería particularmente afectada por una invasión hostil, podemos suponer que se refiere a las regiones del imperio donde abundaban los ríos y cursos de agua, y más particularmente donde nacen los ríos y corrientes, pues el efecto era permanentemente en las '*fuentes* de las aguas.' De hecho, las principales operaciones de Atila fueron en las regiones de los Alpes, y en aquellas porciones del imperio de donde los ríos descienden a Italia. Gibbon describe así en forma general la invasión de Atila: 'Toda la anchura de Europa, en lo que se extiende por más de ochocientos kilómetros desde el Euxino al Adriático, fué invadido de una vez, ocupado y asolado por las miríadas de bárbaros que Atila llevó al campo.'"[11]

El nombre de la estrella es Ajenjo—La palabra "ajenjo" indica amargas consecuencias. "Estas palabras, que se relacionan más estrechamente con el versículo anterior, . . . nos recuerdan . . . el carácter de Atila, la miseria de la cual fué autor o instrumento y el terror que inspiraba su nombre.

" 'La extirpación total y la supresión,' son los términos que mejor definen las calamidades que él infligía. . . .

"Atila se jactaba de que la hierba no volvía a crecer donde había pisado su caballo. 'El azote de Dios' fué el nombre que se atribuyó, y lo insertó entre sus títulos reales. Fué 'el azote de sus enemigos, y el terror del mundo.' El emperador occidental, el senado y el pueblo de Roma, con humildad y temor, procuraron aplacar la ira de Atila. Y el párrafo final de los capítulos que refieren su historia, se titula 'Síntomas de la decadencia y ruina del gobierno romano.' El nombre de la estrella era Ajenjo."[12]

VERS. 12: *Y el cuarto ángel tocó la trompeta, y fué herida la tercera parte del sol, y la tercera parte de la luna, y la tercera parte de las estrellas; de tal manera que se oscureció la tercera parte de ellos, y no alumbraba la tercera parte del día, y lo mismo de la noche.*

La cuarta trompeta—Entendemos que esta trompeta simboliza la carrera de Odoacro, el primer bárbaro que gobernó a Italia y que estuvo estrechamente relacionado con la caída de la Roma *Occidental.* Los símbolos del sol, la luna y las estrellas, pues se usan indudablemente como símbolos, denotan evidentemente las grandes luminarias del gobierno romano: sus emperadores, senadores y cónsules. El último emperador de la Roma Occidental fué Rómulo, al que por derision se llamó *Augústulo,* o sea el "diminuto Augusto." La Roma Occidental cayó en 476. Sin embargo, aunque se apagó el sol romano, sus luminarias subordinadas brillaban débilmente mientras subsistían el senado y los cónsules. Pero después de muchos reveses civiles y cambios de fortuna política, por fin quedó subvertida toda la forma del antiguo gobierno, y Roma misma, que fuera antes emperatriz del mundo, se vió reducida a la condición de un pobre ducado tributario del exarca de Ravena.

La extinción del Imperio Occidental queda así registrada por Gibbon:

"El infortunado Augústulo fué hecho instrumento de su propia desgracia: presentó su renuncia al senado; y aquella asamblea, en su último acto de obediencia a un príncipe romano, afectó todavía el espíritu de libertad y las formas de la constitución. Por decreto unánime, dirigió una epístola al emperador Zenón, yerno y sucesor de León, recién repuesto en el trono bizantino, después de una corta rebelión. Solemnemente 'negaron [los senadores] la necesidad, o aun el deseo de continuar por más tiempo la sucesión imperial en Italia; puesto que en su opinión la majestad de un solo monarca bastaba para dominar y proteger tanto el Oriente como el Occidente. En su propio nombre y en el del pueblo, consintieron en que la sede del imperio universal fuese trasladada de Roma a Constantinopla; y renunciaron vilmente al derecho de elegir a su señor, el único vestigio que les quedaba todavía de la autoridad que había dado leyes al mundo.' "[13]

Alejandro Keith comenta la caída de Roma en las siguientes palabras:

"Se extinguió el poder y la gloria de Roma como dominadora de otra nación cualquiera. A la reina de las naciones sólo le quedaba su nombre. Desapareció de la ciudad imperial toda insignia de la realeza. La que había gobernado a las naciones se sentaba en el polvo, como una segunda Babilonia, y no había trono donde habían reinado los Césares. El último acto de obediencia a un príncipe romano que ejecutó aquella asamblea una vez augusta, fué la aceptación de la renuncia del último emperador del Occidente, y la abolición de la sucesión imperial en Italia. El sol de Roma había sido herido. . . .

"Un nuevo conquistador de Italia, el ostrogodo Teodorico, se levantó prestamente, asumió inescrupulosamente la púrpura y reinó por derecho de conquista. 'La realeza de Teodorico fué proclamada por los godos (5 de marzo de 493), con el consentimiento tardío, adverso y ambiguo del emperador del Oriente.' El poder imperial romano, del que habían sido la sede Roma o Constantinopla, conjuntamente o por separado, en el Occidente o el Oriente, ya no fué reconocido en Italia, y la tercera parte del sol fué herida hasta el punto que no emitía ya los rayos más débiles. El poder de los Césares ya no fué conocido en Italia; y un rey godo reinó sobre Roma.

"Pero aunque fué herida la tercera parte del sol, y el poder de la Roma imperial cesó en la ciudad de los Césares, siguieron brillando la luna y las estrellas por un tiempo más en el hemisferio [imperio] occidental, aun en medio de las tinieblas godas. El consulado y el senado ['la luna y las estrellas'] no fueron abolidos por Teodorico. 'Un historiador godo aplaude el consulado de Tedorico como el apogeo de todo poder y grandeza temporales;' así como la luna reina de noche después de la puesta del sol. Y en vez de abolir ese cargo, Teodorico mismo 'felicita a esos anuales favoritos de la fortuna que, sin los cuidados del trono, gozaban su esplendor.'

"Pero, en su orden profético, el consulado y el senado de Roma llegaron a su fin, aunque no cayeron por manos de los vándalos ni los godos. La siguiente revolución que sufrió Italia fué su sujeción a Belisario, el general de Justiniano, emperador del Oriente. No perdonó lo que los bárbaros habían santificado. 'El consulado romano extinguido por Justiniano en 541,' es el título del último párrafo del capítulo 40 de la historia de la decadencia y caída de Roma, por Gibbon. 'La sucesión de los cónsules cesó finalmente en el año trece de Justiniano, a cuyo temperamento despótico podía agradar la extinción silenciosa de un título que recordaba a los romanos su antigua libertad.' 'Fué herida la tercera parte del sol, y la tercera parte de la luna, y la tercera parte de las estrellas.' En el firmamento político del mundo antiguo, mientras subsistía el reinado de la Roma imperial, el cargo de emperador, el consulado y el senado brillaban como el sol, la luna y las estrellas. La historia de su decadencia y caída llega hasta cuando los dos primeros se han apagado con referencia a Roma e Italia, que durante tanto tiempo habían sido la primera de las ciudades y el primero de los países; y finalmente, cuando termina la cuarta trompeta, vemos la 'extinción de aquella ilustre asamblea,' el senado romano. La ciudad que había regido el mundo fué, como una burla dirigida a la grandeza humana, conquistada por el eunuco Narses, sucesor de Belisario. Derrotó a los godos (552[*]), logró 'la conquista de Roma,' y quedó sellada la suerte del senado."[14]

E. B. Elliott habla como sigue del cumplimiento de esta parte de la profecía en la extinción del Imperio Occidental:

"Así se fué preparando la catástrofe final, por la cual habían de extinguirse los emperadores occidentales y su imperio. Hacía mucho que se había ausentado la gloria de Roma; una tras otra sus provincias le habían sido arrancadas; el territorio que todavía le quedaba se había vuelto desierto; y sus posesiones marítimas, sus flotas y su comercio habían sido aniquilados. Poco le quedaba fuera de los vanos títulos e insignias de la soberanía. Y ahora había llegado el momento en que estas cosas también le iban a ser quitadas. Apenas veinte años después de Atila, y muchos menos después de la muerte de Genserico (quien había visitado y saqueado antes de su muerte la ciudad eterna en una de sus expediciones de merodeo marítimo, y había preparado así aun más cabalmente la consumación venidera), más o menos entonces, digo, Odoacro, jefe de los hérulos, resto bárbaro de la hueste de Atila dejado en las fronteras alpinas de Italia, se interpuso con su orden de que el *nombre y* el *cargo de emperador romano del Occidente* fuesen abolidos. Abdicó el último fantasma de un emperador, aquel cuyo nombre, Rómulo Augústulo, se prestaba singularmente para que una mente reflexiva contrastara las glorias pasadas de Roma y su actual degradación; el senado remitió las insignias imperiales a Constantinopla, y declaró al emperador del Oriente que un monarca bastaba para todo el imperio. Así se eclipsó la tercera parte del sol imperial, la que pertenecía al Imperio Occidental, y ya no resplandeció más. Digo ese tercio de su orbe que pertenecía al imperio occidental; porque la fracción apocalíptica es literalmente exacta. En el último arreglo entre las dos; cortes, todo el tercio ilírico había sido transferido a la división *oriental*. De modo que en el Occidente se había producido 'la extinción del imperio;' había caído la noche.

"No obstante esto, debe recordarse que la autoridad del nombre romano no había cesado completamente. El senado de Roma continuaba reuniéndose como de costumbre. Los cónsules eran nombrados anualmente, uno por el emperador oriental, y otro por Italia y Roma. Odoacro mismo gobernó a Italia bajo un título (el de *patricio*) que le confirió el emperador oriental. En cuanto se refería a las provincias occidentales más lejanas, o por lo menos a considerables regiones de ellas, el vínculo que las unía con el Imperio Romano no se cortó completamente. Había todavía cierto reconocimiento, aunque débil, de la suprema autoridad imperial. La luna y las estrellas parecían reflejar todavía en el Occidente una luz débil. Pero, con el transcurso de los acontecimientos que se sucedieron unos a otros rápidamente durante el siguiente medio siglo, ellas también se extinguieron. Teodorico el ostrogodo, después de destruir a los hérulos y su reino en Roma y Ravena, reinó en Italia de 493 a 526 como soberano independiente; y después de conquistar Belisario y Narses a Italia, cuando vencieron a los ostrogodos (conquista precedida de guerras y asolamientos que dejaron casi desierto al país y sobre todo su ciudad de las siete colinas), el senado romano fué disuelto y abrogado el consulado. Además, en lo que se refiere a los príncipes bárbaros de las provincias occidentales, su independencia del poder imperial se fué afirmando y comprendiendo más distintamente. Después de un siglo y medio de calamidades casi sin parangón en la historia de las naciones, como lo indica correctamente el Dr. Robertson, la declaración de Jerónimo, casi calcada de la figura del pasaje apocalíptico, pero pronunciada prematuramente cuando Alarico tomó Roma por primera vez, podría considerarse finalmente como cumplida: *'Clarissimum terrarum lumen extinctum est,'* (El glorioso sol del mundo se ha extinguido); o como lo ha expresado el poeta moderno, siempre bajo la influencia de las imágenes apocalípticas: 'Estrella por estrella, vió expirar sus glorias,' hasta que no quedó siquiera una sola estrella que titilase en la noche obscura y vacía."[15]

Fueron verdaderamente horrendos los estragos que realizaron esas hordas bárbaras bajo sus audaces pero crueles y desenfrenados caudillos. Sin embargo, las calamidades que sufrió el imperio bajo las primeras incursiones de esos bárbaros fueron cosa ligera en comparación con las calamidades que iban a seguir. No eran sino las gotas preliminares de una lluvia torrencial que iba a caer pronto sobre el mundo romano. Las tres trompetas que quedaban llegaban cubiertas por una nube de desgracia, según se indica en los versículos que siguen.

VERS. 13: *Y miré, y oí un ángel volar por medio del cielo, diciendo en alta voz: ¡Ay! ¡ay! ¡ay! de los que moran en la tierra, por razón de las otras voces de trompeta de los tres ángeles que han de tocar.*

Este ángel no pertenece a la serie de los siete que tienen trompetas, sino que es simplemente otro mensajero celestial encargado de proclamar que las tres trompetas restantes anuncian ayes debidos a los acontecimientos más terribles que han de producirse mientras toquen. De manera que la siguiente trompeta, o quinta, es el primer ay; la sexta el segundo ay; la séptima, última de las trompetas, es el tercer ay.

Notas del Capítulo 8:

[1] Alejandro Keith, "Signs of the Times," tomo I, pág. 241.

[2] Ibid.

[3] Id., 251-253.

[4] Id., pág. 253

[5] Eduardo Gibbon, "The Decline and Fall of the Roman Empire," tomo 3, cap. 36, pág. 459.

[6] Id., págs. 481-486.

[7] Id., págs. 495-498.

[8] Id., cap. 33, pág. 370.

[9] Alberto Barnes, "Notes on Revelation," pág. 239, comentario sobre Apocalipsis 8:11.

[10] Ibid.

[11] Id., pág. 240.

[12] Alejandro Keith, "Signs of the Times," tomo 1, págs. 267-269.

[13] Eduardo Gibbon, "The Decline and Fall of the Roman Empire," tomo 3, cap. 36, pág. 512.

[14] Alejandro Keith, "Signs of the Times," tomo 1, págs. 280-283.

[15] Eduardo B. Elliott, "Horae Apocalypticae," tomo 1, págs. 354-356.

[*] Eduardo Gibbon en su "History of the Decline and Fall of the Roman Empire," tomo 4, cap. 43, págs. 273 274, coloca la derrota y muerte de Teias, el último rey de los godos, en 553. Ésta es la fecha generalmente aceptada por los historiadores, y es la que sigue el autor de este libro. (Véanse las págs. 99, 100 del tomo 1 ("Las profecías de Daniel").—Comisión revisora.

Capítulo 9—El Mundo Musulmán en la Profecía

VERS. 1: *Y el quinto ángel tocó la trompeta, y vi una estrella que cayó del cielo en la tierra; y le fué dada la llave del pozo del abismo.*

La Quinta Trompeta—Para interpretar esta trompeta recurriremos nuevamente a los escritos de Alejandro Keith. Dice el nombrado escritor:

"Apenas si habrá alguna parle del Apocalipsis acerca de la cual estén los intérpretes tan uniformemente de acuerdo como acerca de la aplicación que dan a la quinta trompeta y la sexta, o primer ay y segundo ay; a saber, a los sarracenos y los turcos. Su significado es tan obvio que es casi imposible interpretar erróneamente la profecía. En vez de ser expuesto cada caso por uno o dos versículos, todo el capítulo 9 del Apocalipsis se divide en partes iguales dedicadas a la descripción de ambos.

"El Imperio Romano decayó, como se había levantado, por conquistas; pero los sarracenos y los turcos fueron los instrumentos por medio de los cuales una religión falsa llegó a ser el azote de una iglesia apóstata; de ahí que la quinta trompeta y la sexta, en vez de ser llamadas por ese solo nombre como las anteriores, son denominadas aves. . .

"Por primera vez después de la extinción del Imperio Occidental, Constantinopla fué sitiada por Cósroes [II], rey de Persia."[1]

El profeta dijo: "Vi una estrella que cayó del cielo en la tierra; y le fué dada la llave del pozo del abismo."

El historiador dice acerca de aquel tiempo:

"Mientras que el monarca persa [Cósroes II] contemplaba las maravillas de su arte y poder, recibió de cierto obscuro ciudadano de la Meca una epístola que lo invitaba a reconocer a Mahoma como el epístola de Dios. Rechazó la invitación, y rompió la epístola. 'Así--exclamó el profeta árabe--desgarrará Dios el reino de Cósroes y rechazará sus súplicas.' Situado a la vera de los dos grandes imperios del Oriente, Mahoma observaba con secreta alegría el progreso de su mutua destrucción y en medio de los triunfos persas, se atrevió a predecir que antes que hubiesen transcurrido muchos años volvería la victoria a los estandartes romanos. En el momento en que anunció esto, según lo que se cuenta, ninguna profecía podía parecer más lejos de cumplirse, puesto que los primeros doce años de Heraclio parecían anunciar la inminente disolución de su imperio."[2]

Esta estrella no cayó sobre un solo punto, como la que representaba a Atila, sino que cayó en la tierra.

Las provincias que le quedaban al imperio en Asia y Africa fueron subyugadas por Cósroes II, y "el Imperio Romano se vió reducido a las murallas de Constantinopla, con un residuo en Grecia, Italia y Africa, y algunas ciudades marítimas, desde Tiro a Trebizonda, en la costa asiática. . . . La experiencia de seis años convenció finalmente al monarca persa de que debía renunciar a la conquista de Constantinopla y especificar el tributo anual o rescate que detía pagar el Imperio Romano: mil talentos de oro, mil talentos de plata, mil mantos de seda, mil caballos y mil vírgenes. Heraclio subscribió estas ignominiosas condiciones; pero el tiempo y espacio que obtuvo para reunir estos tesoros de la pobreza del Oriente lo dedicó laboriosamente a preparar un ataque audaz y desesperado."[3]

"El rey de Persia había despreciado al obscuro sarraceno, y se había burlado del mensaje enviado por el supuesto profeta de la Meca. Ni siquiera la caída del Imperio Romano habría abierto la puerta al mahometismo, ni a los progresos de los sarracenos, armados propagadores de una impostura, pues el monarca de los persas y el *chagán* de los ávares (sucesor de Atila) habían dividido entre sí los restos del reino de los Césares. Cósroes mismo cayó. La monarquía persa y la romana se agotaron la una a la otra. Y antes que fuese puesta una espada en las manos del falso profeta, se la hizo caer de las manos de aquellos que podrían haber detenido su carrera y aplastado por completo su poder."[4]

"Desde los días de Escipión y Aníbal, no se había intentado empresa más atrevida que la lograda por Heraclio para la liberación del imperio.... Recorrió, explorándolo, el peligroso camino a través del mar Negro y las montañas de Armenia, penetró en el corazón de Persia, e hizo congregar de nuevo los ejércitos del gran rey para la defensa de su país ensangrentado....

"En la batalla de Nínive, que se riñó fieramente desde el amanecer hasta la undécima hora, 28 estandartes, además de los que pudieron romperse o desgarrarse, fueron arrebatados a los persas; la mayor parte de su ejército fué destrozado, y los vencedores, ocultando sus propias pérdidas, pasaron la noche sobre el campo.... Las ciudades y los palacios de Asiria fueron por primera vez abiertos para los romanos."[5]

"El emperador romano no fué fortalecido por las conquistas que logró; y al mismo tiempo y por los mismos medios quedó preparado el camino para las multitudes de sarracenos de Arabia que, como langostas de la misma región, se volcaron rápidamente sobre el imperio persa y el romano, propagando en su recorrido el obscuro y engañoso credo mahometano. No podría desearse una ilustración más completa de este hecho, que la proporcionada en las palabras finales del capítulo [de Gibbon] del cual provienen los extractos precedentes."[6]

"Aunque se había formado un ejército victorioso bajo el estandarte de Heraclio, el esfuerzo poco natural parece haber agotado más bien que vigorizado su fuerza. Mientras que el emperador triunfaba en Constantinopla o en Jerusalén, una obscura ciudad de los confines de Siria fué saqueada por los sarracenos, y éstos destrozaron algunas tropas que avanzaban para aliviarla, suceso común y trivial si no hubiese sido el preludio de una poderosa revolución. Estos ladrones eran los apóstoles de Ma-homa; su valor fanático había brotado del desierto; y durante los últimos ocho años de su reinado, Heraclio cedió a los árabes las mismas provincias que antes había rescatado de los persas."[7]

" 'El espíritu de fraude y entusiasmo, cuya morada no está en los cielos,' se soltó sobre la tierra. Sólo necesitaba el abismo una llave para abrirse, *y esa llave fué la caída de Cosmes*. El había desgarrado despectivamente la carta de un obscuro ciudadano de la Meca. Pero cuando desde su 'resplandor de gloria,' se hundió en la 'torre tenebrosa' que ningún ojo podía penetrar, el nombre de Cósroes cayó repentinamente en el olvido frente al de Ma-homa; pues, al parecer, la salida del creciente no esperaba sino la caída de la estrella. Cósroes, después de su completa derrota y la pérdida de su imperio, fué asesinado en el año 628; y el año 629 queda señalado por 'la conquista de Arabia,' y 'la primera guerra de los mahometanos contra el Imperio Romano.' 'Y el quinto ángel tocó la trompeta, y vi una estrella que cayó del cielo en la tierra; y le fué dada la llave del pozo del abismo. Y abrió el pozo del abismo.' *Cayó en la tierra.* Cuando se hubo agotado la fuerza del Imperio Romano, y el gran rey del Oriente yacía muerto en su torre tenebrosa, el saqueo de una ciudad obscura de los confines de Siria fué 'el preludio de una poderosa revolución.' 'Los ladrones eran los apóstoles de Mahoma, y su valor fanático brotaba del desierto.'"[8]

El abismo—La palabra griega *abyssos,* de la cual proviene la castellana "abismo," significa "profundo, sin fondo," y puede aplicarse a cualquier lugar desierto, desolado e inculto. Se aplica a la tierra en su estado original de caos. (Génesis 1:2.) En este caso puede referirse apropiadamente a los desiertos desconocidos de Arabia, de cuyos confines salían las hordas de sarracenos como mangas de langostas. La caída del rey persa Cósroes II puede simbolizar perfectamente la apertura del abismo, puesto que preparó el camino para que los discípulos de Mahoma pudieran salir de su obscuro país y propagar sus seductoras doctrinas por el fuego y la espada hasta cubrir con sus tinieblas todo el Imperio Oriental.

VERS. 2: *Y abrió el pozo del abismo, y subió humo del pozo como el humo de un gran horno; y obscurecióse el sol y el aire por el humo del pozo.*

"Como los vapores molestos y aun mortíferos que los vientos, particularmente del sudoeste, difunden en Arabia, el mahometismo propaló desde allí su influencia pestilencial. Se levantó tan repentinamente y se difundió tan ampliamente como humo que saliese de un abismo, como humo de un gran horno. Este símbolo era muy adecuado para representar la religión de Mahoma por sí sola, o en comparación con la luz del Evangelio de Jesús. No era, como este último, una luz del cielo, sino humo del abismo."[9]

VERS. 3: *Y del humo salieron langostas sobre la tierra; y fuéles dada potestad, como tienen potestad los escorpiones de la tierra.*

"Se estableció una falsa religión, que, aunque fué el azote de las transgresiones y la idolatría, llenó el mundo de tinieblas y seducción; y enjambres de sarracenos, como langostas, se extendieron por la tierra, y rápidamente difundieron sus estragos por el Imperio Romano del este hasta el oeste. El granizo descendió de las heladas orillas del Báltico; la montaña ardiente cayó sobre el mar desde el Africa; y las langostas (símbolo adecuado de los árabes) salieron de Arabia, su tierra natal. Vinieron como seres destructores y, propagando una doctrina nueva, incitaron a la rapiña y la violencia por motivos religiosos y de interés."[10]

"Puede darse una ilustración más específica del poder de escorpiones que habían recibido. No sólo era su ataque veloz y vigoroso, sino que 'la delicada sensibilidad del honor, que pesa el insulto más bien que el daño, derrama su mortífero veneno sobre las disputas de los árabes; una acción indecente, una palabra despectiva, pueden expiarse tan sólo por la sangre del ofensor; y son tan inveterados en su paciencia, que aguardan meses enteros y aun años la oportunidad de vengarse.'"[11]

VERS. 4: *Y les fué mandado que no hiciesen daño a la hierba de la tierra, ni a ninguna cosa verde, ni a ningún árbol, sino solamente a los hombres que no tienen la señal de Dios en sus frentes.*

Después de la muerte de Mahoma, le sucedió en el comando Abubéker en 632, y éste, tan pronto como hubo establecido su autoridad y gobierno, reunió las tribus árabes para lanzarlas a la conquista. Una vez congregado su ejército dió a sus jefes instrucciones acerca de los métodos de conquista:

"Cuando peleéis las batallas del Señor, portaos varonilmente, sin dar la espalda; pero no se manche vuestra victoria con la sangre de las mujeres ni de los niños. No destruyáis las palmeras ni queméis los campos de cereal. No cortéis árboles frutales, ni hagáis daño al ganado; matad sólo lo que necesitáis para comer. Cuando hacéis un pacto o convenio, cumplidlo fielmente, y respetad siempre vuestra palabra. En vuestras correrías, encontraréis a algunas personas religiosas que viven recluídas en monasterios, y se proponen servir así a Dios; dejadlas en paz; no las matéis ni destruyáis sus monasterios; y hallaréis otra clase de personas que pertenecen a la sinagoga de Satanás, que tienen la coronilla afeitada; partidles ciertamente el cráneo, y no les deis cuartel hasta que se hagan mahometanos o paguen 'tributo.' "[12]

"Ni en la profecía ni en la historia se nos dice que las recomendaciones más humanas fueran obedecidas tan escrupulosamente como el feroz mandato; pero les fué ordenado hacerlo. Como quiera que sea, las que preceden son las únicas instrucciones que registre Gibbon; y fueron dadas por Abubéker a los jefes de todas las huestes sarracenas. Las órdenes son tan específicas en su discriminación como la predicción. Es como si el califa mismo hubiese estado actuando en obediencia directa a un mandato superior al de un hombre mortal. En el mismo acto de salir a pelear contra la religión de Jesús y propagar el mahometismo en su lugar, repitió las palabras que la Revelación de Jesucristo predecía que iba a pronunciar."[13]

El sello de Dios en sus frentes—En las observaciones hechas con referencia a Apocalipsis .7:1-3, hemos demostrado que el sello de Dios es el sábado del cuarto mandamiento. La historia no calla el hecho de que hubo a través de toda la era evangélica personas que observaron el verdadero día de reposo. Pero lo que preguntan aquí muchos es: ¿Quiénes eran esos hombres que en ese tiempo tenían el sello de Dios en sus frentes, y por lo tanto iban a quedar libres de la opresión mahometana? Recuerde el lector un hecho al que se aludió ya, a saber, que hubo en toda la era cristiana personas que tuvieron el sello de Dios en sus frentes, es decir que observaron inteligentemente el verdadero día de reposo. Considere, además, que lo aseverado por la profecía es que esta potencia asoladora, los sarracenos, no se dirige contra los tales observadores del sábado, sino contra otra clase. La cuestión queda así libre de toda dificultad, porque es todo lo que en realidad asevera la profecía. Hay una clase de personas que resalta directamente, en este pasaje, a saber, los que no tienen el sello de Dios en la frente. La preservación de los que tienen el sello de Dios se presenta tan sólo por implicación. Por consiguiente, la historia no registra que algunos de ellos fuesen afectados por alguna de las calamidades infligidas por los sarracenos a los que resultaron blanco de su odio. Eran enviados contra otra clase de hombres. La destrucción de esta clase no se pone en contraste con la preservación de otros hombres, sino tan sólo con la de los frutales y las cosas verdes de la tierra; como si se les hubiese dicho: No hagáis daño a la hierba, ni a los árboles ni a ninguna cosa verde, sino tan sólo a una clase de hombres. En el cumplimiento, encontramos el extraño espectáculo de un ejército de invasores que perdona las cosas que tales ejércitos destruyen generalmente: la faz de la naturaleza y sus producciones. En obediencia al permiso que tenían de dañar a aquellos hombres que no tenían el sello de Dios en sus frentes, partían el cráneo a cierta clase de religiosos de coronilla afeitada, que pertenecían a la sinagoga de Satanás. Parece que se trataba de monjes o de alguna otra orden de la iglesia católica romana.

VERS. 5: *Y les fué dado que no los matasen, sino que los atormentasen cinco meses; y su tormento era como tormento de escorpión, cuando hiere al hombre.*

"Sus constantes incursiones en territorio romano, y sus frecuentes asaltos contra Constantinopla misma, eran un tormento incesante en todo el imperio, al que no podían, sin embargo, subyugar, a pesar del largo período al cual se alude más tarde, y durante el cual, por medio de sus ataques incesantes, continuaron afligiendo gravemente a una iglesia idólatra de la cual el papa era la cabeza. . . . Tenían cargo de atormentar, luego dañar, pero no matar o destruir completamente. Lo asombroso es que no lo hicieron."[14] (Con referencia a los cinco meses, véase el comentario sobre el versículo 10.)

VERS. 6: *Y en aquellos días buscarán los hombres la muerte y no la hallarán; y desearán morir, y la muerte huirá de ellos.*

"Los hombres se cansaban de la vida, cuando ella les era perdonada tan sólo para que se renovasen sus desgracias, cuando se violaba todo lo que consideraban sagrado y peligraba constantemente lo que les era caro; y cuando los salvajes sarracenos los dominaban o les dejaban solamente un momento de descanso siempre expuesto a ser interrumpido repentina o violentamente, como por la picadura de un escorpión."[15]

VERS. 7: *Y el parecer de las langostas era semejante a caballos aparejados para la guerra: y sobre sus cabezas tenían como coronas semejantes a! oro; y sus caras como caras de hombres.*

"El caballo árabe va a la delantera en todo el mundo; y la habilidad del jinete es el arte y ciencia de Arabia. Los barbudos árabes, veloces como langostas y armados como escorpiones, listos para arrancar al instante, estaban siempre preparados para la batalla.

" 'Y sobre sus cabezas tenían como coronas semejantes al oro.' Cuando Mahoma entró en Medina (622) y por primera vez fué recibido como su príncipe, 'se desenvolvió un turbante delante de él para suplir la falta de estandarte.' Los turbantes de los sarracenos, como coronas, eran su adorno y motivo de jactancia. El rico botín los mantenía abundantemente provistos de ellos y los renovaba con frecuencia. Tomar el turbante significa proverbialmente hacerse musulmán. Además, los árabes se distinguían antiguamente por las mitras que llevaban."[16]

"Y sus caras como caras de hombres." "La gravedad y firmeza de propósito [del árabe] se nota en su exterior; . . . su único ademán consiste en acariciarse la barba, símbolo venerable de la virilidad. . . . Es muy fácil . . . herir el honor de sus barbas."[17]

VERS. 8: *Y tenían cabellos como cabellos de mujeres: y sus clientes eran como dientes de leones.*

"Las mujeres consideran el cabello largo como un adorno. Los árabes, en contraste con otros hombres, llevaban el cabello como las mujeres, es decir sin cortarlo, según Plinio y otros anotan que era su costumbre. Pero no había nada afeminado en su carácter;

porque, como para denotar su ferocidad y fuerza para devorar, sus dientes eran como dientes de leones."[18]

VERS. 9: *Y tenían corazas como corazas de hierro; y el estruendo de sus alas, como el ruido de carros que con muchos caballos corren a la batalla.*

"La coraza se usaba entre los árabes en los días de Mahoma. En la batalla de Ohud (la segunda que peleó Mahoma) contra los coreítas de la Meca (624), '700 de ellos estaban armados de corazas.'"[19]

" 'La carga de los árabes no era, como la de los griegos y romanos, es esfuerzo de una infantería firme y compacta. Su fuerza militar se componía mayormente de caballería y arqueros.'. . . Al toque de la mano, los caballos árabes arrancan con la velocidad del viento. 'El estruendo de sus alas, como el ruido de carros que con muchos caballos corren a la batalla.' Sus conquistas fueron maravillosas tanto por su rapidez corno por su extensión, y su ataque era instantáneo. No tuvo menos éxito contra los romanos que contra los persas."[20]

VERS. 10, 11: *Y tenían colas semejantes a las de los escorpiones, y tenían en sus colas aguijones; y su poder era de hacer daño a los hombres cinco meses. Y tienen sobre sí por rey al ángel del abismo, cuyo nombre en hebraico es Abaddon, y en griego, Apoliyon.*

"Hacer daño a los hombres cinco meses."--Se suscita la pregunta: ¿A qué hombres habían de dañar durante cinco meses? Indudablemente a los mismos a quienes más tarde habían de matar (véase el vers. 15), a saber, "la tercera parte de los hombres," o sea un tercio del Imperio Romano, su división griega.

¿Cuando iban a empezar a atormentarlos? El vers. 11 contesta la pregunta.

"Y tienen sobre sí por rey." Desde la muerte de Mahoma hasta casi fines del siglo XIII, estuvieron los mahometanos divididos en varias facciones bajo diversos caudillos, pero sin gobierno civil *general* que los abarcase a todos. Hacia fines del siglo XIII, Otmán fundó un gobierno o imperio que creció hasta extenderse sobre todas las principales tribus mahometanas, consolidándolas en una gran monarquía.

Su rey se llama el "ángel del abismo." Un ángel significa un mensajero o ministro, sea bueno o malo, y no siempre un ser espiritual. El "ángel del abismo" sería el ministro principal de la religión que salió de allí cuando fué abierto. Esa religión es el mahometismo, y el sultán era su ministro principal.

Su nombre, en lengua hebraica, es "Abaddon," el destructor; en griego, "Apoliyon," exterminador, o destructor. Por el hecho de que tiene dos nombres diferentes, en dos idiomas, es evidente que el carácter más bien que el nombre del poder es lo que se quiere representar aquí. En tal caso, como se expresa en ambos idiomas, es un destrucor. Tal ha sido siempre el carácter del gobierno otomano.

Pero ¿*cuándo* realizó Otmán su primer asalto contra el imperio griego? Según Gibbon, "fué el 27 de julio del año 1299 de la era cristiana, cuando Otmán invadió por primera vez el territorio de Nicomedia; y la exactitud singular de la fecha parece revelar cierta previsión del crecimiento rápido y destructor del monstruo."[21]

Von Hammer, el historiador alemán de Turquía, y otros autores fijan este acontecimiento en 1301. Pero ¿qué fecha atestiguan las fuentes históricas de la época? Pachymeres es un historiador eclesiástico y secular que nació en Nicea, ciudad situada en la región invadida por Otmán, y escribió su historia precisamente durante ese período, pues concluyó su obra hacia 1307, de modo que era contemporáneo de Otmán.

Posino, en 1669, elaboró una cronología completa de la historia de Pachymeres, dando las fechas de los eclipses de la luna y el sol, como también otros sucesos registrados por Pachymeres en su obra. Acerca de la fecha de 1299, Posino dice:

"Ahora nos toca dar la época exacta y fundamental del Imperio Otomano. Trataremos de hacerlo comparando cabalmente las fechas dadas por los cronistas árabes con el testimonio de nuestro Pachymeres. Esto último autor relata en el cuarto libro de su segunda parte, capítulo 25, que Atmán [nombre griego de Otmán] se fortaleció asumiendo el comando de una banda muy fuerte de guerreros audaces y enérgicos de Paflagonia. Cuando Muzalo, jefe del ejército romano, intentó cerrarle el paso, lo derrotó en una batalla cerca de Nicomedia, capital de Bitinia. Desde entonces el dueño del campo de batalla mantuvo esa ciudad como sitiada. Ahora bien, Pachymeres es muy explícito al declarar que esos acontecimientos ocurrieron en la vecindad inmediata de

Bafeum, no lejos de Nicomedia, el 27 de julio. El año, aseveramos en nuestra sinopsis, tras comparar cuidadosamente los sucesos, fué el que corresponde al 1299 de nuestro Señor."[22]

La sinopsis a la cual alude Posino da la fecha en la cual se unieron los de Paflagonia con las fuerzas de Otmán, cosa que sucedió el 27 de julio de 1299 de la era cristiana, el quinto año del papa Bonifacio VIII y el sexto de Miguel Paleólogo. La declaración es como sigue:

"Atmán [Otmán], el sátrapa de los persas, llamado también Otomanos, fundador de la aun reinante dinastía de los turcos, se fortaleció al unir consigo un gran número de feroces bandidos de Paflagonia."[23]

Los de Paflagonia, bajo los hijos de Amurio, se unieron a Otmán en su ataque del 27 de julio, de manera que dos veces nos da Posino la fecha 1299 como la del suceso.

Gregoras, también contemporáneo de Otmán, apoya a Gibbon y Pachymeres, al establecer la fecha 1299 en su relato de la división de Anatolia. La división entre diez emires turcos se realizó en 1300, según lo corroboran historiadores fidedignos. Gregoras declara que en la división Otmán recibió el Olimpo y ciertas partes de Bitinia, lo cual indica que Otmán ya había peleado la batalla de Bafeum y había conquistado ciertas partes de ese territorio grecorromano.

"Los cálculos de algunos autores se han basado en la suposición de que el período debía iniciarse con la fundación del Imperio Otomano; pero esto es evidentemente un error; porque no sólo habían de tener rey sobre ellos, sino que habían de atormentar a los hombres cinco meses. Pero el período de tormento no podía principiar antes del primer ataque de los atormentadores; que se produjo, como se ha declarado ya, el 27 de julio de 1299."[24]

El cálculo que sigue, basado en ese punto de partida, fué hecho y publicado por primera vez en una obra titulada "Christ's Second Coming" (La segunda venida de Cristo), por Josías Litch, en 1838.

" 'Y su poder era de hacer daño a los hombres cinco meses.' Tal era el plazo que les era concedido para atormentarlos por depredaciones constantes, pero sin matarlos políticamente: 'Cinco meses' [a treinta días por mes son 150 días], es decir 150 años.

Comenzando el 27 de julio de 1299, el total de los 150 años llega a 1449. Durante todo ese lapso los turcos estuvieron empeñados en una guerra casi perpetua con el Imperio Griego, pero *sin vencerlo*. Se apoderaron de varias provincias griegas y las conservaron, pero la independencia griega se mantenía en Constantinopla. Sin embargo, en 1449, al terminarse los 150 años, se produjo un cambio,"[25] cuya historia se encontrará bajo la trompeta siguiente.

VERS. 12-15: *El primer ¡Ay! es pasado: he aquí, vienen aún dos ayes después de estas cosas. Y el sexto ángel tocó la trompeta; y o! una voz de los cuatro cuernos del altar de oro que estaba delante de Dios, diciendo al sexto ángel que tenía la trompeta: Desata los cuatro ángeles que están atados en el gran río Eufrates. Y fueron desatados los cuatro ángeles que estaban aparejados para la hora y día y mes y año, para matar la tercera parte de los hombres.*

La sexta trompeta—"El primer ay iba a continuar desde el nacimiento del mahometismo hasta el fin de los cinco meses. Terminaría entonces y empezaría el segundo ay. Y cuando el sexto ángel tocó la trompeta, le fué ordenado que quitase las restricciones que habían sido impuestas a la nación para que se limitase a *atormentar* a los hombres; y su comisión se extendió a matar la tercera parte de los hombres. Esta orden procedió de los cuatro cuernos del altar de oro."[26]

Los cuatro ángeles—Estos son los cuatro principales sultanatos que componían el Imperio Otomano, situados en la región regada por el Eufrates. Estos sultanatos tenían su sede en Alepo,

Iconic, Damasco y Bagdad. Antes habían tenido restricciones; pero Dios dió una orden y se vieron sueltos. Hacia fines de 1448, al acercarse el final del período de 150 años, Juan Paleólogo murió sin dejar hijo que le sucediese en el trono del Imperio Oriental. Su hermano Constantino, sucesor legítimo, no se atrevió a subir al trono sin el consentimiento del sultán turco. Por lo tanto, fueron envia-dos embajadores a Andrinópolis, recibieron la aprobación del sultán, y volvieron con presentes para el nuevo soberano. A principios de 1449, en tan ominosas circunstancias, fué coronado el último de los emperadores griegos.

Así relata el caso el historiador Gibbon en su obra monumental:

"A la muerte de Juan Paleólogo, . . . la familia real, por la muerte de Andrónico, y la profesión monástica de Isidoro, se vió reducida a tres príncipes: Constantino, Demetrio y Tomás, hijos sobrevivientes del emperador Manuel. El primero y el último de éstos se hallaban lejos en Morea. . . . La emperatriz madre, el senado y los soldados, el clero y el pueblo, se mostraron unánimes en favor del sucesor legítimo; y el déspota Tomás, quien ignorando el cambio, volvió accidentalmente a la capital, se puso a defender con celo apropiado los intereses de su hermano ausente. Nos dice el historiador Franza que un embajador fué enviado inmediatamente a la corte de Andrinópolis. Amurates le recibió con honores y lo despidió con regalos; pero la misericordiosa aprobación del sultán turco anunció su supremacía, y la caída inminente del Imperio Oriental. Las manos de los ilustres diputados colocaron en Esparta la corona imperial sobre la cabeza de Constantino."[27]

"Examínese cuidadosamente este hecho histórico en relación con la predicción ya dada. No fué un asalto violento lanzado contra los griegos, que derribó su imperio o les quitó su independencia, sino simplemente una entrega voluntaria de esa independencia en manos de los turcos, al decir: 'No puedo reinar a menos que me lo permitáis.' "[28]

Los cuatro ángeles fueron soltados para una hora, un día, un mes y un año, con autorización de matar la tercera parte de los hombres. Este período durante el cual debía ejercerse la supremacía otomana, suma 391 años y quince días. Se llega así a ese resultado: Un año profético son 360 días, o 360 años literales; un mes profético son 30 días, o 30 años literales; un día profético es un año literal; y una hora o 1/24 de día profético es 1/24 de año, o sea medio mes literal, lo cual da un total de 391 años y 15 días.

"Pero aunque los cuatro ángeles fueron así soltados por la voluntaria sumisión de los griegos, otra suerte infortunada aguardaba la sede del imperio. Amurates, el sultán al cual se presentó la sumisión de Bracoses, y por cuyo permiso reinó en Constantinopla, no tardó en morir y le sucedió en el imperio, en 1451, Mahoma II, quien pronto codició a Constantinopla y resolvió hacerla su presa.

"Por consiguiente hizo preparativos para sitiar la ciudad y tomarla. El sitio empezó el 6 de abril de 1453, y terminó con la toma de la ciudad y la muerte del último de los Constantinos, el 16 de mayo siguiente. Y la ciudad oriental de los Césares pasó a ser sede del Imperio Otomano."[29]

Las armas y los métodos de guerrear que se usaron en el sitio que hizo caer a Constantinopla y la redujo a sujeción habían sido notados distintamente, como veremos, por el profeta.

VERS. 16: *Y el número del ejército de los de a caballo era doscientos millones. Y oí el número de ellos.*

"¡Innumerables hordas de caballos y sus jinetes! Gibbon describe como sigue la primera invasión de los territorios romanos por los turcos: 'Las miríadas de los turcos cubrían una frontera de mil kilómetros, desde el Tauro hasta Erzerum, y la sangre de 130.000 cristianos fué el sacrificio grato al profeta árabe.' El lector debe juzgar si el número está destinado a impartir la idea de una cifra exacta. Algunos suponen que lo que se quiere decir es dos veces 200.000 y luego, siguiendo a algunos historiadores, encuentran que tal era el número de los guerreros turcos que participaron en el sitio de Constantinopla. Algunos piensan que 200.000.000 es el número de todos los guerreros turcos que hubo durante los 391 anos y quince días de su triunfo sobre los griegos."[30] Nada se puede afirmar sobre el punto, ni es esencial tampoco.

VERS. 17*: Y así vi los caballos en visión, y los que sobre ellos estaban sentados, los cuales tenían corazas de fuego, de jacinto, y de azufre. Y las cabezas de los caballos eran como cabezas de leones; y de la boca de ellos salía fuego y humo y azufre.*

La primera parte de la descripción puede referirse al aspecto de esos jinetes. En cuanto a su color, el fuego es rojo, pues se dice comúnmente "rojo como el fuego;" el jacinto es azul; y el azufre amarillo. Tales eran los colores que predominaban en la indumentaria de esos guerreros; de manera que la descripción correspondería exactamente al uniforme de los turcos, que se compone mayormente de rojo, o escarlata, azul y amarillo. Las cabezas de los caballos tenían apariencia de cabezas de leones, para denotar su fuerza, su valor y su ferocidad; mientras que la última parte del versículo se refiere indudablemente al uso de la pólvora y las armas de fuego para los fines bélicos, pues dicho uso acababa de iniciarse. Mientras los turcos descargaban sus armas de fuego desde el lomo de sus caballos, ello daba a quien los miraba de lejos, la impresión de que salía fuego, humo y azufre de la boca de los caballos.

Los comentadores concuerdan en que la profecía relativa al fuego, el humo y el azufre se aplica al empleo de la pólvora por los turcos en su guerra contra el Imperio Oriental[31] Pero aluden generalmente tan sólo a los grandes cañones empleados por aquella potencia; mientras que la profecía menciona especialmente los "caballos" y el fuego que "salía de la boca de ellos," como si se usaran armas más pequeñas, y eso desde arriba del caballo. Barnes piensa que tal era el caso; y una declaración de Gibbon confirma la opinión. Dice él: "Las incesantes andanadas de lanzas y saetas iban acompañadas del humo, el ruido y el fuego de sus mosquetes y cañones."[32] Tenemos aquí una buena evidencia de que los turcos usaban mosquetes; y en segundo lugar es indisputable que en su método general de guerrear peleaban principalmente a caballo. Halla entonces apoyo la inferencia de que usaban armas de fuego a caballo y cumplían con exactitud la profecía según la ilustración ya aludida.

Acerca del uso de las armas de fuego por los turcos en su campaña contra Constantinopla, Elliott tiene esto que decir:

"Al 'fuego y humo y azufre,' a la artillería y las armas de fuego de Mahoma, se debió la matanza del tercio de los hombres, es decir, la toma de Constantinopla, y por consecuencia la destrucción del Imperio Griego. Más de 1.100 arios habían transcurrido desde su fundación por Constantino. Durante ese lapso, los godos, los hunos, los ávares, los persas, los búlgaros, los sarracenos, los rusos y aun los mismos turcos otomanos habían lanzado contra ella sus asaltos hostiles o la habían sitiado. Pero las fortificaciones les resultaron inexpugnables. Constantinopla sobrevivió, y con ella el *Imperio Griego.* De ahí la ansiedad que sentía el sultán Mahoma por hallar algo que eliminara el obstáculo. Preguntó al fundidor de cañones que desertó y se pasó a su lado: '¿Puedes fundirme un cañón de tamaño suficiente para derribar la muralla de Constantinopla?' Entonces se estableció la fundición de Andrinópolis, se fundió el cañón, se preparó la artillería, y el sitio empezó.

"Merece observarse cómo Gibbon, siempre comentador inconsciente de la profecía apocalíptica, coloca en primer plano de su cuadro este nuevo instrumento de guerra, en su elocuente y vívida narración de la catástrofe final del Imperio Griego. En su preparación para ello, da la historia de la reciente invención de la pólvora, 'aquella mezcla de salitre, azufre y carbón de leña;' habla, como ya se ha dicho, de la fundición de cañones en Andrinópolis; luego, en el progreso del sitio, describe cómo 'las andanadas de lanzas y saetas iban acompañadas del humo, el ruido y el fuego de los mosquetes y los cañones;' cómo 'la larga hilera de la artillería turca apuntaba contra las murallas, y tronaban catorce baterías a la vez contra los lugares más accesibles;' cómo 'las fortificaciones que habían resistido durante siglos a la violencia hostil fueron desmanteladas por todos lados por los cañones otomanos, se abrieron muchas brechas, y cerca de la puerta de San Román, cuatro torres fueron niveladas a ras del suelo;' cómo 'desde las líneas, las galeras y el puente, la artillería otomana tronaba de todos lados, y tanto el campo como la ciudad, los griegos como los turcos, se veían envueltos en una nube de humo, que sólo podía ser disipada por la liberación final o la destrucción del Imperio Romano;' y cómo finalmente al precipitarse los sitiadores por las brechas, 'Constantinopla quedó irremisiblemente subyugada, su imperio subvertido y su religión pisoteada en el polvo por los conquistadores musulmanes.' Digo que merece observarse cuán señalada y vívidamente Gibbon atribuye la toma de la ciudad y así la destrucción del imperio, a la artillería otomana. Porque ¿qué hace él si no un comentario de las palabras de la profecía? 'De estas tres plagas fué muerta la tercera parte de los hombres: del fuego, y del humo, y del azufre, que salían de la boca de ellos.' "[33]

VERS. 18, 19: *De estas tres plagas fué muerta la tercera parte de los hombres: del fuego, y del humo, y del azufre, que salían de la boca de ellos. Porque su poder está en su boca y en sus colas: porque sus colas eran semejantes a serpientes, y tenían cabezas, y con ellas dañan.*

Este versículo expresa el efecto mortífero del nuevo método de guerrear. Mediante esos tres agentes: la pólvora, las armas de fuego portátiles y los cañones, fué vencida finalmente Constantinopla y entregada en manos de los turcos.

Además del fuego, el humo y el azufre que parecían salir de sus bocas, se dice que su poder estaba también en sus colas. El significado de la expresión parece ser que las colas de los caballos eran el símbolo o emblema de su autoridad. Es un hecho notable que la cola de caballo es un bien conocido estandarte turco, el símbolo de un cargo y autoridad. La imagen que vió Juan parece haber consistido en caballos que lanzaban fuego y humo y, lo que era igualmente extraño, vió que su poder de esparcir desolación estribaba en la cola de los caballos. Cualquiera que mirase un cuerpo de caballería con tales estandartes o enseñas se sorprendería de esta apariencia insólita o notable, y hablaría de sus banderas como de lo que concentraba y dirigía su poder.

Esta supremacía de los mahometanos sobre los griegos iba a continuar, como ya se ha indicado, 391 años y quince días. "Comenzando en el momento en que terminaron los 150 años, en 1449, el período había de terminar el 11 de agosto de 1840. A juzgar por la manera en que comenzó la supremacía otomana, a saber por un reconocimiento voluntario de parte del emperador griego de que sólo reinaba por permiso del sultán turco, habríamos de concluir naturalmente que la caída o desaparición de la independencia turca se habría de producir de la misma manera; y que al fin del período especificado [es decir, el 11 de agosto de 1840] el sultán habría de entregar voluntariamente su independencia en las manos de las potencias cristianas,"[34] exactamente como, 391 años y quince días antes, la había recibido de manos del emperador cristiano Constantino XIII.

Esta fué la aplicación que dió a la profecía Josías Litch y la conclusión a la cual llegó en 1838, dos años antes que ocurriera el suceso que esperaba. Predijo en dicho año que la potencia turca caería "en algún momento del mes de agosto de1840;"[35] pero pocos días antes del cumplimiento de la profecía concluyó más definidamente que el período concedido a los turcos acabaría el 11 de agosto de 1840. Era un cálculo puramente basado en los períodos proféticos de la Escritura. Es propio preguntarse si los sucesos se verificaron de acuerdo con los cálculos. El asunto se resume como sigue:

¿Cuándo terminó la independencia mahometana en Constantinopla?—Desde varios años antes de 1840, había estado el sultán envuelto en una disputa con Mehemet Alí, bajá de Egipto. "En 1838 habría habido guerra entre el sultán y su vasallo egipcio, si no hubiese refrenado a éste la influencia de los embajadores extranjeros. . . . En 1839 comenzaron de nuevo las hostilidades y siguieron hasta que en una batalla general entre los ejércitos del sultán y Mehemet, el ejército del sultán fué completamente destrozado y su flota capturada por Mehemet y llevada a Egipto. Tan completamente quedó reducida la flota del sultán que cuando comenzaron las hostilidades en agosto, sólo tenía dos barcos de primera línea y tres fragatas como tristes restos de lo que había sido una vez la poderosa flota turca. Mehemet se negaba positivamente a devolver dicha fiota al sultán, y declaró que si las potencias procuraban quitársela, la quemaría. Así estaban las cosas cuando, en 1840, Inglaterra, Rusia, Austria y Prusia intervinieron y resolvieron arreglar la dificultad; porque era evidente que, si se lo dejaba hacer, Mehemet no tardaría en ser dueño del trono del sultán."[36]

El sultán aceptó esta intervención de las grandes potencias, y así entregó voluntariamente la cuestión a sus manos. Se celebró una conferencia de las potencias en Londres, con la asistencia del jeque Effendi Bey Likgis como plenipotenciario turco. Se preparó, para presentarlo al bajá de Egipto, un acuerdo por el cual el sultán le ofrecería el gobierno hereditario de Egipto, y toda la parte de Siria que se extiende desde el golfo de Suez hasta el lago de Tiberíades, juntamente con la provincia de Acre, por toda su vida. Por su parte, él habría de evacuar todas las regiones de los dominios del sultán que ocupaba entonces, y devolver la flota otomana. En caso de negarse a aceptar el ofrecimiento del sultán, las cuatro potencias tomarían el asunto entre sus manos, y usarían los medios que juzgaran convenientes para imponerle condiciones.

Es obvio que tan pronto como este ultimátum fuese entregado a Mehemet Alí, bajá de Egipto, el asunto escaparía para siempre del control del sultán, y la disposición de sus asuntos estaría desde entonces en las manos de las potencias extranjeras. El sultán envió a Rifat Bey a Alejandría en un vapor del gobierno, para que comunicase el ultimátum a Mehemet Alí. Dicho ultimátum le fué entregado *el día 11 de agosto de 1840.* El mismo día, en Constantinopla, el sultán dirigió una nota a los embajadores de las cuatro potencias para preguntarles qué plan debía adoptarse en caso de que el bajá se negase a cumplir las condiciones del ultimátum, a lo cual contestaron ellos que habían sido tomadas las medidas necesarias, y que *no tenía necesidad de alarmarse acerca de cualquier contingencia que pudiera presentarse.*

Las siguientes citas comprueban los hechos:

"Por el vapor francés del 24, hemos recibido noticias de Egipto fechadas el 16. No revelan alteración en la resolución del bajá. Confiado en el valor de su ejército árabe y en la fuerza de las fortificaciones que defienden su capital, parece resuelto a atenerse a la última alternativa; y como es ahora inevitable que se recurra a ella puede considerarse como perdida toda esperanza de que el asunto se arregle sin derramamiento de sangre. Inmediatamente después de la llegada del vapor 'Cyclops' con las noticias de la convención de las *cuatro potencias,* se dice que Mehemet abandonó Alejandría e hizo una corta jira por el Bajo Egipto. El objeto de su ausencia en tal momento era en parte evitar las conferencias con los cónsules europeos, pero principalmente procurar despertar con su presencia el fanatismo de las tribus beduínas y facilitar el reclutamiento de nuevas fuerzas. Durante el intervalo de su ausencia, el *vapor del gobierno turco, que había llegado a Alejandría el día 11, con el enviado Rifat Bey a bordo,* estuvo, por sus órdenes, en cuarentena, y no fué liberado de ella hasta el 16. Sin embargo, antes de la salida del barco, y en el mismo día en que se le dió práctica, el ya nombrado funcionario tuvo una audiencia con el bajá y le comunicó la orden del sultán con respecto a la evacuación de las provincias sirias, y se fijó otra audiencia para el día siguiente cuando en presencia de los cónsules de las potencias europeas, recibiría de él su respuesta definitiva, y le informaría de cuál era la alternativa si rehusaba obedecer, dándole los diez días que le concedía la convención para decidir la conducta que considerara propio seguir."[37]

El corresponsal del *Morning Chronicle,* de Londres, en una comunicación fechada "Constantinopla, el 12 de agosto de 1840," dice:

"Poco puedo añadir a mi última carta con respecto a los planes de las cuatro potencias; y creo que los detalles que les di entonces componen todo lo que se ha decidido hasta aquí. La porción del bajá, como lo expuse entonces, no se ha de extender más allá de la línea de Acre, y no incluye Arabia ni Candia. F.I Egipto solo ha de ser hereditario en su familia, y la provincia de Acre se ha de considerar como un bajalato que será gobernado por su hijo mientras viva, pero dependerá después de la voluntad de la Puerta; y aun esto último se le concederá con tal que acepte estas condiciones y entregue la flota otomana dentro de un plazo de diez días. En caso de que no lo haga, este bajalato será suprimido. Se le ofrecerá entonces solamente el Egipto, con otros diez días para deliberar antes de emplear la fuerza contra él. Sin embargo, la manera en que se emplearía la fuerza, si se negara a cumplir las condiciones, si se bloquearía simplemente la costa, o si se bombardearía su capital y se atacarían sus ejércitos en las provincias sirias, es lo que queda por saberse; *ni tampoco ilumina en lo mínimo este punto una nota entregada ayer por los cuatro embajadores, en respuesta a una pregunta que les hizo lu Puerta acerca dcl plan que se adoptaría en tal caso. Declara simplemente que se han tomado las medidas necesarias, y que el Diván no necesita alarmarse acerca de cualesquiera contingencias que pudieran presentarse después.*"[38]

Analicemos las citas que anteceden:

Primero—El ultimátum llegó a Alejandría el 11 de agosto de 1840.

Segundo—La carta del corresponsal del *Morning Chronicle,* de Londres, lleva la fecha del 12 de agosto de 1840.

Tercero—El corresponsal declara que la pregunta de la Sublime Puerta fué presentada a los representantes de las cuatro grandes potencias, y la respuesta se recibió *"ayer."* Así que, en su propia capital, *"ayer"* la Sublime Puerta se dirigió a los embajadores de las cuatro potencias cristianas de Europa para saber qué medidas se habían tomado con referencia a una circunstancia que afectaba vitalmente su imperio; y se le dijo que se habían *"tomado las medidas necesarias,"* pero no pudo saber cuáles eran; aunque se le comunicó que no necesitaba alarmarse "acerca de cualesquiera contingencias que pudieran presentarse." Desde aquel día, "ayer," que era el 11 de agosto de 1840, las cuatro potencias cristianas de Europa, y no la Sublime Puerta, iban a manejar las tales contingencias.

El 11 de agosto de 1840 terminó el plazo de 391 anos y quince días concedido para la duración del poder otomano; y ¿qué sucede con la independencia del sultán? DESAPARECE. ¿A qué manos pasa la supremacía del Imperio Otomano? A las de las *cuatro grandes potencias;* y ese imperio ha continuado existiendo desde entonces tan sólo por *tolerancia* de esas potencias cristianas. Así se cumplió la profecía al pie de la letra.

Desde que se publicó por primera vez el cálculo relativo a este asunto en 1838, como se ha referido ya, miles de personas observaron con interés el momento fijado para el cumplimiento de la profecía. Cuando ésta se cumplió con exactitud en el acontecimiento mencionado y se demostró correcta la aplicación que se había dado a la profecía, ello dió gran ímpetu al gran movimiento adventista que comenzaba a atraer la atención del mundo.

VERS. 20, 21: *Y los otros hombres que no fueron muertos con estas plagas, aun no se arrepintieron de las obras de sus manos, para que no adorasen a los demonios, y a las imágenes de oro, y de plata, y de metal, y de piedra, y de madera; las cuales no pueden ver, ni oír, ni andar: y no se arrepintieron de sus homicidios, ni de sus hechicerías, ni de su fornicación, ni de sus hurtos.*

Dios quiere que los hombres tomen nota de sus juicios y aprendan las lecciones que con ellos quiere enseñarles. Pero ¡cuán tardos son en aprender, y cuán ciegos a las indicaciones de la Providencia! Los sucesos que ocurrieron mientras tocaba la sexta trompeta constituyeron el segundo ay, y sin embargo esos castigos no indujeron a los hombres a mejorar su conducta y moralidad. Los que escaparon no aprendieron nada de su manifestación en la tierra.

Las hordas de sarracenos y turcos fueron soltadas sobre la cristiandad apóstata como azote y castigo. Los hombres sufrieron el castigo, pero no aprendieron lección alguna de él.

Notas del Capítulo 9:

[1] Alejandro Keith, "Signs of the Times,I tomo 1, págs. 289, 291.

[2] Eduardo Gibbon, "The Decline and Fall of the Roman Empire," tomo 4, cap. 46, págs. 463, 464.

[3] Id., pág. 466.

[4] Alejandro Keith, "Signs of the Times," tomo 1, pág. 293.

[5] Eduardo Gibbon, "The Decline and Fall of the Roman Empire," tomo 4, cap. 46, págs. 470-480.

[6] Alejandro Keith, "Signs of the Times," tomo I, pág. 295.

[7] Eduardo Gibbon, "The Decline and Fall of the Roman Empire," tomo 4, cap. 46, pág. 486.

[8] Alejandro Keith, "Signs of the Times," tomo I, pág. 298.

[9] Id., pág. 299.

[10] Id., pág. 301.

[11] Id., pág. 305.

[12] Eduardo Gibbon, "The Decline and Fall of the Roman Empire." tomo 5, cap. 51, págs. 189, 190.

[13] Alejandro Keith, "Signs of the Times," tomo I, pág. 307.

[14] Id., págs. 308, 309.

[15] Id., pág. 309.

[16] Id., págs. 311. 312.

[17] Eduardo Gibbon, "The Decline and Fall of the Roman Empire," tomo 5, cap. 50, págs. 86-88.

[18] Alejandro Keith, "Signs of the Times," tomo 1, pág. 312.

[19] Ibid.

[20] Id., pág. 113.

[21] Eduardo Gibbon, "The Decline and Fall of the Roman Empire," tomo 6, cap. 64, pág. 226.

[22] Posino, "Observationum Pachymerianarum," libro 3, (Cronología), cap. 8, sec. 5.

[23] Id., libro 4, cap. 25.

[24] Josías Litch, "Prophetic Expositions," tomo 2, pág. 180.

[25] Id., pág. 181.

[26] Id., pág. 182.

[27] Eduardo Gibbon, "The Decline and Fall of the Roman Empire," tomo 6, cap. 67, pág. 365.

[28] Josías Litch, "Prophetic Expositions," tomo 2, pág. 182, 183.

[29] Id., pág. 183.

[30] Id., págs. 183, 184.

[31] Véanse las notas sobre Apocalipsis 9:17 de Adán Clarke, "Commentary on the New Testament," tomo 2, pág. 1.003 ; Alberto Barnes, "Notes on Revelation," pág. 264; "The Cottage Bible," tomo 2, pág. 1.399.

[32] Eduardo Gibbon, "The Decline and Fall of the Roman Empire," tomo 6, cap. 68, pág. 388.

[33] Eduardo B. Elliott, "Horae Apocalypticae," tomo 1, págs. 478, 479.

[34] Josías Litch, "Prophetic Expositions," tomo 2 pág. 189.

[35] Josías Litch, "Prophetic 35 Josías Litch, "The Probability of the Second Coming of Christ A.D. 1843," pág. 157.

[36] Id., págs. 192, 193.

[37] "Morning Chronicle," de Londres, 18 de septiempre, 1840, extracto de una carta del corresponsal fechada "Constantinopla, 27 de agosto, 1840."

[38] Id., 3 de septiembre, 1840.

Capítulo 10—La Proclamación Mundial del Segundo Advenimiento

***VERS. 1, 2**: Y vi otro ángel fuerte descender del cielo, cercado de una nube, y el arco celeste sobre su cabeza; y su rostro era como el sol, y sus pies como columnas de fuego. Y tenía en su mano un librito abierto: y puso su pie derecho sobre el mar, y el izquierdo sobre la tierra.*

EN ESTE pasaje tenemos otro caso en el cual una serie consecutiva de pensamientos queda interrumpida momentáneamente. El capítulo 9 del Apocalipsis se cierra con los sucesos de la sexta trompeta; pero el sonido de la séptima trompeta no se introduce hasta Apocalipsis 11:15. Todo el capítulo 10 y parte del 11 constituyen un paréntesis entre la sexta trompeta y la séptima. Lo que se. relaciona particularmente con la sexta trompeta se halla en el capítulo 9. Pero el profeta tiene que introducir otros acontecimientos antes que se inicie otra trompeta, y lo hace en la parte de su libro que empieza con este pasaje y sigue hasta Apocalipsis 11:15. Dentro de este marco se encuadra la profecía del capítulo 10. Consideremos primero la cronología del mensaje dado por este ángel.

***El librito**—*"Tenía en su mano un librito *abierto.*" De este lenguaje podemos inferir que este libro estuvo cerrado durante cierto plazo. Leemos en Daniel que su libro había de estar cerrado y sellado hasta cierto tiempo: "Tú empero Daniel, cierra las palabras y sella el libro hasta el tiempo del fin: pasarán muchos, y multiplicaráse la ciencia." (Daniel 12:4.) Puesto que ese libro había de quedar sellado *hasta* el tiempo del fin, se deduce que *en* el tiempo del fin el libro se abriría. Así como el acto de cerrarse el libro se mencionaba en la profecía, es tan sólo razonable esperar que en las predicciones de los sucesos que habrían de producirse en el tiempo del fin, se mencione también la *apertura* de ese libro. De ningún otro libro salvo el de Daniel se dice que fue cerrado y sellado, y en ningún lugar se nos dice que fué abierto, a menos que sea aquí en Apocalipsis 10. Además, vemos que en ambos lugares el contenido atribuído al libro es el mismo. El libro que Daniel debía sellar se refería a plazos de tiempo, pues la orden le fué dada en relación con la pregunta: "¿Cuándo será el fin de estas maravillas?" (Daniel 12:6.) Cuando el ángel de este capítulo desciende teniendo en la mano el librito abierto sobre el cual basa su proclamación, da un mensaje relacionado con el tiempo, como se verá en el vers. 6. No se requiere otra cosa para demostrar que ambas expresiones se refieren a un mismo libro, y para probar que el librito que el ángel tenía abierto en la mano era el libro mencionado en la profecía de Daniel.

Queda por tanto determinado un punto importante en nuestro esfuerzo por establecer la cronología de este ángel. Hemos visto que la profecía, especialmente los períodos proféticos de Daniel, no iban a abrirse hasta el tiempo del fin. Si éste es el libro que el ángel tenía *abierto* en la mano, es lógico deducir que él proclama su mensaje después del tiempo en que el libro iba a quedar abierto, o en algún momento subsiguiente al comienzo del tiempo del fin. Todo lo que nos queda por descubrir acerca de este punto es cuándo empezó el tiempo del fin, y ya hemos visto que el libro de Daniel nos proporciona los datos con qué establecerlo. En Daniel 11:30, se nos presenta la potencia papal. En el vers. 35, leemos: "Algunos de los sabios caerán para ser purgados, y limpiados, y emblanquecidos, hasta el tiempo determinado [*hasta el tiempo del fin,* V.M.]." El plazo mencionado aquí es el de la supremacía del cuerno pequeño, durante el cual los santos, los tiempos y la ley serían entregados en su mano y serían objeto de terribles persecuciones de su parte. Se nos declara que esto llega hasta el tiempo del fin. Este período terminó en 1798, cuando expiraron los 1.260 años de la supremacía papal. Entonces empezó el tiempo del fin, y el libro fué abierto. Desde entonces, muchos lo han recorrido, y ha aumentado maravillosamente el conocimiento de los temas proféticos. (Véanse los comentarios sobre Daniel 12:4.)

La cronología de los sucesos de Apocalipsis 10 se determina aun mejor por el hecho de que este ángel parece ser idéntico al primer ángel de Apocalipsis 14. Los detalles de esa identidad se notan fácilmente: Ambos tienen que proclamar un mensaje especial. Ambos hacen su proclamación con fuerte voz. Ambos usan un lenguaje similar, y se refieren al Creador como al Hacedor de los cielos, la tierra, el mar y todas las cosas que hay en ellos. Y ambos hablan de un plazo o tiempo, pues uno jura que el tiempo no será más, o mejor dicho que no habrá más plazo, y el otro proclama que la hora del juicio de Dios es venida.

Pero el mensaje de Apocalipsis 14:6 se sitúa en un momento ulterior al comienzo del tiempo del fin. Es una proclamación de que llegó la hora del juicio de Dios, y por lo tanto debe aplicarse a la última generación. Pablo no predicó que la hora del juicio hubiese llegado. No lo predicaron tampoco Martín Lutero y sus ayudantes. Pablo habló de un juicio venidero, situado en un futuro indefinido, y Lutero lo colocaba a trescientos años de su tiempo. Más aún, Pablo pone a la iglesia en guardia contra la predicación de que la hora del juicio pueda llegar antes de cierto tiempo. Dice: "Empero os rogamos, hermanos, cuanto a la venida de nuestro Señor Jesucristo, y nuestro recogimiento a él, que no os mováis fácilmente de vuestro sentimiento, ni os conturbéis ni por espíritu, ni por palabra, ni por carta como nuestra, como que el día del Señor esté cerca. No os engañe nadie en ninguna manera; porque no vendrá sin que venga antes la apostasía, y *se manifieste el hombre de pecado.*" (2 Tesalonicenses 2:1-3.) Aquí Pablo nos presenta el hombre de pecado, el cuerno pequeño, o sea el papado, y con su recomendación abarca todo el período de su supremacía que, como ya se notó, duró 1.260 años, que terminaron en 1798.

En 1798, por lo tanto, cesó la restricción contra la proclamación de que se acercaba el día de Cristo. En 1798 empezó el tiempo del fin, y se quitó el sello del librito. Desde entonces, el ángel de Apocalipsis 14 ha estado proclamando que llegó la hora del juicio de Dios. También desde entonces el ángel del capítulo 10 ha estado de pie sobre la tierra y el mar, y ha jurado que no habrá más tiempo. No puede dudarse de su identidad. Todos los argumentos que contribuyen a situar el uno resultan igualmente eficaces en el caso del otro.

No necesitamos entrar en una extensa argumentación para demostrar que la generación actual está presenciando el cumplimiento de estas dos profecías. En la predicación del segundo advenimiento, más especialmente de 1840 a 1844, se inició su cumplimiento pleno y circunstancial. La posición de este ángel, con un pie en la tierra y otro en el mar, denota la amplia extensión de su proclamación por mar y tierra. Si este mensaje se hubiese destinado a un solo país, habría bastado que el ángel hubiese tomado posición sobre la tierra únicamente. Pero tiene un pie sobre el mar, de lo cual podemos deducir que su mensaje había de cruzar el océano y extenderse a las diversas naciones y divisiones del globo. Esta deducción se refuerza por el hecho de que la proclamación del advenimiento aludida alcanzó a toda estación misionera del mundo. Se volverá a tocar el asunto en los comentarios sobre Apocalipsis 14.

VERS. 3, 4: *Y clamó con grande voz, como cuando un león ruge: y cuando hubo clamado, siete truenos hablaron sus voces. Y cuando los siete truenos hubieron hablado sus voces, yo iba a escribir, y oí una voz del cielo que me decía: Sella las cosas que los siete truenos han hablado, y no las escribas.*

Los siete truenos—Sería vano especular sobre los siete truenos, con la esperanza de obtener conocimiento definido de lo que expresaron. Se dijo evidentemente algo que no convenía que la iglesia supiese. Debemos aceptar las instrucciones que recibió Juan al respecto, y dejarlas donde las dejó, selladas, sin escribir, y por lo tanto, desconocidas para nosotros.

VERS. 5, 6: *Y el ángel que vi estar sobre el mar y sobre la tierra, levantó su mano al cielo, y juró por el que vive para siempre jamás, que ha criado el cielo y las cosas que están en él, y la tierra y las cosas que están en ella, y el mar y las cosas que están en él, que el tiempo no será más.*

"El tiempo no será más"—¿Cuál es el significado de esta solemnísima declaración? No puede significar que con el mensaje de este ángel, acabaría el tiempo, corno se lo computa en este mundo, en comparación con la eternidad. El versículo siguiente habla de los *días* de la voz del séptimo ángel, y en Apocalipsis 11:15-19 se nos indican algunos de los acontecimientos que sucederán bajo esta trompeta en la dispensación actual. No puede referirse al tiempo de gracia, porque éste no cesa hasta que Cristo termina su obra como sacerdote, lo cual no sucede hasta después que el séptimo ángel empezó a tocar la trompeta. (Apocalipsis 11:15, 19; 15:5-8.) Debe significar, pues, el tiempo profético, porque no hay otro al cual pueda referirse.

La palabra "tiempo" de este versículo, que la Versión Moderna traduce por "dilación" es en el original griego *chronos,* tiempo, y en su traducción la Versión Moderna sigue a la Versión Revisada Americana, que traduce así este vocablo en ese único lugar de todo el Nuevo Testamento. Evidentemente, los traductores no pensaban en ningún *tiempo* profético, y no podían discernir otra traducción apropiada fuera de "dilación." Aunque esta traducción puede resultar admisible por extensión e implicación cuando el contexto parece justificarlo, no hay en el contexto del vers. 6 cosa alguna que la justifique. De hecho, la amargura experimentada después de comer simbólicamente el librito en los vers. 8-10 se debió precisamente al hecho de que la venida del Señor se dilató más de lo que esperaban aquellos que le aguardaban en 1844, y esto precisamente porque su obra de predicar el Evangelio no se había terminado todavía, según se indica claramente en el vers. 11. Por cierto que en un anuncio hecho con tanto énfasis como el registrado en el vers. 6, si se quería decir *dilación* en vez de *tiempo* (profético), la palabra regular que significa dilación, *anabolé,* sería la usada, como lo es en Hechos 25:17, o tal vez *okneo,* como en Hechos 9:38. Es verdad que el verbo derivado Je *chronos,* a saber *chronizo* se usa en el sentido de dilatar, como en Mateo 24:48 y Lucas 12:45. Pero *chronizo* significa solamente "pasar el tiempo" o "dejar pasar el tiempo," y por esto adquiere el significado de "dilatar" o "demorar." Pero la palabra *chronos* denota el "tiempo" en absoluto, y existe toda razón para creer que éste es su significado (en sentido profético) en el vers. 6; y puesto que se la usa en una predicción relacionada con una profecía muy importante, estamos justificados al comprenderla como significando "tiempo profético." En otras palabras, no habrá más tiempo profético; no que el tiempo ya no será más usado en sentido profético, porque "los días de la voz del séptimo ángel," que se mencionan inmediatamente después, representan indudablemente los *años* del séptimo ángel. Significa, más bien, que ningún plazo profético se extendería más allá del tiempo de este mensaje. En las observaciones sobre Daniel 8:14, se encontrarán argumentos referentes a los períodos proféticos y demostrativos de que los más largos no superaron el otoño de 1844.

VERS. 7: *Pero en los días de la voz del séptimo ángel, cuando él comenzare a tocar la trompeta, el misterio de Dios será consumado, como él lo anunció a sus siervos los profetas.*

La séptima trompeta—Esta séptima trompeta no es la mencionada en 1 Corintios 15:52 como la última trompeta que despierta a los muertos; sino que es la séptima de la serie de siete trompetas, y como las otras de la serie, ocupa días proféticos (años) con su sonido. En los días cuando empiece a tocar, el misterio de Dios será consumado. No en el día en que empiece a tocar, no en el mismo comienzo de su sonido, sino que en un plazo relativamente breve después que haya empezado su sonido, el misterio de Dios será consumado.

Basándonos en los sucesos que se han de realizar mientras toque la séptima trompeta, podemos fijar en forma suficientemente definida su comienzo al fin de los períodos proféticos, en 1844. Con posterioridad a esa fecha ha de quedar consumado el misterio de Dios. Ese gran acontecimiento, cualquiera que sea su naturaleza, está por sobrecogernos. Alguna obra final y decisiva, con toda la importancia y solemnidad que entraña, está por cumplirse. Tiene importancia la terminación de cualquiera de las obras de Dios. Un acto tal señala una era solemne e importante. Cuando nuestro Salvador murió en la cruz exclamó: "Consumado es." (Juan 19:30.) Cuando se termine la gran obra de misericordia en favor del hombre caído, ello será anunciado por una voz del trono de Dios que proclamará con tono de trueno la solemne sentencia: "Hecho es." (Apocalipsis 16:17.) No es pues una solicitud inoportuna la que nos impulsa a preguntar qué relación tienen los acontecimientos con nuestras esperanzas e intereses eternos. Cuando leemos que ha de quedar consumado el misterio de Dios, preguntamos qué es ese misterio y en qué consiste su consumación.

"El misterio de Dios"—Unos pocos testimonios directos de la Palabra de Dios, que nos ha sido dada como lámpara para nuestros pies, demostrarán en qué consiste este misterio. "Descubriéndonos el misterio de su voluntad, según su beneplácito, que se había propuesto en sí mismo, de reunir todas las cosas en Cristo, en la dispensación del cumplimiento de los tiempos, así las que están en los cielos, como las que están en la tierra." (Efesios 1:9, lo.) Aquí el propósito que Dios tiene de reunir todas las cosas en Cristo es llamado el "misterio" de su voluntad. Esto se realiza por el Evangelio. "Y por mí [pide Pablo que se hagan oraciones], para que me sea dada palabra en el abrir de mi boca con confianza, para hacer notorio el misterio del evangelio." (Efesios 6:19.) Aquí el Evangelio es llamado misterio. En Colosenses 4:3, se lo llama el misterio de Cristo. Leemos además:

"A saber, que por revelación me fué declarado el misterio, como antes he escrito en breve; . . . que los gentiles sean juntamente herederos, e incorporados, y consortes de su promesa en Cristo por el evangelio." (Efesios 3:3, 6.) Pablo declara aquí que el misterio le fué dado a conocer por revelación, como lo había escrito antes. Con esto se refiere a su epístola a los Gálatas, donde anotó lo que le había sido dado "por revelación," en estas palabras: "Mas os hago saber, hermanos, que el *evangelio* que ha sido anunciado por mí, no es según hombre; pues ni yo lo recibí, ni lo aprendí de hombre, sino por *revelación de Jesucristo."* (Gálatas 1:11,12.) En este pasaje Pablo nos dice claramente que lo que recibió por revelación era el Evangelio. En Efesios 3:3, lo llama el *misterio* que le fué comunicado por revelación, como había escrito antes. La epístola a los gálatas fué escrita hacia el año 54, y la de los efesios más o menos en 65.

Frente a estos testimonios, pocos estarán dispuestos a negar que el misterio de Dios es el Evangelio. Es por lo tanto lo mismo que si el ángel hubiese declarado: En los días de la voz del séptimo ángel, cuando empiece a tocar la trompeta, el Evangelio será consumado. ¿En qué consiste la consumación del Evangelio? Preguntemos primero con qué fin fué dado. Fué dado para extraer de entre las naciones un pueblo que llevase el nombre de Dios. (Hechos 15:14.) Su consumación será pues la terminación de esta obra. Quedará consumado cuando se haya completado el número de los hijos de Dios, cuando la misericordia deje de ser ofrecida, y termine el tiempo de gracia.

El tema queda ahora desplegado ante nosotros en toda su magnitud. Tal es la obra portentosa que se ha de realizar en los días en que se oiga la voz del séptimo ángel, cuyas notas de trompeta han estado repercutiendo por el mundo desde el año memorable de 1844. Dios no tarda en la ejecución de sus propósitos. Su obra no es incierta. ¿Estamos nosotros listos para arrostrar sus consecuencias?

VERS. 8-10: *Y la voz que oí del cielo hablaba otra vez conmigo, y decía: Ve, y torna el librito abierto de la mano del ángel que está sobre el mar y sobre la tierra. Y fuí al ángel, diciéndole que me diese el librito, y él me dijo: Toma, y trágalo; y él te hará amargar tu vientre, pero en tu boca será dulce como la miel. Y tomé el librito de la mano del ángel, y lo devoré; y era dulce en mi boca como la miel; y cuando lo hube devorado, fué amargo mi vientre.*

Juan nos es presentado como habiendo de desempeñar un papel como representante de la iglesia, probablemente debido a las cosas peculiares que ella había de experimentar más adelante, y que el Señor de la profecía quería que él anotase, pero que no serían bien comprendidas bajo el símbolo de un ángel. Cuando se presenta solamente una proclamación directa, pueden usarse ángeles como símbolo para representar a los maestros religiosos que proclaman ese mensaje, como en Apocalipsis 14. Pero cuando se ha de presentar alguna experiencia particular de la iglesia, puede recalcarse en forma apropiada en la persona de algún miembro de la familia humana. De ahí que Juan sea llamado a desempeñar un papel en esta representación simbólica. Siendo tal el caso, el ángel que le apareció a Juan puede representar **el** mensajero divino que tiene este mensaje a su cargo; o puede ser introducido con el propósito de representar la naturaleza del mensaje, y el origen que tiene.

Lo dulce y lo amargo—El ángel de este capítulo tiene en su mano un "librito abierto." En los comentarios sobre el versículo 2, hemos demostrado que este "librito" era el libro de Daniel que había sido sellado "hasta el tiempo del cumplimiento." (Daniel 12:9.) Iba a abrirse cuando debieran entenderse las profecías del libro.

En los comentarios sobre Daniel 8:14 se ha demostrado que la obra de la purificación del santuario celestial empezó en 1844. Los estudiantes de la profecía que hicieron este descubrimiento entendían que el santuario significaba la tierra, y consideraban erróneamente que esta predicción significaba que el Señor vendría a purificar la tierra de su contaminación y pecado en esa fecha.

Este mensaje de la venida del Señor en 1844 se difundió rápidamente por toda la América y otras partes del mundo. Conmovió enormemente los corazones de los hombres y sacudió las iglesias protestantes de aquel tiempo. Decenas de millares esperaban que e) Señor vendría al fin del gran período profético de los 2.300 días, en 1844. (Véase Daniel 8:14; 9:25-27.) Hicieron todos los preparativos para recibirle con gran gozo y alegría, y luego se produjo la amargura de la desilusión, porque el Señor no vino. Su error consistió en no comprender la naturaleza del acontecimiento que había de suceder al fin de este período profético, y no en su manera de calcular el tiempo.

Por consiguiente, leemos en el versículo 10: "El librito . . . era dulce en mi boca como la miel; y cuando lo hube devorado, fué amargo mi vientre."

Mas obra que hacer—Pero la desilusión no demostraba que el movimiento no fuese del Señor, porque en este capítulo 10 de Apocalipsis él anticipa aquello mismo que se experimentó entonces, y en el último versículo señala a sus hijos una tarea de extensión mundial que debían cumplir antes de su gloriosa aparición, porque su obra no había terminado aún. Esta obra se presenta con mucha amplitud en los mensajes de los tres ángeles del capítulo 14. (Véanse las cosas similares que experimentaron los profetas, en Jeremías 15:16-18; Ezequiel 3:1-3, lo.)

VERS. 11: *Y él me dice: Necesario es que otra vez profetices a muchos pueblos y gentes y lenguas y reyes.*

Juan, destacándose como representante de la iglesia, recibe aquí otra comisión del ángel. Otro mensaje unido a los del primer ángel y del segundo, debe ser proclamado al mundo. En otras palabras, tenemos aquí una profecía del mensaje del tercer ángel que se está cumpliendo ahora mismo. Ni se hará tampoco esta obra en un rincón, porque ha de llegar a "muchos pueblos y gentes y lenguas y reyes," como se verá claramente en nuestro estudio de Apocalipsis 14:6-12.

Capítulo 11—La Batalla entre la Biblia y el Ateísmo

VERS. 1, 2*: Y me fué dada una caña semejante a una vara, y se me dijo: Levántate, y mide el templo de Dios, y el altar, y a los que adoran en él. Y echa fuera el patio que está fuera del templo, y no lo midas, porque es dado a los Gentiles; y hollarán la ciudad santa cuarenta y dos meses.*

CONTINUAN aquí las instrucciones que el ángel empezó a dar a Juan en el capítulo precedente; de ahí que estos versículos pertenezcan en realidad a dicho capítulo, y no debieran estar separados por la división actual. En el último versículo de Apocalipsis 10 el ángel dió una nueva comisión a Juan como representante de la iglesia. En otras palabras, como ya se ha demostrado, este versículo es una profecía del mensaje del tercer ángel. El mensaje se relaciona con el templo de Dios en el cielo, y está destinado a preparar cierta clase de personas como adoradores.

La vara de medir—Aquí el templo no puede significar la iglesia, porque ésta se presenta en relación con este templo como "los que adoran en él." El templo es, pues, el templo literal que hay en el cielo, y los adoradores son la verdadera iglesia en la tierra. Por supuesto, la medición de estos adoradores no es la de su estatura u otras dimensiones corporales en pies y pulgadas. Han de ser medidos como *adoradores, y* el carácter puede medirse únicamente por alguna norma de justicia, una ley o principio de acción. Llegamos así a la conclusión de que el Decálogo, la norma que Dios dió para medir el "todo del hombre," constituye una parte de la vara de medir que el ángel puso en las manos de Juan. En el cumplimiento de esta profecía bajo el mensaje del tercer ángel, esta misma ley ha sido puesta en forma especial en las manos de la iglesia. Es la norma por la cual han de ser probados ahora los adoradores del verdadero Dios.

Al percibir lo que significa medir a los que adoran en el templo, preguntamos: ¿Qué significa la medición del templo? Para medir cualquier objeto se requiere dedicar atención especial a ese objeto. La invitación a levantarse y medir el templo de Dios es una orden profética que insta a la iglesia a que examine en forma especial el tema del templo o santuario. Pero, ¿cómo se ha de hacer esto con la vara de medir dada a la iglesia? Con los diez mandamientos solos no podríamos hacerlo. Pero cuando aceptamos todo el mensaje, nos vemos inducidos por él a examinar el santuario celestial, juntamente con los mandamientos de Dios y el ministerio de Cristo. Por esto concluímos que la vara de medir, considerada en conjunto, es el mensaje especial que se da a la iglesia y que abarca las grandes verdades peculiares para este tiempo, inclusive los diez mandamientos.

Este mensaje llamó nuestra atención al templo celestial, y de ello brotó la luz y la verdad sobre este tema. Así medimos el templo y el altar, o sea el ministerio relacionado con el templo, la obra y el cargo de nuestro gran Sumo Sacerdote; y medimos a los adoradores con aquella parte de la vara que se relaciona con el carácter: el Decálogo.

"Echa fuera el patio que está fuera del templo." Esto debe interpretarse como significando que la atención de la iglesia se dirige ahora al interior del templo y al servicio que se realiza allí. Los asuntos que se refieren al atrio son de menor importancia ahora. Ha sido dado a los gentiles. El atrio designa esta tierra, pues en relación con el santuario el atrio era el lugar donde se inmolaban las víctimas cuya sangre había de ser llevada al interior. La víctima antitípica debía morir en el atrio antitípico, y murió en el Calvario, en Judea. Al introducir los gentiles aquí, se llama la atención del profeta al importante detalle de la apostasía gentil, que iba a pisotear la santa ciudad durante cuarenta y dos meses. Así se nos hace retroceder al pasado por una transición fácil y natural, y se llama nuestra atención a una nueva serie de acontecimientos.

VERS. 3: *Y daré a mis dos testigos, y ellos profetizarán por mil doscientos y sesenta días, vestidos de sacos.*

El período de "mil doscientos y sesenta días" se menciona de diversas maneras en las Escrituras. Se presenta bajo estas tres formas:

Como 1.260 días en este versículo y en Apocalipsis 12:6. Como 42 meses en Apocalipsis 11:2 y 13:5. Como 3 1/2 tiempos en Daniel 7:25; 12:7; y Apocalipsis 12:14.

Todos estos pasajes se refieren al mismo período y pueden calcularse con facilidad. Un tiempo es un año, según se evidencia en Daniel 11:13, nota marginal. Un año tiene doce meses, y un mes bíblico contiene 30 días. De manera que tenemos lo siguiente:

1 año de 12 meses, a 30 días por mes . . . . 360 días

3 1/2 años o tiempos, de 360 días . . . . 1.260 días

42 meses de 30 días . . . . 1.260 días

Todos reconocerán sin duda que el año tiene doce meses, pero que el mes tenga 30 días es algo que necesita tal vez ser demostrado. En ello nos ayudará el relato del diluvio en Génesis 7 y 8. Allí aprendemos lo siguiente:

1. Que el diluvio se inició el día 17 del segundo mes. (Génesis 7:11.)

2. Que las aguas empezaron a bajar el día 17 del mes séptimo. (Génesis 8:4.)

3. Que el diluvio duró cinco meses, desde el segundo mes hasta el séptimo.

La lectura de Génesis 7:24 nos revela que "prevalecieron las aguas sobre la tierra ciento y cincuenta días." Nuestro cálculo arrojaba cinco meses. Ese texto menciona 150 días; de ahí que 5 meses sean iguales a 150 días, o sean 30 días por mes.

Tenemos así una medida definida para calcular los períodos proféticos, si tenemos en cuenta que en la profecía un día es igual a un año literal.

Los dos testigos—Durante este plazo de 1.260 años los testigos están vestidos de saco, o en la obscuridad; y Dios les da poder para subsistir y continuar dando su testimonio a través de ese período obscuro y lóbrego. Pero ¿quiénes o qué son estos testigos?

VERS. 4: *Estas son las dos olivas, y los dos candeleros que están delante del Dios de la tierra.*

Se alude evidentemente aquí a Zacarías 4:11-14, donde se implica que las dos olivas representan la Palabra de Dios. David testifica: "El principio de tus palabras alumbra;" y "lámpara es a mis pies tu palabra, y lumbrera a mi camino." (Salmo 119:130, 105.) El testimonio escrito tiene más fuerza que el oral. Jesús declaró acerca de las Escrituras del Antiguo Testamento: "Ellas son las que dan testimonio de mí." (Juan 5:39.)

Dice Jorge Croly: "Los dos testigos son el Antiguo Testamento y el Nuevo. . . . El propósito esencial de las Escrituras es dar testimonio de la misericordia y verdad de Dios. Nuestro Señor ordena: 'Escudriñad las Escrituras, . . . porque ellas dan testimonio de mí.' Esto lo dijo a los judíos, y con ello describió el carácter y papel del Antiguo Testamento. Pero el Nuevo Testamento es igualmente destinado a dar testimonio. 'Y será predicado este evangelio del reino en todo el mundo, por *testimonio* a todos los gentiles.' (Mateo 24:14.)"[1]

Estas declaraciones y consideraciones bastan para apoyar la conclusión de que el Antiguo y el Nuevo Testamento son los dos testigos de Cristo.

***VERS. 5**: Y si alguno les quisiere dañar, sale fuego de la boca de ellos, y devora a sus enemigos: y si alguno les quisiere hacer daño, es necesario que él sea así muerto.*

Dañar la Palabra de Dios es oponerse a su testimonio, corromperlo o pervertirlo, y desviar a la gente de él. De su boca sale fuego para devorar a aquellos que hacen esa obra, es decir que en esa Palabra se pronuncia un juicio de fuego contra los tales. Declara que recibirán su castigo en el lago ardiente de fuego y azufre. (Malaquías 4:1; Apocalipsis 20:15; 22:18, 19.)

***VERS. 6**: Estos tienen potestad de cerrar el cielo, que no llueva en los días de su profecía, y tienen poder sobre las aguas para convertirlas en sangre, y para herir la tierra con toda plaga cuantas veces quisieren.*

¿En qué sentido tienen estos testigos poder para cerrar el cielo, trocar las aguas en sangre, y hacer caer plagas sobre la tierra? Elías cerró el cielo de manera que no llovió por tres años y medio, pero lo hizo a la orden de Jehová. Moisés por la palabra de Jehová trocó las aguas de Egipto en sangre. Como se han cumplido estos juicios registrados en su testimonio, así también se cumplirá toda amenaza y juicio que hayan pronunciado contra cualquier pueblo.

"Cuantas veces quisieren" significa que tan a menudo como se indique en sus páginas que caigan los juicios, ello acontecerá. Un ejemplo de esto ha de experimentar todavía el mundo cuando le sean infligidas las siete postreras plagas.

***VERS. 7, 8**: Y cuando ellos hubieren acabado su testimonio, la bestia que sube del abismo hará guerra contra ellos, y los vencerá, y los matará. Y sus cuerpos serán echados en las playas de la grande ciudad, que espiritualmente es llamada Sodoma y Egipto, donde también nuestro Señor fué crucificado.*

"Cuando ellos hubieren *acabado* su testimonio;" es decir el que dieron "vestidos de *sacos.*" Terminó el plazo en que debían estar vestidos de sacos; o, como se expresa en otra parte, fueron acortados los días de la persecución (Mateo 24:22) antes que expirase el plazo mismo. "En la profecía, una 'bestia' representa un reino, o potencia. (Véase Daniel 7:17, 23.) Se suscita ahora la pregunta: ¿Cuándo dejaron los testigos de estar vestidos de saco? Y ¿les hizo la guerra en el tiempo mencionado un reino como el descrito? Si es correcto decir que en 538 empiezan los testigos a estar vestidos de sacos, y los 42 meses son 1.260 días proféticos, o años, este plazo nos lleva a 1798. ¿Les hizo la guerra, más o menos en ese tiempo, un reino como el descrito? Notemos que esta bestia o reino sale del abismo; es decir, no tiene fundamento. Es una potencia atea, 'espiritualmente es . . . Egipto.' (Véase Exodo 5:2: 'Faraón respondió: ¿Quién es Jehová, para que yo oiga su voz y deje ir a Israel? Yo no conozco a Jehová, ni tampoco dejaré ir a Israel.') Esto es ateísmo. ¿Manifestó algún reino el mismo espíritu *hacia* 1798? Sí, Francia; como nación negó la existencia de Dios, e hizo la guerra contra la Monarquía del cielo."[2]

"En el año 1793, . . . por un acto solemne de la legislatura y del pueblo, el Evangelio fué abolido en Francia. Los ultrajes infligidos a los ejemplares de la Biblia no tuvieron ya importancia; su vida está en sus doctrinas, y la extinción de las doctrinas es la extinción de la Biblia. Por el decreto del gobierno francés que declaraba que la nación no reconocía a Dios, el Antiguo Testamento y el Nuevo fueron *muertos* en todos los confines de la Francia republicana. Pero no podían faltar las injurias a los libros sagrados en el saqueo general de todo lugar de culto. En Lyón fueron arrastrados atados de la cola de un asno en una procesión por las calles. . . .

"El primero de noviembre de 1793, Gobet, con los sacerdotes republicanos de París, había arrojado la sotana y abjurado la religión. El 11 se celebró un 'gran festival,' dedicado a la 'Razón y la

Verdad' en la catedral de Nuestra Señora que había sido profanada y denominada 'Templo de la Razón.' Se erigió en el centro de la iglesia una pirámide coronada por un templo que llevaba la inscripción 'A la Filosofía.' La antorcha de 'la Verdad' estaba sobre el altar de 'la Razón' difundiendo luz, etc. La Convención Nacional y todas las autoridades asistieron a esta burlesca e insultante ceremonia."[3]

***Sodoma espiritual*—**" 'Espiritualmente' esta potencia 'es llamada Sodoma.' ¿Cuál era el pecado característico de Sodoma? La *licencia*. ¿Tuvo Francia este carácter? Lo tuvo; la *fornicación* fué establecida *por ley* durante el período aludido. 'Espiritual-mente' el lugar fué 'donde también nuestro Señor fué crucificado.' ¿Se aplica esto a Francia? Sí, en más de un sentido. *Primero,* en 1572 hubo un complot para destruir a todos los piadosos hugonotes; y en una noche, 50.000 de ellos fueron asesinados a sangre fría, y en las calles de París corrió literalmente la sangre. Así fué crucificado espiritualmente nuestro Señor en sus miembros. *Luego,* el santo y seña de los incrédulos franceses fué 'APLASTAD AL INFAME,' con lo que querían designar a Cristo. De manera que con verdad se puede decir, 'donde nuestro Señor fué crucificado.' El espíritu mismo del abismo se manifestó en aquella nación.

"Pero ¿guerreó Francia contra la Biblia? Sí; y en 1793 la Asamblea Constituyente Francesa promulgó un decreto para prohibir la Biblia, y en cumplimiento de ese decreto se juntaron las Biblias y se quemaron con toda manifestación posible de desprecio, y se abolieron todas las instituciones de la Biblia. El día de reposo fué abolido, y se lo reemplazó por cada *décimo* día para entregarse a la alegría y a la profanidad. Se suprimieron el bautismo y la comunión. Se negó la existencia de Dios; y la muerte fué declarada sueño *eterno*. Se ensalzó a la diosa de la Razón, en la persona de un mujer vil, y se la adoró publicamente. Esta es ciertamente una potencia que responde con exactitud a la profecía."[4] Este punto se desarrollará aun más en los comentarios sobre el versículo siguiente.

VERS. 9: *Y los de los linajes, y de los pueblos, y de las lenguas, y de los Gentiles verán los cuerpos de ellos por tres días y medio, y no permitirán que sus cuerpos sean puestos en sepulcros.*

"El lenguaje de este versículo denota los sentimientos de las otras naciones más bien que los de la que cometía el ultraje contra los testigos. Veían que la Francia incrédula había hecho la guerra a la Biblia, pero no quisieron dejarse inducir nacionalmente a participar de esta obra impía, ni quisieron dejar sepultar a los testigos asesinados, ni esconderlos entre sí, aunque estuvieron muertos tres días y medio, o sea tres años y medio, en Francia. No; esta misma tentativa de Francia sirvió para incitar a los cristianos por doquiera a esforzarse nuevamente en favor de la Biblia, según veremos en seguida."[5]

VERS. 10: *Y los moradores de la tierra se gozarán sobre ellos, y se alegrarán, y se enviarán dones los unos a los otros; porque estos dos profetas han atormentado a los que moran sobre la tierra.*

"Esto denota la alegría que sintieron quienes odiaban la Biblia, o eran atormentados por ella. Grande fué el gozo de los incrédulos por doquiera durante un tiempo. Pero 'la alegría de los impíos es breve,' y así fué en Francia, porque su guerra contra la Biblia y el cristianismo los engolfó casi por completo. Habían emprendido la destrucción de los dos testigos de Cristo, pero llenaron a Francia de sangre y terror, de manera que se quedaron horrorizados por el resultado de sus acciones impías, y con gusto apartaron sus manos perversas de la Biblia."[6]

VERS. 11: *Y después de tres días y medio el espíritu de vida enviado de Dios, entró en ellos, y se alzaron sobre sus pies, y vino gran temor sobre los que los vieron.*

Los testigos restaurados—"En 1793, promulgó la Asamblea Francesa el decreto que suprimía la Biblia. Exactamente tres años más tarde se introdujo en la Asamblea una resolución de abrogar ese decreto y conceder tolerancia a las Escrituras. Esta resolución estuvo encarpetada seis meses, después de lo cual fué considerada y aceptada sin un voto disidente. De modo que a los tres años y medio exactos, los testigos 'se alzaron sobre sus pies, y vino gran temor sobre los que los vieron.' Unicamente los resultados espantosos del rechazamiento de la Biblia pudieron inducir a Francia a apartar sus manos de estos testigos."[7]

"En 17 de junio, Camilo Jourdán, en el 'Consejo de los Quinientos,' presentó el informe memorable sobre la 'revisión de las leyes relativas al culto religioso.' Consistía en unas cuantas propuestas, que abolían por igual las restricciones republicanas al culto papal, y las restricciones papales al protestante. Dichas propuestas eran éstas:

"1. Que *todos* los ciudadanos podían comprar o alquilar edificios para el *libre* ejercicio religioso.

"2. Que *todas* las congregaciones podían reunirse al toque de las campanas.

"3. Que *ninguna prueba* ni *promesa* de ninguna clase que no se exigiese a otros ciudadanos fuese exigida a los ministros de aquellas congregaciones.

"4. Que cualquier persona que intentase impedir o de cualquier manera interrumpir el culto público fuese multada hasta en 500 libras, y no menos de 50; y que si la interrupción procedía de autoridades constituídas, las tales autoridades fuesen multadas en una suma doble.

"5. Que sea libre para todos los ciudadanos la entrada a las asambleas con propósito de culto religioso.

"6. Que todas las demás leyes concernientes al culto religioso sean abrogadas.

"Estos reglamentos, por abarcar toda la condición de los cultos en Francia fueron, de hecho, una bendición particular para el protestantismo. El papismo estaba ya en plena vía de restauración. Pero el protestantismo, aplastado bajo las leyes de Luis XIV, y sin apoyo en la fe popular, necesitaba el apoyo directo del Estado para ponerse de pie. El informe parece haber tenido especialmente en vista los agravios de la iglesia; las viejas prohibiciones de celebrar culto público, de poseer lugares de culto, de tener ingresos, etc.

"Desde aquella época la iglesia ha estado libre en Francia....

"La iglesia y la Biblia habían estado muertas en Francia desde noviembre de 1793 hasta junio de 1797. Habían transcurrido los *tres años y medio;* y la Biblia, que fuera reprimida durante tanto tiempo y con tanta severidad, ocupó un lugar de honor, y fué abiertamente el libro del protestantismo libre."[8]

VERS. 12: *Y oyeron una grande voz del cielo, que les decía: Subid acá. Y subieron al cielo en una nube, y sus enemigos los vieron.*

"'Subieron al cielo.'-Para comprender esta expresión, véase Daniel 4:22: 'Creció tu grandeza, y *ha llegado hasta el cielo.*' Vemos aquí que la expresión significa una gran *exaltación.* ¿Han llegado las Escrituras a tal estado de exaltación como el que se indica aquí, desde que Francia les hizo la guerra? Sí, en verdad. Poco después, se organizó la Sociedad Bíblica Británica (1804); luego siguió la Sociedad Bíblica Americana (1816); y ellas, con sus auxiliares casi innumerables, están difundiendo la Biblia por doquiera."[9] Antes de 1804 la Biblia se había impreso y hecho circular en cincuenta idiomas.

"A fines de diciembre de 1942, la Biblia había sido traducida en total o parcialmente en 1.058 idiomas y dialectos."

Ningún otro libro se compara con la Biblia por su poco costo y el número de ejemplares puestos en circulación. La Sociedad Bíblica Americana informó que había impreso y hecho circular 7.696.739 tomos de la Biblia completa o partes de ella en 1940; 8.096.069 en 1941; y 6.254.642 en 1942. La Sociedad Bíblica Británica y Extranjera tuvo durante el año que terminaba a mediados de 1941 una circulación de 11.017.334 ejemplares; y en 1942, de 7.120.000 ejemplares.

Un cálculo moderado hace ascender a seis millones el número de Biblias impresas anualmente por las casas comerciales. De ahí que la producción anual de ejemplares de la Biblia o porciones de ella haya alcanzado el enorme total de veinticinco a treinta millones de ejemplares por año.

Desde su organización hasta 1942 inclusive, la Sociedad Bíblica Americana había producido 321.951.266 ejemplares; y la Sociedad Bíblica Británica y Extranjera había sacado, hasta marzo de 1942, 539.664.024 ejemplares, o sea un total de 861.600.000 ejemplares producidos por estas dos sociedades solamente. En mayo de 1940 la Sociedad Bíblica Americana dijo: "Se calcula que nueve décimas de los dos mil millones de habitantes del mundo podrían ahora, si quisieran, leer la Biblia en un idioma que entienden." La Biblia es exaltada por encima de todo precio, porque es, después de su Hijo, la bendición más valiosa que Dios haya dado al hombre, y da un glorioso testimonio acerca de aquel Hijo. Sí; las Escrituras han sido realmente exaltadas "al cielo en una nube," pues una *nube* es emblema de la elevación celestial.

VERS. 13: *Y en aquella hora fué hecho gran temblor de tierra, y la décima parte de la ciudad cayó, y fueron muertos en el temblor de tierra en número de siete mil hombres: y los demás fueron espantados, y dieron gloria al Dios del cielo.*

"¿Qué ciudad? Véase Apocalipsis 17:18: 'Y la *mujer* que has visto, es *la grande ciudad* que tiene reino sobre los reyes [reinos] de la tierra.') Esa ciudad es la potencia romana papal. Francia es *uno* de los '*diez* cuernos' que dieron 'su potencia y autoridad a la bestia *[papal*]' o es uno de los diez reinos que salieron del Imperio Occidental de Roma, según lo indicado por los diez dedos de los pies de la imagen de Nabucodonosor, la bestia de diez cuernos de Daniel 7:24, y el dragón de diez cuernos que vió Juan. [Apocalipsis 12:3.] Francia era pues 'una décima parte de la ciudad,' y fué uno de los más enérgicos ministros de la venganza papal; pero en esta revolución 'cayó,' y con ella cayó el último ejecutor civil de la ira papal. Y 'fueron muertos en el temblor de tierra en número de siete mil hombres [original, nombres de hombres].' Francia hizo la guerra, en su revolución de 1789 en adelante, a todos los títulos y a la nobleza. . . . 'Y los demás fueron espantados, y dieron gloria al Dios del cielo.' Su tentativa de deshonrar a Dios y desafiar al cielo llenó a Francia de tales escenas de sangre, carnicería y horror, que hizo temblar a los incrédulos mismos y los espantó; y 'los demas' que escaparon a los horrores de aquella hora 'dieron gloria a Dios,' no voluntariamente, sino que el Dios del cielo hizo que esta ira del hombre le alabase al permitir que todo el mundo viese que los que guerrean contra el ciclo cavan su propia tumba; y así los mismos medios que los hombres impíos empleaban para empañar la gloria de Dios redundaron en favor de ella."[10]

VERS. 14: *El segundo ¡Ay! es pasado: he aquí, el tercer ¡Ay! vendrá presto.*

Se reanudan las trompetas—Se reanuda aquí la serie de las siete trompetas. El segundo ay terminó con la sexta trompeta, el 11 de agosto de 1840, y el tercer ay se presenta bajo el sonido de la séptima trompeta, que se inició en 1844.

¿Dónde estamos entonces? "He aquí," es decir notadlo bien, "el tercer ¡Ay! vendrá presto." Han pasado las terribles escenas del segundo ay, y estamos ahora en el tiempo en que resuena la trompeta que trae el tercer y último ay. ¿Buscaremos paz y seguridad, un milenario temporal, mil años de justicia y prosperidad en la tierra? Reguemos más bien fervientemente al Señor que despierte a un mundo que dormita.

VERS. 15-17: *Y el séptimo ángel tocó la trompeta, y fueron hechas grandes voces en el cielo, que decían: Los reinos del mundo han venido a ser los reinos de nuestro Señor, y de su Cristo: y reinará para siempre jamás. Y los venticuatro ancianos que estaban sentados delante de Dios en sus sillas, se postraron sobre sus rostros, y adoraron a Dios, diciendo: Te damos gracias, Señor Dios Todopoderoso, que eres y que eras y que has de venir, porque has tomado tu grande potencia, y has reinado.*

Parecería que desde el vers. 15 hasta el fin del capítulo, se nos hace recorrer tres veces distintas todo el trayecto desde el toque del séptimo ángel hasta el fin. En los versículos aquí citados, el profeta mira hacia adelante al pleno establecimiento del reino de Dios. Aunque la séptima trompeta empezó a tocar, puede ser que todavía no se oyen las grandes voces del cielo que han de proclamar que los reinos de este mundo han llegado a ser los reinos de nuestro Señor y de su Cristo, a menos que sea en anticipación del rápido cumplimiento del suceso. Pero la séptima trompeta, como las seis precedentes, abarca un plazo de tiempo, y la transferencia de los reinos de las potencias terrenales a Aquel cuyo es el derecho a reinar, es el acontecimiento principal que ha de ocurrir durante los primeros años en que toque. De ahí que este acontecimiento, con exclusión de todo lo demás, requiere la atención del profeta. (Véanse las observaciones sobre el vers. 19.) En el versículo siguiente, Juan retrocede y considera acontecimientos intercalados.

VERS. 18: Y se han airado las naciones, y tu ira es venida, y el tiempo de los muertos, para que sean juzgados, y para que des el galardón a tus siervos los profetas, y a los santos, y a los que temen tu nombre, a los pequeñitos y a los grandes, y para que destruyas los que destruyen la tierra.

"Se han airado las naciones."—Principiando con el estallido espontáneo de las revoluciones en Europa en 1848, la ira de una nación contra otra ha ido constantemente en aumento. Los celos y los odios entre las naciones han sido la regla más bien que la excepción. Esto se ha manifestado particularmente en las dos guerras mundiales del siglo XX, cuando parecía que los hombres estaban dispuestos a aniquilar naciones enteras en el fuego de su ira.

Estas son las palabras exactas de un profesor de la Universidad de Harvard:

"Lo que ha transcurrido del siglo XX ha sido el período más sangriento y uno de los más turbulentos, y por lo tanto uno de los más crueles y menos humanitarios, en toda la historia de la civilización occidental y tal vez en las crónicas de la humanidad en general."[11]

"Tu ira es venida."--La ira de Dios hacia la generación actual se completa en las siete últimas plagas (Apocalipsis 15:1), a las cuales debemos referirnos por consiguiente, y que pronto han de ser derramadas sobre la tierra.

"El tiempo de los muertos, para que sean juzgados."--La gran mayoría de los muertos, es decir los impíos, siguen en sus tumbas después de haber caído las plagas, y haberse clausurado la era evangélica. Una obra de juicio, destinada a asignar a cada uno el castigo que merece por sus pecados, es realizada por los santos juntamente con Cristo durante los mil años que siguen a la primera resurrección, (1 Corintios 6:2: Apocalipsis 20:4.) Por cuanto este juicio de los muertos sigue a la ira de Dios, o las siete últimas plagas, parece que es necesario referirse a él como al juicio

de los impíos durante los mil anos, que ya se ha mencionado; porque el juicio investigador se realiza *antes* que las plagas sean derramadas.

"*Que des el galardón a tus siervos los profetas.*"-Ellos entrarán en su recompensa cuando se produzca la segunda venida de Cristo, porque él trae su galardón consigo. (Mateo 16:27; Apocalipsis 22:12.) Pero los santos no recibirán su recompensa completa hasta que entren en posesión de la nueva tierra. (Mateo 25:34.)

El castigo de los impíos—"Para que destruyas los que destruyen la tierra," se refiere al tiempo en que todos los impíos, que han asolado literalmente vastas regiones y destruído innumerables vidas humanas, serán para siempre devorados por aquellos fuegos purificadores que Dios manda del cielo. (2 Pedro 3:7; Apocalipsis 20:9.) Así llega a su fin la séptima trompeta a la terminación de los mil años. Es un pensamiento que nos llena de gozo, pero también de pavor. La trompeta que ahora suena llega hasta la destrucción final de los impíos, y hasta el momento en que los santos, revestidos de la inmortalidad gloriosa, se hallarán establecidos y seguros en la tierra renovada.

VERS. 19: *Y el templo de Dios fué abierto en el cielo, y el arca de su testamento fué vista en su templo. Y fueron hechos relámpagos y voces y truenos y terremotos y grande granizo.*

El templo abierto—Una vez más el profeta nos hace volver al comienzo de la trompeta. Después de introducir la séptima trompeta en el versículo 15, el primer gran acontecimiento que se presenta al vidente es el traslado del dominio del reino terrenal al gobierno celestial. Dios asume su gran poder, y aplasta para siempre la rebelión de esta tierra, y establece a Cristo en su propio trono, y permanece como el poder supremo sobre todos. Luego se nos hace regresar a la condición de las naciones, el juicio que ha de caer sobre ellas, y el destino final tanto de los santos como de los pecadores. (Vers. 18.) Después que se ha recorrido este campo de la visión, nuestra atención es invitada nuevamente a retroceder en el versículo que consideramos, a la terminación del sacerdocio de Cristo, la última escena de la obra de misericordia en favor de un mundo culpable.

El templo está abierto, y se entra en el segundo departamento del santuario. Sabemos que es el lugar santísimo el que está abierto aquí, porque se ve el arca; y solamente en ese departamento se depositaba el arca. Esta apertura sucedió al fin de los 2.300 días, cuando el santuario había de ser purificado. (Daniel 8:14.) En ese momento terminaron los períodos proféticos y empezó a tocar su trompeta el séptimo ángel. Desde 1844, el pueblo de Dios ha visto por la fe la puerta abierta en el cielo, y el arca del testamento de Dios en el interior. Está procurando observar todo precepto de la santa ley escrita en las tablas depositadas allí. Que las tablas de la ley están allí, como estaban en el arca del santuario erigido por Moisés, es evidente por los términos que Juan usa al describir el arca. La llama el "arca de su testamento."

El arca se llamaba el arca del pacto, o testamento, porque fué hecha con el propósito expreso de contener las tablas del testimonio o diez mandamientos. (Éxodo 25:16; 31:18; Deuteronomio 10:2, 5.) No tenía otro uso, y debía su nombre tan sólo al hecho de que contenía las tablas de la ley. Si no contuviese las tablas, no sería el arca del testamento de Dios, y no podría llamarse así con verdad. Sin embargo, Juan, contemplando el arca en el cielo mientras está tocando la séptima trompeta, la sigue llamando "el arca de su testamento," con lo cual nos proporciona una prueba irrefutable de que la ley está todavía allí, sin que se haya alterado una jota o tilde de la copia que por un tiempo fué entregada al cuidado de los hombres en el arca típica del tabernáculo durante el tiempo de Moisés.

Los discípulos de la palabra profética han recibido también la vara y están midiendo el templo y el altar y los que adoran allí. (Apocalipsis 11:1.) Están proclamando su última profecía ante las naciones, pueblos y lenguas. (Apocalipsis 10:11.) No tardará en clausurarse el drama con los relámpagos, truenos, voces, y terremotos, y el grande granizo que constituirán la última convulsión de la naturaleza antes que todas las cosas sean hechas nuevas al final de los mil años. (Apocalipsis 21:5.) (Véanselos comentarios sobre Apocalipsis 16:17-21.)

Notas del Capítulo 10:

[1] Jorge Croly, "The Apocalypse of St. John," pág. 164.

[2] Jorge Storrs, "Midnight Cry," 4 de1 mayo, 1843, tomo 4, Nos. 5, 6, pág. 47.

[3] Jorge Croly, "The Apocalypse of St. John," págs. 175-177.

[4] Jorge Storrs, "Midnight Cry," 4 de mayo, 1843, tomo 4, Nos. 5, 6, pág. 47.

[5] Ibid.

[6] ibid.

[7] Ibid.

[8] Jorge Croly, "The Apocalypse of St. John," págs. 181-183.

[9] Jorge Storrs, "Midnight Cry," 4 de mayo, 1843, tomo 4, Nos. 5, 6, pág. 47.

[10] Id., pág. 48.

[11] Pitirim A. Sorokin, "Social and Cultural Dynamics," tomo 3, pág 487.

Capítulo 12—El Desarrollo de la Intolerancia Religiosa

VERS. 1-3: *Y una grande señal apareció en el cielo: una mujer vestida del sol, y la luna debajo de sus pies, y sobre su cabeza una corona de doce estrellas. Y estando preñada, clamaba con dolores de parto, y sufría tormento por parir. Y fué vista otra señal en el cielo; y he aquí un grande dragón bermejo, que tenía siete cabezas y diez cuernos, y en sus cabezas siete diademas.*

PARA comprender esta parte del capítulo se necesita poco más que una simple definición de los símbolos introducidos. Ella puede darse en pocas palabras.

"Una mujer," significa la iglesia verdadera. (2 Corintios 11: 2.) Una mujer corrompida suele representar a una iglesia apóstata o corrompida. (Ezequiel 23:3-4; Apocalipsis 17:3-6, 15, 18.) Por analogía, una mujer pura, como en este caso, representará a la iglesia verdadera. "El sol" significa aquí la luz y la gloria de la era evangélica. "La luna" es el símbolo de la época mosaica. Como la luna resplandece con una luz derivada del sol, así también la era anterior brilló por la luz derivada de la actual. Tenían entonces los tipos y las sombras; nosotros tenemos ahora el antitipo y la substancia. "Una corona de doce estrellas" simboliza apropiadamente los doce apóstoles. "Un grande dragón bermejo" representa la Roma pagana. (Véanse los comentarios sobre los vers. 4, 5.) "El cielo" es el espacio donde el apóstol vió esta representación. No hemos de suponer que las escenas presentadas aquí a Juan se verificaron en el cielo donde Dios reside, pues son sucesos que ocurrieron en la tierra. Esta visión que contemplaron los ojos del profeta parecía desarrollarse en la región ocupada por el sol, la luna y las estrellas que nosotros llamamos el cielo.

Los vers. 1 y 2 abarcan un lapso que empieza precisamente al comienzo de la era cristiana, cuando la iglesia esperaba anhelosamente el advenimiento del Mesías, y se extiende hasta el pleno establecimiento de la iglesia evangélica con su corona de los doce apóstoles. (Lucas 2:25,26,38.)

No se podrían haber hallado símbolos más adecuados e impresionantes que los empleados aquí. La era mosaica brillaba por una luz reflejada de la cristiana, así como la luna brilla por la luz que refleja del sol. ¡Cuán apropiado era, pues, representar la primera por la luna y la segunda por el sol! La mujer, la iglesia, tenía la luna bajo los pies; es decir la era mosaica que acababa de expirar, y estaba revestida por la luz del sol evangélico que acababa de nacer. Por anticipación, se nos presenta a la iglesia plenamente organizada, con sus doce apóstoles, antes que aparezca en el escenario el hijo varón, Cristo. Había de quedar así constituída inmediatamente después que Cristo comenzase su ministerio; y él está más definidamente relacionado con esta iglesia que con la de la época anterior. Es imposible entender erróneamente este pasaje; de manera que esta representación no violenta ningún sistema correcto de interpretación.

VERS. 4-6: *Y su cola arrastraba la tercera parte de las estrellas del cielo, y las echó en tierra. Y el dragón se paró delante de la mujer que estaba para parir, a fin de devorar a su hijo cuando hubiese parido. Y ella parió un hijo varón, el cual había de regir todas las gentes con vara de hierro: y su hijo fué arrebatado para Dios y a su trono. Y la mujer huyó al desierto, donde tiene lugar aparejado de Dios, para que allí la mantengan mil doscientos y sesenta días.*

"La tercera parte de las estrellas del cielo."—El dragón arrastraba la tercera parte de las estrellas del cielo. Si las doce estrellas con que la mujer está coronada denotan, en su uso simbólico, a los doce apóstoles, entonces las estrellas derribadas por el dragón antes de su tentativa de matar al hijo varón, o sea antes de la era cristiana, pueden simbolizar una parte de los dirigentes del pueblo judío. En Apocalipsis 8:12 hemos visto ya que el sol, la luna y las estrellas se usan a veces en sentido simbólico. Judea llegó a ser provincia romana unos sesenta años antes del nacimiento del Mesías. Los judíos tenían tres clases de dirigentes:

los reyes, los sacerdotes y el Sanedrín. Un tercio de éstos, los reyes, fueron quitados por el poder romano. Felipe Smith, después de describir el sitio de Jerusalén por los romanos y Herodes, y su capitulación en la primavera del 37 ant. de J. C., después de una resistencia obstinada que duró seis meses, dice: "Tal fué el fin de la dinastía asmonea, exactamente 130 años después de las primeras victorias de Judas Macabeo, y en el séptimo año desde que Arístobulo I se ciñera la diadema."[1]

Esta alusión a las estrellas tiene indudablemente un significado más amplio, y se relaciona con las verdades recalcadas en los vers. 7-9 de este capítulo. Como resultado del conflicto presentado aquí, es evidente que una tercera parte de la hueste angélica, que se unió con Satanás en su rebelión contra el Gobernante del universe, fué arrojada de los atrios gloriosos.

"El dragón se paró delante de la mujer"—Es ahora necesario identificar al poder simbolizado por el dragón, y esto puede hacerse muy fácilmente. El testimonio concerniente al "hijo varón" que el dragón procura destruir resulta aplicable solamente a un ser que haya aparecido en esta tierra, a saber nuestro Señor Jesucristo. Ninguno otro fué arrebatado a Dios y a su trono. Pero él sí fué así exaltado. (Efesios 1:20, 21; Hebreos 8:1; Apocalipsis 3:21.) Ningún otro recibió de Dios la comisión de regir todas las naciones con vara de hierro, pero él sí fué designado para esta obra. (Salmo 2:7-9.)

No cabe la menor duda de que el hijo varón representa a Jesucristo. Es igualmente evidente el tiempo al cual se refiere la profecía. Fué el tiempo en que Cristo apareció en este mundo como niño en Belén.

Resultará ahora fácil descubrir cuál es el poder simbolizado por el dragón, porque éste representa a algún poder que intentó destruir a Cristo cuando nació. ¿Se realizó alguna tentativa tal? ¿Quién la hizo? Ninguna respuesta necesita cualquiera que haya leído cómo Herodes, en un diabólico esfuerzo por destruir al niño Jesús, mandó matar a todos los niños de Belén de dos años para abajo. Pero ¿quién era Herodes? Era un gobernador romano, pues su poder derivaba de Roma, que reinaba entonces sobre todo el mundo (Lucas 2:1), y por lo tanto desempeñó un papel como actora responsable en ese acontecimiento. Además, Roma era el único gobierno terrenal que en aquel entonces *podía* verse simbolizado en la profecía, por la sencilla razón de que su dominio era universal. Tienen pues los comentadores protestantes en general razones concluyentes para considerar que el Imperio Romano es el poder indicado por el gran dragón bermejo.

Tal vez merezca mencionarse el hecho de que durante el segundo siglo, el tercero, el cuarto y el quinto de la era cristiana, el dragón era, después del águila, la principal enseña de las legiones romanas. Ese dragón se pintaba en rojo, como para corresponder fielmente al cuadro presentado por el vidente de Patmos y proclamar: Roma es la nación representada aquí.

Como lo hemos visto. Roma intentó destruir a Jesucristo por la maquinación infernal de Herodes. El niño nacido a la iglesia que esperaba y velaba, era nuestro Redentor adorable, que pronto ha de regir las naciones con vara de hierro. Herodes no pudo destruirlo. Todas las potencias combinadas de la tierra y del infierno no pudieron vencerlo. Aunque la tumba lo tuvo un momento en su poder, rompió sus crueles ligaduras, abrió un camino de vida para la humanidad, y fué arrebatado a Dios y su trono. Ascendió al cielo a la vista de sus discípulos, dejándoles a ellos y a nosotros la promesa de que volverá.

La iglesia huyó al desierto cuando el papado quedó firmemente establecido en 538, y allí fué sustentada por la palabra de Dios y el ministerio de los ángeles durante la larga, sombría y sangrienta dominación de aquel poder durante 1.260 años.

***VERS. 7-12**: Y fué hecha una grande batalla en el cielo: Miguel y sus ángeles lidiaban contra el dragón; y lidiaba el dragón y sus ángeles, y no prevalecieron, ni su lugar fué más hallado en el cielo. Y fué lanzado fuera aquel gran dragón, la serpiente antigua, que se llama Diablo y Satanás, el cual engaña a todo el mundo; fué arrojado en tierra, y sus ángeles fueron arrojados con él. Y oí una grande voz en el cielo que decía: Ahora ha venido la salvación, y la virtud, y el reino de nuestro Dios, y el poder de su Cristo; porque el acusador de nuestros hermanos ha sido arrojado, el cual los acusaba delante de nuestro Dios día y noche. Y ellos le han vencido por la sangre del Cordero, y por la palabra de su testimonio; y no han amado sus vidas hasta la muerte. Por lo cual alegraos, cielos, y los que moráis en ellos. ¡Ay de los moradores de la tierra y del mar! porque el diablo ha descendido a vosotros, teniendo grande ira, sabiendo que tiene poco tiempo.*

Guerra en el cielo—Los primeros seis versículos de este capítulo, como se ha visto, nos llevan al fin de los 1.260 años en 1798, fecha que señaló el fin de la supremacía papal. En el vers. 7, es igualmente claro que se nos hace retroceder a siglos anteriores. ¿Hasta dónde? Al tiempo introducido en el comienzo del capítulo, es decir al momento del primer advenimiento, cuando con ingenio infernal Satanás, obrando por medio del poder de la Roma pagana, procuraba matar al Salvador de los hombres; y aún más atrás, al mismo comienzo de la gran controversia entre la verdad y la iniquidad, cuando en el cielo mismo Miguel (Cristo) y sus ángeles peleaban contra el dragón (Satanás) y sus ángeles. Para obtener pruebas de que Miguel es Cristo, véase Judas 9; 1 Tesalonicenses 4:16; Juan 5:28, 29.

"No prevalecieron"—Gracias a Dios porque en ese antiquísimo conflicto el engañador supremo fué derrotado. Como "Lucero, hijo de la mañana," con envidia y odio en su corazón, acaudilló presuntuosamente a una hueste de ángeles desafectos en una rebelión contra el gobierno de Dios. Pero la Escritura dice que "no prevalecieron," "fué arrojado en tierra, y sus ángeles fueron arrojados con él."

Siglos más tarde, cuando Cristo vino por primera vez a la tierra, "aquel gran dragón, la serpiente antigua, que se llama Diablo y Satanás," hizo un esfuerzo supremo bajo el disfraz del gran dragón bermejo, que representaba a Roma pagana, para destruir al Redentor del mundo. Satanás estaba aguardando la misión de Cristo en la tierra como su última oportunidad de tener éxito en la destrucción del plan de salvación. Se presentó a Cristo con tentaciones capciosas y con la esperanza de vencerle. Procuró de diversas maneras hacer dar muerte a Cristo durante su ministerio. Cuando hubo logrado ponerlo en la tumba, procuró con maligna alegría retenerlo en ella. Pero el Hijo de Dios salió triunfante de cada encuentro; y transmite esta misericordiosa promesa a sus fieles discípulos: "Al que venciere, yo le daré que se siente conmigo en mi trono; así *como yo he vencido, y me he sentado con mi Padre en su trono*." (Apocalipsis 3:21.) Esto nos demuestra que Jesús sostuvo una guerra mientras estaba en la tierra, y obtuvo la victoria. Satanás vió fracasar su último esfuerzo y su última maquinación. Se había jactado de que vencería al Hijo de Dios cuando viniera a cumplir su misión en este mundo, y así haría fracasar ignominiosamente el plan de salvación. Bien sabía que si se lo frustraba en su último esfuerzo desesperado de estorbar la obra de Dios, perdería su última esperanza y cuanto pudiese tener. De acuerdo con el vers. 8, no prevaleció, y por esto puede cantarse: "Por lo cual alegraos, cielos, y los que moráis en ellos."

Su lugar no fué mas hallado en el cielo.--Satanás y los ángeles caídos habían sufrido una terrible derrota, que Cristo describe así: "Yo veía a Satanás, como un rayo, que caía del cielo." (Lucas 10:18.) Y Pedro nos dice que a aquellos ángeles caídos Dios "con cadenas de obscuridad, los entregó para ser reservados al juicio." (2 Pedro 2:4.)

Para siempre pereció la esperanza que durante largo tiempo acarició, de vencer al Hijo del hombre cuando asumiese nuestra naturaleza. Su poder quedó limitado. No pudo ya aspirar a un encuentro personal con el Hijo de Dios, pues Cristo le había vencido. De entonces en adelante la iglesia (la mujer) es objeto de su malicia, y recurre a todos los medios nefandos que iban a caracterizar su ira contra ella.

Pero se oye cantar en el cielo: "Ahora *ha* venido la salvación." ¿Cómo es esto, si estas escenas pertenecen al pasado? ¿Habían venido ya la salvación, la fortaleza y el reino de Dios, y el poder de su Cristo? De ninguna manera; sino que este canto se entonaba con miras al futuro. Aquellas cosas estaban aseguradas. Había sido ganada por Cristo la gran victoria que decidía para siempre la cuestión de su establecimiento.

El profeta echa luego un rápido vistazo a la obra de Satanás desde su tiempo hasta el fin (vers. 11, 12), o sea el plazo durante el cual los fieles "hermanos" vencen por la sangre del Cordero y la palabra de su testimonio, mientras que la ira del enemigo se intensifica a medida que se va acortando el tiempo que le queda.

Fué Satanás quien indujo a Herodes a dar muerte al Salvador. Pero el agente principal que empleo el jefe de los rebeldes para guerrear contra Cristo y su pueblo durante los primeros siglos de la era cristiana fué el Imperio Romano, cuya religión dominante era el paganismo. De modo que, si bien el dragón representa primordialmente a Satanás, simboliza en un sentido secundario a la Roma pagana.

VERS. 13-17: *Y cuando vió el dragón que él había sido arrojado a la tierra, persiguió a la mujer que había parido al hijo varón. Y fueron dadas a la mujer dos alas de grande águila, para que de la presencia de la serpiente volase al desierto, a su lugar, donde es mantenida por un tiempo, y tiempos, y la mitad de un tiempo. Y la serpiente echó de su boca tras la mujer agua como un río, a fin de hacer que fuese arrebatada del río. Y la tierra ayudó a la mujer, y la tierra abrió su boca, y sorbió el río que había echado el dragón de su boca. Entonces el dragón fué airado contra la mujer; y se fué a hacer guerra contra los otros de la simiente de ella, los cuales guardan los mandamientos de Dios, y tienen el testimonio de Jesucristo.*

La iglesia en el desierto—Aquí se nos hace regresar una vez más al tiempo en que Satanás comprendió plenamente que había fracasado en sus tentativas contra el Señor de gloria mientras éste cumplía su misión terrenal. Entonces se volvió con furia decuplicada, como se ha notado ya, contra la iglesia que Cristo había establecido. Vemos luego a la iglesia en la condición que aquí se describe como una huída "al desierto." Ella debe denotar un estado de aislamiento de las miradas públicas, y un ocultamiento de delante de sus enemigos. Aquella iglesia que durante toda la Edad Media lanzó como con trompeta sus órdenes a la cristiandad y ostentó sus vistosos estandartes ante muchedumbres asombradas, no era la iglesia de Cristo; era el cuerpo del misterio de iniquidad.

El "misterio de la piedad" fué Dios manifestado aquí como hombre; el misterio de iniquidad fué un hombre que aseveraba ser Dios. Tal fué la gran apostasía producida por la unión del paganismo con el cristianismo. La verdadera iglesia estaba escondida. Adoraba a Dios en lugares secretos.

Pueden considerarse como buenos ejemplos de esto las cavernas y los rincones ocultos de los valles del Piamonte donde la verdad del Evangelio se apreciaba como sagrada y se la substraía a la ira de sus enemigos. Allí velaba Dios sobre su iglesia, y por su providencia la protegía y sostenía.

Las alas de águila que se le dieron significan apropiadamente la premura con que la iglesia se vió obligada a buscar refugio cuando el hombre de pecado quedó instalado en el poder. Con este fin le fué facilitada la asistencia de Dios. Dios usa una figura parecida al describir la manera en que trató al antiguo Israel: "Vosotros visteis lo que hice a los egipcios--les dice por Moisés,--y cómo os tomé sobre alas de águilas, y os he traído a mí." (Exodo 19:4.)

La mención del plazo durante el cual la mujer es mantenida en el desierto, "un tiempo, y tiempos, y la mitad de un tiempo," en una frase similar a la usada en Daniel 7:25, nos proporciona la clave para explicar este último pasaje. El mismo plazo se llama en Apocalipsis 12:6, "mil doscientos y sesenta días." Esto demuestra que un "tiempo" es un año, 360 días; dos "tiempos," dos años, o 720 días; y "la mitad de un tiempo," medio año, o 180 días, lo cual da un total de 1.260 días. Como son días simbólicos, significan 1.260 años literales.

La serpiente arrojó de su boca agua como un río para arrebatar la iglesia. Por sus falsas doctrinas el papado había corrompido y avasallado todas las naciones, de modo que pudo ejercer un control absoluto del poder civil durante largos siglos. Por su medio Satanás podía lanzar la poderosa inundación de la persecución contra la iglesia en todas direcciones, y no tardó en hacerlo. (Véase, en las observaciones sobre Daniel 7:25, lo dicho con referencia a las terribles persecuciones que sufrió la iglesia.) Millones de creyentes fieles fueron arrebatados por el río, pero la iglesia no fué completamente absorbida, pues los días fueron acortados por causa de los escogidos. (Mateo 24:22.)

"La tierra ayudó a la mujer" abriendo su boca y sorbiendo el río. La Reforma protestante del siglo XVI inició su obra. Dios suscitó a Martín Lutero y sus colaboradores para que expusieran el verdadero carácter del papado y quebrantasen el hechizo con que la superstición había esclavizado las mentes. Lutero clavó sus tesis en la puerta de la iglesia de Wittenberg; y la pluma con que las escribió, según el sueño simbólico del buen elector Federico de Sajonia, cruzó en verdad el continente, e hizo tambalear la triple tiara en la cabeza del papa. Los príncipes empezaron a abrazar la causa de los reformadores. Fué el amanecer de la luz y la libertad religiosa, y Dios no iba a permitir que las tinieblas absorbiesen su brillo.

El hechizo quedó quebrado. Los hombres descubrieron que las bulas y los anatemas del papa caían impotentes a sus pies tan pronto como se atrevían a ejercer el derecho que Dios les diera de regir sus conciencias por su Palabra solamente. Los defensores de la verdadera fe se multiplicaron. Pronto hubo bastante suelo protestante en Europa y el Nuevo Mundo para sorber el río de la furia papal y quitarle su poder de dañar a la iglesia. Así ayudó la tierra a la mujer y ha continuado ayudándole hasta ahora, puesto que las principales naciones de la cristiandad han venido fomentando el espíritu de la Reforma y la libertad religiosa.

Guerrea contra el remanente—Pero el dragón no ha terminado su obra. El vers. 17 nos presenta un estallido final de su ira, esta vez contra la última generación de creyentes que viva en la tierra. Decimos la última generación porque la guerra del dragón se dirige "contra el residuo de su simiente [de la mujer]" (V.M.), o sea de la verdadera iglesia, y ninguna generación sino la última podría describirse con verdad como el residuo. Si es correcto opinar que ya hemos llegado a la generación que ha de presenciar las escenas finales de la historia terrenal, esta guerra contra la verdad no puede estar muy lejos en el futuro.

Caracteriza a este residuo el hecho de que guarda los mandamientos de Dios y tiene el testimonio de Jesucristo. Esto indica que en los postreros días iba a realizarse una reforma relativa al día de reposo, porque solamente acerca de él hay diferencia de fe y práctica en lo referente a los mandamientos entre los que aceptan el Decálogo como la ley moral. Esto se recalca más particularmente en el mensaje de Apocalipsis 14:9-12.

Notas del Capítulo 12:

[1] Felipe Smith, "History of the World," torno 3, pág. 181.

Capítulo 13—La Lucha Secular por la Libertad Religiosa

VERS. 1-4: *Y yo me paré sobre la arena del mar, y vi una bestia subir del mar, que tenía siete cabezas y diez cuernos; y sobre sus cuernos diez diademas; y sobre las cabezas de ella nombres de blasfemia. Y la bestia que vi, era semejante a un leopardo, y sus pies como de oso, y su boca como boca de león. Y el dragón le dió su poder, y su trono, y grande potestad. Y vi una de sus cabezas como herida de muerte, y la llaga de su muerte fué curada: y se maravilló toda la tierra en pos de la bestia. Y adoraron al dragón que había dado la potestad a la bestia, y adoraron a la bestia, diciendo: ¿Quién es semejante a la bestia, y quién podrá lidiar con ella?*

EL MAR simboliza "pueblos y muchedumbres y naciones y lenguas." (Apocalipsis 17:15.) En la Biblia una bestia es símbolo de una nación o potencia. A veces representa sólo al poder civil, y a veces al eclesiástico junto con el civil. Cuandoquiera que se ve surgir una bestia del mar, denota que esa potencia se levanta en un territorio densamente poblado. Si los vientos soplan sobre el mar, como en Daniel 7:2, 3, ello indica conmociones políticas, luchas civiles y revoluciones.

Mediante el dragón del capítulo anterior y la bestia que se introduce primero aquí, se nos presenta la potencia romana en su conjunto, en sus dos fases: la pagana y la papal; de ahí que estos dos símbolos tengan ambos siete cabezas y diez cuernos. (Véanse los comentarios sobre Apocalipsis 17:10.)

Como leopardo—La bestia de siete cabezas y diez cuernos, semejante a un leopardo, introducida aquí simboliza una potencia que ejerce tanto la autoridad eclesiástica como la civil. Este punto tiene suficiente importancia para justificar que se presenten algunos argumentos concluyentes para probarlo.

La cadena profética en que se presenta este símbolo empieza con Apocalipsis 12. Los símbolos de los gobiernos terrenales abarcados en la profecía son el dragón de Apocalipsis 12 y la bestia semejante a un leopardo y la bestia de dos cuernos de Apocalipsis 13. La misma cadena profética continúa evidentemente en el capítulo 14. Desde Apocalipsis 12:1 hasta Apocalipsis 14:5, tenemos, pues, una cadena profética distinta y completa en sí-Cada una de las potencias introducidas en ella nos son presentadas como fieras perseguidoras de la iglesia de Dios. La escena se inicia con la iglesia simbolizada por una mujer que aguardaba ansiosamente que se cumpliese la promesa de que la simiente de la mujer, el Señor de gloria, se manifestase entre los hombres. El dragón estaba delante de la mujer para devorar a su hijo. Su mal designio es estorbado, y el hijo es arrebatado a Dios y su trono. Sigue luego un plazo durante el cual la iglesia sufre severa opresión de parte del dragón, o la potencia que representa. En esa parte de la escena, el profeta mira ocasionalmente hacia adelante, una vez casi hasta el fin, porque todos los enemigos de la iglesia iban a ser movidos por el espíritu del dragón. En el vers. 1 de Apocalipsis 13, se nos hace retroceder al tiempo en que la bestia semejante a un leopardo, sucesora del dragón, inicia su carrera. La iglesia sufre la oposición y persecución de esa potencia durante el largo plazo de 1.260 años. Después de ese plazo de opresión, la iglesia tiene otro conflicto, breve pero intenso, con la bestia de dos cuernos. Luego llega la liberación. La profecía se cierra con la iglesia libre de todas sus persecuciones, y de pie victoriosa con el Cordero sobre el monte de Sión. ¡Gracias sean dadas a Dios por la segura promesa de una victoria final!

El único personaje que parece ser siempre el mismo en todas estas escenas, y cuya historia es el tema principal en toda la profecía, es la iglesia verdadera de Dios. Los otros personajes son sus perseguidores, y se los introduce solamente porque lo son. Aquí, como pregunta de introducción ofrecemos ésta a la consideración del lector: ¿Quién o qué es lo que persigue a la iglesia verdadera? Es una iglesia falsa o apóstata. ¿Qué es lo que siempre guerrea contra la verdadera religión? Una religión falsa. ¿Quién oyó jamás que el simple poder civil de cualquier nación que fuera haya perseguido al pueblo de Dios por su propia iniciativa? Los gobiernos pueden guerrear contra otros gobiernos para vengar algún daño real o imaginario, o para adquirir territorio y extender su poder. Pero los gobiernos no persiguen (nótese la palabra, no *persiguen*) a la gente con motivo de su religión, a menos que estén bajo el control de algún sistema religioso opuesto u hostil.

La bestia semejante a un leopardo es una potencia perseguidora—Las potencias introducidas en esta profecía: el dragón, la bestia semejante a un leopardo y la bestia de dos cuernos de los vers. 11-17, son todas potencias *perseguidoras.* Son impelidas por su enemistad contra el pueblo y la iglesia de Dios. Este hecho es en sí mismo evidencia suficientemente concluyente de que en cada una de estas potencias el elemento eclesiástico o religioso es el poder controlador.

Tomemos el dragón. ¿Qué simboliza? La respuesta es innegablemente: En primer lugar, Satanás, según se ha demostrado antes; y secundariamente, el Imperio Romano. Pero esto no basta. Nadie se conformaría con esta sola respuesta. Debe ser más definida. Por lo tanto añadimos: El Imperio Romano en su *forma pagana,* según todos deben reconocer. Pero tan pronto como decimos *pagana*, introducimos un elemento religioso, pues el paganismo es uno de los sistemas más gigantescos de religión falsa que Satanás haya ideado. Por lo tanto, el dragón es a tal punto una potencia eclesiástica que la misma característica que lo distingue es un sistema religioso falso. ¿Por qué perseguía el dragón a la iglesia de Cristo? La perseguía porque el cristianismo iba ganando terreno sobre el paganismo, deshaciendo sus supersticiones, derribando sus ídolos y desmantelando sus templos. Quedaba afectado el elemento *religioso* de aquella potencia, y la persecución era el resultado.

Llegamos ahora a la bestia semejante a un leopardo, de Apocalipsis 13. ¿Qué simboliza? La respuesta sigue siendo: El Imperio Romano. Pero el dragón simbolizaba al Imperio Romano. ¿Por qué no sigue representándolo el mismo símbolo? Porque ha habido un cambio en el *carácter religioso* del imperio. Esta bestia representa a Roma en su forma cristiana profesa. Es este *cambio de religión,* y esto solamente, lo que hace necesario un cambio de símbolo. Esta bestia difiere del dragón en esto únicamente: presenta un aspecto *religioso* diferente. De ahí que sería un error afirmar que denota simplemente el poder civil romano.

Como símbolo del papado—A esta bestia da el dragón su poder, su trono y gran autoridad. ¿Qué potencia sucedió a la Roma pagana? Todos sabemos que fué la Roma papal. Para el fin que perseguimos en este momento, no importa saber cuándo ni por qué medios se verificó este cambio. El gran hecho que se destaca y que todos reconocen, es que la siguiente fase importante del Imperio Romano, después de su forma pagana, fué la papal. No sería pues correcto decir que la Roma pagana dió su poder y su trono a una forma de gobierno meramente civil que no tenía elemento religioso alguno. Por mucho que se esfuerce la imaginación, no puede concebir semejante transacción. Pero se reconocen aquí dos fases del imperio; y en la profecía, Roma es pagana hasta que llega a ser papal. La declaración de que el dragón dió su poder y su trono a la bestia semejante a un leopardo es una evidencia adicional de que el dragón de Apocalipsis 12:3 simboliza la Roma pagana. Pero detrás de ambas potencias, se halla Satanás, quien las dirige en su impía obra.

Pero puede ser que alguien afirme que se necesita tanto la bestia semejante a un leopardo como la bestia de dos cuernos para constituir el papado, y que por esto el dragón da a estas dos potencias su poder, su trono y gran autoridad. Pero la profecía no lo dice. El dragón trata *solamente* con la bestia semejante a un leopardo. Sólo a esta bestia da su poder, su trono y gran autoridad. Esta es la bestia que resulta con una cabeza herida de muerte, que luego sana; ésta es la bestia en pos de la cual se maravilló toda la tierra; es la bestia cuya boca habla blasfemias y que oprime a los santos durante 1.260 años. Hace todo esto antes que aparezca la potencia que viene después, la bestia de dos cuernos. Por lo tanto, sólo la bestia semejante a un leopardo simboliza al Imperio Romano en su forma papal, cuya influencia controladora es eclesiástica.

Es idéntica al cuerno pequeño—Para demostrar esto más ampliamente, no tenemos más que hacer una comparación entre el cuerno pequeño de Daniel 7:8, 20, 24, 25 y esta potencia. Se verá entonces que el cuerno pequeño y la bestia semejante a un leopardo simbolizan la misma potencia. Se reconoce generalmente que el cuerno pequeño es un símbolo del papado. Pueden presentarse seis puntos por los cuales se establece su identidad:

1. El cuerno pequeño era una potencia blasfema. "Hablará palabras contra el Altísimo." (Daniel 7:25.) La bestia semejante a un leopardo, de Apocalipsis 13:6, hace lo mismo. "Abrió su boca en blasfemias contra Dios."

2. El cuerno pequeño guerreaba contra los santos y prevalecía contra ellos. (Daniel 7:21.) También la bestia de Apocalipsis 13:7 hace guerra contra los santos y los vence.

3. El cuerno pequeño tenía boca que hablaba grandezas. (Daniel 7:8, 20.) Acerca de esta bestia leemos: "Le fué dada boca que hablaba grandes cosas y blasfemias." (Apocalipsis 13:5.)

4. El cuerno pequeño se levantó al cesar la forma pagana del Imperio Romano. La bestia de Apocalipsis 13:2 surge en ese mismo tiempo; porque el dragón, o sea la Roma pagana, le da su poder, su trono y gran autoridad.

5. Se le dió al cuerno pequeño poder para subsistir un tiempo, tiempos y la mitad de un tiempo, o 1.260 años. (Daniel 7:25.) También a esta bestia se le da poder por 42 meses, o 1.260 años. (Apocalipsis 13:5.)

6. Al fin de aquel período especificado de 1.260 años, los "santos," los "tiempos" y la "ley" iban a ser librados de la "mano" del cuerno pequeño. (Daniel 7:25.) Al fin del mismo período, la bestia semejante a un leopardo había de ser llevada "en cautividad." (Apocalipsis 13:10.) Ambas especificaciones se cumplieron en el cautiverio y destierro del papa, y el derrocamiento provisorio del papado por Francia en 1798.

Estos seis puntos prueban satisfactoriamente la identidad del cuerno pequeño con la bestia semejante a un leopardo. Cuando en la profecía tenemos, como en este caso, dos símbolos que representan potencias que llegan al *mismo tiempo* al escenario, ocupan el *mismo territorio,* manifiestan el *mismo carácter,* hacen la *misma obra,* subsisten durante el *mismo lapso* y reciben la *misma suerte,* dichos símbolos representan una *misma e idéntica potencia.*

Recibió una herida mortal—La cabeza que fué herida mortalmente fué la papal. Nos impone esta conclusión el principio obvio de que cuanto se diga en la profecía acerca del símbolo de cualquier gobierno se aplica a ese gobierno tan sólo mientras lo representa aquel símbolo. Ahora bien, Roma está representada por dos símbolos: el dragón y la bestia semejante a un leopardo, porque presentó dos fases: la pagana y la papal; y cualquier cosa que se diga del dragón se aplica a

Roma pero solamente en su forma pagana, y cuanto se diga de la bestia semejante a un leopardo se aplica solamente a la forma profesadamente cristiana de Roma. Juan dice que fué una de las cabezas de esta última bestia semejante a un leopardo la que fué herida de muerte. En otras palabras, esta herida fué infligida a la forma de gobierno que existía en el Imperio Romano después que cambió del paganismo al cristianismo. Es pues evidente que la cabeza papal fué la que resultó herida de muerte y cuya herida mortal fué curada. Recibir la herida corresponde a ir en cautividad. (Apocalipsis 13:10.) Fué infligida la herida cuando el papa fué llevado prisionero por el general francés Berthier y el papado fué abolido por un tiempo en 1798. Despojado de su poder civil y eclesiástico, el papa cautivo, Pio VI, murió en el destierro en Valencia en Delfinado, Francia, el 29 de agosto de 1799. Pero la herida mortal empezó a curarse cuando el papado fué restablecido, aunque con menos poder que anteriormente, por la elección de un nuevo papa, el 14 de marzo de 1800.[1]

VERS. 5-10: *Y le fué dada boca que hablaba grandes cosas y blasfemias : y le fué dada potencia de obrar cuarenta y dos meses. Y abrió su boca en blasfemias contra Dios, para blasfemar su nombre, y su tabernáculo, y a los que moran en el cielo. Y le fué dado hacer guerra contra los santos, y vencerlos. También le fué dada potencia sobre toda tribu y pueblo y lengua y gente. Y todos los que moran en la tierra le adoraron, cuyos nombres no están escritos en el libro de la vida del Cordero, el cual fué muerto desde el principio del mundo.*

Si alguno tiene oído, oiga. El que lleva en cautividad, va en cautividad: el que a cuchillo matare, es necesario que a cuchillo sea muerto. Aquí está la paciencia y la fe de los santos.

Habla blasfemias—Esta bestia abre su boca "en blasfemias contra Dios, para blasfemar su nombre, y su tabernáculo, y a los que moran en el ciclo." Ya se ha mencionado, en los comentarios sobre el libro de Daniel, el significado de la expresión: "Y hablará grandezas contra el Altísimo." (Daniel 7:25.) En el vers. 5 de este capítulo, se emplean palabras similares, pues tenía "boca que hablaba grandes cosas," Pero se añade la palabra "blasfemias," lo cual indica evidentemente que las "grandes cosas" serían declaraciones blasfemas contra el Dios del cielo.

En los Evangelios encontramos dos indicaciones de lo que constituye una blasfemia. En Juan 10:33 leemos que los judíos acusaron falsamente a Jesús de blasfemar porque, dijeron, "Tú, siendo hombre, te haces Dios." La acusación, en el caso del Salvador, era falsa, porque era el Hijo de Dios. Era "Emmanuel, con nosotros Dios." Pero cuando el hombre asume las prerrogativas de Dios y los títulos de la divinidad, esto constituye una blasfemia.

En Lucas 5:21 encontramos a los fariseos procurando sorprender a Jesús en sus palabras. Preguntan: "¿Quién es éste que habla blasfemias? ¿Quién puede perdonar pecados sino sólo Dios?" Jesús podía perdonar las transgresiones, porque era el divino Salvador. Pero cuando un hombre mortal asevera tener tal autoridad blasfema ciertamente.

Podríamos preguntar si la potencia representada por este símbolo cumplió esta parte de la profecía. En los comentarios sobre Daniel 7:25 vimos claramente que había hablado "grandezas" contra el Dios del cielo. Observemos ahora lo que se dice acerca de cómo el sacerdocio pretende perdonar los pecados:

"El sacerdote ocupa el lugar del Salvador mismo cuando al decir: *'Ego te absolvo* [Yo te absuelvo], absuelve del pecado. . . . Para perdonar un solo pecado se requiere toda la omnipotencia de Dios. . . Pero lo que únicamente Dios puede hacer por su omnipotencia, el sacerdote puede hacerlo también diciendo:

'Ego te absolvo a peccatis tuis.' . . . Inocencio III escribió: 'En verdad, no es exagerado decir que en vista del carácter sublime de su cargo los sacerdotes son otros tantos dioses.' "[2]

Notemos aun otras declaraciones blasfemas de aquella potencia:

"Pero nuestra admiración debe ser mucho mayor cuando encontramos que en obediencia a las palabras de sus sacerdotes:

HOC EST CORPUS MEUM [Este es mi cuerpo], Dios mismo desciende al altar, acude dondequiera que le llamen, y tan a menudo como lo llamen, y se coloca en sus manos, aun cuando sean sus enemigos. Y habiendo acudido, se queda, completamente a su disposición; lo trasladan como quieren de un lugar a otro; pueden, si así lo desean, encerrarle en el tabernáculo, o exponerle sobre el altar, o llevarle fuera de la iglesia; pueden, si así lo deciden, comer su carne y darlo para alimentar a otros. '¡Oh, cuán grande es su poder!--dice San Lorenzo Justiniano, hablando de los sacerdotes.--Cae una palabra de sus labios y el cuerpo de Cristo está aquí substancialmente formado con la materia del pan, y el Verbo Encarnado descendido del cielo se halla realmente presente sobre la mesa del altar!' "[3]

"Así puede el sacerdote, en cierta manera, ser llamado creador de su Creador. . . . 'El poder del sacerdote-dice San Bernardino de Siena-es el poder de la persona divina; porque la transubstanciación del pan requiere tanto poder como la creación del mundo.' "[4]

Así es cómo esta potencia representada por la bestia blasfema contra el templo del cielo atrayendo la atención de sus súbditos hacia su propio trono y palacio en vez del tabernáculo de Dios; desviando su atención del sacrificio del Hijo de Dios al sacrificio de la misa.

Blasfema contra los que moran en el cielo asumiendo el poder de perdonar los pecados, y así desvía a los hombres de la obra mediadora de Cristo y sus asistentes celestiales en el santuario de lo alto.

El vers. 10 nos hace volver a los sucesos de 1798, cuando fué llevado en cautividad ese mismo poder cue durante 1.260 años llevó a los santos de Dios en cautividad.

VERS. 11: *Después vi otra bestia que subía de la tierra; y tenía dos cuernos semejantes a los de un cordero, mas hablaba como un dragón.*

Una bestia de dos cuernos—Este versículo presenta el tercer gran símbolo de la cadena profética que examinamos, el que podemos llamar la bestia de dos cuernos. Preguntamos a qué se aplica. El dragón, o Roma pagana, y la bestia semejante a un leopardo, o Roma papal, nos presentan grandes organizaciones representativas de dos grandes sistemas de religión falsa. La analogía parecería requerir que el símbolo restante, la bestia de dos cuernos, tenga una aplicación similar y halle su cumplimiento en alguna nación representativa de aun otro gran sistema de religión. El único sistema restante que ejerza una influencia controladora en el mundo hoy es el protestantismo. Considerado en lo abstracto, el paganismo abarca todos los países paganos, que contienen más de la mitad de la población del globo. El catolicismo, del que se puede considerar como parte integrante la religión de la iglesia griega ortodoxa, casi idéntica a él, abarca la mayoría de las naciones que componen la cristiandad. En otras profecías se nos ha delineado un cuadro del mahometismo y su influencia. (Véanse los comentarios sobre Daniel 11 y Apocalipsis 9.) Pero el protestantismo es la religión de las naciones que constituyen la vanguardia del mundo en cuanto a libertad, ilustración, progreso y poder.

Un símbolo de los Estados Unidos—Por lo tanto, si el protestantismo es la religión que debemos buscar, ¿a qué nación representativa de esa religión se aplica la profecía? Hay naciones protestantes notables en Europa; pero, por razones que se verán después, el símbolo no puede aplicárseles. Una cuidadosa investigación nos ha llevado a la conclusión de que se aplica a la América protestante, o sea los Estados Unidos de Norteamérica. Vamos a considerar cuidadosamente la razón de tal aplicación y las evidencias que la apoyan.

¿Tenemos motivos por creer que los Estados Unidos se habían de mencionar en la profecía? ¿En qué condiciones hallaron otras naciones cabida en el relato profético? En primer lugar, porque desempeñaron un papel eminente en la historia del mundo, y en segundo lugar y sobre todo, porque ejercieron jurisdicción sobre el pueblo de Dios o sostuvieron con él relaciones importantes. En los anales de la Biblia y de la historia secular, hallamos datos de los cuales podemos deducir esta regla relativa a la mención profética de los gobiernos terrenales: Una nación entra en la profecía cuando la obra y el destino del pueblo de Dios quedan definida-mente vinculados con ella. Todas estas condiciones se cumplen ciertamente en el caso de los Estados Unidos. Ha penetrado en muchos espíritus la convicción de que el nacimiento y el progreso de esa nación han sido tales que la Providencia consideró apropiado predecirlos en la profecía.

El gobernador Pownal, estadista inglés, predijo en 1780, mientras se estaba realizando la Revolución Americana, que ese país se independizaría; que lo animaría una actividad civilizadora muy superior a cuanto Europa pudiera conocer jamás; y que llegaría a todo confín del globo su poder comercial y naval. Menciona luego el probable establecimiento de ese país como potencia libre y soberana, y lo llama " "una revolución que tiene indicios más extraños de *intervención divina,* en substitución del curso común de los asuntos humanos que cualquier acontecimiento que el mundo haya experimentado.' "[5]

Jorge Alfredo Townsend, hablando de las desgracias que acompañaron a los otros gobiernos del hemisferio occidental, dice:

"La historia de los Estados Unidos quedó separada por una Providencia benéfica de esta salvaje y cruel historia del resto del continente."[6]

Consideraciones como éstas tienden a despertar en cada espíritu una sólida convicción de que la nación que nos ocupa ha de desempeñar un papel en la ejecución de los designios providenciales de Dios en este mundo, y de que debe ser mencionada en alguna parte de la palabra profética.

Cronología de esta potencia—¿En qué época de la historia de este mundo coloca la profecía el nacimiento de esta potencia? El fundamento de las conclusiones a las cuales debemos llegar ha sido puesto ya en los hechos presentados acerca de la bestia semejante a un leopardo. Había de ser cuando dicha bestia fuese llevada en cautividad, o muerta por la espada (vers. 10), o tuviese una de sus cabezas herida de muerte (vers. 3), pues entonces es cuando Juan vió que subía la bestia de dos cuernos. Si la bestia semejante a un leopardo significa el papado, como lo hemos probado concluyentemente, y su destierro en cautividad se cumplió en el derrocamiento pasajero del papado por los franceses en 1798, entonces encontramos definidamente especificado el tiempo en que hemos de buscar el nacimiento de esa potencia. La expresión "subía" debe significar que la potencia a la cual se aplica era recién organizada, y asumía entonces eminencia e influencia.

¿Puede alguno dudar de cuál era la nación que en realidad "subía" en 1798? Por cierto que es necesario admitir que los Estados Unidos son la *única* potencia que satisface las especificaciones de la profecía desde el punto de vista de la cronología.

La lucha de las colonias americanas por la independencia se inició en 1775. En 1776 se declararon nación libre e independiente. En 1777, se reunieron en Congreso, y adoptaron los artículos de su Confederación, los delegados de los trece estados originales: Nueva Hampshire, Masachusets, Rhode Island, Connecticut, Nueva York, Nueva Jersey, Pensilvania, Delaware, Maryland, Virginia, Carolina del Norte y del Sur, y Georgia. En 1783, terminó la guerra de la Independencia con un tratado de paz con Gran Bretaña, que reconocía la independencia de los Estados Unidos y les cedía más de dos millones de kilómetros cuadrados de territorio. En 1787, se elaboró la Constitución; el 26 de julio de 1788 la habían ratificado once de los trece estados originales; y entró en vigor el 1· de marzo de 1789. Los Estados Unidos se iniciaron pues con algo más de dos millones de kilómetros cuadrados de superficie y menos de cuatro millones de habitantes. Así llegamos al año 1798, cuando la nación fué introducida en la profecía.

Juan Wesley, en sus notas sobre Apocalipsis 13, escritas en 1754, dice acerca de la bestia de dos cuernos:

"Todavía no ha venido, aunque no puede estar lejos. Porque ha de aparecer al fin de los cuarenta y dos meses de la primera bestia."[7]

La edad de esta potencia—Hay en la profecía buenas evidencias de que el gobierno simbolizado por la bestia de dos cuernos se introduce durante la primera parte de su carrera; es decir, mientras es una potencia todavía *joven*. Las palabras de Juan son: "Ví otra bestia que subía de la tierra; y tenía dos cuernos *semejantes a los de un cordero.*" ¿Por qué no dice Juan simplemente: "Tenía dos cuernos"? ¿Por qué añade "semejantes a los de un cordero"? Debe ser con el fin de hacer notar el carácter de esta bestia y demostrar que no sólo se conduce en forma inocente e inofensiva, sino que era una *potencia joven;* porque los cuernos de un cordero son cuernos que apenas empezaron a crecer.

Tengamos presente que por el argumento precedente relativo a la cronología, nuestra mirada se fijó en el año 1798, cuando la potencia simbolizada era joven. ¿Qué potencia notable iba cobrando entonces importancia, pero era todavía joven? No era Inglaterra, ni Francia ni Rusia, ni ninguna otra potencia europea. Si buscamos una potencia joven que se levanta en esa época, debemos dirigir los ojos hacia el *Nuevo Mundo.* Pero tan pronto como los volvemos en esa dirección, se fijan inevitablemente en los Estados Unidos como la potencia en cuestión. Ninguna otra potencia situada al oeste del Atlántico cuadra con la descripción.

Localización de la bestia de dos cuernos—Una sola declaración de la profecía basta para llevarnos a conclusiones importantes y correctas acerca de este punto. Juan la llama "otra bestia." No es, por lo tanto, parte de la primera bestia; y la potencia que simboliza no es tampoco parte de lo que representa dicha primera bestia. Esto resulta fatal para el aserto de los que evitan la aplicación de este símbolo a los Estados Unidos diciendo que denota alguna fase del papado; porque en tal caso sería una parte de la bestia precedente, la semejante a un leopardo.

Puesto que es "otra" bestia, que "subía de la tierra," debe hallarse en algún territorio que no haya sido abarcado por otros símbolos. Babilonia y Medo-Persia abarcaban toda la parte civilizada de Asia. Grecia abarcaba la Europa oriental, inclusive Rusia. Roma, con los diez reinos en que se dividió, según lo representado por los diez dedos de los pies en la imagen de Daniel 2, los diez cuernos de la cuarta bestia de Daniel 7, los diez cuernos del dragón de Apocalipsis 12 y los diez cuernos de la bestia semejante a un leopardo de Apocalipsis 13, abarcaba toda la Europa occidental. En otras palabras, todo el hemisferio oriental conocido por la historia y la civilización queda abarcado por símbolos proféticos acerca de cuya aplicación no cabe casi la menor duda.

Pero hay en el hemisferio occidental una nación poderosa, que es, como ya lo hemos visto, digna de que se la mencione en la profecía, pero que no ha sido todavía introducida en ella. Queda también un símbolo que no ha sido aplicado. Lo han sido todos menos uno, y todas las regiones disponibles del hemisferio oriental quedan abarcadas por las aplicaciones. De todos los símbolos mencionados, queda uno solo: la bestia de dos cuernos de Apocalipsis 13. De todos los países de la tierra acerca de los cuales hay motivo de que se los mencione en la profecía, queda uno solo: los Estados Unidos de Norteamérica. ¿Representa a los Estados Unidos la bestia de dos cuernos? En caso afirmativo, todos los símbolos hallan aplicación, y queda abarcado todo el territorio. En caso negativo, los Estados Unidos no están representados en la profecía, y el símbolo de la bestia de dos cuernos no halla nación a la cual se pueda aplicar. Pero la primera de estas suposiciones no es probable, y la segunda no es posible.

Otra consideración que ayudará a localizar esta potencia proviene del hecho de que Juan la vió nacer de la tierra. Si el mar, del cual se levantó la bestia semejante a un leopardo (Apocalipsis 13:1), denota pueblos, naciones y muchedumbres (Apocalipsis 17:15), la tierra sugerirá por contraste un territorio nuevo y no ocupado antes. Si excluimos los continentes del hemisferio oriental y buscamos territorio desconocido antes para la civilización, dirigimos necesariamente nuestra atención al hemisferio occidental.

Cómo nació—La manera en que subía la bestia de dos cuernos, juntamente con su localización, su edad y su cronología, demuestra que es un símbolo de los Estados Unidos. Juan vió que la bestia "subía de la tierra." Esta expresión debe haberse usado a propósito para señalar el contraste entre el nacimiento de esta bestia y el de otros símbolos proféticos nacionales. Las cuatro bestias de Daniel 7 y la bestia semejante a un leopardo, de Apocalipsis 13, surgieron todas del mar. Generalmente, las nuevas naciones se levantan por el derrocamiento de otras y ocupan su lugar. Pero ninguna otra nación fué derribada para dar lugar a los Estados Unidos, y hacía ya quince años que habían alcanzado su independencia cuando entraron en el campo de la profecía. El profeta veía sólo un cuadro de paz.

La palabra que se usa en el vers. 11 para describir la manera en que sube esta bestia es muy expresiva. Es *anabainon,* una de cuyas definiciones principales es: "Crecer o brotar como una planta." Es un hecho notable que algunos escritores políticos, sin aludir a la profecía, han usado esa misma figura como la que expresa mejor la idea de cómo nacieron los Estados Unidos. Jorge Alfredo Townsend dice:

"En esta red de islas, las Antillas, se inició la vida de ambas Américas [del norte y del sur]. Allí vió tierra Colón; allí inició España su funesto y brillante imperio occidental; de allí partió Cortés para Méjico, de Soto para el Misisipí, Balboa para el Pacifico y Pizarro para el Perú. La historia de los Estados Unidos quedó separada por una Providencia benéfica de esta salvaje y cruel historia del resto del continente, y *como una semilla silenciosa crecimos hasta llegar a ser un imperio;* mientras que el imperio que se iniciaba en el sur, se vió azotado por tan interminable huracán que la parte de su historia que podemos averiguar es apenas la iluminada por los mismos rayos que lo devastaron. El crecimiento de la América inglesa puede compararse a una serie de cantos líricos cantados por cantores separados que, aliándose, forman al fin un coro vigoroso, y atrayendo esto a muchos de lejos, aumenta y se prolonga hasta que asume la dignidad y las proporciones de un canto épico."[8]

En la *Nation,* de Dublín, cierto escritor habló de los Estados Unidos como de un imperio admirable que *"surgiera,"* y "aumentara diariamente su poder y su pujanza *en medio del silencio de la tierra."*

En un discurso sobre los desterrados ingleses que fundaron este gobierno, dijo Eduardo Everett:

"¿Buscaron un lugar retirado, inofensivo por su obscuridad, y seguro en su alejamiento, donde la pequeña iglesia de Leyden pudiese tener libertad de conciencia? He aquí las poderosas regiones a las que, en *conquista pacífica--victoria sine clade* [victoria sin lucha]--han llevado los estandartes de la cruz."[9]

¿Quiere el lector comparar ahora estas expresiones: "Subía de la tierra," "surgiera en medio del silencio de la tierra," "como una semilla silenciosa crecimos hasta llegar a ser un imperio," "poderosas regiones" aseguradas por "conquista pacífica." La primera es la empleada por el profeta cuando dice lo que *sucedería* cuando se levantase la bestia de dos cuernos; las otras provienen de escritores políticos que explican lo que *sucedió* en la historia de los Estados Unidos de Norteamérica. ¿Puede alguno dejar de ver que las últimas tres son sinónimos exactos de la primera, y que registran un cumplimiento absoluto de la predicción?

Otra pregunta sigue naturalmente: ¿Subieron los Estados Unidos de una manera que cumpla las especificaciones de la profecía? Veamos. Poco antes de que se iniciara la Reforma en los días de Martín Lutero, hace más de cuatrocientos años, fué descubierto este hemisferio occidental. La Reforma despertó a las naciones que estaban aherrojadas en las amargas ligaduras de la superstición y la opresión, y les hizo comprender una gran verdad, a saber que el cielo da a todo hombre el derecho a adorar a Dios de acuerdo con los dictados de su propia conciencia. Pero los gobernantes no querían perder su poder, y la intolerancia religiosa continuó oprimiendo a la gente. En tales circunstancias, un cuerpo de héroes religiosos resolvió al fin buscar en los desiertos de América la medida de libertad civil y religiosa que tanto deseaban. En cumplimiento de su noble propósito cien de estos desterrados voluntarios desembarcaron del "Mayflower" en la costa de la Nueva Inglaterra el 21 de diciembre de 1620. "Allí -dice Martyn-nació la Nueva Inglaterra," y fué "su primer vagido una oración y una expresión de gracias al Señor."[10]

Otra colonia inglesa permanente se había establecido en Jamestown, Virginia, en 1607. Con el transcurso del tiempo, se establecieron y organizaron otras colonias, que permanecieron todas sujetas a la corona inglesa hasta la declaración de su independencia, el 4 de julio de 1776.

La población de estas colonias ascendía en 1701 a 262.000 almas; en 1749, a 1.046.000; en 1775, a 2.803.000.[11] Entonces se produjo la lucha por la independencia, el establecimiento de un gobierno constitucional unido y la proclamación al mundo de que todos podían hallar allí asilo contra la opresión y la intolerancia. Del Viejo Mundo acudieron los inmigrantes por millares, y aumentaron por medios pacíficos la población y la prosperidad de la nueva nación. Grandes territorios fueron comprados o adquiridos por tratado para que hubiese lugar en que instalar a todos los que viniesen. Ahora, saltando más de 150 años, para llegar al segundo cuarto del siglo XX, encontramos que el territorio de los Estados Unidos se ha expandido hasta ocupar más de ocho millones de kilómetros cuadrados, y su población se ha elevado a 140.000.000 de habitantes.

El desarrollo de los Estados Unidos en su prosperidad material e ilustración asombra al mundo, y apoya ciertamente nuestra aplicación de la profecía.

El carácter de su gobierno simbolizado—En esta división del tema encontramos evidencias adicionales de que el símbolo representa a los Estados Unidos. Al describir este poder, Juan dice que tenía "dos cuernos semejantes a los de un cordero." Los cuernos de cordero indican juventud, inocencia y mansedumbre. Como potencia recién formada, los Estados Unidos responden admirablemente al símbolo con respecto a su edad, mientras que no se puede hallar otra potencia que lo haga. Si se considera los cuernos como índice de poder y carácter, puede decidirse qué son ellos en relación con el gobierno que nos ocupa si se puede determinar cuál es el secreto de su fuerza y lo que revela su carácter o lo que profesa abiertamente. El Honorable J. A. Bingham nos da la clave de todo el asunto cuando nos dice que el objeto de los que al principio fueron en busca de las playas de Norteamérica era fundar "lo que el mundo no había visto por siglos; a saber, una iglesia sin papa y un estado sin rey." O en otras palabras, un gobierno en el que el poder eclesiástico estaría separado del civil; es decir, un gobierno caracterizado por la libertad civil y religiosa.

No se necesitan argumentos para demostrar que esto es precisamente lo que profesa el gobierno norteamericano. El inciso 4 del artículo IV de la Constitución de los Estados Unidos dice en parte: "Los Estados Unidos garantizarán a cada Estado de esta Unión una forma republicana de gobierno." Artículo VI: "Ningún examen religioso será requerido como cualidad necesaria para cualquier cargo o cometido público bajo los Estados Unidos." La primera enmienda hecha a la Constitución empieza así: "El Congreso no hará ley alguna con respecto al establecimiento de la religión o que prohiba el libre ejercicio de ella." Estos artículos ofrecen la más amplia garantía de libertad *civil y religiosa,* una separación completa y perpetua del Estado y la Iglesia. ¿Qué mejores símbolos de ellos podrían ofrecerse que los "dos cuernos semejantes a los de un cordero"? ¿En qué otro país podría encontrarse un estado de cosas capaz de representar tan completamente este rasgo del símbolo de Apocalipsis 13?

Republicanos en su forma—La bestia de dos cuernos carece notablemente de coronas en sus cuernos, pues simboliza una nación dotada de una forma republicana de gobierno. La corona es símbolo apropiado de la forma monárquica o dictatorial de gobierno, y la ausencia de coronas en este caso sugiere un gobierno cuyos poderes no residen en ningún gobernante único, sino en las manos del pueblo.

Pero ésta no es la prueba más concluyente de que la nación aquí simbolizada es republicana en su forma de gobierno. El vers. 14 nos indica que apela al pueblo cuando se trata de ejecutar alguna acción nacional: "Diciendo a los que habitan sobre la tierra, que hagan una imagen de la bestia." (V.M.) Tal es notoriamente el caso en los Estados Unidos. La Constitución sobre la cual están fundados garantiza "una forma republicana de gobierno," como se ha demostrado ya. Esto constituye otro eslabón en la cadena de evidencias de que este símbolo se aplica a los Estados Unidos de Norteamérica. No existe otro gobierno al que se pudiese aplicar razonablemente este símbolo.

Una nación protestante—La bestia de dos cuernos simboliza una nación que no puede pertenecer a la religión católica. El papado es fundamentalmente una unión de la Iglesia y el Estado. La Constitución de los Estados Unidos de Norteamérica (artículo VI) declara que "ningún examen religioso será requerido como cualidad necesaria para cualquier cargo o cometido público," y con ello establece una perpetua separación de la Iglesia y el Estado. La libertad civil y religiosa es un principio fundamental del protestantismo. Los fundadores del gran país que ha llegado a ser los Estados Unidos, por haber vivido en tiempos que les permitieron presenciar los resultados de la unión de la Iglesia con el Estado, se mostraron celosos por las libertades que consideraban y declaraban derechos de todos, y con presteza denunciaban cuanto supiese a unión de la Iglesia y el Estado. Por lo tanto, desde el punto de vista religioso, los Estados Unidos son una nación protestante y satisfacen los requerimientos de la profecía al respecto. En esto nuevamente la profecía apunta a esa nación.

Antes de entrar en la discusión de otro aspecto de este símbolo profético, séanos permitido repasar los puntos ya establecidos:

La potencia simbolizada por la bestia de los cuernos debe ser alguna nación distinta de las potencias civiles o eclesiásticas del Viejo Mundo.

Debe nacer en el hemisferio occidental.

Debe vérsela asumir eminencia e influencia hacia el año 1798.

Debe nacer en forma pacífica y silenciosa, y no aumentar su poder o territorio por guerras agresivas y conquistas, como lo hicieron otras naciones.

Su progreso debe ser tan evidente que asombre al espectador como lo haría el crecimiento perceptible de un animal ante sus ojos.

Debe ser republicana en su forma de gobierno.

Debe pertenecer a la religión protestante.

Debe presentar al mundo, como índice de su carácter y los elementos de su gobierno, dos grandes principios que son en sí mismos perfectamente justos, inocentes y semejantes a un cordero.

Debe cumplir su obra después de 1798.

Hemos visto que, acerca de todas estas especificaciones, se puede afirmar concluyentemente que se las encuentra en la historia de los Estados Unidos transcurrida hasta aquí; mientras que no las cumple otra nación alguna. Es por lo tanto imposible aplicar el símbolo de Apocalipsis 13:11 a cualquier otra nación que los Estados Unidos de Norteamérica.

Hablará como un dragón—Ahora que hemos identificado a los Estados Unidos de Norteamérica como lo potencia simbolizada por la bestia de dos cuernos, podemos rastrear sin temor ni prejuicio el curso que esa nación sigue de acuerdo a lo trazado claramente en la profecía misma. Al hacerlo, observemos una vez más que el dragón, o primer símbolo presentado en la cadena profética que consideramos, perseguía implacablemente a la iglesia de Dios. La bestia semejante a un leopardo que lo seguía era igualmente una potencia perseguidora, pues quitó la vida a millones de creyentes durante un período de 1.260 años. Cuando llegamos a la tercera bestia, que tenía (los cuernos semejantes a los de un cordero, se declara que "hablaba como un dragón." Esto no puede sino significar que en algún momento su naturaleza cambia de la de un cordero a la de un dragón, de modo que habla como un dragón y obra como había obrado el dragón antes de ella.

Permítasenos decir en relación con esto que nos resulta doloroso ver que una nación nacida tan pacíficamente y consagrada a principios de gobierno tan nobles llegará a asumir la naturaleza de las bestias que la precedieron y, al hacerlo, se rebajará hasta perseguir al pueblo de Dios. Pero no nos queda otro remedio que dejarnos guiar en nuestro estudio por el bosquejo divinamente inspirado que nos ha dado la profecía. Puesto que los Estados Unidos son la potencia representada por el símbolo que habla como un dragón, se deduce que habrán de promulgar leyes injustas y opresivas contra la fe religiosa y práctica de sus ciudadanos al punto de merecer el nombre de potencia perseguidora.

VERS. 12: *Y ejerce todo el poder de la primera bestia en presencia de ella; y hace a la tierra y a los moradores de ella adorar la primera bestia, cuya llaga de muerte fué curada.*

Ejercerá un poder perseguidor—No sólo habla esa nación como un dragón, sino que se declara también que "ejerce todo el poder de la primera bestia en presencia de ella." Si echamos una mirada retrospectiva, descubrimos que la primera bestia es la semejante a un leopardo, símbolo del papado. La única conclusión que se puede sacar es que una nación llamada protestante ejercerá el poder perseguidor del papado, y llegará a ser, por lo tanto, seudoprotestante, es decir el "falso profeta" mencionado en Apocalipsis 19:20 y explicado bajo el siguiente encabezamiento.

Esa potencia ejerce ese poder obligando a la gente que se halla bajo su jurisdicción a "adorar la primera bestia," el papado. La palabra griega traducida por "adorar" aquí es muy significativa. Viene del verbo sencillo *kuneo*, "yo beso," con una preposición que indica que el beso se dirige hacia alguien, en este caso el papado, o su cabeza titular, e! papa. Se traduce comúnmente por "rendir homenaje, postrarse ante," según lo emplea la Versión de los Setenta en el decreto de Nabucodonosor a todos los "pueblos, naciones, y lenguas," que les ordenaba: "Os postraréis y *adoraréis* la estatua de oro" levantada por el rey Nabucodonosor en la llanura de Dura. (Daniel 3:4, 5.) Esta adoración debe significar que las gentes se someten a la autoridad y decreto de las personas a quienes tributan homenaje. Tal es el cuadro que se presenta en la profecía con respecto a la adoración tributada al papado por un pueblo llamado protestante.

VERS. 13, 14: *Y hace grandes señales, de tal manera que aun hace descender fuego del cielo a la tierra delante de los hombres. Y engaña a los moradores de la tierra por las señales que le ha sido dado hacer en presencia de la bestia, mandando a los moradores de la tierra que hagan la imagen de la bestia que tiene la herida de cuchillo, y vivió.*

"Hace grandes señales"—En aquella parte de la predicción que presenta la obra de la bestia de dos cuernos, leemos que "hace grandes señales, de tal manera que aun hace descender fuego del cielo a la tierra delante de los hombres." En esta especificación tenemos una prueba adicional de que los Estados Unidos son la potencia representada por la bestia de dos cuernos. Nadie negará que estamos viviendo en un siglo de maravillas. Referiremos el lector a nuestras observaciones sobre Daniel 12:4 acerca de las hazañas asombrosas de nuestra época y acerca de algunas ilustraciones de los grandes triunfos de la inventiva y la investigación científica.

Pero la profecía no se cumple con el gran adelanto del conocimiento, ni en los notables descubrimientos e inventos modernos. Porque las señales a las cuales se refiere el profeta se realizan evidentemente con el propósito de engañar a la gente, pues leemos en el vers. 14: "Engaña a los moradores de la tierra por las señales que le ha sido dado hacer en presencia de la bestia."

Debemos determinar ahora por qué medios se realizan los milagros en cuestión, porque en Apocalipsis 16:13, 14, se alude a "espíritus de demonios, que hacen señales, para ir a los reyes de la tierra y de todo el mundo."

Al predecir los acontecimientos que se producirían precisamente antes de su segunda venida, el Salvador dice: "Se levantarán falsos Cristos, y falsos profetas, y darán señales grandes y prodigios; de tal manera que engañarán, si es posible, aun a los escogidos." (Mateo 24:24.) En este pasaje se predicen, pues, señales que se realizarían con fines de engaño tan poderosos que, de ser posible, hasta los escogidos quedarían seducidos por ellas.

De manera que aquí (como en muchos otros lugares) se predice que en los postreros días se desarrollaría una potencia obradora de prodigios, y que se manifestaría en forma sorprendente y sin parangón para propagar la mentira y el error. Los "espíritus de demonios" saldrían a "todo el mundo," pero la nación con la cual esto se halla relacionado en forma especial en Apocalipsis 13 es la representada por la bestia de dos cuernos, o falso profeta. Debemos concluir, por lo tanto, que la profecía indica que se realizará una obra tal en los Estados Unidos. ¿Notamos algo por el estilo hoy?

Entre todas las clases de la sociedad existe la muy difundida creencia y enseñanza de que cuando un ser humano muere y su cuerpo baja a la tumba, se desprende de él, para ir al lugar de su recompensa o castigo, un "espíritu" o "alma" inmortal. Esta creencia le induce a uno naturalmente a preguntar: "Si los espíritus desencarnados están vivos, ¿por qué no podrían comunicarse con nosotros?" Son millares los que creen que pueden hacerlo y que lo hacen, y son también numerosos los que aseveran recibir comunicaciones de sus amigos difuntos.

Pero la Biblia, en los términos más explícitos, nos asegura que los muertos están completamente inactivos e inconscientes hasta la resurrección; que los muertos nada saben (Eclesiastés 9:5); que en ellos cesó toda operación de la mente (Salmo 146:4); que se ha suspendido toda emoción del corazón (Eclesiastés 9:6); y que no hay obra, pensamiento, conocimiento ni sabiduría en el sepulcro donde yacen (Eclesiastés 9:10). Por lo tanto, cualquier ser o espíritu que llegue a nosotros profesando ser uno de nuestros amigos difuntos, asevera algo que la palabra de Dios declara imposible. Que nuestros amigos o parientes difuntos no vuelven a nosotros queda demostrado en 2 Samuel 12:23, donde David dice acerca de su hijito muerto: "Ya es muerto.... Yo voy a él, mas él no volverá a mí." Cualquier ser o espíritu que viene así a nosotros no puede ser un ángel bueno, porque los ángeles de Dios no mienten. Los espíritus de demonios sí mienten, pues en esto ha consistido su obra desde que su caudillo enunció en el Edén la primera mentira acerca de la muerte: "No moriréis," cuando el Señor había dicho claramente a Adán: "Morirás." (Génesis 3:4; 2:17.)

Donde nació el espiritismo—El espiritismo moderno responde también a la profecía en el hecho de que tuvo su origen en los Estados Unidos y sus prodigios se relacionan con la obra de la bestia de dos cuernos. Empezando en Hydesville, estado de Nueva York, en la familia de Juan D. Fox a fines de marzo de 1848, se difundió con rapidez increíble por todos los países del mundo.

Estas supuestas revelaciones ocasionaron mucha agitación, y algunas personas eminentes se pusieron a investigar el "engaño de los golpes," como se llamaban conmúnmente los fenómenos espiritistas. Desde entonces el espiritismo ha sido en el mundo moderno una fuerza que ha ido creciendo constantemente. Es difícil determinar el número de sus adeptos, porque muchísimos de los que creen y practican sus enseñanzas declaran no pertenecer a denominación alguna; pero por otro lado muchos de los que siguen perteneciendo a diferentes organizaciones religiosas intentan, sin embargo, comunicarse con los muertos. Se ha calculado que hay 16.000.000 de espiritistas en Norteamérica; y en el mundo entero, si incluímos los adherentes a las religiones paganas en las cuales el espiritismo desempeña un papel muy importante, alcanzarán un total que asciende sin duda a centenares de millones.

Como observó sir Arturo Conan Doyle hace algunos años:

"Las humildes manifestaciones de Hydesville han madurado y producido resultados que han atraído al grupo más selecto de intelectos de este país durante los últimos veinte años, y que en mi opinión están destinados a producir el mayor desarrollo de la experiencia humana que el mundo haya visto jamás."[12] "Si una opinión tal del cristianismo fuese generalmente aceptada, y fuese reforzada por la seguridad y demostración de la nueva revelación que, según creo, nos llega del más allá, me parece que tendríamos. un credo que podría unir a las iglesias, estar reconciliado con la ciencia, desafiar todos los ataques y sostener la fe cristiana por un tiempo indefinido."[13]

Enseñanzas del espiritismo—Pero las doctrinas que enseñan los espiritistas contradicen ciertamente la palabra de Dios. Acerca de su actitud hacia la Biblia, nótese el siguiente párrafo:

"No deseamos ocultar el hecho sencillo de que hay algunas partes de la Biblia que no se amalgaman con nuestra enseñanza, pues son, en verdad, la mezcla de error que llegó por intermedio de la mente del médium escogido."[14] "En ningún caso son los libros en su condición actual la obra del autor a quien son atribuídos. Son la compilación de Esdras y sus escribas, y no hacen sino incorporar los conceptos y las leyendas de la época.... Mencionamos esto para evitar en seguida la necesidad de contestar a cualesquiera pasajes de esos libros que se puedan citar como argumento."[15]

Leamos ahora lo que piensan de Cristo los espiritistas:

"Ellos [los espíritus] testifican también que Jesucristo no tiene nada que ver con la cuestión de la vida y la muerte, y nada saben ellos de la 'mediación de nuestro Salvador Jesucristo.'"[16]

Tampoco tiene cabida en el credo del espiritismo el segundo advenimiento de nuestro Señor y Salvador Jesucristo:

"Jesucristo está ahora ordenando sus planes para recoger a su pueblo, para revelar mejor la verdad y purificar las creencias erróneas que se han acumulado en lo pasado. He oído algo de esto de otras fuentes. ¿Es esto entonces el regreso de Cristo? Es el retorno espiritual. No habrá retorno físico como lo soñó el hombre. Tal será su regreso a su pueblo, por la voz de sus mensajeros hablando a aquellos cuyos oídos están abiertos."[17]

Los fenómenos del espiritismo—¡Cuán significativas son estas palabras! Siglos ha, el vidente de Patmos declaró que en los Estados Unidos se levantaría una potencia que haría "grandes señales," y he aquí que se presenta el espiritismo aseverando hacer estas mismas cosas.

El espiritismo responde con exactitud a la profecía en la manifestación de grandes señales y prodigios. Entre las cosas que ha realizado pueden notarse las siguientes: Diversos objetos transportados de un lugar a otro por los espíritus; hermosa música producida sin intervención humana, con o sin la ayuda de instrumentos visibles; numerosos casos bien atestiguados de curación;

personas transportadas por los espíritus en el aire en presencia de espectadores; levitación de mesas que quedaban luego en suspenso en el aire con varias personas encima; espíritus que se han presentado en forma corporal y han hablado con voz audible.

La potencia representada en esta profecía ha de hacer "descender fuego del cielo a la tierra delante de los hombres." Pero esto, como las otras manifestaciones de su poder, tiene por fin engañar a "los moradores de la tierra." Los milagros son realizados por los "espíritus de demonios." (Apocalipsis 16:14.) Y muchas son las amonestaciones que da la palabra de Dios contra el entablar relaciones con los malos espíritus. En tiempos de la iglesia primitiva fueron dirigidas solemnes advertencias a la iglesia de Dios: "Empero el Espíritu dice manifiestamente, que en los venideros tiempos algunos apostatarán de la fe, escuchando a espíritus de error y a doctrinas de demonios." (1 Timoteo 4:1.) El consejo que Dios da a su pueblo en estos postreros días es: "Si os dijeren: Preguntad a los pythones y a los adivinos, que susurran hablando, responded: ¿No consultará el pueblo a su Dios? ¿Apelará por los vivos a los muertos? ¡A la ley y al testimonio! Si no dijeren conforme a esto, es porque no les ha amanecido." (Isaías 8:19, 20.)

VERS. 15-17: *Y le fué dado que diese espíritu a la imagen de la bestia, para que la imagen de la bestia hable; y hará que cualesquiera que no adoraren la imagen de la bestia sean muertos. Y hacía que a todos, a los pequeños y grandes, ricos y pobres, libres y siervos, se pusiese una marca en su mano derecha, o en sus frentes: y que ninguno pudiese comprar o vender, sino el que tuviera la señal, o el nombre de la bestia, o el número de su nombre.*

Crea una imagen de la bestia—Estrechamente relacionada con la realización de milagros va la erección de una imagen de la bestia. El profeta vincula así las dos cosas en el vers. 14: "Y engaña a los moradores de la tierra por las señales que le ha sido dado hacer en presencia de la bestia, mandando a los moradores de la tierra que hagan la imagen de la bestia que tiene la herida de cuchillo, y vivió." El engaño realizado por los milagros prepara el camino para que se cumpla la exigencia de que se haga una imagen de la bestia.

Para comprender lo que constituiría una imagen de la bestia papal, debemos obtener primero alguna idea definida de lo que constituye el papado mismo. El pleno desarrollo de la bestia, o el establecimiento de la supremacía papal, data de la famosa carta de Justiniano, que entró en vigor en 538 y constituyó al papa cabeza de la iglesia y corrector de herejes. El papado era una iglesia investida de poder civil, un cuerpo eclesiástico que tenía autoridad para castigar a todos los disidentes con la confiscación de sus bienes, el encarcelamiento, la tortura y la muerte. ¿Qué sería una imagen de la bestia? Otro establecimiento eclesiástico investido de poder civil; en otras palabras, una unión de la Iglesia y el Estado. ¿Cómo podría formarse una imagen tal en los Estados Unidos? Invístase a las iglesias protestantes de poder para definir y castigar la herejía, imponer sus dogmas so pena de castigos impuestos por la ley civil, y podremos preguntar si no tendríamos una reproducción exacta de lo que fué el papado durante su supremacía.

Por cierto, que la tendríamos. Pero ¿es posible esta eventualidad en un país cuyas piedras fundamentales son la libertad civil y la libertad religiosa, y donde el derecho de cada uno a "la vida, la libertad y la búsqueda de la felicidad" ha sido reconocido sin disputa a través de los años? Vamos a examinar las evidencias.

Una nación fundada en la libertad—La mano de Dios acompañó a los hombres nobles y temerosos de Dios que echaron los fundamentos de la nueva nación. Dijo el Honorable Enrique D. Estabrook, hablando ante la Asociación de Abogados de Connecticut: "En este gran continente, que Dios había mantenido oculto en un pequeño mundo, aquí, con un nuevo cielo y una nueva tierra, donde habían pasado las cosas viejas, vino gente de muchas naciones, de diversas necesidades y credos variados, pero unida de corazón, alma y espíritu por un mismo propósito, y edificó un altar a la libertad, el primero que se construyera jamás o que se pudiera construir, y lo llamó: La Constitución de los Estados Unidos."[18]

Esto fué en 1787. El profeta vió que hacia 1798 subiría de la tierra la bestia semejante a un cordero. No se trataba, por cierto, de una coincidencia. Jorge Washington, el primer presidente de los Estados Unidos, dijo en su discurso de inauguración:

"Ningún pueblo puede sentirse más obligado que el de los Estados Unidos a reconocer y adorar la Mano Invisible que dirige los asuntos de los hombres. Cada paso que haya dado hacia adelante para obtener el carácter de nación independiente parece haber sido distinguido por alguna muestra de actuación providencial."[19]

En su respuesta a este discurso notable, el senado declaró: "Cuando contemplamos la coincidencia de circunstancias y la maravillosa combinación de causas que prepararon gradualmente al pueblo de este país para la independencia; cuando contemplamos el origen, el progreso y la terminación de la guerra reciente, que le dió un nombre entre las naciones de la tierra; nos sentimos, con Vd., inducidos inevitablemente a reconocer y adorar al gran Arbitro del universo, por quien los imperios se levantan y caen."[20]

La lucha contra la tiranía religiosa—Aquellos hombres no eran solamente piadosos, sino sabios y previsores. Cuando ciertos grupos religiosos pidieron que "el reconocimiento explícito del único Dios verdadero y de Jesucristo" se incluyese en la Constitución, lo pedido fué negado. Al escribir acerca del incidente, dijo Tomás Jefferson: "La inserción fué rechazada por una gran mayoría, en prueba de que quería abarcar con el manto de su protección al judío y al gentil, al cristiano y al mahometano, al hindú y al infiel de toda denominación."[21]

El 18 de febrero de 1874, la Comisión de Asuntos Judiciales de la Cámara dió este informe en respuesta a una petición similar;

"Como este país, de cuyo gobierno estaban echando el fundamento entonces, había de ser patria de los oprimidos de todas las naciones de la tierra, fuesen cristianos o paganos, y comprendiendo plenamente los peligros que la unión entre la Iglesia y el Estado había impuesto a tantas naciones del Viejo Mundo, con gran unanimidad [acordaron] que no convenía poner en la Constitución o la forma de gobierno algo que pudiese interpretarse como refiriéndose a cualquier credo religioso o doctrina."[22]

La historia atestigua el hecho de que estos grandes hombres que echaron las piedras fundamentales sobre las cuales se erigieron los Estados Unidos miraron hacia adelante con visión casi profética y distinguieron los peligros que la libertad personal habría de arrostrar un día en el país. Sus temores fueron bien expresados por Tomás Jefferson: "El espíritu de los tiempos puede alterarse, y se alterará. Nuestros gobernantes se volverán corrompidos, nuestro pueblo negligente. Un solo celador puede iniciar la persecución y hombres mejores que él ser sus víctimas. Nunca se podrá repetir demasiado que el momento de fijar todo derecho esencial sobre una base legal, es mientras nuestros gobernantes son honrados y nosotros mismos unidos. Desde la conclusión de esta guerra iremos cuesta abajo. No será entonces necesario recurrir a cada momento al pueblo para tener apoyo. Por lo tanto, se le olvidará y se despreciarán sus derechos. El mismo lo olvidará, excepto la sola facultad de ganar dinero, y nunca pensará en unirse para obtener el debido respeto por sus derechos. Por lo tanto, las cadenas que no hagamos caer al concluir esta guerra, permanecerán mucho tiempo con nosotros, y se irán haciendo cada vez más pesadas, hasta que nuestros derechos revivan o expiren en una convulsión."[23]

El 4 de julio de 1788, pronunció un discurso el juez Santiago Wilson, quien señaló en él cómo ya estaban obrando los enemigos de la libertad. Dijo: "Los enemigos de la libertad son astutos e insidiosos. Una falsificación le roba fa la libertad] su vestidura, imita sus modales, copia su firma, toma su nombre. Pero el verdadero nombre de la engañadora es licencia.' Tal es su descaro, que acusa a la libertad de impostora; y con audacia desvergonzada insistirá en que ella sola es el personaje verdadero, y que ella sola tiene derecho al respeto que dicho personaje merece. Para los que estén mareados y no tengan discernimiento, que se dejen impresionar más profundamente por la impudencia que por el mérito modesto, sus asertos tienen con frecuencia éxito. Ella recibe los honores de la libertad, y la libertad misma es tratada como traidora y usurpadora. Pero generalmente, esa osada impostora desempeña sólo un papel secundario. Aunque ella sola aparece en el escenario, sus movimientos son regidos por la obscura ambición, que se queda sentada oculta detrás del telón, y sabe que el despotismo, su otro favorito, puede siempre seguir al éxito de la licencia. Contra estos enemigos de la libertad, que actúan en concierto, aunque parecen estar en bandos opuestos, el patriota se mantendrá siempre en guardia y vigilante."[24]

Amenazados por la dominación eclesiástica—Nótese que en el panorama de los sucesos venideros que pasaron delante del profeta Juan, él presenció este mismo cambio asombroso en la naturaleza de la bestia de dos cuernos. Empezó eventualmente a hablar como un dragón y a controlar el culto de su pueblo, "mandando a los moradores de la tierra que hagan la imagen de la bestia."

La bestia "que tiene la herida de cuchillo, y vivió," es el papado. Era una iglesia que dominaba al poder civil. En otras palabras era una unión de la Iglesia y el Estado, e imponía sus dogmas religiosos por intermedio del poder civil, so pena de confiscación de los bienes, encarcelamiento y la muerte. Una imagen de la bestia sería otra organización eclesiástica investida de poder civil, otra unión de la Iglesia y el Estado para imponer por ley los dogmas religiosos.

Encontramos pruebas de que una imagen tal se ha de formar en el hecho de que ya están obrando y han estado obrando con persistencia durante años grandes organizaciones protestantes influyentes cuyo fin es establecer e imponer por la ley ciertas normas religiosas. Se llaman algunas de ellas: National Reform Association (Asociación pro Reforma Nacional), International Reform Bureau (Oficina pro Reforma Internacional), Lord's Day Alliance (Alianza pro Día del Señor), Federal Council of the Churches of Christ in America (Concilio Federal de las Iglesias de Cristo en América). Además, las sociedades católicas de los Estados Unidos, de acuerdo con su tradición secular, procuran el mismo fin. Finalmente estas dos fuerzas están destinadas a darse la mano en un esfuerzo común.

La National Reform Association confiesa que su objeto es "obtener una enmienda de la Constitución de los Estados Unidos . . . indicadora de que es una nación cristiana, y colocar todas las leyes, instituciones y usos cristianos de nuestro gobierno sobre una base innegablemente legal en la ley fundamental del país."[25]

Acerca de la cuestión de hacer de los Estados Unidos una "nación cristiana," el obispo Earl Cranston, doctor en teología de la iglesia metodista episcopal, hizo las siguientes observaciones en un discurso pronunciado en Wáshington el 13 de marzo de 1910:

"Supongamos que esta nación fuese declarada cristiana por una interpretación constitucional al efecto. ¿Qué significaría? ¿Cuál de las dos definiciones contendientes del cristianismo sería la indicada por la palabra 'cristiana'? Por supuesto, la idea protestante; porque bajo nuestro sistema las mayorías gobiernan, y la mayoría de los estadounidenses son protestantes. Muy bien. Pero supongamos que por la adición de ciertos territorios contiguos con doce millones o más de católicos, la anexión de algunas islas más con otros seis millones, y la misma proporción de inmigrantes que ahora, llegasen los católicos a ser la mayoría dentro de algunos años, ¿quién duda por un momento de que el papa reinante asumiría el control de la legislación y del gobierno? Diría, con toda confianza y lógica: Esta es una nación cristiana. Así se llamó desde el comienzo y se declaró hace muchos años. Una mayoría definió entonces lo que era el cristianismo, la mayoría definirá ahora lo que es el cristianismo y lo que ha de ser. Esa mayoría sería el papa."[26]

Esta asociación, organizada para realizar una así llamada "Reforma Nacional" no tiene reparos en unirse con el papado para lograr su designio de establecer una religión nacional. Declara:

"Cordial y gozosamente reconocemos el hecho de que en las repúblicas sudamericanas, en Francia y otros países europeos, los católicos romanos son los defensores reconocidos del cristianismo nacional, y se oponen a todas las propuestas tendientes a secularizarlos. . . . Siempre que estén dispuestos a cooperar para resistir al progreso del ateísmo político, les daremos gustosamente la mano. En una conferencia mundial para promover el cristianismo nacional, que debería celebrarse antes de mucho, muchos países podrían ser representados solamente por católicos romanos."[27]

¿Tomaremos ahora nota del objetivo que confiesan tener las otras organizaciones?

En una historia de la Oficina pro Reforma Internacional, la misma declara: "La Oficina pro Reforma es el primer grupo político cristiano establecido en nuestra capital nacional para hablar al gobierno en favor de todas las denominaciones."[28]

En las págs. 61 y 65 de la obra ya citada se declara que la obtención de leyes que hagan obligatoria la observancia del domingo es uno de los principales objetivos de esta y otras organizaciones similares.

Hablando ante la Comisión Judicial del Senado de los Estados Unidos contra el proyecto de la Corte Suprema, el profesor Teodoro Graebner, del Colegio de Concordia, San Luis, hizo esta observación interesante:

"Hace ya más de cincuenta años, la National Reform Association procuró . . . hacer cristiana toda educación pública y con ello hacer a Jesucristo rey de la nación. . . . El movimiento subsiste hasta hoy, y está sacando a luz una enorme cantidad de publicaciones con el fin de lograr la adopción de una enmienda cristiana."[29]

El objetivo real de esta organización es imponer la religión a la gente por una promulgación legal, obtener una ley dominical y reglamentar el cristianismo de la gente.

Un folleto publicado por la organización Lord's Day Alliance, de los Estados Unidos, nos expone su objetivo:

"(1) Preservar el día del Señor [Domingo] para los Estados Unidos; (2) obtener una alianza activa en cada estado donde no se haya organizado todavía; (3) inducir al gobierno en general hasta donde se pueda a que dé el ejemplo en la observancia del día de reposo."

Esto quiere decir obtener, hasta donde se pueda, leyes estaduales y nacionales que impongan la observancia del domingo, el mismo medio por el cual la Iglesia obtuvo el control del Estado y por el cual ambos se unieron durante el siglo IV y el V de la era cristiana.

El Concilio Federal de las Iglesias de Cristo en los Estados Unidos, que es por mucho la combinación más poderosa y representativa de las iglesias protestantes de la nación, pues aseveró en sus comienzos que representaba 18 organizaciones y 50.000.000 de miembros, al exponer las razones de su existencia declaró;

"Que las grandes organizaciones cristianas de nuestro país deben estar unidas . . . [al tratar] cuestiones como las referentes al matrimonio y el divorcio, la profanación del día de reposo, los males sociales," etc.[30]

Al definir cómo se proponía obrar con respecto a la profanación del día de reposo, el Concilio declaraba:

"Que se resista enérgicamente a todas las violaciones de los requerimientos y la santidad del día del Señor, mediante la prensa, las asociaciones y alianza pro domingo, y cuanta legislación se pueda obtener para proteger y conservar este baluarte de nuestro cristianismo americano."[31]

Se ve así que la obtención de leyes para imponer la observancia del domingo es un rasgo prominente de todas estas organizaciones en sus esfuerzos por "cristianizar" la nación. Al participar en estos esfuerzos, muchos no ven que están repudiando los principios del cristianismo, del protestantismo y del gobierno de los Estados Unidos, y se colocan directamente bajo la mano de aquel poder que creó el descanso dominical y obtuvo el control del poder civil por medio de la legislación dominical: el papado.

Este peligro fué claramente discernido por los legisladores de los Estados Unidos hace más de un siglo. En 1830, se consideraron algunos petitorios para prohibir el transporte de la correspondencia y la apertura de las oficinas de correos en domingo. Dichos petitorios habían sido referidos a la Comisión de Correos, nombrada por el Congreso. Dicha Comisión dió un informe desfavorable que fué adoptado e impreso por orden del Senado de los Estados Unidos, y la Comisión fué relevada de toda consideración ulterior sobre el asunto. Acerca de la Constitución decía:

"La Comisión buscó en vano en ese instrumento una delegación de poder que autorizase a este cuerpo para que indagara y determinara qué parte del tiempo puso aparte el Todopoderoso para los ejercicios religiosos, o aun si hizo tal cosa. . . .

"La Constitución considera la conciencia del judío tan sagrada como la del cristiano; y no da más autoridad para adoptar una medida que afecta la conciencia de una sola persona que la de toda una comunidad. El representante que quisiera violar este principio perdería su carácter de delegado y la confianza de sus constituyentes. Aun cuando el Congreso declarase santo el primer día de la semana, ello no convencería el judío o al sabatista. Los dejaría desconformes a ambos, y por consiguiente no los convertiría. . . . Si por un solemne acto de legislación se define en *un* punto la ley de Dios, o se indica al ciudadano un deber religioso, se puede con igual propiedad proceder a definir *toda* parte de la revelación divina; e imponer *toda* obligación religiosa, aun las formas y ceremonias de culto, la dotación de la iglesia y el sostén del clero.

"Los que elaboraron la Constitución reconocían el principio eterno de que la relación del hombre con su Dios está por encima de la legislación humana, y que los derechos de su conciencia son inalienables."[32]

Procuran establecer la justicia por la ley—Es una gran lástima que los dirigentes religiosos de nuestra época no sean ya igualmente sensibles a los peligros que acechan en su programa de hacer a la gente buena mediante la promulgación legal de los dogmas religiosos.

No despreciamos los nobles servicios que las iglesias protestantes han prestado a la humanidad y al mundo con la introducción y la defensa de los grandes principios del protestantismo, la propagación del Evangelio y la defensa de la causa de la libertad.

Nadie crea que deseamos echar sombras sobre el carácter de los hombres empeñados en esta empresa que consideramos Son hombres de las más altas cualidades morales, sinceramente solícitos por el bienestar de la nación, y procuran sinceramente detener y eliminar los males que aquejan la sociedad. Nadie puede dudar de que sus esfuerzos darán en muchos respectos buenos frutos. Les deseamos todo el éxito posible en su obra para fomentar la templanza, la eliminación de la guerra, la salvaguardia de la juventud y otros nobles propósitos afines. Todos los creyentes deben orar y trabajar en favor de estas cosas.

¿Por qué se dejan desviar entonces al punto de hacer algo contra lo cual la Biblia deja oír una solemne amonestación? La razón estriba en que se han apartado del consejo que Dios da en su Palabra, y están procurando establecer a su manera la justicia y el reino de Dios en la tierra. Han despreciado las porciones proféticas de la Biblia, por las cuales uno puede saber a qué etapa del conflicto entre el reino de Satanás y el de Cristo se llegó en su época, y cómo puede cooperar con la providencia de Dios para los tiempos en que vive. Han cortado su relación con el Caudillo divino y con los medios que está empleando hoy para hacer progresar su reino en la tierra. Tienen un concepto erróneo del reino venidero, y esperan un reino mezclado con elementos terrenales, que se ha de establecer por medios terrenales, como el voto, la legislación y la educación.

En tales circunstancias no es sorprendente que trabajen en forma que contraría la providencia de Dios. Es un error fatal el que se comete al no dejarse guiar por las instrucciones de la Palabra de Dios. Cuanto mayor sea el celo de una iglesia cuando se ha extraviado y sigue una conducta errónea, tanto mayor será el daño que haga.

El apóstol Pablo habla de un tiempo en que los hombres tendrán "apariencia de piedad, mas habiendo negado la eficacia de ella."

Lamentamos mucho ver a las iglesias protestantes activas en el cumplimiento de este cuadro profético. Aunque les falta el poder de Dios, conservan las formas externas del culto cristiano. Habiendo perdido el poder de Dios, recurren cada vez más al Estado para que supla lo que les falta. Toda la historia atestigua que precisamente en la proporción en que cualquier organización eclesiástica popular y abarcante pierde el espíritu y poder de Dios, solicita el apoyo del brazo civil y la religión llega finalmente a *ser* parte del Estado. Así sucederá con la formación de la imagen de la bestia, pues la profecía declara: "Le fué dado que diese espíritu a la imagen de la bestia, para que la imagen de la bestia hable; y hará que cualesquiera que no adoraren la imagen de la bestia sean muertos." (Apocalipsis 13:15.)

Si se forma una organización eclesiástica, y el gobierno la legaliza y le da poder para imponer a la gente los dogmas que las diferentes denominaciones pueden adoptar como base de unión, ¿qué tenemos? Exactamente lo que la profecía representa: una imagen de la bestia papal dotada de vida por la bestia de dos cuernos, para que hable y actúe con poder.

La marca de la bestia—La bestia de dos cuernos impone a sus súbditos la marca de la primera bestia. Han sido introducidos tres agentes en la profecía, y debemos distinguirlos cuidadosamente para evitar confusión.

La bestia papal es la potencia designada como "la bestia," la "primera bestia," "la bestia que tiene la herida de cuchillo, y vivió," y "la primera bestia cuya llaga de muerte fué curada." Estas expresiones se refieren todas a la misma potencia, y cuandoquiera que se presenten en esta profecía, se refieren exclusivamente al papado.

La bestia de dos cuernos es la potencia introducida en Apocalipsis 13:11, y en el resto de la profecía está representada por el pronombre implicado en los verbos: "Hace," "engaña," "hará," etc., hasta el vers. 17, con la posible excepción del vers. 16 donde la expresión "hacía" puede referirse a la imagen de la bestia. En los otros verbos que implican pronombre, éste se refiere invariablemente a la bestia de dos cuernos.

La imagen de la bestia se llama comúnmente, en los capítulos siguientes del Apocalipsis, "la imagen;" de manera que no hay peligro alguno de que se confunda este agente con algún otro. La actuación atribuída a la imagen consiste en hablar como un dragón e imponer la adoración de sí misma so pena de muerte. Es la única promulgación que la profecía anuncia como impuesta bajo pena de muerte.

La marca de la bestia es impuesta por la bestia de dos cuernos, directamente o por intermedio de la imagen. La pena que implica el negarse a recibir esta marca es la pérdida de lodos los privilegios sociales, la privación del derecho a comprar y vender.

La marca es la de la bestia papal. Contra esta adoración de la bestia y su imagen y la recepción de su marca, constituye el mensaje del tercer ángel de Apocalipsis 14:9-12 una amonestación solemnísima y conmovedora.

Esta es, pues, la crisis que, según esta profecía, hemos de arrostrar pronto. Ciertas organizaciones humanas, dominadas y dirigidas por el espíritu del dragón, van a ordenar a los hombres que hagan ciertas cosas que son en realidad una adoración de una potencia religiosa apóstata y la recepción de su marca. Si se niegan a ello, pierden sus derechos de ciudadanos, y llegan a ser parias en la tierra. Deben hacer algo que es un culto a la imagen de la bestia, o perder la vida. Por otro lado, Dios envía un mensaje poco antes que su pueblo arrostre esa terrible crisis, como lo veremos en las observaciones sobre Apocalipsis 14:9-12, para declarar que todo aquel que haga cualquiera de estas cosas "beberá del vino de la ira de Dios, el cual está echado puro en el cáliz de su ira." El que rehuse cumplir con las exigencias de las potencias terrenales se expone a las penas más severas que los hombres puedan infligir. El que cumpla con ellas se expone a las amenazas más terribles de la ira divina que se hallen en la palabra de Dios. La cuestión de si obedecerán a Dios o a los hombres ha de ser decidida por los habitantes del mundo en esta época, bajo la mayor presión de ambos lados que se haya hecho sentir en cualquier generación.

La adoración de la bestia y su imagen y la recepción de su marca deben ser algo que entrañe la mayor ofensa que se pueda cometer contra Dios, para merecer una denuncia tan severa. Esta es una obra que, como ya se ha demostrado, se realiza en los postreros días. Puesto que Dios nos ha dado en su Palabra abundantísima evidencia de que estamos en los postreros días y nadie necesita ser sorprendido por el día del Señor como por un ladrón, así también nos ha dado las evidencias por las cuales podemos determinar lo que significa recibir la marca de la bestia, a fin de que podamos evitar la terrible penalidad que seguirá ciertamente a su recepción. Dios no juega con las esperanzas y los destinos humanos como para pronunciar una condena espantosa contra cierto pecado y luego dejarnos sin posibilidad de saber lo que es ese pecado ni de precavernos contra él.

Por lo tanto, llamamos ahora la atención a esta pregunta importante: ¿Qué constituye la marca de la bestia? La figura de una marca proviene de una costumbre antigua. Tomás Newton dice:

"Entre los antiguos era costumbre que los siervos recibiesen la marca de su amo, y los soldados, la de su general; y los devotos de una divinidad particular, la de esa divinidad. Estas marcas se imprimían generalmente sobre la mano derecha o en la frente, y consistían en algunos jeroglíficos, o el nombre expresado en letras comunes, o disfrazado por letras numéricas, según la fantasía de quien imponía la marca."[33]

Prideaux[34] dice que Tolomeo Filopátor ordenó que a todos los judíos que solicitaban ser matriculados como ciudadanos de Alejandría se les imprimiese con hierro candente, so pena de muerte, los trazos de una hoja de hiedra (insignia de su dios, Baco).

La palabra griega usada en esta profecía que se rinde por marca es *charagma*, y su significado se define así: "Una escultura, algo cincelado; una marca esculpida o estampada." *Se* presenta nueve veces en el Nuevo Testamento, y con la excepción de Hechos 17:29, se refiere cada vez a la marca de la bestia. Por supuesto, no hemos de entender que en esta profecía simbólica se trate de una marca literal, sino que la imposición de una marca literal, como se practicaba en los tiempos antiguos, se usa aquí como figura para ilustrar ciertos actos que se ejecutarán en cumplimiento de la profecía. De la marca literal que se usaba antiguamente, aprendemos algo del significado que tiene en la profecía, porque debe haber cierta semejanza entre el símbolo y la cosa simbolizada. En su uso literal, la marca significaba que la persona que la recibía era sierva de aquel cuya marca llevaba, reconocía su autoridad y le profesaba fidelidad. Así también la marca de la bestia, o del papado, debe ser algo que se hace o se profesa por lo cual se reconoce la autoridad de aquel poder. ¿Qué es?

Características del poder papal—Sería lo más natural buscarlo en algunas de las características del poder papal. Al describir ese poder bajo el símbolo de un cuerno pequeño, Daniel dice de él que hace la guerra a Dios, quebranta los santos del Altísimo y piensa cambiar los tiempos y la ley. El profeta especifica expresamente este punto: "Pensará en mudar los tiempos y la ley." (Daniel 7:25.) Esto debe referirse ciertamente a la ley del Altísimo. Aplicar esta expresión a alguna ley humana y hacer que la profecía diga: Hablará grandezas contra el Altísimo, a los santos del Altísimo quebrantará y pensará cambiar la ley humana, sería evidentemente hacer violencia al lenguaje del profeta. Pero aplicarla a la ley de Dios, de manera que diga:

Hablará grandezas contra el Altísimo, a los santos del Altísimo quebrantará, y pensará cambiar los tiempos y la ley del Altísimo, es algo lógico y consecuente. Donde dice la ley el hebreo tiene *dath* y la Septuaginta, *nomos,* y esta forma singular sugiere directamente la ley de Dios. Cuando se trata de las leyes humanas, el papado pudo hacer algo más que simplemente "pensar" en cambiarlas. Las cambió a su antojo. Anuló decretos de reyes y emperadores, y absolvió a los súbditos de su juramento de fidelidad a sus soberanos legítimos. Interpuso su largo brazo en los asuntos de las naciones, y trajo príncipes postrados a sus pies en la más abyecta humildad. Pero el profeta contempla mayores actos de presunción. Lo ve esforzarse por hacer lo que no podía hacer, sino tan sólo pensar en hacer. Lo ve intentar un acto que ningún hombre ni combinación de hombres puede realizar; a saber, cambiar la ley del Altísimo. Recordemos esto mientras examinamos el testimonio de otro escritor sagrado acerca de este mismo punto.

El apóstol Pablo habla del mismo poder en 2 Tesalonicenses 2. Lo describe, en la persona del papa, como "el hombre de pecado," que se exalta por encima de "todo lo que se llama Dios, o que se adora," hasta el punto de "que se asiente en el templo de Dios," es decir la iglesia. Y así se ensalza el papa, como aquel a quien toda la iglesia debe mirar como autoridad en lugar de Dios.

Pedimos al lector que pese cuidadosamente la pregunta de cómo puede exaltarse por encima de Dios. Recorramos toda la escala de los designios humanos, vayamos a los extremos del esfuerzo humano, y veamos mediante qué plan, qué acción, qué aserto podría ese usurpador exaltarse sobre

Dios- Podría instituir cuantas ceremonias quisiera, prescribir cualquier forma de culto, ostentar cuanto poder quisiera; pero mientras hubiera requerimientos de Dios que la gente se sintiera obligada a considerar en preferencia a los suyos, no estaría por *encima* de Dios. Podría promulgar una ley y enseñar a la gente que tiene para con ella tan grandes obligaciones como para con la ley de Dios; y aun así sólo se haría *igual* a Dios.

Pero había de hacer más que esto; iba a intentar situarse más alto que Dios. Para ello iba a promulgar una ley que contrariase la ley de Dios, y exigir que se la acatase en preferencia a la ley de Dios. Para él, la manera más eficaz de colocarse en la posición que le asigna la profecía iba a consistir en cambiar la ley de Dios. Al lograr que la gente adoptase el cambio en vez de la promulgación original, entonces él, que adulteró la ley, quedaría por encima de Dios, el Legislador. Tal es la obra que Daniel dijo que haría la potencia representada por el cuerno pequeño.

Según la profecía, el papado iba a hacer una obra tal, y la profecía no puede dejar de cumplirse. Pero cuando esta obra se haga, ¿qué tienen los habitantes del mundo? Tienen dos leyes que exigen obediencia La una es la ley de Dios, tal como fué promulgada originalmente por él, encarnación de su voluntad y expresión de lo que requiere de sus criaturas; la otra es una edición revisada de esa ley, que emana del papa de Roma y expresa su voluntad. ¿Cómo se ha de determinar a cuál de estas potencias honra y adora la gente? Ello queda determinado por la ley que guarda. Si guarda la ley de Dios tal como él la dió, a él adora y obedece. Si observa la ley como la cambió el papado, adora dicha potencia.

Además, la profecía no dice que el cuerno pequeño, el papado, pondría a un lado la ley de Dios y daría otra completamente diferente. Esto no sería cambiar la ley, sino simplemente dar otra nueva. Sólo iba a intentar un *cambio,* para que la ley proveniente de Dios y la ley proveniente del papado sean precisamente iguales excepto en la parte cambiada por el papado. Las dos leyes tienen muchos puntos en común. Pero ninguno de los preceptos que contienen en común puede distinguir a una persona como adoradora de una potencia en preferencia a la otra. Si la ley de Dios dice: "No matarás," y dice lo mismo la ley que dió el papado, nadie puede decir, por la observancia de ese precepto, si una persona obedece a Dios en vez del papa, o al papa en vez de Dios. Pero cuando un precepto que ha sido cambiado es el que hace obrar, entonces quienquiera que observe ese precepto como fué dado originalmente por Dios, se distingue por ello como adorador de Dios; y el que lo observa cambiado queda por ello marcado como adepto de la potencia que hizo el cambio. De ninguna otra manera pueden distinguirse las dos clases de adoradores.

Ningún espíritu sincero puede disentir de esta conclusión, pero ella da una respuesta general a la pregunta: "¿Qué constituye la marca de la bestia?" La respuesta es sencillamente ésta: La *marca* de la bestia es el *cambio* que la bestia intentó hacer en la ley de Dios.

El cambio en la ley de Dios—Preguntamos ahora en qué consiste ese cambio. Por la ley de Dios entendemos la ley moral, la única ley del universo cuya obligación es inmutable y perpetua. En su definición del término "ley" de acuerdo a cómo lo usa casi universalmente la cristiandad, Webster dice: "La ley moral está contenida sumariamente en el Decálogo, escrito por el dedo de Dios en dos tablas de piedra, y entregado a Moisés en el monte Sinaí."

En nuestro comentario sobre Daniel 7:25 acerca de la predicción de que el papado pensaría "cambiar los tiempos y la ley," presentamos pruebas del *Catecismo Romano* basado en la autoridad indisputada del Concilio de Trento y publicado por orden del papa Pío V en las prensas del Vaticano en Roma, para demostrar que la iglesia había cambiado el día de reposo del séptimo día de la semana al primero. Aunque dicho catecismo publica completo el cuarto mandamiento como se lo lee en la Biblia, y aunque se lo conserva completo en la Biblia católica oficial en latín, la Vulgata, y en las versiones oficiales en otros idiomas, los catecismos que se usan para la enseñanza en castellano en los tiempos modernos omiten todo el mandamiento y en su lugar dan la orden de "santificar las fiestas." En francés mandan "guardar los domingos sirviendo a Dios devotamente," mientras que en inglés suelen citar la primera frase del mandamiento divino: "Acordarte has del día de reposo," y luego añaden un extenso testimonio acerca de que el cambio del día de reposo del sábado al domingo se hizo "por autoridad de la iglesia católica y la tradición apostólica." Dígase lo que se quiera acerca del texto del *Catecismo del Concilio de Trento* y el de la Biblia católica romana que conservan todo el mandamiento como se halla en la Escritura, ello no quita que la *práctica* de los prelados y sacerdotes es enseñar cuando mucho solamente la *institución* de un día de reposo, y localizarla en el primer día de la semana en vez del séptimo, por autoridad de la iglesia.

Recuérdese que, de acuerdo con la profecía, el papado iba a *pensar* cambiar los tiempos y la ley. Esto implica claramente la idea de *intención* y *designio,* y hace que estas cualidades sean esenciales para el cambio en cuestión. Con respecto a la omisión del segundo mandamiento, los católicos arguyen que está incluído en el primero, y que por lo tanto no se le debe contar como mandamiento separado. Acerca del décimo sostienen que hay una distinción tan clara de ideas que requiere dos mandamientos; de manera que hacen de la prohibición de codiciar la esposa del prójimo el noveno mandamiento, y el décimo con la prohibición de codiciar los bienes del prójimo.

En todo esto aseveran que dan los mandamientos exactamente cómo Dios quiso que se los comprendiese; de modo que, aunque consideremos estos actos como errores en su interpretación de los mandamientos, no podemos anotarlos como *cambios intencionales.* Pero no sucede lo mismo con el cuarto mandamiento. Acerca de éste, no aseveran que su versión sea igual a la que Dios dió. Aseveran expresamente que hay un cambio allí y que ese cambio ha sido hecho por la iglesia. A continuación, se ilustra la forma en que ello se nota en catecismos ulteriores al de Trento y dotados del *imprimatur* eclesiástico.

Algunos de los catecismos más sencillos no mencionan ningún cambio de días de reposo, sino que declaran categóricamente que el mandamiento del día de reposo ordena que se observe el domingo:

"Pregunta: Repita el tercer mandamiento.

"Respuesta: Acordarte has del día de reposo.

"Pregunta: ¿Qué ordena el tercer mandamiento?

"Respuesta: Que se santifique el domingo."[35]

Otros dicen que la iglesia católica cambió el día de culto. En un "catecismo de doctrina y práctica cristiana," hallamos lo siguiente en relación con el tercer mandamiento:

"¿Qué día era el día de reposo?

"El séptimo día, nuestro sábado.

"¿Guarda Vd. el sábado?

"No; guardamos el día del Señor.

"¿Cuál es?

"El primer día: el domingo.

"¿Quién lo cambió?

"La Iglesia Católica."[36]

En el bien conocido catecismo de Baltimore, hallamos esta explicación:

"*Pregunta:* ¿Cuál es el tercer mandamiento?

"*Respuesta:* El tercer mandamiento es: Acordarte has de santificar el día de reposo.

"*Pregunta:* ¿Qué nos ordena el tercer mandamiento?

"*Respuesta:* El tercer mandamiento nos ordena que santifiquemos el día del Señor. . . .

"*Pregunta:* ¿Son lo mismo el día de reposo y el domingo?

"*Respuesta:* El día de reposo y el domingo no son lo mismo. El día de reposo es el séptimo de la semana, y es el día que se santificaba bajo la ley antigua; el domingo es el primer día de la semana, y es el día que se santifica bajo la nueva ley.

"*Pregunta:* ¿Por qué nos ordena la Iglesia que santifiquemos el domingo en vez del sábado?

"*Respuesta:* La Iglesia nos ordena que santifiquemos el domingo en vez del sábado porque en domingo resucitó Cristo de los muertos, y en un domingo mando el Espíritu Santo sobre los discípulos."[37]

En otra obra de enseñanza religiosa católica, leemos:

"*Pregunta:* ¿Qué justificación tenemos por guardar el domingo con preferencia al antiguo día de reposo, que era el sábado?

"*Respuesta:* Tenemos para ello la autoridad de la Iglesia Católica y la tradición apostólica.

"*Pregunta:* ¿Enseña la Escritura en alguna parte que se observe el domingo como día de reposo?

"*Respuesta:* La Escritura nos ordena que oigamos a la Iglesia (Mateo 18:17; Lucas 10:16), y que nos aferremos a las tradiciones de los apóstoles (2 Tesalonicenses 2:15), pero las Escrituras no mencionan en particular este cambio del día de reposo."[38]

En un Catecismo Doctrinal hallamos un testimonio adicional al respecto:

Pregunta: ¿Tiene Vd. alguna otra manera de probar que la Iglesia tiene poder para instituir fiestas de precepto?

"*Respuesta:* Si no tuviese tal poder, no podría haber hecho aquello en lo cual todos los autores religiosos modernos concuerdan con ella: no podría haber substituído la observancia del domingo, primer día de la semana, en lugar de la del sábado, séptimo día, cambio que no está autorizado en la Escritura."[39]

En un epítome de doctrina cristiana hallamos el siguiente testimonio:

"*Pregunta:* ¿Cómo prueba Vd. que la Iglesia tiene poder para ordenar fiestas y días santos?

"*Respuesta:* Por el mismo acto de cambiar el sábado al domingo, que los protestantes reconocen; y por lo tanto se contradicen al guardar estrictamente el domingo, mientras que violan la mayoría de las otras fiestas ordenadas por la misma Iglesia.

"*Pregunta:* ¿Cómo prueba Vd. esto?

"*Respuesta:* Porque al observar el domingo reconocen el poder que tiene la Iglesia para ordenar fiestas, y mandar que se las observe so pena de pecado."[40]

En un catecismo explicado sencillamente, se hallan las siguientes preguntas y respuestas:

"¿Qué es el tercer mandamiento?

"El tercer mandamiento es: 'Acuérdate de santificar el día de reposo.'

"¿Qué nos ordena el tercer mandamiento?

"El tercer mandamiento nos ordena santificar el domingo.

"El día de reposo de los judíos era el sábado; nosotros los cristianos santificamos el domingo. La Iglesia, por el poder que nuestro Señor le dió, cambió la observancia del sábado al domingo."[41]

Esto es lo que la potencia papal asevera haber hecho con respecto al cuarto mandamiento. Los católicos reconocen claramente que no hay autorización bíblica para el cambio que hicieron, sino que se basa enteramente en la autoridad de la iglesia. Reclaman como prueba o marca de la autoridad de su iglesia el *"mismo acto de haber cambiado el sábado al domingo," y* lo presentan como prueba de su poder al respecto.

"Pero-dirá alguien-yo suponía que Cristo había cambiado el día de reposo." Son muchos los que lo suponen, porque así se les enseñó. Sólo queremos recordar a los tales que de acuerdo con la profecía el único cambio que se había de hacer jamás en la ley de Dios iba a ser hecho por el cuerno pequeño de Daniel 7, el hombre de pecado de 2 Tesalonicenses 2; y que el único cambio que se ha hecho en ella es el cambio del día de reposo. Ahora bien, si Cristo hizo este cambio, desempeñó el papel de la potencia blasfema mencionada por Daniel y Pablo; y ésta es una conclusión inaceptable para cualquier cristiano.

¿Por qué procuran algunos probar que Cristo cambió el sábado? Quienquiera que lo intente realiza una tarea ingrata. El papa no se lo va a agradecer; porque si se prueba que Cristo hizo este cambio, el papa queda privado de su signo de autoridad y poder. Ningún protestante verdaderamente ilustrado se lo va a agradecer; porque si tiene éxito no hace sino demostrar que el papado no ha hecho la obra que estaba predicho que haría, que la profecía fracasó y que no se puede tener confianza en las Escrituras. Es mejor dejar el asunto como lo presenta la profecía, y reconocer la veracidad del aserto hecho por el papa.

Cuando a una persona se la acusa de haber hecho algo, y esa persona se adelanta a confesar que lo hizo, ello se considera generalmente suficiente para decidir el caso. Así que cuando la profecía afirma que cierta potencia iba a cambiar la ley de Dios, y con el transcurso del tiempo esa misma potencia se levanta, hace la obra predicha, y luego asevera audazmente que la hizo, ¿qué necesidad hay de evidencias adicionales? El mundo no debe olvidar que la gran apostasía predicha por Pablo se ha producido; que el hombre de pecado ejerció durante largos siglos un monopolio casi completo sobre la enseñanza cristiana en el mundo; que el misterio de iniquidad cubrió casi toda la cristiandad con las tinieblas de su sombra y los errores de sus doctrinas; y que de esa era de error, tinieblas y corrupción provino la teología de nuestra época. ¿Será, pues, extraño que queden todavía algunas reliquias del papismo que descartar antes que la Reforma esté completa? Alejandro Campbell, fundador de la Iglesia de los Discípulos de Cristo, dice, hablando de las diferentes sectas protestantes:

"Todas ellas conservan en su seno, en sus organizaciones eclesiásticas, culto, doctrinas y ritos, varias reliquias del papismo. En el mejor de los casos, son reformas del papismo, y sólo reformas parciales. Las doctrinas y tradiciones de los hombres impiden todavía el poder y el progreso del Evangelio en sus manos."[42]

La naturaleza del cambio que el cuerno pequeño intentó efectuar en la ley de Dios merece que se la considere. Fiel a su propósito de exaltarse por encima de Dios, quiso cambiar el mandamiento que, entre todos los demás, es el mandamiento fundamental de la ley, el que da a conocer al Legislador y contiene su firma como Rey. El cuarto mandamiento es todo esto, mientras que ningún otro lo es. Es verdad que otros cuatro contienen la palabra Dios, y tres de ellos tienen también la palabra Jehová. Pero ¿quién es el Dios Jehová de quien hablan? Es imposible decirlo sin el cuarto mandamiento, porque los idólatras de toda categoría aplican los términos Dios y Señor a los múltiples objetos de su adoración. Pero cuando se tiene el cuarto mandamiento, que nombra el Autor del Decálogo, se anulan de un plumazo los asertos de todos los dioses falsos. El Dios que requiere allí nuestro culto no es un ser creado, sino el que creó todas las cosas. El Hacedor de la tierra y el mar, el sol y la luna, y toda la hueste de las estrellas, el Sustentador y Gobernante del universo, es el que exige, como tiene derecho a hacerlo desde su posición, nuestra suprema consideración en preferencia a cualquier otro objeto. El mandamiento que da a conocer estos hechos es por lo tanto el que lógicamente habría de intentar cambiar aquel poder que se propone exaltarse a sí mismo por encima de Dios. Dios nos dió el sábado como algo que cada semana nos había de recordarle a nosotros, como institución conmemorativa de la obra que hizo al crear los cielos y la tierra, y potente valla contra el paganismo y la idolatría. Es la firma y el sello de la ley. Esto el papado, por su enseñanza y práctica, lo ha sacado de su lugar y lo ha sustituído por otra institución que la iglesia presenta como señal de su autoridad.

La decisión entre el sábado y el domingo—Este cambio del cuarto mandamiento debe ser, por lo tanto, el cambio que la profecía señala; y el domingo como día de reposo debe ser la marca de la bestia. Puede ser que al verse frente a esta conclusión algunos de aquellos a quienes se les viene enseñando desde hace mucho que consideren esta institución con reverencia retrocederán casi horrorizados. El espacio no nos permite aquí, ni es tal vez oportuno, entrar en dilatada discusión sobre la cuestión del sábado, o exponer el origen y la naturaleza de la observancia del primer día de la semana. Pero séanos permitido presentar tan sólo esta propuesta: Si el séptimo día sigue siendo el día de reposo ordenado en el cuarto mandamiento; si la observancia del primer día de la semana no tiene fundamento alguno en las Escrituras; si esta observancia ha sido introducida como institución cristiana e intencionalmente puesta en lugar del sábado del Decálogo por la potencia simbolizada por la bestia, que lo puso allí como señal y prenda de su poder de legislar para la iglesia, ¿no resulta inevitablemente que el cambio del sábado al domingo es la marca de la bestia? La respuesta debe ser afirmativa. Las hipótesis que se acaban de enunciar son todas certidumbres.

¿Quién recibe la marca de la bestia?—Se dirá también: Entonces todos los observadores del domingo llevan la marca de la bestia; entonces todos los buenos de los siglos pasados que guardaron ese día tuvieron la marca de la bestia; entonces Lutero, Whitefield, los Wesley, y todos los que hicieron una noble y grande obra de reforma tuvieron la marca de la bestia; entonces todas las bendiciones que fueron derramadas sobre las iglesias reformadas fueron derramadas sobre quienes llevaban la marca de la bestia; y todos los creyentes de nuestro tiempo que observan el domingo como día de reposo, tienen la marca de la bestia. Contestamos: No es así. Lamentamos tener que decir que algunos de los que profesan enseñar religión, aunque se les ha corregido muchas veces, persisten en calumniarnos acerca de este punto. Nunca hemos sostenido aquella opinión, ni la hemos enseñado. Nuestras premisas no conducen a tal conclusión.

Rogamos que se nos preste detenida atención. La marca y la adoración de la bestia son impuestas por la bestia de dos cuernos. La recepción de la marca de la bestia es un acto específico que ha de hacer ejecutar la bestia de dos cuernos. El mensaje del tercer ángel de Apocalipsis 14 es una amonestación enviada misericordiosamente con anticipación a fin de preparar a la gente para el peligro que se acerca. No puede haber por lo tanto adoración de la bestia ni recepción de su marca como las contempla la profecía, mientras no sean *impuestas* por la bestia de dos cuernos y aceptadas voluntariamente y a sabiendas por los individuos. Hemos visto que la *intención* era esencial para el cambio que el papado hizo en la ley de Dios, para constituir dicho cambio en marca de aquella potencia; así también la *intención* es necesaria en la adopción del cambio por los individuos para que ella constituya la recepción de aquella marca. En otras palabras, una persona debe adoptar el cambio sabiendo que es obra de la bestia y recibirlo por autoridad de aquel poder en oposición al requerimiento de Dios, antes que se pueda decir que recibió la marca de la bestia.

Pero ¿qué diremos de los mencionados arriba, que guardaron el domingo en el pasado, y la mayoría de los que lo guardan hoy? ¿Lo observan como institución del papado? No. ¿Han hecho su decisión entre ese día de reposo y el de nuestro Señor, comprendiendo lo exigido por ambos poderes? No. ¿Sobre qué base lo guardaron o lo guardan aún? Supusieron y suponen aún que estaban o están observando un mandamiento de Dios. ¿Tienen los tales la marca de la bestia? De ninguna manera. Su conducta se puede atribuir a un error recibido inconscientemente de la iglesia de Roma, no como un acto de culto intencional.

Pero ¿cómo será en el futuro? La iglesia que se ha de preparar para la segunda venida de Cristo debe estar enteramente libre de los errores y las corrupciones papales. De ahí que deba realizar una reforma acerca del día de reposo. El tercer ángel de Apocalipsis 14 proclama los mandamientos de Dios, y conduce a los hombres al verdadero día de reposo en vez del falso. El dragón se aira, y controla de tal manera los impíos gobiernos de la tierra que los induce a ejercer toda la autoridad del poder humano para hacer cumplir los requerimientos del hombre de pecado. Entonces la cuestión que se ha de decidir queda claramente delineada ante la gente. La ley de Dios le exige que guarde el verdadero día de reposo; la ley de la iglesia católica, de la iglesia seudoprotestante y del país le exige que observe el falso día de reposo. A los que se nieguen a observar el verdadero, el mensaje los amenaza con la ira de Dios sin mixtura; a los que rechazan el falso, los gobiernos terrenales los amenazan con la persecución y la muerte. Frente a tal dilema, ¿qué hace el que cede a los requerimientos humanos? Dice virtualmente a Dios: Conozco tus requerimientos, pero no los cumpliré. Sé que el poder al que se me ordena adorar no es cristiano, pero cedo para salvar mi vida. Renuncio a serte fiel, y me inclino ante el usurpador. De aquí en adelante la bestia es el objeto de mi adoración; bajo su bandera, en oposición a tu autoridad, me alisto de aquí en adelante; a ella, en desafío a tus requisitos, entrego de aquí en adelante la obediencia de mi corazón y mi vida.

Tal es el espíritu que hará actuar a los que adoren a la bestia, un espíritu que insulta al Dios del universo en la cara, y que sólo por la falta de poder se ve impedido de derrocar su gobierno y aniquilar su trono. ¿Será, pues, extraño que Jehová pronuncie contra una conducta tan desafiante para el cielo la amenaza más terrible que contenga su Palabra?

La obra final—Hemos visto lo que constituiría apropiadamente una imagen de la bestia, como la que ha de hacer la bestia de dos cuernos, y también comprobamos que existe la posibilidad de que alguna vez se levante una imagen tal en los Estados Unidos de Norteamérica. También hemos visto lo que constituye la marca de la bestia que se ha de imponer a todos. Una organización eclesiástica compuesta de diferentes sectas del país, en coalición con el catolicismo romano, por la promulgación e imposición de una ley civil para la observancia del domingo, cumpliría lo que la profecía presenta con referencia a la imagen y la marca de la bestia. Estos movimientos, o su exacto equivalente, son lo que la profecía requiere para ser cumplida. La cadena de pruebas que conduce a estas conclusiones es tan directa y definida que es imposible eludirlas. Son la clara y lógica consecuencia de las premisas que se nos dan.

Cuando por primera vez se aplicó Apocalipsis 13:11-17 a los Estados Unidos, ya en 1850, se adoptaron estas opiniones acerca de una unión de las iglesias y un movimiento en favor de las leyes dominicales. En aquel tiempo no había indicios de que se levantaría tal cuestión. Pero allí estaba la profecía. Los Estados Unidos habían dado abundantes pruebas por su situación, el tiempo y la manera en que nacieron, y su carácter aparente, de que eran la potencia simbolizada por la bestia de dos cuernos. No podía haber error en la conclusión de que era la nación designada por el símbolo. Pero había allí predicciones que indicaban una unión de la Iglesia y el Estado, y la imposición del día de reposo papal como marca de la bestia. No era pequeño acto de fe asumir entonces la opinión de que los Estados Unidos seguirían tal conducta cuando no existía ninguna probabilidad aparente de que lo harían.

Los fundadores de la república americana, al elaborar sus leyes orgánicas, no querían que se produjesen alguna vez dificultades por motivos de conciencia. La Constitución Federal y la mayoría de las constituciones de los estados contienen cláusulas que garantizan la más plena libertad religiosa. Pero el desarrollo del movimiento en favor de las leyes dominicales desde 1850 demuestra ampliamente que la profecía puede cumplirse a pesar de las salvaguardias que contra la intolerancia levantaron los padres fundadores de la nación.

La profecía no especifica exactamente cómo se ha de desarrollar la tiranía sobre las almas y los cuerpos de los hombres. Puede provenir de un hombre o de un grupo de hombres, políticos, religiosos o de otro carácter. Pero domina a todos: pequeños y grandes. Gobierna las finanzas, pues ricos y pobres sienten su asidero. Rige la economía, pues nadie puede comprar o vender sin su permiso y marca. Impone la religión, porque obliga a todos, so pena de muerte, a que adoren de acuerdo con sus leyes.

Cuesta creer que la persecución religiosa pueda mancillar la historia de una nación fundada sobre la libertad para todos. Pero, desde su misma fundación, sus estadistas más previsores reconocieron que la tendencia a imponer los dogmas religiosos por la ley civil es demasiado común en la humanidad, y propende a provocar persecución activa en los lugares más inesperados. Honra a la nación el que a través de su historia hubo nobles próceres que mantuvieron en jaque esa tendencia cuya posible manifestación previeron los fundadores. Mas nadie puede cerrar los ojos para no ver que, a la par de esos nobles esfuerzos, han existido los intentos de ciertos dirigentes religiosos, celosos pero mal encaminados, para imponer a la fuerza usos religiosos.

La profecía predice que vendrá un período de persecución. La bestia de dos cuernos obliga a todos a recibir una marca, y hace matar a todos los que no quieran adorar la imagen; es decir que quiere voluntariamente hacer esto y se esfuerza en ello. Hace esa promulgación y ley. Pero esto no quiere decir que todos serán muertos, ni siquiera creemos que lo serán muchos. Dios intervendrá en favor de su pueblo. Los que guardaron la palabra de la paciencia de Cristo serán guardados de toda caída en esa hora de tentación. (Apocalipsis 3:10.) Los que hicieron de Dios su refugio serán guardados de todo mal. (Salmo 91:9, 10.) Todos los que sean hallados escritos en el libro serán librados. (Daniel 12:1.) Como vencedores sobre la bestia y su imagen, serán redimidos de entre los hombres, y elevarán un canto de triunfo delante del trono de Dios. (Apocalipsis 14:2-4.)

VERS. 18*: Aquí hay sabiduría. El que tiene entendimiento, cuente el número de la bestia; porque es el número de hombre: y el número de ella, seiscientos sesenta y seis.*

El número de su nombre—El número de la bestia, dice la profecía, "es el número de hombre." Si ha de derivar de un nombre o título, es natural concluir que sea el nombre o título de algún hombre particular o representativo. La expresión más plausible que hemos visto sugerir como conteniendo el número de la bestia es uno de los títulos aplicados al papa de Roma. Ese título es: *Vicarius Filii Dei,* "Vicario del Hijo de Dios." Merece notarse que la Versión Católica de la Biblia en inglés, la de Douay, tiene el siguiente comentario sobre Apocalipsis 13:18: "Las letras numerales de su nombre formarán este número."

Escogiendo en este título las letras que se usaban como numerales romanos, tenemos V, 5; I, 1; C, 100; I, 1; U (antiguamente la misma letra que la V), 5; I, 1; L, 50; I, 1; I, 1; D, 500; I, 1. Sumando todas estas cantidades, tenemos 666.

Se ha argüido que el valor numeral del título de los papas debía calcularse de acuerdo con el valor que los griegos daban a las letras, puesto que Juan escribió en griego, pero como el título aparece en latín, y el latín es el idioma oficial de la iglesia de Roma y de la Biblia que ella adoptó, la Vulgata, un procedimiento tal destruiría el valor numérico de aquel título en su propio idioma. Parece razonable que un título latino ostente sus valores numéricos latinos más bien que los valores que las letras tienen en griego.

En cuanto a la práctica de representar los nombres por números, leemos: "Era un método practicado entre los antiguos, el de denotar los nombres por números."[43]

"La costumbre de representar los números por letras del alfabeto dió origen entre los antiguos a la práctica de representar los nombres también por números. Abundan los ejemplos de esta clase entre los escritos de paganos, judíos y cristianos."[44]

"Era un método practicado entre los antiguos, el de designar los nombres por números. Por ejemplo, el nombre de *Tot, o* Mercurio de los egipcios, se indicaba por el número 1.218. ... Ha sido el método usual en todas las dispensaciones de Dios, que el Espíritu Santo acomode sus expresiones a las costumbres, modas y modales de las diversas edades. Por lo tanto, como este arte y misterio de los números era tan común entre los antiguos, no resulta tan asombroso que la bestia también tuviese su número, y es 666."[45]

Este título, *Vicarius Filii Dei,* o alguna forma equivalente, ha aparecido tan frecuentemente en la literatura católica romana y sus rituales a través de los siglos, que casi no parece necesario añadir otra prueba de su validez e importancia. Algunas de las variaciones son: Vicario de Cristo, Vicario de Jesucristo, Vicario de Dios. Una cita del cardenal Manning ilustra estas diversas formas del mismo título:

"Igualmente dicen ahora: 'Vea esta Iglesia Católica, esta Iglesia de Dios, débil y rechazada aun por las mismas naciones que se llaman católicas. Allí están la católica Francia, la católica Alemania y la católica Italia que renuncian a la refutada ficción del poder temporal del *Vicario de Jesucristo.'* Y así, porque la Iglesia parece débil, y el *Vicario del Hijo de Dios* está reviviendo la pasión de su Maestro en la tierra, nos escandalizamos y apartamos de él el rostro."[46] (Subrayamos nosotros.)

Y en otras partes del mismo libro se emplean diversas otras variaciones de este título.

Acerca de la importancia de la posición que ocupa el papa de acuerdo con el título que consideramos, o sus equivalentes, citaremos a J. A. Wylie, en su comentario de la Apología de Enodio, escrita en defensa del papa Símaco:

"Hallamos que el concilio [de Roma, en 502, o 503] convocado por Teodorico demoraba la investigación de las acusaciones presentadas contra el papa Símaco, por las razones que presentara su defensor Enodio, a saber, 'que el papa, como Vicario de Dios, era juez de todos, y no podía ser juzgado él mismo por nadie.' En esta apología-observa Mosheim-el lector percibirá que se habían echado ya los fundamentos de aquel enorme poder que los papas de Roma adquirieron más tarde.' "[47]

En los últimos anos, la validez del título ha sido disputada, pero quedan evidencias históricas de que este título que se arrogó el papado sirvió para sostener la autoridad de los papas mientras establecían su vasta supremacía temporal durante el apogeo del romanismo en los tiempos medioevales y para conservar su autoridad espiritual hasta hoy.

Ese título particular de *Vicarius Filii Dei* aparece ya en 752-774 en un documento conocido históricamente como la "Donación de Constantino." Aunque más tarde se probó que ese documento había sido escrito por otra persona y firmado con el nombre de Constantino para darle el peso de su autoridad, de acuerdo con una costumbre común durante la Edad Media, esta así llamada Donación de Constantino fué empleada como válida por a lo menos nueve papas a través de siete siglos para establecer la supremacía espiritual o temporal de los obispos de Roma.

El título mismo fué obviamente una invención para designar el cargo de Pedro como primer papa en armonía con la bien conocida pretensión de la iglesia católica romana de que las palabras de Jesús registradas en Mateo 16:18, 19 conferirían a Pedro el primer obispado de la iglesia, opinión que los protestantes no han aceptado nunca, y que este obispado se transmitió a sus sucesores en la sede papal, como se declara en la Donación Je Constantino y lo sostiene la iglesia hasta hoy.[48]

El documento que emplea el título fué confirmado por un concilio de la iglesia, dice Binio, alto dignatario católico romano de Colonia citado por Labbé y Cossart.[49] Fué incorporado en la ley canónica romana católica por Graciano, y cuando esta última obra fué revisada y publicada, con el visto bueno del papa Gregorio XIII, el título se conservó.[50] Cuando Lucio Ferraris escribió su elaborada obra teológica hacia 1755, dió bajo el artículo "Papa" el título *Vicarius Filii Dei,* y citó como autoridad al respecto la ley canónica revisada. Nuevamente, cuando la obra de Ferraris fué revisada, ampliada y publicada en Roma en 1890, continuaron en ella el documento y el título.[51]

Acerca de la obra teológica de Ferraris que se acaba de citar, la *Catholic Encyclopedia* dice que "será siempre una preciosa mina de información."[52]

Citamos a continuación el latín de la Donación de Constantino, confirmada por un concilio de la iglesia, incorporada en la ley canónica romana y citada por Ferraris:

"Ut sicut Beatus Petrus in terris Vicarius Filii Dei fuit constitutus, ita et Pontifices eius succesores in terris principatus potestatem amplius, quam terrenae imperialis nostrae serenitatis mansuetudo habere videtur."[53]

Cristóbal Coleman traduce este párrafo de la ley canónica de Graciano como sigue:

"Como se ve que el bienaventurado Pedro fué constituído Vicario del Hijo de Dios en la tierra, así también los pontífices que son los representantes de aquel mismo príncipe de los apóstoles, deben obtener de nosotros y de nuestro imperio el poder de una supremacía mayor que la clemencia de nuestra serenidad imperial terrenal."[54]

Una traducción más libre hecha por Edwin Lee Johnson, profesor de latín y griego en la universidad de Vanderbilt, dice:

"Precisamente como el Bienaventurado Pedro fué nombrado en la tierra vicario del Hijo de Dios, así también parece que los pontífices sus sucesores, tienen en la tierra el poder del gobierno principal más bien que Su Excelencia, su Imperial Serena Alteza en la tierra."

Así termina el capítulo 13 de Apocalipsis, dejando al pueblo de Dios frente a las potencias de la tierra mortíferamente opuestas a él, y frente a los decretos de muerte y ostracismo que se le aplican porque se adhiere a los mandamientos de Dios. En el tiempo especificado, el espiritismo estará realizando sus prodigios más asombrosos, engañando a todo el mundo, excepto a los escogidos. (Mateo 24:24; 2 Tesalonicenses 2:8-12.) Esta será la hora de la tentación que sobrecogerá a todo el mundo, para probar a todos los que moran en la tierra, según se menciona en Apocalipsis 3:10. ¿Qué está en juego en ese conflicto? Esta pregunta importante no queda sin respuesta. Los primeros cinco versículos del capítulo siguiente completan la cadena de esta profecía, y revelan el glorioso triunfo de los campeones de la verdad.

Notas del Capítulo 13:

[1] Véase Archibaldo Bower, "History of the Popes." tomo 3, págs. 409-420; Jorge Croly, "The Apocalypse of St. John," pág. 251.

[2] Alfonso de Ligorio, "Dignity and Duties of the Priest," págs. 34-36.

[3] Id.. pigs. 26. 27.

[4] Id., págs. 32, 33.

[5] Citado por el honorable Carlos Sumner, "Voces proféticas acerca de América," en la revista. "Atlantic Monthly," de septiembre, 1867, pág. 290.

[6] Jorge Alfredo Townsend, "The New World Compared With the Old," pág. 635.

[7] Juan Wesley. "Explanatory Notes TTpon the New Testament," pág. 735, comentario sobre Apocalipsis 13:11.

[8] Jorge Alfredo Townsend, "The New World Compared With the Old," pág. 635.

[9] Eduardo Everett, "Discurso pronunciado en Plymouth." el 22 de diciembre, 1824. "Orations and Speeches," pág. 42.

[10] W. Carlos Martyn, "The Pilgrim Fathers," pág. 89.

[11] "El pueblo y el progreso de los Estados Unidos," en la revista "The United States Magazine." tomo 2. agosto, 1855, pág. 71.

[12] Sir Arturo Conan Doyle, "La nueva revelación," en la revista "Metropolitan an," enero, 1918, pág. 69.

[13] Id., pág. 75.

[14] Guillermo Stainton Moses, "Spirit Teachings," pág. 74.

[15] Id., pág. 189.

[16] Santiago A. Findlay, en "The Rock of the Truth," pág. 288.

[17] Guillermo Stainton Moses, "Spirit Teachings," págs. 150, 151.

[18] State Bar Association of Connecticut, "Annual Report," 1916. pág. 73.

[19] "Annals of Congress," tomo I, pág. 28.

[20] Id., pág 32.

[21] "The Writings of Thomas Jefferson, tomo I, pág. 45.

[22] "United States House Report," Congreso 43, la. sesión, No. 143.

[23] "Notes on Virginia," pregunta 17, "The Writings of Thomas Jefferson," tomo 8, pág. 402.

[24] "The Works of the Honorable James Wilson," tomo 3, pág. 307.

[25] David McAllister, "The National Reform Movement, Its History and Principles," pág. 16, Constitución de la National Reform Association, art. 2.

[26] "The Church and the Government," pág. 7.

[27] "Christian Statesman," 11 de diciembre, 1884, pág. 2.

[28] "History of the International Reform Bureau," pág. 2.

[29] U.S. Senate Judiciary Committee Hearings, "Reorganization of the Federal Judiciary," parte 3, pág. 681.

[30] Federal Council of the Churches of Christ in America, "Report of the First Meeting of the Federal Council, Philadelphia. 1908," págs. 5 6.

[31] Id., pág. 103.

[32] "Correo dominical," en "U. S. House Reports," tomo 2, No. 271, págs. 1-4.

[33] Tomás Newton, "Dissertations on the Prophecies," tomo 2, pág. 296.

[34] Humphrey Prideaux, "The Old and New Testament Connected in the History of the Jews," tomo 2, págs. 78, 79.

[35] Jaime Butler, "Catechism," pág. 34.

[36] Santiago Bellord, "A New Catechism of Christian Doctrine and Practice," págs. 86. 8 7.

[37] "A Catechism of Christian Doctrine,*' No. 2, preparado por orden de] tercer Concilio Plenario de Baltimore, pág.. 65.

[38] Ricardo Challoner, "The Catholic Christian Instructed," pág. 202.

[39] Esteban Keenan, "A Doctrinal Catechism," pág. 174.

[40] Enrique Tuberville, "An Abridgment of the Christian Doctrine," pág 58.

[41] Canónigo Cafferata, "The Catechism Simply Explained," pág. 89.

[42] Alejandro Campbell, "Christian Baptism," pág. 15.

[43] Mateo Henry, "Commentary," tomo 3, pág. 1.065, nota sobre Apocalipsis 13:18.

[44] Adán Clarke, "Commentary on the New Testament," tomo 2, pág. 1.025, comentario sobre Apocalipis 13 :18.

[45] Tomás Newton, "Dissertations on the Prophecies," tomo 2, págs. 298, 299.

[46] Cardenal Manning, "The Temporal Power of the Vicar of Jesus Christ," págs. 140, 141.

[47] J. A. Wylie, "The Papacy," págs. 35, 36.

[48] Véase Cristóbal Coleman, "Constantino the Great and Christianity," pág. 178.

[49] P. Labbé y G. Cossart, "Sacrosancta Concilia," tomo 1, col. 1.539-1.541.

[50] "Corpus Juris Canonici," Lyón, 1622.

[51] Lucio Ferraris, "Prompta Bibliotheca," (Roma, 1890), tomo 6, pág. 43.

[52] "Catholic Encyclopedia" (1913), tomo 6, pág. 48, art, "Ferraris."

[53] Lucio Ferraris, "Prompta Bibliotheca" (edición de 1890), art. "Papa," II, tomo 6, pág. 43.

[54] Cristóbal B. Colernan, "The Treatise of Lorenzo Valla on the Donation of Constantine," pág. 13.

Capítulo 14—Última Amonestación de Dios a un Mundo Impío

VERS. 1-5*: Y miré, y he aquí, el Cordero estaba sobre el monte de Sión, y con él ciento cuarenta y cuatro mil, que tenían el nombre de su Padre escrito en sus frentes. Y oí una voz del cielo como ruido de muchas aguas, y como sonido de un gran trueno: y oí una voz de tañedores de arpas que tañían con sus arpas: y cantaban como un cántico nuevo delante del trono, y delante de los cuatro animales, y de los ancianos: y ninguno podía aprender el cántico sino aquellos ciento cuarenta y cuatro mil, los cuales fueron comprados de entre los de la tierra. Estos son los que con mujeres no fueron contaminados; porque son vírgenes. Estos, los que siguen al Cordero por donde quiera que fuere. Estos fueron comprados de entre los hombres por primicias para Dios y para el Cordero. Y en sus bocas no ha sido hallado engaño; porque ellos son sin mácula delante del trono de Dios.*

UN RASGO admirable de la palabra profética es que en ella no se ve nunca al pueblo de Dios abandonado en una situación desesperada por sus pruebas y dificultades. Después de mostrarle futuras escenas de peligro, la voz de la profecía no lo deja allí, y no necesita adivinar lo que le espera ni dudar siquiera del resultado. Lo lleva hasta el fin, y revela el triunfo de los fieles.

Los primeros cinco versículos de Apocalipsis 14 son un ejemplo de esto. El capítulo 13 termina presentándonos al pueblo de Dios como una compañía pequeña, aparentemente débil e indefensa, en mortal conflicto con las potencias más poderosas de la tierra que el dragón pueda movilizar en su servicio. Con el apoyo de la autoridad suprema del país, se promulga un decreto para que todos adoren la imagen y reciban la marca, so pena de muerte si alguien se niega a obedecer. ¿Qué pueden hacer los hijos de Dios en tal conflicto y en necesidad tan extrema? ¿Qué será de ellos? Miremos hacia adelante con el apóstol, a la siguiente escena del drama que se desarrolla, y ¿qué contemplamos? A la misma compañía de pie sobre el monte de Sión con el Cordero. Pero es una compañía victoriosa, que tañe arpas sinfónicas en los atrios del cielo. Así se nos indica que cuando llegue nuestro conflicto con las potestades de las tinieblas, no sólo estará asegurada la liberación del pueblo de Dios, sino que será inmediata.

Los 144.000—Creemos que los 144.000 que se ven aquí sobre el monte de Sión son los santos que en Apocalipsis 13 nos fueron mostrados como objetos de la ira de la bestia y su imagen.

Se identifican con los sellados descritos en Apocalipsis 7, a los cuales se nos ha mostrado ya como los justos que viven cuando Cristo viene por segunda vez.

Han sido "comprados de entre los hombres" (vers. 4), expresión que sólo puede aplicarse a los que son trasladados de entre los que viven. Pablo trabajó con el anhelo de alcanzar la resurrección de los muertos. (Filipenses 3:11.) Tal es la esperanza de los que duermen en Jesús: la resurrección de los muertos. Una redención de entre los hombres, debe significar algo diferente, y puede significar solamente una cosa, a saber la traslación. De ahí que los 144.000 sean santos que vivirán y serán trasladados cuando se produzca la segunda venida de Cristo. (Véase el comentario sobre el vers. 13.)

¿Sobre qué monte Sión ve Juan a esta compañía? Es el monte de Sión celestial; porque el canto de los tañedores de arpa, que proviene sin duda de esa misma compañía, se oye como proveniente del cielo. Esta es la misma Sión desde la cual el Señor deja oír su voz cuando habla a su pueblo en estrecha relación con la venida del Hijo del hombre. (Joel 3:16; Hebreos 12:25-28;

Apocalipsis 16:17.) Aceptar el hecho de que hay en el cielo un monte de Sión y una Jerusalén es un poderoso antídoto para combatir la falsa doctrina de un segundo tiempo de gracia y un milenario de paz en la tierra.

Unos detalles más tan sólo acerca de los 144.000, en adición a los dados en Apocalipsis 7, exigen nuestra atención:

Tienen el nombre del Padre del Cordero escrito en la frente. En Apocalipsis 7, se dice que tienen el sello de Dios en sus frentes, Se nos proporciona así una clave importante para comprender lo que es el sello de Dios, porque en seguida percibimos que el Padre considera su nombre como su sello. Es, por lo tanto, el sello de la ley aquel mandamiento de ella que contiene el nombre de Dios. El mandamiento del sábado es el único que contenga el título descriptivo por medio del cual se puede distinguir al verdadero Dios de todos los dioses falsos. Dondequiera que estuviese, allí estaba el nombre del Padre. (Deuteronomio 12:5, 14, 18, 21; 14:23; 16:2, 6; etc.) Por lo tanto, quienquiera que guarde este mandamiento tiene el sello del Dios vivo.

Cantan un cántico nuevo que ninguna otra compañía puede aprender. En Apocalipsis 15:3, se lo llama el cántico de Moisés y del Cordero. El cántico de Moisés, como se ve en Exodo 15, celebraba una liberación. Por lo tanto, el cántico de los 144.000 es el cántico de su liberación. Nadie más puede participar en él, porque ninguna otra compañía experimentará lo que ésta ha de experimentar.

"Son los que con mujeres no fueron contaminados." En la Escritura una mujer es el símbolo de una iglesia. Una mujer virtuosa representa una iglesia pura; una mujer corrompida a una iglesia apóstata. Es pues característica de esta compañía que en el momento de su liberación sus miembros no están contaminados con las iglesias caídas de la tierra, ni están relacionados con ellas. Sin embargo, no hemos de entender que nunca tuvieron relación alguna con esas iglesias, porque es únicamente en cierto momento cuando la gente es contaminada por ellas. En Apocalipsis 18:4, hallamos un llamamiento dirigido al pueblo de Dios mientras está en Babilonia, para que salga a fin de no participar en sus pecados. Al prestar oído a ese llamamiento y al separarse de ella, escapan a la contaminación de sus pecados. Así también los 144.000. Aunque algunos de ellos hayan estado alguna vez relacionados con iglesias corrompidas, cortaron esta relación cuando habría sido un pecado continuarla por más tiempo.

Siguen al Cordero dondequiera que vaya. Entendemos que esto se dice de ellos en su estado redimido. Son los compañeros especiales de su glorificado Señor en el reino. Acerca de la misma compañía y del mismo tiempo, leemos: "El Cordero que está en medio del trono los pastoreará, y los guiará a fuentes vivas de aguas." (Apocalipsis 7:17.)

Son "primicias para Dios y para el Cordero." Este término parece aplicarse a diferentes personas para denotar condiciones especiales. Cristo constituye las primicias como antitipo de la gavilla agitada. Los primeros que recibieron el Evangelio son llamados por Santiago "primicias" de cierta clase. (Santiago 1:18.) Así también los 144.000, preparados para el alfolí celestial por las escenas angustiosas que vivieron aquí en la tierra durante los postreros días, trasladados al cielo sin ver la muerte, y elevados a una posición preeminente, son llamados en este sentido primicias para Dios y para el Cordero. Con esta descripción de los 144,000 triunfantes, termina la, cadena profética que se inició con Apocalipsis 12.

VERS. 6, 7: *Y vi otro ángel volar por en medio del cielo, que tenia el evangelio eterno para predicarlo a los que moran en la tierra, y a toda nación y tribu y lengua y pueblo, diciendo en alta voz: Temed a Dios, y dadle honra; porque la hora de su juicio es venida; y adorad a aquel que ha hecho el cielo y la tierra y el mar y las fuentes de las aguas.*

El mensaje del primer ángel—En estos versículos se introducen otra escena y otra cadena de sucesos proféticos. Sabemos que es así porque los versículos anteriores describen a una compañía de los redimidos en el estado inmortal, y se trata de una escena que forma parte de la cadena profética iniciada en el primer versículo de Apocalipsis 12, y cierra la tal cadena de sucesos, pues ninguna profecía va más allá que el estado inmortal. Cuandoquiera que una cadena profética nos lleva al fin del mundo, sabemos que ella termina allí, y que lo introducido ulteriormente pertenece a una nueva serie de acontecimientos. El libro del Apocalipsis en particular se compone de estas cadenas proféticas independientes, como lo han demostrado ya unos cuantos ejemplos.

El mensaje descrito en estos dos versículos es el primero de los que se conocen como "los tres mensajes de Apocalipsis 14." La profecía misma justifica nuestra designación de ellos como el primero, el segundo y el tercero. En uno de los versículos que siguen, el último ángel que se presenta con un mensaje se llama distintamente "el *tercer* ángel," de lo cual deducimos que el precedente era el *segundo* ángel; y el otro anterior, el *primero*,

Estos ángeles son evidentemente simbólicos, pues la obra que se les asigna es la de predicar el Evangelio eterno a la gente. Pero la predicación del Evangelio no ha sido confiada a ángeles literales, sino a los hombres, y éstos son responsables de este cometido sagrado. Por lo tanto, cada uno de esos tres ángeles simboliza a los que son enviados a dar a conocer a sus semejantes las verdades especiales que constituyen estos mensajes.

Los ángeles literales se interesan intensamente en la obra que realiza la gracia entre los hombres, y son enviados a servir a aquellos que han de heredar la salvación. Como hay orden en todos los movimientos y las asignaciones del mundo celestial, no resulta tan fantástico suponer que un ángel literal está encargado de la obra de cada mensaje. (Hebreos 1:14; Apocalipsis 1:1; 22:16.)

Vemos en estos símbolos el agudo contraste que la Biblia establece entre las cosas terrenales y las celestiales. Siempre que se han de representar gobiernos terrenales, aun los mejores de ellos, el símbolo más apropiado que se puede hallar es una fiera. Pero cuando la obra de Dios debe iniciarse, se la simboliza por un ángel revestido de belleza y ceñido de poder.

La importancia de la obra presentada en Apocalipsis 14:6-12 resultará aparente para cualquiera que la estudie atentamente. Cuandoquiera que estos mensajes hayan de ser predicados, habrán de constituir por su misma naturaleza el tema de mayor interés para la generación a la cual toquen. No queremos decir que la gran masa de la humanidad que viva entonces les prestará atención, porque en toda época del mundo fueron demasiados los que pasaron por alto lo que fué la verdad presente para ese tiempo. Pero constituyen el tema al cual prestarán la más ferviente atención quienes comprendan lo que afecta sus intereses más importantes.

Cuando Dios envía a sus ministros a anunciar al mundo que la hora de su juicio es venida, que Babilonia ha caído, y que cualquiera que adorare la bestia y su imagen deberá beber de su ira derramada sin mixtura en la copa de su indignación, pronuncia la amenaza más terrible que se pueda hallar en las Escrituras, y nadie puede, sin peligro para su alma, tratar esta amonestación como cosa no esencial, o pasarla por alto con negligencia y desprecio. De ahí que en toda época sea necesario realizar los esfuerzos más fervientes para comprender la obra del Señor, no sea que perdamos el beneficio de la verdad presente. Esto se aplica especialmente a nuestra época, cuando tantas evidencias nos advierten de la pronta llegada de la crisis final de la tierra.

Este ángel de Apocalipsis 14:6 es llamado "otro ángel," porque Juan había visto antes a un ángel que volaba por el cielo de una manera similar, según se describe en Apocalipsis 8:13, y proclamaba que las tres últimas de las siete trompetas serían ayes. (Véanse los comentarios sobre Apocalipsis 8:13.)

El tiempo del mensaje—Lo primero que debe determinarse es el tiempo en que este mensaje se ha de dar. ¿Cuándo se puede esperar la proclamación: "La hora de su juicio es venida"? La posibilidad de que sea en nuestro propio tiempo hace que resulte esencial para nosotros examinar esta cuestión con seria atención. Pero a medida que avancemos se verán más pruebas positivas de que es así. Ello debiera acelerar todo pulso, y hacer palpitar todo corazón que sienta la sublime importancia de esta hora en la cual vivimos.

Sólo tres opiniones son posibles con respecto al tiempo en que se cumple esta profecía. Son: (1) Que este mensaje se dió en lo pasado, como en los días de los apóstoles, o en los de los reformadores; (2) que se ha de dar en un tiempo futuro; o (3) que pertenece a la generación actual.

Averigüemos primero lo referente a la primera posibilidad. La misma naturaleza del mensaje destruye la idea de que pudiese darse en el tiempo de los apóstoles. Ellos no proclamaron que la hora del juicio de Dios hubiese venido. Si lo hubiesen hecho, no habrían dicho la verdad, y su mensaje habría llevado la estampa infame de la mentira. Ellos tenían algo que decir acerca del juicio, pero indicaron que se realizaría en un futuro indefinido. De acuerdo con las palabras de Cristo mismo, el juicio final de Sodoma y Gomorra, Tiro, Sidón, Corazín y Capernaún, se hallaba en aquella época en un futuro indefinido. (Mateo 10:15; 11:21-24.) Pablo declaró a los atenienses supersticiosos que Dios había señalado un día en el que juzgaría al mundo. (Hebreos 17:31.) Habló ante Félix "de la justicia, y de la continencia, y del juicio venidero." (Hechos 24:25.) A los romanos les escribió acerca de un día en que Dios juzgará los secretos de los hombres por Jesucristo. (Romanos 2:16.) Indicó a los corintios que mirasen hacia un tiempo en que será necesario que "todos nosotros parezcamos ante el tribunal de Cristo." (2 Corintios 5:10.) Santiago escribió a los hermanos dispersos que en algún tiempo futuro serían juzgados por la ley de libertad. (Santiago 2:12.) Tanto Pedro como Judas hablan de los primeros ángeles rebeldes como reservados para el juicio del gran día, aun futuro entonces, para el cual son reservados también los impíos de este mundo. (2 Pedro 2:4, 9; Judas 6.) ¡Cuánto difiere todo esto de la solemne proclamación al mundo de que "la hora de su juicio es venida," presupuesta por la difusión del mensaje que consideramos!

Desde los días de los apóstoles nada ha sucedido que podría interpretarse como cumplimiento de este primer mensaje, hasta que llegamos a la Reforma del siglo XVI. Algunos aseveran que Lutero y sus colaboradores dieron el primer mensaje y que los dos siguientes han sido dados desde entonces. Los hechos históricos se encargarán de decidir la cuestión. ¿Dónde están las pruebas de que los reformadores hicieron una proclamación tal? Sus enseñanzas han quedado registradas en pleno, y conservados sus escritos. ¿Cuándo y dónde despertaron al mundo con la proclamación de que la hora del juicio de Dios había venido? No hallamos anotado que hayan predicado tal cosa.

"Algunos intérpretes suponen que el pasaje arriba citado (Apocalipsis 14:6-11) se refiere a la época de la Reforma y que se cumplió en la predicación de Lutero y los otros personajes eminentes que fueron suscitados en aquel tiempo para proclamar los errores de la iglesia romana.... Pero me parece que estas interpretaciones encuentran objeciones insuperables. El primer ángel tiene por misión predicar el Evangelio en forma mucho más excensa de lo que pudieron hacerlo los reformadores. Lejos de predicarlo a todos los habitantes de la tierra, ni siquiera lo predicaron en toda la Europa cristiana. La Reforma no pudo penetrar en algunos de los reinos más extensos de la jurisdicción romana. Quedó completamente excluída de España, Portugal e Italia. Tampoco podía decirse con lógica y veracidad en el tiempo de la Reforma que había llegado la hora del juicio de Dios. . . . La hora del juicio de Dios es un tiempo bien conocido y definido con exactitud en las profecías cronológicas de Daniel y Juan."[1]

"Yo espero--dijo Lutero--que el postrer día del juicio no esté lejos, y en verdad me persuado de que no tardará trescientos años más; porque la palabra de Dios decrecerá y se obscurecerá por falta de pastores fieles y siervos de Dios. Antes de mucho se oirá la voz: 'He aquí, el esposo viene.' Dios no quiere ni puede tolerar mucho más a este mundo impío; debe presentarse con el día terrible y castigar el desprecio de su Palabra."[2]

Estas anotaciones son decisivas en lo que se refiere a los reformadores. Y como las consideraciones precedentes bastan para impedirnos aplicar al pasado el mensaje del juicio, dedicaremos nuestra atención a la opinión que lo sitúa en una época futura, más allá del segundo advenimiento. La razón que se aduce para situar el mensaje en ese tiempo es el hecho de que Juan vió al ángel volar por en medio del cielo inmediatamente después que vió al Cordero sobre el monte de Sión con los 144.000, lo cual es un acontecimiento futuro. Si el libro del Apocalipsis fuese una profecía consecutiva, este raciocinio tendría peso; pero como consiste en una serie de cadenas proféticas independientes, y como ya se ha demostrado que una de esas cadenas termina con el vers. 5 de este capítulo, y comienza una nueva con el vers. 6, la opinión mencionada no puede sostenerse. Para demostrar que el mensaje no puede hallar su cumplimiento en una época ulterior al segundo advenimiento bastará dar algunas razones.

La comisión apostólica se extendía solamente hasta la "siega," que es el fin del mundo. (Mateo 13:39.) Por lo tanto, si este ángel viene con "el evangelio eterno" después de aquel suceso, predica otro evangelio, y se expone al anatema de Pablo en Gálatas 1:8.

Por supuesto, el segundo mensaje no puede darse antes que el primero, pero el segundo mensaje anuncia la caída de Babilonia, y después de esto se oyó una voz en el cielo que decía: "Salid de ella, pueblo mío." ¡Cuán absurdo sería situar esto después del segundo advenimiento de Cristo, en vista de que todos los hijos de Dios, tanto los vivos como los que estaban muertos, son arrebatados al encuentro de su Señor en el aire, para estar siempre con él. (1 Tesalonicenses 4:17.) Después de esto no se los puede invitar a salir de Babilonia. Cristo no los lleva a Babilonia, sino a la casa del Padre, donde hay muchas mansiones. (Juan 14:2, 3.)

Una mirada al mensaje del tercer ángel, que deberá cumplirse en época futura si tal ha de suceder con el primero, nos revelará aun mejor cuán imposible es sostener esta opinión. Este mensaje da una amonestación contra la adoración de la bestia, que se refiere indisputablemente a la bestia papal. Pero la bestia papal queda destruída y entregada a las llamas cuando venga Cristo. (Daniel 7:11; 2 Tesalonicenses 2:8.) Es echada entonces al lago de fuego, para que no perturbe más a los santos del Altísimo. (Apocalipsis 19:20.) ¿Para qué nos enredaríamos en la inconsecuencia que representa el situar un mensaje contra la adoración de la bestia en un tiempo cuando la bestia dejó de existir, y es imposible adorarla?

En Apocalipsis 14:13 se pronuncia una bienaventuranza sobre los que mueren en el Señor "de aquí adelante," es decir desde el momento en que se empieza a dar el triple mensaje. Esta es una demostración completa de que el mensaje debe ser proclamado antes de la primera resurrección, porque después de ese acontecimiento ya no habría de morir quien tomara parte en él. Por lo tanto, descartamos esta opinión relativa a una época futura como antibíblica e imposible.

La hora del juicio da una nota distintiva—Estamos ahora preparados para examinar la tercera opinión, a saber, que el mensaje pertenece a la generación actual. La consideración de las dos propuestas anteriores ha contribuido mucho a establecer la restante. Si el mensaje no ha sido dado en lo pasado, y no puede ser dado en lo futuro después que venga Cristo, ¿en qué otro lugar puede situárselo sino en la generación actual, puesto que estamos en los postreros días, precisamente antes de la segunda venida de Cristo? En verdad, la misma naturaleza del mensaje lo limita a la última generación humana. Proclama que ha llegado la hora del juicio de Dios. El juicio pertenece al momento final de la obra de salvación que se hace en favor del mundo, y la proclamación de que se acerca no puede realizarse sino cuando nos acercamos al fin. Se demuestra aún mejor que el mensaje pertenece al tiempo actual cuando se prueba que este ángel es el mismo que el de Apocalipsis 10, el cual da su mensaje en esta generación. Para comprobar que el primer ángel de Apocalipsis 14 es el mismo que el de Apocalipsis 10, véanse las explicaciones del capítulo 10.

El Apóstol Pablo que, ante el gobernador romano Félix, disertó sobre "el juicio venidero," proclamó a sus oyentes del Areópago que Dios "ha establecido un día, en el cual ha de juzgar al mundo con justicia, por aquel varón al cual determinó." (Hechos 17:31.)

La profecía de los 2.300 días, de Daniel 8 y 9, apuntaba inequívocamente a esta hora del juicio. Este período profético, el más largo de las Escrituras, va de 457 ant. de J. C. hasta 1844 de nuestra era. Entonces, como ya lo vimos al estudiar la profecía de Daniel, el santuario iba a ser purificado. Esta purificación, de acuerdo con el servicio típico de Levítico 16, era la obra final de la expiación. Que la obra del último día del año en el servicio típico no era sino una figura del día de juicio es algo que se desprende de las citas siguientes:

"El gran Día de Expiación, con sus servicios tan peculiares e impresionantes, caía en el décimo día del mes séptimo.... Era un día en que todo hombre era llamado a ayunar y afligir su alma; a reflexionar con tristeza y penitencia en sus caminos pecaminosos y sus transgresiones.... El que no se afligía así era amenazado con la pena de muerte, como *castigo directo* de la mano de Jehová."[3] "Notemos bien la fecha exacta del Día de Expiación. Caía en el día décimo del mes séptimo. El Jubileo se iniciaba también el mismo día y se anunciaba por el toque de la trompeta solemne, emblema de que *Dios se acercaba* para juzgar."[4]

"Se suponía que el día de Año Nuevo (1° de Tishri) se escribían los decretos divinos, y que en el Día de Expiación (10 de Tishri), eran sellados, y por ello esa década se llamaba la de 'los Días Terribles,' o los 'Diez Días de Penitencia.' Tan pavoroso era el Día de Expiación que un libro del ritual judío nos dice que los mismos ángeles iban de un lugar a otro con temor y temblor, diciendo: *'He aquí que ha venido el Día del Juicio,'* "[5]

" 'Dios, sentado en su trono para juzgar al mundo . . . abre el Libro de los Anales; se lo lee, y allí se encuentra la firma de cada hombre. Suena la gran trompeta; se oye una queda vocecita; los ángeles se estremecen, diciendo: *"Este es el día del juicio."* . . . En el Día de Ano Nuevo se escribe el decreto; en el Día de Expiación queda sellado, quién ha de vivir y quién ha de morir.' " [6]

Uno podría preguntarse si un mensaje de este carácter ha sido dado al mundo, o si se lo está proclamando hoy. Creemos que el gran movimiento del segundo advenimiento del siglo pasado corresponde exactamente a la profecía.

El segundo advenimiento de Cristo es otra nota distintiva—Ya en 1831, Guillermo Miller, de Low Hampton, estado de Nueva York, llegó, por un fervoroso y perseverante estudio de las profecías, a la conclusión de que se acercaba a su fin la era evangélica. Pensaba que esta terminación ocurriría al fin de los períodos proféticos, hacia el ano 1843. Extendió más tarde esa fecha al otoño de 1844. Sus investigaciones fueron un estudio perseverante y lógico de las profecías, porque adoptó una regla de interpretación sana. En ésta se basa toda reforma religiosa, y todo progreso en el conocimiento profético. Dicha regla consiste en tomar todo el lenguaje de las Escrituras como el de cualquier otro libro, en su sentido literal a menos que el contexto o las leyes del lenguaje requieran que se lo entienda figurativamente, y dejar que los pasajes de las Escrituras se expliquen unos a otros. Es verdad que se equivocó en un punto vital, como se explicará más adelante; pero en principio, y en gran número de detalles, tenía razón. Seguía el camino correcto, e hizo un progreso inmenso en comparación con todos los sistemas teológicos de su época. Cuando empezó a proclamar sus opiniones, fueron recibidas muy favorablemente, y se produjeron grandes despertares religiosos en diferentes partes del país.

Pronto una multitud de colaboradores se reunió en derredor de su estandarte. Entre ellos pueden mencionarse hombres como F. G. Brown, Carlos Fitch, Josías Litch, J. V. Himes y otros, que eran entonces hombres eminentes por su piedad y por la influencia que ejercían en el mundo religioso. El lustro transcurrido entre 1840 y 1844 fué una época de intensa actividad y de gran progreso en esa obra. Se proclamó al mundo un mensaje que tenía todas las características requeridas para ser el cumplimiento de la proclamación de Apocalipsis 14:6, 7. Fué en verdad aquel Evangelio del reino que Cristo declaró habría de predicarse en todo el mundo como testimonio a todos los gentiles, y entonces vendría el fin. (Mateo 24:14.) El cumplimiento de cualquiera de estos dos pasajes implica la predicación de la inminencia del fin. El Evangelio no podría predicarse a todas las naciones como *señal* del fin sin ser reconocido como tal, y la proximidad del fin era por lo menos uno de sus temas principales. El *Advent Herald* expresó claramente la verdad al respecto en el lenguaje siguiente:

"Como indicación de la inminencia del fin, se había de ver, sin embargo, 'otro ángel volar por en medio del cielo, que tenía el evangelio eterno para predicarlo a los que moran en la tierra, y a toda nación y tribu y lengua y pueblo.' (Apocalipsis 14:6.) La misión de este ángel era predicar el *mismo* Evangelio que había sido proclamado antes, pero con él se relacionaba el motivo adicional de la proximidad del reino, pues decía 'en alta voz:

Temed a Dios, y dadle honra; porque la hora de su juicio es venida; y adorad a aquel que ha hecho el cielo y la tierra y la mar y las fuentes de las aguas.' (Vers. 7.) Ninguna sencilla predicación del Evangelio, sin anunciar la proximidad del fin, podría cumplir este mensaje."[7]

Las personas que se dedicaban a este movimiento suponían que era cumplimiento de una profecía, y aseveraban que estaban dando el mensaje de Apocalipsis 14:6, 7.

"Quisiera deciros esta noche: 'Temed a Dios, y dadle honra; porque la hora de su juicio es venida,' en un sentido estricto y literal. Estamos ahora al final de aquel postrer día concerniente al cual el apóstol dice: 'Por lo cual sabemos que es el último tiempo.'... Nos hallamos en el anochecer de aquel día, estamos en la última hora de él; y está muy cerca, muy cerca, aun a las puertas. Mis estimados oyentes, os ruego que consideréis que está cerca, a la misma puerta, según todos los que han estudiado este asunto y han buscado la enseñanza de Dios; . . . los cuales declaran unánimemente que . . . el reinado de Cristo se acerca."[8]

"Apocalipsis 14 representa al ángel como volando por en medio del cielo, teniendo el Evangelio eterno para predicarlo a aquellos que moran en la tierra, a toda nación, tribu, lengua y pueblo. Cuando se verifique el acontecimiento indicado por este símbolo, el día del juicio del Señor estará inminente, porque el ángel clama a todos los hombres: 'Temed a Dios, y dadle honra; porque la hora de su juicio es venida.'"[9]

"A todos les incumbe el deber de darles la invitación: 'Temed a Dios, y dadle honra; porque la hora de su juicio es venida,' pero es más especialmente el deber de los ministros de Dios.'"[10]

Pero el movimiento general relativo al segundo advenimiento de Cristo y la proclamación de que "la hora de su juicio es venida," no se limitó al hemisferio occidental. Fué mundial. Cumplió al respecto la proclamación del ángel "a toda nación y tribu y lengua y pueblo." Mourant Brock, clérigo anglicano que acaudilló enérgicamente el movimiento adventista en las Islas Británicas, nos dice:

"No solamente en Gran Bretaña se alberga la esperanza de que pronto vuelva el Redentor, y se eleva la voz amonestadora, sino también en América, en la India y en el continente de Europa. Uno de nuestros misioneros alemanes relató últimamente que en Wurtemberg, hay una colonia cristiana de varios centenares de personas que se distinguen principalmente por esperar el segundo advenimiento. Y un ministro cristiano que viene de cerca de las playas del mar Caspio me ha dicho que existe la misma expectativa diaria entre los de su nación. Hablan constantemente de ella como 'del día de consuelo.' En una pequeña publicación titulada 'El Milenario,' el autor dice que entiende que en América como 300 ministros de la Palabra están predicando así 'este evangelio del reino,' mientras que en este país, añade, hacen lo mismo como 700 de la iglesia anglicana."[11]

El Dr. José Wolff viajó por Arabia, a través de la región habitada por los descendientes de Hobab, cuñado de Moisés. Habla como sigue de un libro que vió en el Yemen:

"Los árabes de este lugar tienen un libro llamado "Seera' que trata de la segunda venida de Cristo, y de su reinado en gloria." "En Yemen . . . pasé seis días con los hijos de los recabitas. . . . No beben vino, ni plantan viñedos, ni siembran, viven en tiendas, y recuerdan las palabras de Jonadab, hijo de Recab. Con ellos había hijos de Israel de la tribu de Dan, que residen cerca de Yerim, en Hadramaut, *quienes esperaban, como los hijos de Recab, la pronta llegada del Mesías en las nubes de los cielos."*[12]

D. T. Taylor habla como sigue concerniente a la amplia difusión de la esperanza adventista:

"En Wurtemberg, hay una colonia cristiana que cuenta con centenares de miembros que esperan el próximo advenimiento de Cristo; también hay otra que tiene la misma creencia en las orillas del mar Caspio. Los molocanes, cuerpo numeroso de disidentes de la iglesia griega rusa, que residen en las playas del Báltico y son un pueblo muy piadoso del cual se dice que 'toma la Biblia sola como credo, y la norma de su fe es sencillamente las Santas Escrituras,' se caracteriza por 'esperar el reinado inmediato y visible de Cristo en la tierra.' En Rusia, la doctrina de la venida de Cristo y su reinado, se predica hasta cierto punto, y la reciben muchos de la clase humilde. Ha sido debatida extensamente en Alemania, particularmente en la parte sur, entre los moravos. En Noruega, han circulado extensamente carteles y libros sobre el advenimiento, y la doctrina ha sido recibida por muchos. Entre los tártaros, de Tartaria, prevalece la expectativa del advenimiento de

Cristo más o menos en este tiempo. Publicaciones inglesas y americanas relativas a esta doctrina han sido enviadas a Holanda, Alemania, la India, Irlanda, Constantinopla, Roma y a casi toda estación misionera del globo. . . .

"El Dr. José Wolff, según las anotaciones que hizo en su diario entre los años 1821 y 1845, proclamó el pronto advenimiento del Señor en Palestina y Egipto, a orillas del mar Rojo, en Mesopotamia, Crimea, Persia, Georgia, a través del Imperio Otomano, en Grecia, Arabia, el Turquestán, Bokara, Afganistán, Cachemira, el Hindostán y el Tibet, en Holanda, Escocia e Irlanda, en Constantinopla, Jerusalén, Santa Elena y también a bordo de su barco en el Mediterráneo, y en la ciudad de Nueva York a todas las denominaciones. Declara haber predicado entre judíos, turcos, mahometanos, persas, hindúes, caldeos, yesidis, sirios y sábeos, y ante bajaes, jeques, chaes, el rey de Organtsh y Bokara, la reina de Grecia, etc. Acerca de sus labores extraordinarias el *Investigator* dice: 'Posiblement nadie ha dado mayor publicidad a la doctrina de la segunda venida del Señor Jesuscristo que este bien conocido misionero al mundo entero. Doquiera vaya, proclama el inminente advenimiento del Mesías en gloria.' "[13] Otro eminente escritor del gran movimiento adventista dice:

"Veo que la advertencia del Señor se oyó en realidad, y que se elevó la voz en la iglesia en aquel mismo tiempo, con referencia a la proximidad del advenimiento, es innegable. Se puede afirmar sin temor de exagerar que desde 1828 hasta 1833 . . . un mayor número de folletos y trabajos destinados a tratar el tema del advenimiento y a declarar su proximidad llegaron al público y recibieron publicidad en los principales periódicos religiosos de la época que el que había aparecido anteriormente en cualquier siglo completo de toda la época transcurrida desde el tiempo de los apóstoles; sí, y probablemente más que en todos los siglos transcurridos desde entonces."'[14]

El error cometido por los adventistas en 1844 no se refería al *tiempo,* como bien lo han demostrado los argumentos referentes a las 70 semanas y a los 2.300 días de Daniel 8 y 9. Se refería a la naturaleza del acontecimiento que había de ocurrir al fin de aquellos días, según se ha comprobado al estudiar lo relativo al santuario de Daniel 8. Suponiendo que la tierra era el santuario, cuya purificación se había de realizar por fuego cuando se manifestase el Señor del cielo, esperaban naturalmente que viniese Cristo al fin de aquellos días. A causa de su equivocación acerca de eso, sufrieron una desilusión aplastante, predicha en la Escritura misma, aunque todo lo que la profecía declaraba, y todo lo que ellos debieran haber esperado, se realizó con exactitud absoluta en ese tiempo. Empezó la purificación del santuario; pero esto no trajo a Cristo a esta tierra, porque la tierra no es el santuario;

y su purificación no entraña la destrucción de la tierra, porque la purificación del santuario se realiza con la sangre de una ofrenda o sacrificio, y no por fuego. Esta fué la amargura del librito para la iglesia. (Apocalipsis 10:10.) Esta fué la venida de Uno como el Hijo del hombre, no a esta tierra, sino al Anciano de días. (Daniel 7:13, 14.) Esta fué la llegada del esposo a las bodas, que se presenta en la parábola de las diez vírgenes de Mateo 25.

Las vírgenes fatuas dijeron entonces a las prudentes: "Dadnos de vuestro aceite; porque nuestras lámparas se apagan." Las prudentes respondieron: "Id antes a los que venden, y comprad para vosotras. Y mientras que ellas iban a comprar, vino el esposo." Esta no es la venida de Cristo a esta tierra, porque es una venida que precede a las bodas; pero las bodas, es decir la recepción del reino (véanse los comentarios sobre Apocalipsis 21), deben preceder su venida a esta tierra para recibir a sus hijos, que han de ser los convidados a la cena de bodas. (Lucas 19:12; Apocalipsis 19:7-9.) Esta venida de la parábola debe ser por lo tanto la misma que la venida del Anciano de días mencionada en Daniel 7:13,14.

"Las que estaban apercibidas, entraron con él a las bodas; y se cerró la puerta." Después que llega el esposo a las bodas, se realiza el examen de los convidados para ver quiénes están listos para participar en la ceremonia, según la parábola de Mateo 22:1-13. Como última cosa antes de las bodas, el Rey entra a ver a los convidados, para averiguar si están todos debidamente ataviados con el vestido de bodas; todo aquel que, después del debido examen, es encontrado con el vestido puesto y aceptado por el Rey, no pierde ya esa vestidura, sino que tiene asegurada la inmortalidad. Pero la idoneidad para el reino es determinada únicamente por el juicio investigador del santuario.

La obra final que se realiza en el santuario, que es la expiación o purificación del mismo, no es por lo tanto otra cosa que el examen de los convidados para ver quiénes tienen el vestido de bodas. Por consiguiente, hasta que se haya terminado esta obra, no se habrá determinado quiénes están "listos" para entrar a las bodas. "Las que estaban *apercibidas,* entraron con él a las bodas." Esta expresión nos hace pasar, desde el tiempo en que llega el esposo a las bodas, a través del período abarcado por la purificación del santuario, o el examen de los convidados. Cuando este examen haya terminado, cesará el tiempo de gracia, y se cerrará la puerta.

Queda ahora aparente la relación que hay entre la parábola y el mensaje que estamos examinando. Presenta un período durante el cual se preparan los convidados a las bodas del Cordero, y es la obra del juicio a la cual el mensaje nos lleva cuando declara: "La hora de su juicio es venida." Este mensaje ha de ser proclamado con fuerte voz. Se proclamó con el poder así indicado entre los años 1840 a 1844, y más especialmente en el otoño de este último año, que nos trajo al fin de los 2.300 días, cuando la obra del juicio se inició al empezar Cristo la purificación del santuario.

Como ya se ha demostrado, esta obra no nos llevó al fin del tiempo de gracia, sino al comienzo del juicio investigador. En esta hora del juicio estamos viviendo ahora. Hoy, como en el período al cual nos hemos referido ya, el mensaje del juicio se está proclamando por toda la tierra. Hoy repercute la solemne proclamación del juicio "a toda nación y tribu y lengua y pueblo, diciendo en alta voz: Temed a Dios, y dadle honra; porque la hora de su juicio es venida; y adorad a aquel que ha hecho el cielo y la tierra y el mar y las fuentes de las aguas." (Apocalipsis 14:6,7.)

Antes de pasar a considerar el mensaje del segundo ángel, contemplemos por un momento la importancia y el significado sublime de la verdad admirable que aquí *se* revela tan claramente. Nos hallamos en el mismo umbral del mundo eterno. El último mensaje de la misericordia de Dios se está dando a toda nación, tribu, lengua y pueblo. En el santuario celestial se están desarrollando las escenas finales del gran plan de salvación. ¡Pensemos en esto! La hora del juicio de Dios *es venida.* El juicio investigador que afecta a cada alma y que precede de inmediato a la venida de Jesús, se está realizando ahora en el cielo. Un vestido de boda, el manto inmaculado de la justicia de Cristo, ha sido provisto a un costo infinito para todos los que quieran aceptarlo. ¿Cómo lo pasaremos tú y yo cuando venga el Rey? "Hijitos míos, estas cosas os escribo, para que no pequéis; y si alguno hubiere pecado, abogado tenemos para con el Padre, a Jesucristo el justo." (1 Juan 2:1.)

VERS. 8: *Y otro ángel le siguió, diciendo: Ha caído, ha caído Babilonia, aquella grande ciudad, porque ella ha dado a beber a todas las naciones del vino del furor de su fornicación.*

El mensaje del segundo ángel—El tiempo de este mensaje queda determinado mayormente por el del primer mensaje. El primero no puede sino preceder al segundo; pero el primero se limita a los postreros días. Sin embargo, el segundo debe ser dado antes del fin, porque ningún movimiento de la clase descrita es posible después de aquel acontecimiento. Es por lo tanto, parte de aquel movimiento religioso que se realiza en los postreros días con referencia especial a la venida de Cristo.

Por lo tanto, conviene preguntar: ¿Qué significa el término "Babilonia"? ¿Qué es su caída? ¿Cómo se produce? En cuanto al significado de la palabra, nos enseñan algo las notas marginales que contienen ciertas Biblias frente a Génesis 10:10 y 11:9. El comienzo del reino de Nimrod fué Babel, o Babilonia. Este nombre significa "confusión," porque Dios confundió allí el lenguaje de los que edificaban la torre. El nombre se usa aquí figurativamente para designar la gran ciudad simbólica del Apocalipsis, probablemente con referencia especial al significado que tiene el término y a las circunstancias en que nació. Se aplica a algo sobre lo cual se puede escribir la palabra "confusión" para especificar sus características principales.

Hay tan sólo tres cosas a las cuales es posible aplicar esta palabra. Son el mundo religioso apóstata en general, la iglesia papal en particular, y la ciudad de Roma. Al examinar estos términos, demostraremos primero qué no es Babilonia.

Babilonia no se limita a la iglesia católica romana. No negamos que esta iglesia es una parte destacada de la gran Babilonia. Parecen aplicarse particularmente a ella las descripciones de Apocalipsis 17. Pero el nombre que lleva en su frente: "Misterio, Babilonia la grande, madre de las fornicaciones y de las abominaciones de la tierra," revela otras relaciones familiares. Si esta iglesia es la madre, ¿quiénes son las hijas? El hecho de que se hable de estas hijas demuestra que, en adición a la iglesia católica romana, hay otros cuerpos religiosos que caen bajo esta designación. Además, debe hacerse un llamamiento en relación con este mensaje: "Salid de ella, pueblo mío." (Apocalipsis 18:1-4.) Como este mensaje se ha de dar en la generación actual, se desprende que, si en Babilonia no se incluye otra iglesia que la católica romana, el pueblo de Dios se encuentra ahora en la comunión de aquella iglesia, y es invitado a salir de ella. Pero ningún protestante estará dispuesto a admitir esta conclusión.

Babilonia no es la ciudad de Roma. El argumento en el cual se basan algunos para afirmar que la ciudad de Roma es la Babilonia del Apocalipsis es como sigue: El ángel le dijo a Juan que la mujer que había visto era la gran ciudad que reinaba sobre los reyes de la tierra, y que las siete cabezas de la bestia eran siete montañas sobre las cuales se asentaba la mujer. Luego, dando a la ciudad y a las montañas un significado literal, al encontrar que Roma estaba edificada sobre siete colinas, aplican la declaración a la Roma literal.

El principio en que se basa esta interpretación supone que la explicación de un símbolo debe ser siempre literal. Se viene al suelo en cuanto se puede demostrar que los símbolos se explican a veces substituyéndolos por otros símbolos, y explicando luego estos últimos. Esto puede hacerse con facilidad. En Apocalipsis 11:3, se introduce el símbolo de los dos testigos. El versículo siguiente dice: "Estas son las dos olivas, y los dos candeleros que están delante del Dios de la tierra." En este caso se dice que el primer símbolo es lo mismo que otro símbolo que se explica claramente en otra parte. Así también en el caso que nos ocupa. "Las siete cabezas son siete montañas," y "la mujer es aquella gran ciudad;" y no resultará difícil demostrar que las montanas y la ciudad se usan simbólicamente. Llamamos la atención del lector a lo siguiente:

Se nos dice en Apocalipsis 13 que una de las siete cabezas fué herida de muerte. Esta cabeza no puede ser, por lo tanto, una montaña literal, porque sería insensato hablar de una montaña herida de muerte.

Cada una de las siete cabezas tiene una corona. Pero ¿quién vió jamás una montaña literal con una corona puesta?

Las siete cabezas son evidentemente diferentes formas de gobierno que se suceden en el transcurso del tiempo, pues leemos:

"Los cinco son caídos; el uno es, el otro aun no es venido." (Apocalipsis 17:10.) Pero las siete colinas sobre las cuales está edificada Roma no son sucesivas, y sería absurdo aplicarles ese lenguaje.

De acuerdo con Daniel 7:6, comparado con Daniel 8:8, *22,* las cabezas denotan gobiernos, y según Daniel 2:35, 44, y Jeremías 51:25, las montañas denotan reinos. De acuerdo con estos hechos, una traducción literal de Apocalipsis 17:9, lo elimina toda obscuridad: "Las siete cabezas son siete montañas sobre las cuales se asienta la mujer, y son siete reyes." Se verá así que el ángel representa las cabezas como montañas, y luego explica las montanas como siete reinos sucesivos. El significado se transfiere de un símbolo al otro, y luego se da una explicación del segundo símbolo.

Del argumento precedente se desprende que "la mujer" no puede representar una ciudad literal, pues las montañas sobre las cuales se sienta la mujer son simbólicas y una ciudad literal no puede asentarse sobre montañas simbólicas. Además, Roma era la silla del dragón de Apocalipsis 12, y el dragón la transfirió a la bestia. (Apocalipsis 13:2.) Llegó a ser así la silla de la bestia; pero sería mezclar en forma singular las figuras hacer una misma cosa de la silla, sobre la cual se sienta la bestia, y una "mujer sentada sobre la bestia."

Si la ciudad de Roma fuese la Babilonia del Apocalipsis, ¡qué incongruencia no tendríamos en Apocalipsis 18:1-4, ya que en este caso la caída de Babilonia sería el derrocamiento y la destrucción de la ciudad, de hecho su consumación completa por el fuego, según el versículo 8! Pero notemos lo que sucede después de la caída. Babilonia llega a ser "habitación de demonios, y guarida de todo espíritu inmundo, y albergue de todas aves sucias y aborrecibles." ¿Cómo puede suceder esto a una ciudad después que ha sido destruída y completamente quemada por el fuego? Además, después de esto, se oye una voz que dice: "Salid de ella, pueblo mío." ¿Están todos los hijos de Dios en Roma? De ninguna manera. ¿Cuántos podríamos suponer que estarían allí para ser invitados a salir después que la ciudad hubiese sido quemada por fuego? No es necesario espaciarse más en el asunto para demostrar que Babilonia no puede ser la ciudad de Roma.

¿Qué significa Babilonia?—Babilonia significa la iglesia universal mundana. Después de haber visto que no puede ser ninguna de las otras dos cosas a las cuales el término podría aplicarse, debe significar esto. Pero no nos vemos reducidos a esta clase de raciocinio con respecto al asunto. A Babilonia se la llama una "mujer." El símbolo de una mujer representa una iglesia. Interpretamos la mujer de Apocalipsis 12 como significando una iglesia. La mujer de Apocalipsis 17 debe interpretarse indudablemente como significando también una iglesia. El carácter de la mujer determina el carácter de la iglesia representada. Una mujer casta representa una iglesia pura, una mujer vil representa una iglesia impura o apóstata. La mujer Babilonia es ella misma una ramera, y la madre de hijas semejantes a ella. Esta circunstancia, como el nombre mismo, demuestra que Babilonia no se limita a un solo cuerpo eclesiástico, sino que debe componerse de muchos. Debe abarcar a todos los que tienen naturaleza semejante, y representar todas las iglesias corrompidas y

apóstatas de la tierra. Esto explicará tal vez el lenguaje de Apocalipsis 18:24, el cual nos indica que cuando Dios demande de la gran Babilonia la sangre de sus mártires, se hallará en ella "la sangre de los profetas y de los santos, y de todos los que han sido muertos en la tierra."

A través de los siglos casi todo país de Europa ha tenido su iglesia oficial del Estado, y la mayoría de esos países tienen actualmente sus religiones establecidas, que se oponen celosamente a los disidentes. Babilonia ha embriagado a todas las naciones con el vino de su fornicación, es decir con sus falsas doctrinas. Por lo tanto, no puede simbolizar sino la iglesia mundana universal. La gran ciudad Babilonia se compone de tres divisiones. Así también las grandes religiones del mundo pueden disponerse en tres agrupaciones. La primera, que es también la más antigua y difundida, es el paganismo, que se simboliza por separado bajo la forma de un dragón. La segunda es la gran apostasía papal, simbolizada por la bestia. La tercera son las hijas, o descendientes de aquella iglesia, simbolizadas por la bestia de dos cuernos, aunque no las abarca todas. La guerra, la opresión, la conformidad con el mundo, el formalismo religioso, el culto de Mamón, la búsqueda de los placeres y la conservación de muchísimos errores de la iglesia católica romana, identifican con triste y fiel exactitud la gran masa de las iglesias protestantes como una parte importante de esta gran Babilonia, objeto de la advertencia.

Un examen de la conducta seguida por la iglesia protestante en ciertas oportunidades lo demostrará aun mejor. Cuando Roma tuvo el poder, destruyó vastas multitudes de aquellos que ella llamaba herejes. La iglesia protestante ha manifestado el mismo espíritu. Lo atestigua la hoguera en la cual hicieron morir a Miguel Serveto los protestantes de Ginebra con Juan Calvino a la cabeza. Lo atestigua la larga opresión de los disidentes por la iglesia anglicana. Lo atestigua el hecho de que aun los padres puritanos de la Nueva Inglaterra ahorcaban a los cuáqueros y azotaban a los bautistas, a pesar de que ellos mismos habían debido huir de una opresión similar de parte de la iglesia anglicana. Pero estas cosas, dirán algunos, pertenecen al pasado. Es verdad, pero demuestran que cuando las personas gobernadas por fuertes prejuicios religiosos pueden ejercer coerción sobre los disidentes, no saben negarse a hacerlo, y esta debilidad se ha de ver en los Estados Unidos como cumplimiento ulterior de la profecía final de Apocalipsis 13.

Cristo quería que su iglesia fuese una. Oró para que sus discípulos fuesen una cosa, como él y su Padre eran una cosa; porque esto daría poder a su Evangelio, e induciría al mundo a creer en él. En vez de esto, consideremos la confusión que existe en el mundo protestante, las muchas paredes divisorias que lo separan en una red de sociedades, y los muchos credos tan discordantes como las lenguas de aquellos que fueron dispersados cuando edificaban la torre de Babel. Dios no es autor de esto. Es el estado de cosas que la palabra "Babilonia" describe apropiadamente. Se usa esta palabra evidentemente con este propósito, y no como un término de oprobio. En vez de llenarse de resentimiento cuando se menciona este término, la gente debiera más bien examinar su situación, y ver si en su fe o práctica se ha hecho culpable de tener alguna relación con esta gran ciudad de la confusión. En tal caso, debe separarse inmediatamente de ella.

La verdadera iglesia es una virgen casta. (2 Corintios 11:2.) La iglesia que se ha unido en amistad con el mundo, es una ramera. Es esta relación ilícita con los reyes de la tierra lo que la constituye la gran ramera del Apocalipsis. (Apocalipsis 17.) Así también la iglesia judía, desposada al principio con el Señor (Jeremías 2:3; 31:32), se transformó en ramera (Ezequiel 16). Cuando esa iglesia apostató de Dios, fué llamada Sodoma (Isaías I), así como "la gran ciudad" (Babilonia) se llama así en Apocalipsis 11. La unión ilícita con el mundo de la cual es culpable Babilonia, es una prueba positiva de que este nombre no designa el poder civil. El hecho de que los hijos de Dios están en su medio inmediatamente antes de su destrucción, es prueba de que profesa ser un cuerpo religioso. Por estos motivos, es muy evidente que la Babilonia del Apocalipsis es la *iglesia profesa que se ha unido con el mundo.*

"Ha caído Babilonia"—La caída de Babilonia recibirá ahora nuestra atención. Después de ver qué constituye Babilonia, no será difícil decidir qué significa la declaración de que ella cayó. Como Babilonia no es una ciudad literal, tampoco puede ser literal su caída. Ya hemos visto cuán absurdo sería esto. Además, la misma profecía establece la más clara distinción entre la caída y la destrucción de Babilonia. Babilonia "cae" antes de ser "derribada" con violencia, como una piedra de molino arrojada al mar, y de ser completamente "quemada con fuego." Por lo tanto, la caída es espiritual, pues después de ella la voz se dirige a los hijos de Dios que están todavía relacionados con ella, y les dice: "Salid de ella, pueblo mío." Luego da inmediatamente la razón: "Porque no seáis participantes de sus pecados, y que no recibáis de sus plagas." Babilonia sigue por lo tanto existiendo en el pecado, y sus plagas la han de alcanzar en un momento futuro después de su caída.

Los que aplican la expresión Babilonia exclusivamente al papado, sostienen que la caída de Babilonia es la pérdida del poder civil por la iglesia papal. Debido a su caída, Babilonia llega a ser guarida de espíritus inmundos y aves aborrecibles; pero tal no es para Roma el resultado de la pérdida del poder civil.

Los hijos de Dios son llamados a salir de Babilonia, a causa del aumento de pecaminosidad que resulta de la caída. Pero la pérdida del poder temporal del papado no constituye una razón adicional por la cual el pueblo de Dios debe abandonar esa iglesia.

Babilonia sufre esta caída espiritual "porque ella ha dado a beber a todas las naciones del vino del furor [no ira, sino intensa pasión] de su fornicación." Esto puede referirse a una sola cosa, a saber, las falsas doctrinas. Ella corrompió las verdades puras de la Palabra de Dios y embriagó a las naciones con fábulas placenteras. Bajo la forma del papado suplantó el Evangelio y lo substituyó por un falso sistema de salvación:

Por la doctrina de la Inmaculada Concepción niega que en Cristo habitó Dios en la carne humana.

Procuró hacer a un lado la mediación de Cristo y colocó en su lugar otro sistema de mediación.

Intentó quitar el sacerdocio de Jesús y substituirlo por un sacerdocio terrenal.

Hizo depender la salvación de la confesión a un hombre mortal y así separó al pecador de Jesús, el único por medio del cual pueden ser perdonados sus pecados.

Rechaza la salvación por la fe como "herejía condenable," y la reemplaza por la doctrina de la salvación por las obras.

Su blasfemia culminante es la doctrina de la transubstanciación, o sacrificio idólatra de la misa, al que ella da el mismo valor "que al de la cruz" y declara que, en algunos sentidos, "tiene ventajas sobre el Calvario," porque por él "se realiza la obra de nuestra redención."

Entre las doctrinas que ella enseña contrariamente a la Palabra de Dios, pueden mencionarse las siguientes:

La substitución de la tradición y la voz de la iglesia como guía infalible en lugar de la Biblia.

El cambio del día de reposo del cuarto mandamiento, o séptimo día, por la fiesta del domingo como descanso del Señor y recuerdo de su resurrección, institución que nunca ha sido ordenada por Dios y que no puede conmemorar apropiadamente aquel suceso. Engendrado por el paganismo como "la desenfrenada fiesta solar de todos los tiempos paganos," el domingo fué llevado a la pila bautismal por el papa y cristianado como institución de la iglesia evangélica. Así se hizo la tentativa de destruir el monumento recordativo que el gran Dios había levantado para conmemorar su magnífica obra de la creación, y se procuró erigir otra en su lugar para conmemorar la resurrección de Cristo, sin motivo, puesto que el Señor mismo había provisto ya una institución con este propósito en el bautismo por inmersión.

La doctrina de la inmortalidad natural del alma. Esta también proviene del mundo pagano, y fueron "los padres de la iglesia" quienes introdujeron esta doctrina perniciosa como parte de la verdad divina. Este error anula las dos doctrinas bíblicas de la resurrección y del juicio general, y abre una puerta al espiritismo moderno. De este error brotaron otras doctrinas funestas como el estado consciente de los muertos, el culto de los santos, la mariolatría, el purgatorio, las recompensas dadas al morir, las oraciones y los bautismos en favor de los muertos, los tormentos eternos y la salvación universal.

La doctrina de que los santos, como espíritus desencarnados, hallan su herencia eterna en regiones lejanas e indefinibles, "más allá de los límites del tiempo y del espacio." Ella desvió a multitudes de personas de la enseñanza bíblica de que esta tierra ha de ser destruída por el fuego en el día del juicio y perdición de los impíos, y que de sus cenizas la voz de la Omnipotencia hará surgir una tierra nueva, que será el futuro reino eterno de gloria que los santos poseerán como herencia eterna.

El bautismo por aspersión, en vez de la inmersión que es el único modo bíblico de bautizar y de conmemorar adecuadamente la sepultura y resurrección de nuestro Señor, de acuerdo al fin al cual estaba destinado. Al corromper este rito y al destruirlo como recuerdo de la resurrección de Cristo, se preparó el terreno para poner en su lugar otra cosa, a saber el descanso dominical.

La enseñanza de que la venida de Cristo es un acontecimiento espiritual, y no literal, que se cumplió en ocasión de la destrucción de Jerusalén, o se está cumpliendo en ocasión de la conversión, de la muerte o por medio del espiritismo. Muchísimos se han visto inducidos por tales enseñanzas a oponerse categóricamente a la doctrina bíblica de que la segunda venida de Cristo es un suceso definido, futuro, literal, personal y visible, que resultará en la destrucción de todos sus enemigos, pero traerá la vida eterna a todos sus hijos.

La doctrina de un milenario temporal, o mil años de paz, prosperidad y justicia por toda la tierra antes de la segunda venida de Cristo. Esta doctrina está especialmente destinada a cerrar los oídos de la gente para que no oigan las advertencias de que se acerca el segundo advenimiento, y adormecerá probablemente a tantas almas en un estado de seguridad carnal que las conducirá a su ruina final como cualquier herejía que haya ideado jamás el gran enemigo de la verdad.

Significado de la caída de Babilonia—Y llegando ahora más particularmente a la aplicación de la profecía referente a la caída de Babilonia, veamos la situación del mundo religioso en relación con la posibilidad de un cambio tal cuando llegó el momento de que se proclamase este segundo mensaje juntamente con el primero, hacia 1844. El paganismo no era sino apostasía y corrupción en el principio, y lo es todavía. Ninguna caída espiritual es posible en él. El catolicismo romano había estado en una condición caída durante muchos siglos. Pero las iglesias protestantes habían iniciado la gran reforma de la corrupción papal y habían hecho una noble obra. Se hallaban, en una palabra, en una posición que les permitía sufrir una caída espiritual. Es por lo tanto inevitable la conclusión de que el mensaje que anuncia la caída se refería casi por completo a las iglesias protestantes.

Puede preguntar alguien por qué no se hizo antes este anuncio, si una parte tan importante de Babilonia había caído desde hacía tanto tiempo. Esta es la respuesta; No se podía decir que Babilonia en conjunto había caído mientras una división de ella permaneciese en pie. No podía anunciarse antes que la condición del mundo protestante empeorase, y éste hubiese sacrificado la verdad, o sea la única senda del progreso. Cuando esto sucedió, y el protestantismo experimentó una caída espiritual, pudo hacerse el anuncio concerniente a Babilonia en conjunto, como no podía hacerse antes: "Ha caído Babilonia."

Tal vez convenga averiguar algo más acerca de cómo habría de aplicarse en ese tiempo a las iglesias protestantes la razón a la cual se atribuye la caída de Babilonia, a saber, porque hizo beber a todas las naciones del vino del furor de su fornicación. La respuesta es: Se les aplicaría en forma muy pertinente. La culpa de Babilonia estriba en su confusión de la verdad y sus falsas doctrinas consiguientes. Debido a que las propaga laboriosamente, y se aferra a ellas cuando se le ofrece la luz y la verdad que las habrían de corregir, se halla en una condición caída. En el caso de las iglesias protestantes, había llegado el momento de subir a un nivel religioso más alto. Podían aceptar la luz y la verdad que se les ofrecía, y alcanzar a ese nivel superior, o podían rechazarlas, y perder su espiritualidad y el favor de Dios, o en otras palabras, experimentar una caída espiritual.

La verdad que Dios consideró propio emplear como instrumento para esta obra fué el mensaje del primer ángel. La doctrina que se predicaba era que la hora del juicio de Dios había llegado, y esto hacía inminente el segundo advenimiento de Cristo. Después de escucharla lo suficiente para ver las bendiciones que acompañaban a la doctrina, y los buenos resultados que producía, las iglesias en conjunto la rechazaron con desprecio y burla. Quedaron así probados los que demostraban claramente que su corazón estaba con el mundo, y no con el Señor, y que así preferían continuar.

Pero el mensaje habría curado los males que existían entonces en el mundo religioso. El profeta exclama, tal vez con referencia a este tiempo: "Curamos a Babilonia, y no ha sanado." (Jeremías 51:9.) ¿Pregunta alguien cómo sabemos que la recepción del mensaje habría tenido ese efecto? Contestamos: Porque tal fué el efecto en todos los que lo recibieron. Salieron de diferentes denominaciones, y las barreras que los separaban quedaron niveladas; fueron reducidos a átomos los credos que estaban en conflicto; abandonaron la esperanza antibíblica de un milenario temporal; corrigieren sus falsas opiniones en cuanto al segundo advenimiento; el orgullo y la conformidad al mundo se desvanecieron; se corrigieron entuertos; los corazones se unieron en la más dulce comunión; reinaron supremos el amor y el gozo. Si la doctrina hizo todo esto en favor de los pocos que la recibieron, *habría hecho lo mismo para todos si la hubieran recibido,* pero el mensaje fué rechazado.

Por todas partes del país se elevó el clamor: "Ha caído Babilonia," y en anticipación del movimiento presentado en Apocalipsis 18:1-4, los que proclamaban el mensaje añadían: "Salid de ella, pueblo mío." Como resultado, millares de personas cortaron sus relaciones con las diversas denominaciones.

Un cambio notable se produjo en las iglesias con respecto a su condición espiritual. Cuando una persona rechaza la luz, se sitúa necesariamente en las tinieblas; cuando rechaza la verdad pone inevitablemente las manos y los pies en los cepos del error. A ello debe seguir una pérdida de la espiritualidad, o caída espiritual. Esto fué lo que experimentaron las iglesias. Decidieron adherirse a los viejos errores, y seguir propagando sus falsas doctrinas entre la gente. Por lo tanto, la luz de la verdad las abandonó.

Algunas de ellas sintieron y deploraron el cambio. Unos cuantos testimonios de sus escritores nos pintan la condición en que quedaron en aquel tiempo.

En 1844, el *Christian Palladium* expresó los siguientes lamentos: "En todas direcciones oímos voces quejumbrosas, llevadas por toda brisa del cielo, heladas como las ráfagas de los témpanos del norte, que se asientan como íncubos en los pechos tímidos y, absorbiendo las energías de los débiles, nos indican que la tibieza, la división, la anarquía y la desolación están angustiando los confines de Sión."[15]

También en 1844 el *Religious Telescope* usó el siguiente lenguaje: "Nunca hemos presenciado una decadencia tan general de la religión como actualmente. . . . Cuando recordamos cuanto escasean los casos de verdadera conversión, y la impenitencia y dureza casi sin parangón de los pecadores, exclamamos casi involuntariamente [con el salmista]: '¿Ha olvidado Dios el tener misericordia? ¿Ha encerrado con ira sus piedades?'"[16]

Más o menos en aquel entonces se publicaron en los periódicos religiosos invitaciones a ayunar y orar por el retorno del Espíritu Santo. Hasta el *Sun* de Filadelfia, publicó lo siguiente en noviembre de 1844: "Los infrascritos, ministros y miembros de diversas denominaciones de Filadelfia y el vecindario, creyendo solemnemente que las actuales 'señales de los tiempos,' a saber, la pobreza espiritual de nuestras *iglesias en general* y los males extremos que reinan en el mundo en derredor nuestro, parecen invitar con fuerte voz a todos los cristianos a *tener momentos especiales de oración,* acordamos por lo tanto, si Dios lo permite, unirnos en *una semana de oración especial al Dios Todopoderoso,* por el derramamiento de su Espíritu Santo en nuestra ciudad, nuestro país y el mundo."[17]

Carlos G. Finney, evangelista bien conocido, dijo en febrero de 1844: "Hemos recordado que, en general, las iglesias protestantes de nuestro país manifestaban apatía u hostilidad hacia casi todas las reformas morales de la época. Hay excepciones parciales, pero no bastan para impedir que ese hecho sea general. Tenemos otro hecho que lo corrobora: la ausencia casi universal de influencias reavivadoras en las iglesias. La apatía espiritual lo domina casi todo, y es terriblemente profunda, como lo atestigua la prensa religiosa de todo el país. . . . *Las iglesias en general están degenerando tristemente.* Se han alejado mucho del Señor, y él se ha retirado de ellas."

En noviembre de 1844, el *Oberlin Evangelist* observó en un artículo editorial:

"Algunos de nuestros periódicos religiosos deploran el hecho de que los reavivamientos han cesado casi en absoluto en nuestras iglesias, como todos ellos lo atestiguan. Hace mucho que no se conocía una época de pobreza tan general. Existe un gran espíritu de reavivamiento político y de celo en todos los departamentos de las operaciones comerciales; pero ¡ay! la decadencia y la muerte se asientan como un íncubo en el seno de la actividad cristiana y del santo amor hacia Dios y hacia las almas. Se conservan las formas externas de la religión; prosigue la rutina de los deberes dominicales; pero en cuanto a los momentos de 'refrigerio de la presencia del Señor' en los cuales el temor sobrecoge al hipócrita, la convicción embarga al pecador y los corazones humildes se aferran a las promesas y luchan poderosamente por la conversión de las almas, estos momentos se conocen solamente en la medida en que se los recuerda dulcemente, como días que fueron pero no existen más."[18]

No sólo sufrieron las iglesias una distinta pérdida de la espiritualidad en 1844, sino que desde entonces la decadencia ha continuado en forma notable.

El *Congregationalist* dijo en noviembre de 1858: "No se ha despertado la piedad en nuestras iglesias hasta el punto de permitirnos esperar confiadamente de ella los frutos legítimos y prácticos que debiera dar. Por ejemplo, debiéramos tener la seguridad de que después de una manifestación de la gracia, se llenarían las tesorerías de nuestras sociedades de benevolencia, así como después de una lluvia abundante los arroyos llenan sus cauces. Pero los administradores de nuestras sociedades lamentan la debilidad de la simpatía y la ayuda prestadas por las iglesias.

"La misma verdad general recibe otra ilustración aun más triste. El *Watchman and Reflector* declaró recientemente que nunca había habido entre las iglesias bautistas tan lamentable difusión de la disensión como la que prevalece actualmente. . . . Bastará echar una mirada a los semanarios de nuestra propia denominación para convencerse de que el mal no se limita a los bautistas."[19]

El principal periódico metodista, el *Christian Advocate,* de Nueva York, publicó en 1883 un artículo del cual copiamos las siguientes declaraciones:

"1. Disfrácese el hecho como se quiera, la iglesia se halla, en sentido general, en rápida decadencia espiritual. Aunque crece en número y en fuerza monetaria, se está volviendo extremadamente débil y limitada en su espiritualidad, tanto en el púlpito como entre los miembros. Está asumiendo la forma y el carácter de la iglesia de Laodicea.

"2. Miles de ministros de las iglesias locales y de las asociaciones y muchos miles de miembros laicos están muertos y son de tan poco valor como higueras estériles. Ningún valor temporal o espiritual tiene su contribución al progreso y a los triunfos del Evangelio por toda la tierra. Si todos estos huesos secos de nuestra iglesia y sus congregaciones pudiesen resucitar y ser requisicionados para un servicio fiel y activo, ¡cuán gloriosas y nuevas manifestaciones del poder divino se verían!"[20]

El redactor del *Western Christian Advocate* escribió en 1893 acerca de su iglesia lo siguiente:

"A la iglesia de los metodistas escribe: La gran dificultad con nosotros hoy estriba en que la salvación de las almas en peligro recibe nuestra última y menor consideración. Muchas de nuestras congregaciones se conducen como clubes sociales. Se han trocado en centros de influencia social. Se procura formar parte de ellos para progresar en la sociedad, en los negocios o en la política. Los predicadores invitados son aquellos que saben 'suavizar los textos para que halaguen cortésmente los oídos, y oculten cuidadosamente la condenación.'

"Los cultos dominicales sirven de ocasiones para ostentar las elegancias de las últimas modas en los atavíos. Aun los pequeñuelos son adornados como si fuesen acólitos del orgullo. Si se leen los 'Reglamentos' es para cumplir con la letra de una ley cuyo espíritu huyó hace mucho. Los registros de las clases están llenos de nombres de personas inconversas. Se pueden encontrar miembros oficiales en los palcos de los teatros y otros lugares donde se lucen vestidos lujosos. Los que reciben la comunión participan en las carreras, dan bailes y partidas de naipes, y asisten a ellas. La distinción que hay entre los que están dentro de la iglesia y los que están afuera es tan obscura que los hombres se sonríen cuando se les solicita que se unan a la iglesia, y a veces nos dicen que fuera de ella encuentran a los mejores hombres.

"Cuando nos dirigirnos a las masas, con demasiada frecuencia lo hacemos con tan ostentosa condescendencia que el respeto propio las ahuyenta de nosotros.

"Y sin embargo, bajo la inflación de los ricos e impíos, nos hemos extendido tanto, que ellos nos resultan necesarios. La aplicación de la letra inequívoca de la disciplina durante un solo año reduciría a *la* mitad el total de nuestros miembros, pondría en bancarrota nuestra sociedad misionera, cerraría nuestras iglesias lujosas, paralizaría nuestros intereses afines, dejaría sin emolumentos y en angustias a nuestros pastores y obispos. Pero subsiste el hecho de que debe acontecer una de dos cosas: o la disciplina debe purificar a la iglesia, o el Espíritu Santo de Dios buscará otros medios organizados. El hacha ha sido puesta a la raíz del árbol. Somos llamados a arrepentirnos. La obra de Dios debe ser hecha. Si estorbamos el camino, él nos eliminará."[21]

El *Independent* de Nueva York, del ¿de diciembre de 1896, contenía un artículo de D. L. Moody, del cual extractamos lo siguiente:

"En un número reciente de su periódico, vi un artículo en el cual un corresponsal declaraba que más de tres mil iglesias de las organizaciones congregacionalistas y presbiterianas de este país no podían informar que el año pasado un solo miembro hubiese sido añadido por profesión de fe. ¿Puede ser esto verdad? Este pensamiento se ha apoderado de tal manera de mí, que no puedo sacarlo de mi mente. Basta para horrorizar el alma de todo verdadero cristiano.

"Si esto sucede en esas dos grandes denominaciones, ¿cuál será la condición de las demás? ¿Vamos a quedarnos todos sentados tranquilos y permitir que esto continúe? ¿Callarán nuestros periódicos religiosos y nuestros púlpitos como 'perros mudos,' que 'no pueden ladrar,' en vez de advertir al pueblo que se acerca el peligro? ¿No elevaremos todos nuestra voz como trompeta acerca de este asunto? ¿Qué debe pensar el Hijo de Dios de semejante resultado de nuestra labor? ¿Qué debe pensar un mundo incrédulo acerca de un cristianismo que no produce más fruto? ¿No nos preocupan las multitudes de almas que bajan a la perdición cada año mientras todos nosotros permanecemos sentados y mirándolas? ¿Dónde estará nuestro país al fin de los próximos diez años, si no nos despertamos?"[22]

La condición de decadencia espiritual en la cual las iglesias en general habían caído como resultado de haber rechazado el mensaje del primer ángel las indujo a aceptar doctrinas erróneas y corrompidas. Durante la última parte del siglo XIX se había de ver un cambio notable en la actitud de los dirigentes y de los feligreses de las iglesias protestantes con respecto a las doctrinas básicas de las Escrituras de verdad. Habiendo rechazado lo verdadero, aceptaban lo falso. La teoría de la evolución, aceptada por muchos dirigentes de las iglesias, estaba, según las palabras de un gran escritor religioso, "expulsando al Creador." Un defensor religioso de la teoría declaró que "la oración es la comunión con mi yo racial íntimo."

Los efectos de la teoría evolucionista sobre la fe de las iglesias son tan aparentes que son muy comunes los comentarios públicos sobre la situación. Cierto profesor de filosofía de una gran universidad observa: "Hoy parece que la gran tradición moral hebrea-cristiana, que es la parte más antigua de nuestra herencia, se está desmoronando ante nuestros propios ojos. . . . La fe en la ciencia se ha fortalecido de tal manera, y ha adquirido tanta suficiencia propia, se ha arraigado tanto en los procesos de nuestra sociedad, que muchos de los que la albergan han perdido todo deseo de combinarla con cualquier otra. . . . El hombre que confía en una ciencia física para describir el mundo no halla donde situar una divinidad. . . . Las filosofías que expresan hoy sus intereses básicos [de los hombres] no se preocupan ya, como en el siglo XIX, de justificar una creencia en Dios y la inmortalidad. Estas ideas han desaparecido sencillamente de cualquier tentativa seria por llegar a comprender el mundo. . . . El actual conflicto de la fe religiosa con la ciencia ya no se refiere a una explicación científica del mundo, sino a una explicación científica de la religión. El efecto realmente revolucionario de la fe científica sobre la religión hoy, no es su nueva visión del universo sino su nueva visión de la religión."[23]

¿Cuál es esa nueva visión de la religión? Lo explica francamente un portavoz del liberalismo moderno:

"Los protestantes liberales han abandonado la creencia en la infalibilidad verbal de la Biblia."[24] "Creemos que Jesús fué un ser humano, no un ser sobrenatural diferente de todos los demás hombres en su calidad. Creemos que nació de la manera normal, y que arrostró los problemas y dificultades de la vida sin ningún refuerzo secreto de poder milagroso. . . . Para nosotros, la muerte de Jesús no es en esencia diferente de la muerte de otros héroes."[25] "Hoy la antigua creencia de que Jesús volverá a aparecer en el cielo para inaugurar un dramático juicio del mundo, sentenciar a Satanás y a los demonios al infierno, y conducir a los ángeles y a los cristianos al paraíso, se ha reducido a la doctrina esotérica de una minoría en vez de ser una convicción universal de enorme influencia en el mundo cristiano. Una vez que un moderno acepta lo que los historiadores le dicen en cuanto a la edad del universo, y una vez que acepta lo que los hombres de ciencia le dicen acerca de la naturaleza del proceso evolucionista, no puede creer que se producirá ¿jamás un desenlace espectacular de los asuntos del mundo como el que esperaban los primeros cristianos."[26] "Nos proponemos tomar del cristianismo antiguo los elementos que parecen tener valor permanente, combinarlos con las convicciones religiosas y las percepciones éticas que han surgido durante los tiempos modernos, y con este material compuesto elaborar una nueva fórmula del mensaje cristiano. Admitimos francamente que nuestro evangelio no es el 'viejo evangelio,' ni siquiera una versión modificada del viejo evangelio que se está proclamando ahora en los púlpitos conservadores. Es el nuestro, lo confesamos, un 'nuevo evangelio.'"[27]

Si el protestantismo hubiera aceptado el mensaje del primer ángel, ello habría permitido a la iglesia ser una luz para todas las naciones. Pero al rechazar el mensaje, traicionó su cometido y dejó a las naciones sin el testimonio de la verdad presente que podrían haber tenido; y como consecuencia ellas andan a tientas en las tinieblas del error y la superstición resultantes de las influencias intoxicantes y estupefacientes del sistema de falsas doctrinas que dicha iglesia edificó y no quiso luego abandonar.

Roberto M. Hutchins, rector de la Universidad de Chicago, al hablar de nuestra condición espiritual, dijo: "No sabemos adónde vamos, ni porqué, y casi hemos renunciado a la tentativa de descubrirlo. Estamos desesperados porque las llaves que habían de abrir las puertas del cielo nos han introducido en una cárcel mayor, pero también más opresiva. Pensábamos que aquellas llaves eran la ciencia y la libre inteligencia del hombre. Han fracasado. Hace mucho que hemos desechado a Dios. ¿A qué podemos apelar ahora?"[28]

En su número del 24 de mayo de 1941, el *Inquirer* de Filadelfia intentó analizar así nuestras condiciones en un artículo editorial: "Parecemos haber llegado a uno de estos momentos portentosos de la historia en que la civilización se detiene espantada en presencia de fuerzas demasiado complejas y demasiado terribles en su potencialidad para ser evaluadas con exactitud. Confrontados por problemas que no pueden ser descartados más que por niños irreflexivos e insensatos de juicio liviano, hemos llegado a la encrucijada donde toda señal indicadora nos deja perplejos. Durante años se han lanzado asaltos cada vez más acerbos contra la religión. Nos parecía que no necesitábamos preocuparnos si 'las antiguas creencias desfallecían y caían.' Parecería que en esta civilización, como en las del pasado cuando se acercaban a su fin inevitable, nosotros, y ese término abarca a toda la humanidad en general, nos hemos vuelto demasiado seguros de nosotros mismos....

"Hemos observado, y muchos de nosotros con poco recelo, el desarrollo de cultos extraños y el recrudecimiento de filosofías paganas. Sin la menor perturbación, hemos presenciado el nacimiento del humanismo moderno, con su negativa de un poder mayor que el nuestro propio; su exaltación del hombre hasta hacerlo igual a su Hacedor. Ahora, cuando la civilización puede estar muñéndose de pie, la barrera de globos de nuestra suficiencia propia está estallando en el espacio. Al fin los seres humanos están empezando a descubrir que no son pequeños dioses, sino tan sólo pequeños hombres."[29]

Pero a fuerza de apartarse de Dios, las iglesias populares llegan finalmente a una condición en que los verdaderos cristianos no pueden seguir relacionados con ellas; y serán invitados a salir. Esto lo veremos en el futuro, en cumplimiento de Apocalipsis 18:1-4. Creemos que vendrá cuando, en adición a sus corrupciones, las iglesias empiecen a levantar contra los santos la mano de la opresión. (Véanse los comentarios sobre Apocalipsis 18.)

VERS. 9-12*: Y el tercer ángel los siguió, diciendo en alta voz: Si alguno adora a la bestia y a su imagen, y toma la señal en su frente, o en su mano, éste también beberá del vino de la ira de Dios, el cual está echado puro en el cáliz de su ira; y será atormentado con fuego y azufre delante de los santos ángeles, y delante del Cordero: y el humo del tormento de ellos sube para siempre jamás. Y los que adoran a la bestia y a su imagen, no tienen reposo día ni noche, ni cualquiera que tomare la señal de su nombre. Aquí está la paciencia de los santos; aquí están los que guardan los mandamientos de Dios, y la fe de Jesús.*

El mensaje del tercer ángel—Este es un mensaje del significado más pavoroso. No puede hallarse en toda la Biblia una amenaza más severa con relación a la ira divina. El pecado contra el cual nos amonesta debe ser un pecado terrible, y debe ser tan claramente definido que todos podrán comprenderlo; y así saber cómo evitar los juicios pronunciados contra él.

Debe notarse que estos mensajes se van añadiendo uno al otro, es decir que uno no cesa cuando se introduce el otro. De manera que por un tiempo el primer mensaje era el único que se proclamaba. Luego fué introducido el segundo mensaje, pero esto no hizo cesar al primero. Desde entonces hubo dos mensajes. Les siguió el tercero, no para reemplazarlos, sino tan sólo para unírseles, de manera que tenemos ahora tres mensajes que se proclaman simultáneamente, o mejor dicho, un mensaje triple, que abarca las verdades de los tres; y el último es, por supuesto, la proclamación culminante. Mientras la obra no se haya terminado, no cesará de ser verdad que la hora del juicio de Dios es venida y que Babilonia cayó. Sigue siendo necesario proclamar estos hechos en relación con las verdades introducidas por el tercer mensaje.

También se notará la relación lógica que hay entre los mensajes mismos. Si consideramos la situación en el momento que precede inmediatamente a la introducción del primer mensaje, vemos que el mundo religioso protestante se hallaba en gran necesidad de reforma. Existían divisiones y confusión en las iglesias. Estas seguían aferradas a muchos errores y supersticiones papales. El poder del Evangelio quedada coartado en sus manos. Para corregir estos males, la doctrina de la segunda venida de Cristo fué introducida y proclamada con poder. Debieran haberla recibido y obtenido de ella una nueva vida. En vez de hacerlo, la rechazaron y sufrieron las consecuencias espirituales. Luego siguió el segundo mensaje, que anunciaba el resultado de aquel rechazamiento, y declaraba lo que no sólo era un hecho en sí mismo, sino un veredicto judicial de Dios sobre las iglesias por su rebelión al respecto; a saber, que Dios las había abandonado, y que habían sufrido una caída espiritual.

Esto no tuvo por efecto despertarlas e inducirlas a corregir sus errores, como podría haberlo hecho si hubiesen estado dispuestas a ser amonestadas y corregidas. ¿Qué sigue? Está preparado el camino para un movimiento más retrógrado aún, para una apostasía más amplia y males aun mayores. Las potestades de las tinieblas seguirán adelante con su obra, y si las iglesias perseveran en esta conducta de rehuir la luz y rechazar la verdad, no tardarán en encontrarse adorando la bestia y recibiendo su marca. Tal será la consecuencia lógica de aquella conducta que iniciaron al rechazar el primer mensaje. Ahora se manda otra proclamación, que anuncia en forma solemne que si alguno hace eso, beberá del vino de la ira de Dios, que es derramado sin mezcla en la copa de su indignación. Esto equivale a decir; Rechazasteis el primer mensaje, y sufristeis una caída espiritual. Si continuáis rechazando la verdad y despreciando las amonestaciones enviadas, agotaréis los últimos recursos de la gracia de Dios, y sufriréis finalmente una destrucción literal sin remedio. Esta es una amenaza tan severa como la puede hacer Dios en esta vida, y es la última. Unos pocos la escucharán y se salvarán, pero la multitud seguirá adelante y perecerá.

La proclamación del mensaje del tercer ángel es el último movimiento religioso especial que se ha de realizar antes que el Señor aparezca, porque inmediatamente después de esto, Juan contempla a Uno como el Hijo del hombre que viene en una gran nube blanca a segar la mies de la tierra. Esto no puede representar otra cosa que la segunda venida de Cristo. Por lo tanto, si la segunda venida de Cristo está a la puerta, ha llegado el momento en que debe realizarse la proclamación de este mensaje. Son muchos los que de viva voz y por escrito enseñan fervientemente que estamos en los últimos días, y que la venida de Cristo está a la puerta; pero cuando les recordamos esta profecía, se encuentran repentinamente como perdidos en el mar, sin ancla, mapa ni brújula. No saben qué hacer con él. Pueden ver tan bien como nosotros que si lo que han estado enseñando con respecto a la venida de Cristo es verdad, y el Señor está cerca, en alguna parte--sí, por toda la tierra--deben oírse las notas amonestadoras de este mensaje del tercer ángel.

Los argumentos referentes a los dos mensajes precedentes fijan la época en que se ha de dar el tercero, y demuestran que pertenece al momento actual. Pero la mejor evidencia de que el mensaje se está proclamando al mundo, se halla en los acontecimientos que demuestran su cumplimiento. Hemos identificado el primer mensaje como proclamación principal del gran movimiento adventista de 1840-1844. Hemos visto el cumplimiento del segundo mensaje en relación con ese movimiento durante el último año mencionado. Miremos ahora qué ha sucedido desde aquel tiempo.

Cuando Cristo no vino en 1844, todo el cuerpo de adventistas se vió sumido en mayor o menor confusión. Muchos renunciaron completamente al movimiento. Muchos más concluyeron que el argumento relativo al tiempo era erróneo, e inmediatamente procuraron reajustar los períodos proféticos, y fijar una nueva fecha para la venida del Señor, labor en la cual han continuado en mayor o menor grado hasta el momento presente, fijando una nueva fecha cada vez que transcurría una. Unos pocos buscaron atenta y sinceramente la causa del error, y se vieron confirmados en su opinión de que el movimiento adventista había sido providencial, y correcto el argumento referente al *tiempo;* pero vieron que se había cometido un error en cuanto al santuario, y que este error explicaba la desilusión. Vieron que el santuario de Daniel 8:14 no era esta tierra, como lo habían supuesto, que la purificación no se realizaba por el fuego, y que la profecía relativa a esto no significaba la venida del Señor. Encontraron en las Escrituras evidencias claras de que el santuario aludido era el templo celestial, que Pablo llama "santuario," el "verdadero tabernáculo que el Señor asentó, y no hombre." Vieron además que su purificación, según la figura, iba a consistir en el ministerio final del sacerdote en el segundo departamento, o lugar santísimo. Comprendieron entonces que había llegado el momento para que se cumpliese Apocalipsis 11:10: "Y el templo de Dios fué abierto en el cielo, y el arca de su testamento fué vista en su templo."

Habiendo sido atraída su atención al arca, se vieron naturalmente inducidos a examinar la ley contenida en el arca. Que el arca contenía la ley se desprendía del mismo nombre que se le aplicaba. Se la llamaba "el arca de su testamento," pero no habría sido el arca de su testamento, y no podría haber sido llamada así, si no hubiese contenido la ley. Allí estaba pues el arca celestial, el gran antitipo del arca que, durante los tiempos de las sombras, existió aquí en la tierra. La ley que contenía esta arca celestial debía ser por consiguiente el gran original del cual la ley de las tablas que había en el arca terrenal no era sino una copia. Ambas estas leyes deben decir precisamente lo mismo, palabra por palabra, tilde por tilde. Suponer otra cosa sería imaginar mentiras. Esta ley sigue siendo pues la ley del gobierno de Dios, y su cuarto precepto, hoy como en el comienzo, exige que se observe el séptimo día de la semana como día de reposo. Nadie que admita el argumento referente al santuario disputa este punto.

Así quedó recalcada la reforma referente al día de reposo, y se vio que todo lo hecho en oposición a esta ley, especialmente al introducir un día de reposo y un culto que destruían el sábado de Jehová, debía ser obra de la bestia papal, la potencia que iba a oponerse a Dios e intentar cambiar sus leyes al procurar ensalzarse por encima de Dios. Pero ésta es precisamente la obra acerca de la cual el tercer ángel pronuncia su amonestación. De ahí que empezaron a ver los creyentes de 1844 que la época del mensaje del tercer ángel sincroniza con la de la purificación del santuario, que se inició al terminar los 2.300 días en 1844, y que la proclamación se basa en las grandes verdades desarrolladas por este tema.

Así resplandeció sobre la iglesia la luz del mensaje del tercer ángel. Sus miembros vieron en seguida que el mundo tenía derecho a exigir de los que profesaban proclamarlo una explicación de todos los símbolos que contiene: la bestia, la imagen, el culto y la marca. De ahí que hicieran de estos puntos asuntos de estudio especial. Encontraron que el testimonio de las Escrituras era claro y abundante, y no necesitaron mucho tiempo para formular, basados en las verdades reveladas, declaraciones y pruebas definidas que explicaban todos estos puntos.

Un mensaje de amonestación—Los argumentos que demuestran lo que constituye la bestia, la imagen y la marca, **se** han presentado ya en los comentarios sobre Apocalipsis 13; y se ha demostrado que la bestia de dos cuernos, que hace una imagen de la bestia e impone su marca, es los Estados Unidos de Norteamérica. Esta obra y estos agentes, contra los cuales lanza su amonestación el mensaje del tercer ángel, constituyen una prueba adicional de que este mensaje debe proclamarse ahora, y revelan la armonía más concluyente en todas estas profecías. No necesitamos repetir los argumentos aquí; bastará recapitular los puntos establecidos.

La "bestia" es la potencia católica romana.

La "marca de la bestia" es aquella institución que esta potencia presenta como prueba de su autoridad para legislar sobre los asuntos de la iglesia, y dominar las conciencias de los hombres para mantenerlos en pecado. Consiste en hacer en la ley de Dios un cambio que le quita la firma real. El sábado, o séptimo día de la semana, que es la gran institución conmemorativa de la obra creadora de Jehová, es arrancado de su lugar en el Decálogo, y se pone en su lugar un día de reposo falsificado, el primer día de la semana.

La "imagen de la bestia" es una combinación eclesiástica que se asemeja a la bestia por estar revestida de poder para imponer sus decretos so pena de castigos de la ley civil.

La "bestia de dos cuernos," que da a la imagen poder de hablar y actuar, representa a los Estados Unidos de Norteamérica, que avanzan hacia la formación de la imagen de la bestia.

La bestia de dos cuernos impone la marca de la bestia, es decir que establece por ley la observancia del primer día de la semana, o domingo, como día de reposo. Ya hemos notado lo que se está haciendo en este sentido. Muchas personas y grupos organizados están entrelazando los mejores fines con una agitación en favor de las leyes religiosas.

Pero la gente no ha de ser dejada en las tinieblas al respecto. El mensaje del tercer ángel lanza una solemne protesta contra todo este mal. Desenmascara la obra de la bestia, revela la naturaleza de su oposición a la ley de Dios, amonesta a la gente contra el cumplimiento de sus demandas, y señala a todos el camino de la verdad. Esto despierta naturalmente oposición, y la iglesia se siente tanto más inducida a procurar la ayuda del poder humano en favor de sus dogmas por cuanto carecen de autoridad divina.

¿Qué ha realizado este mensaje, y qué progreso ha hecho en el mundo hasta ahora? En contestación a estas preguntas, se pueden presentar algunos hechos sorprendentes. La primera publicación que se hizo en interés de él, vió la luz en 1849. Hoy este mensaje se proclama en libros, folletos y periódicos, que se publican en 200 idiomas diferentes, y sostiene 83 casas editoras que, diseminadas por ambos hemisferios, editan 313 periódicos. El valor de las publicaciones que han hecho circular durante 1942 alcanzó a $5.467.664,99 (oro). Su obra de evangelización se realiza en 413 países, y en más de 810 idiomas.

Lo menos que se puede decir de un movimiento tal es que es un fenómeno que requiere explicación. Hemos encontrado movimientos que cumplían en forma sorprendente y exacta los mensajes del primer ángel y del segundo. Aquí tenemos otro que llama la atención del mundo como cumplimiento del tercer mensaje. Asegura ser ese cumplimiento, y pide al mundo que examine las credenciales en que basa sus derechos a hacer un aserto tal. Examinémoslas.

"El tercer ángel lo siguió." Así que este movimiento sigue a los dos mencionados antes. Reanuda y continúa la promulgación de las verdades que ellos proclamaban, y les añade lo que entraña el mensaje del tercer ángel.

El tercer mensaje se caracteriza como amonestación contra la bestia. Así también este movimiento recalca entre sus temas una explicación de este símbolo, expone a la gente lo que es, como también sus asertos y actos blasfemos.

El tercer mensaje amonesta a todos contra la adoración de la bestia. Así también este movimiento explica como esa potencia creó en el cristianismo ciertas instituciones que se oponen a los requerimientos del Altísimo, y demuestra que si las acatamos, adoramos dicha potencia. "¿No sabéis--dice Pablo--que a quien os prestáis vosotros mismos por siervos para obedecerle, sois siervos de aquel a quien obedecéis?" (Romanos 6:16.)

El tercer mensaje amonesta a todos contra la recepción de la marca de la bestia. Así también este movimiento dedica su obra mayormente a demostrar lo que es la marca de la bestia, y a amonestar a la gente contra su recepción. Es tanto mayor su solicitud en ello por cuanto esta potencia anticristiana ha obrado tan astutamente que la mayoría se ha dejado seducir y hace inconscientemente concesiones a su autoridad. Se demuestra que la marca de la bestia es una institución que ha recibido el manto cristiano, y se ha introducido insidiosamente en la iglesia cristiana en forma tal que anula la autoridad de Jehová y entroniza la de la bestia. Despojada de todos sus disfraces, levanta simplemente un día de reposo falsificado propio como el primer día de la semana, en lugar del reposo de Jehová, que es el séptimo día de la semana. Pero es una usurpación que el gran Dios no puede tolerar y de ella debe librarse la iglesia remanente antes que esté preparada para la venida de Cristo. De ahí la urgente amonestación: Nadie adore la bestia ni reciba su marca.

El tercer mensaje tiene algo que decir contra la adoración de la imagen de la bestia. Así también este movimiento habla del tema y explica lo que será la imagen, o por lo menos explica la profecía de la bestia de dos cuernos. Revela dónde se ha de formar la imagen. La profecía concierne a esta generación; y está evidentemente a punto de cumplirse.

Fuera de los adventistas del séptimo día no hay en existencia empresa religiosa alguna que asevere ser un cumplimiento del mensaje del tercer ángel; no hay otra que haga resaltar como sus temas prominentes los asuntos a los cuales se dedica este libro. ¿Qué haremos con estas cosas? ¿Es éste el cumplimiento? Debe reconocérselo como tal, a menos que se puedan desmentir sus asertos: a menos que se pueda demostrar que no se oyeron los mensajes del primer y del segundo; que las interpretaciones dadas a la bestia, la imagen y la adoración no son correctas; y que pueden descartarse completamente todas las profecías, señales y evidencias que demuestran la proximidad de la venida de Cristo, y por consiguiente la necesidad de proclamar el mensaje. Difícil le resultará hacer esto a toda persona que estudie la Biblia con inteligencia.

El fruto de la proclamación presentada en el versículo 12 demuestra aún mejor la exactitud de las interpretaciones ofrecidas. Se menciona allí a una compañía de la cual se dice: "Aquí están los que guardan los mandamientos de Dios, y la fe de Jesús." En el mismo corazón de la cristiandad se está haciendo esta obra, y los que reciben el mensaje se distinguen por su práctica con referencia a los mandamientos de Dios. ¿Cuál es la diferencia que hay en su práctica, y cuál es la única diferencia que hay entre los cristianos al respecto? Tan sólo ésta: Algunos piensan que se guarda el cuarto mandamiento al dedicar el primer día de la semana al descanso y al culto. Otros sostienen que el séptimo día es el que ha sido separado para tales deberes, y de acuerdo con esto santifican sus horas y reanudan sus trabajos comunes el primer día. No podría trazarse entre estas dos clases una raya de demarcación más clara. El tiempo que una clase considera sagrado y destinado a usos religiosos la otra lo mira como secular y lo dedica a la labor común. Una clase descansa píamente, mientras que la otra trabaja celosamente. Mientras una clase atiende sus vocaciones mundanas, encuentra a la otra retraída de todas estas actividades, y esto corta abruptamente todo trato comercial entre ellas. Durante dos días por semana estas dos clases quedan separadas por su diferencia de doctrina y práctica con respecto al cuarto mandamiento. Ningún otro mandamiento podría crear una diferencia tan notable.

El sábado se destaca en el mensaje—El mensaje del tercer ángel induce a sus adherentes a observar el séptimo día, porque sólo de esta manera llegan ellos a distinguirse, por cuanto la observancia del primer día no distinguiría una persona de las masas que ya estaban observando ese día cuando el mensaje fué introducido. Tenemos en esto evidencia adicional de que la observancia del domingo es la marca de la bestia, porque el mensaje, que recalca principalmente la amonestación contra la recepción de la marca de la bestia, inducirá por supuesto a sus adherentes a descartar esta práctica que constituye la marca, y les hará adoptar la conducta opuesta. Los induce a descartar la observancia del primer día de la semana y a adoptar la del séptimo. En vista de esto, se ve inmediatamente que hay más que simples deducciones en favor de que la observancia del domingo es la marca de la bestia contra la cual se nos amonesta, y de que la observancia del séptimo día es lo opuesto, o sea, el sello de Dios.

Esto armoniza con los argumentos referentes al sello de Dios, que se dieron en las observaciones sobre Apocalipsis 7. Se demostró allí que las palabras "señal," "sello" y "marca" son sinónimas, y que Dios nos indica que su sábado es su señal, o sello con referencia a su pueblo. De manera que Dios tiene un sello, que es su sábado. La bestia tiene una marca, que es el día de reposo falsificado. Uno es el séptimo día, la otra el primer día. La cristiandad quedará al fin dividida en dos clases solamente: (1) los que estarán sellados con el sello del Dios viviente, es decir que tendrán su señal y guardarán su sábado; (2) los que recibirán la marca de la bestia, es decir que tendrán su señal y observarán su día de reposo falsificado. Con referencia a este asunto, el mensaje del tercer ángel nos ilumina y nos amonesta.

En vista de que tiene tanta importancia el séptimo día como día de reposo, convendrá presentar aquí los hechos principales que se relacionan con la institución del sábado.

El sábado se fundó al principio, cuando terminó la primera semana. (Génesis 2:1-3.)

Era el séptimo día de aquella semana, y *se* basó en hechos inmutables e inseparablemente relacionados con su propio nombre y existencia. Al reposar Dios en el séptimo día, hizo de él su día de reposo, o sábado (reposo) de Jehová; y nunca podrá dejar de ser su día de reposo, puesto que aquel hecho no puede cambiarse nunca. Dios santificó entonces, o puso aparte aquel día, según nos indica el relato; y esa santificación no ha de cesar nunca, a menos que la elimine un acto de parte de Jehová tan directo y explícito como aquel por medio del cual la concedió a aquel día en el principio. Nadie puede decir que haya hecho esto alguna vez y quien lo dijera no podría probarlo.

Nada tiene el sábado que sea de naturaleza típica o ceremonial, porque fué instituído antes que pecara el hombre, y por esto pertenece a un tiempo en que no podía existir un tipo, sombra o figura.

Las leyes e instituciones que existieron antes de la caída del hombre eran primarias en su naturaleza. Provenían de la relación que había entre Dios y el hombre, y de la que debían sostener los seres humanos entre sí; y habrían conservado para siempre su carácter si el hombre no hubiese pecado, y no hubiese sido afectado por su pecado. En otras palabras, eran por su misma naturaleza inmutables y eternas. Las leyes ceremoniales y típicas debieron su origen al hecho de que el hombre había pecado. De una dispensación a la otra eran sujetas a cambios; y ellas fueron, y tan sólo ellas, abolidas en ocasión de la crucifixión. La ley del sábado era una ley primaria, y por lo tanto inmutable y eterna.

La santificación del sábado en el Edén prueba su existencia desde la creación hasta el Sinaí. Allí fué colocada en el mismo seno del Decálogo cuando Dios lo pronunció con voz audible y lo escribió con su dedo en tablas de piedra. Estas son circunstancias que lo separan para siempre de la leyes ceremoniales, y lo colocan entre las morales y eternas.

El sábado no es indefinido; no es cualquier séptimo día después de seis días de trabajo. La ley del Sinaí (Exodo 20:8-11) lo indica en forma tan definida como lo permite el lenguaje. Los sucesos que le dieron origen (Génesis 2:1-3) lo limitan a un séptimo día definido. Los 6.240 milagros realizados en ocasión del sábado mientras el pueblo de Israel estaba en el desierto, a razón de tres cada semana durante cuarenta años, cuando se proporcionaba una doble provisión de maná el sexto día, se conservaba el maná del sexto día hasta el séptimo día, y no caía maná el séptimo día (Exodo 16), demuestran que es un día particular, y no simplemente una proporción de tiempo. Decir otra cosa sería como aseverar que el aniversario de Wáshington o del día de la Independencia es tan sólo 1/365 de un año, y puede celebrarse en cualquier día igual que el día en que realmente ocurrió.

El sábado es parte de aquella ley que nuestro Señor declaró abiertamente que no había venido a destruir. Por otro lado, afirmó muy solemnemente que subsistiría con todas sus jotas y tildes mientras perdurase la tierra. (Mateo 5:17-20.)

Forma parte de aquella ley que Pablo declaró, no anulada, sino corroborada por la fe en Cristo. (Romanos 3:31.) Por el contrario, la ley ceremonial o típica, que apuntaba a Cristo y cesó cuando él fué crucificado, queda anulada o reemplazada por la fe en él. (Efesios 2:15.)

Forma parte de aquella ley real, la ley que pertenece al rey Jehová, que Santiago declara ley de libertad, y por la cual seremos juzgados en el postrer día. Dios no establece normas diferentes de juicio para diferentes épocas del mundo. (Santiago 2:11, 12.)

Es el "día del Señor" de Apocalipsis 1:10. (Véanse los comentarios sobre ese versículo.)

Se nos presenta como la institución acerca de la cual se predice una gran reforma para los postreros días. (Isaías 56:1, 2 comparado con 1 Pedro 1:5.) Esta reforma abarca también el mensaje que estamos considerando.

En la nueva creación, el sábado, fiel a su origen y naturaleza, vuelve a aparecer, y derramará desde entonces sus bendiciones sobre el pueblo de Dios a través de toda la eternidad. (Isaías 66:22,23.)

Esta es una breve sinopsis de algunos de los argumentos demostrativos de que la ley del sábado no ha sido abrogada ni ha sido cambiada la institución; que no se puede decir de una persona que guarda los mandamientos de Dios a menos que observe su día. Es un alto honor hallarse relacionado con una institución tal; y prestar atención a sus requerimientos reportará una bendición infinita.

Castigo de los que adoran a la bestia—Estos serán atormentados con fuego y azufre en presencia de los santos ángeles y del Cordero. ¿Cuándo se inflige este tormento? En Apocalipsis 19:20 se nos muestra que cuando venga Cristo por segunda vez habrá castigos por fuego que pueden ser llamados lagos de fuego y azufre. En ellos son lanzados vivos la bestia y el falso profeta. Esto puede referirse únicamente a la destrucción que se les inflige al comienzo, y no al fin, de los mil años.

Hay en Isaías un pasaje notable al cual nos vemos obligados a referirnos para explicar las frases de amenaza que pronuncia el tercer ángel, pues describe indudablemente escenas que han de ocurrir aquí en ocasión del segundo advenimiento y mientras la tierra permanece asolada durante los mil años que siguen. Es casi forzoso reconocer que el lenguaje del Apocalipsis reproduce partes de aquella profecía. Después de describir la ira de Jehová manifestada sobre las naciones, la gran matanza de sus ejércitos, y el apartamiento de los cielos como un rollo, el profeta dice:

"Porque es día de venganza de Jehová, año de retribuciones en el pleito de Sión. Y sus arroyos se tornarán en pez, y su polvo en azufre, y su tierra en pez ardiente. No se apagará de noche ni de día, perpetuamente subirá su humo: de generación en generación será asolada, nunca jamás pasará nadie por ella." (Isaías 34:8-10.) En vista de que se revela expresamente que ha de haber un lago de fuego en el cual perecerán todos los pecadores al fin de los mil años, no podemos sino concluir que la destrucción de los impíos vivos al comienzo de este período, y la condenación final de todos los impíos al terminar dicho período, son similares.

La expresión "para siempre jamás," del tercer mensaje (Apocalipsis 14:11), no puede significar la eternidad. Ello es evidente por el hecho de que este castigo se inflige en esta tierra, donde el tiempo se mide por los días con sus noches. Esto se demuestra aún mejor en el pasaje de Isaías ya mencionado, que es, como se ha sugerido ya, de donde se sacó el lenguaje usado, y se aplica al mismo tiempo. Lo que dice Isaías lo aplica a la tierra de Idumea; pero sea que esta expresión designe la tierra literal de Edom, situada al sur y al este de Judea, o que represente, como indudablemente sucede, toda la tierra en el momento en que el Señor Jesús será revelado del cielo en llama de fuego, cuando llegue el año de retribuciones en el pleito de Sión, en cualquier caso la escena tendrá eventualmente un fin. Esta tierra ha de ser finalmente renovada, purificada de toda mancha del pecado, de todo vestigio de sufrimiento y decadencia, y llegará a ser habitación de la justicia y del gozo a través de las edades eternas. La palabra *aion*, aquí traducida "para siempre jamás" queda así definida por G. Abbot-Smith, en su pequeño diccionario griego del Nuevo Testamento: *"Un espacio de tiempo,* como una vida, una generación, un período de la historia, un período indefinidamente largo." De manera que, sin hacer violencia al significado aceptado de la palabra griega, podemos interpretarla aquí en armonía con otras declaraciones categóricas de la Escritura.

El período del mensaje del tercer, ángel es un tiempo de paciencia para el pueblo de Dios. Pablo y Santiago nos dan ambos instrucciones al respecto. (Hebreos 10:36; Santiago 5:7, 8.) Mientras dura, la compañía que aguarda observa los mandamientos de Dios, el Decálogo, y conserva la fe de Jesús, es decir que cumple todas las enseñanzas de Cristo y sus apóstoles según están contenidas en el Nuevo Testamento. El verdadero sábado, según lo presenta el Decálogo, resalta así en vívido contraste con el día de reposo falsificado, la marca de la bestia, que finalmente distingue a los que rechazan el mensaje del tercer ángel.

VERS. 13-16: *Y oí una voz del cielo que me decía: Escribe: Bienaventurados los muertos que de aquí adelante mueren en el Señor. Sí, dice el Espíritu, que descansarán de sus trabajos; porque sus obras con ellos siguen. Y miré, y he aquí una nube blanca; y sobre la nube uno sentado semejante al Hijo del hombre, que tenía en su cabeza una corona de oro, y en su mano una hoz aguda. Y otro ángel salió del templo, clamando en alta voz al que estaba sentado sobre la nube: Mete tu hoz, y siega; porque la hora de segar te es venida, porque la mies de la tierra está madura. Y el que estaba sentado sobre la nube echó su hoz sobre la tierra, y la tierra fué segada.*

Una solemne crisis—Los acontecimientos cobran solemnidad a medida que nos acercamos al fin. Este hecho es el que da al mensaje del tercer ángel, que se está proclamando ahora, una solemnidad e importancia inusitadas. Es la última amonestación que se ha de proclamar antes de la venida del Hijo del hombre, al que se representa aquí como sentado sobre una nube blanca, con una corona en la cabeza, y una hoz en la mano, listo para segar la mies de la tierra.

Estamos recorriendo rápidamente un plazo profético que culmina en la revelación del Señor Jesús desde el cielo en llama de fuego, para vengarse de sus enemigos y recompensar a sus santos. No sólo esto, sino que nos hemos aproximado tanto a su cumplimiento que el siguiente eslabón de la cadena es este acontecimiento culminante y portentoso. El tiempo no retrocede nunca. Como el río no vacila al acercarse al precipicio, sino que arrastra consigo con poder irresistible todos los cuerpos que flotan en él; y como las estaciones no invierten nunca su curso, sino que el verano sigue al enternecimiento de las yemas de la higuera, y el invierno sigue a la caída de las hojas; nosotros también somos llevados hacia adelante, querrámoslo o no, estemos preparados o no, hacia la crisis inevitable e irreversible. ¡Ah! ¡Cuán lejos están de soñar qué suerte arrostrarán pronto los que profesan orgullosamente su religión y los pecadores negligentes! ¡Cuán difícil es comprender esto, aun para los que conocen la verdad y profesan seguirla!

Una bendición prometida—Una voz del cielo le ordenó a Juan que escribiese: "Bienaventurados los muertos que de aquí adelante mueren en el Señor," y la respuesta del Espíritu es: "Sí, . . . que descansarán de sus trabajos; porque sus obras con ellos siguen." "De aquí adelante" debe significar desde algún momento particular. ¿Qué momento? Evidentemente, el comienzo del mensaje en relación con el cual se dice esto. Pero ¿por qué son bienaventurados los que mueren desde este momento? Por alguna razón especial debe haberse pronunciado esta bienaventuranza sobre ellos. ¿No será porque escapan al tiempo de terrible peligro que los santos han de encontrar al acercarse al fin de su peregrinación? Aunque son así bienaventurados en común con todos los justos muertos tienen sobre ellos la ventaja de pertenecer indudablemente a aquella compañía que resucitará para vida eterna en la resurrección especial de Daniel 12:2.

Es de notar que en esta cadena profética tres ángeles preceden al Hijo del hombre que viene en la nube blanca, y tres de ellos son introducidos después de ese símbolo. Ya se ha expresado la opinión de que los ángeles literales participan en las escenas aquí descriptas. Los tres primeros tienen a su cargo los tres mensajes especiales. El mensaje del cuarto ángel se ha de proclamar evidentemente después que el Hijo del hombre termine su obra sacerdotal y se siente en la nube blanca, pero antes que aparezca en las nubes de los cielos. Como las palabras se dirigen a aquel que está sentado en la nube blanca, teniendo en la mano una hoz aguda lista para la siega, debe denotar un mensaje de oración de parte de la iglesia, después que ella terminó su obra en favor del mundo, cuando ya cesó el tiempo de gracia, y sólo falta que el Señor aparezca y lleve a su pueblo consigo. Es indudablemente el clamor de día y de noche que menciona nuestro Señor en Lucas 18:7, 8, en relación con la venida del Hijo del hombre. Esta oración será contestada; los escogidos serán vengados; porque ¿no dice acaso la parábola: "¿Y Dios no hará justicia a sus escogidos, que claman a él día y noche?" El que está sentado en la nube arrojará su hoz, y los santos, representados por el trigo en la tierra, serán recogidos en el alfolí celestial.

El trigo recogido—"El que estaba sentado sobre la nube--dice la profecía--echó su hoz sobre la tierra, y la tierra fué segada." Estas palabras nos llevan más allá del segundo advenimiento con sus escenas acompañantes de destrucción para los impíos y de salvación para los justos. Debemos por lo tanto buscar más allá de estas escenas la aplicación de los versículos siguientes.

VERS. 17-20: Y salió otro ángel del templo que está en el cielo, teniendo también una hoz aguda. Y otro ángel salió del altar, el cual tenía poder sobre el fuego, y clamó con gran voz al que tenía la hoz aguda, diciendo: Mete tu hoz aguda, y vendimia los racimos de la tierra; porque están maduras sus uvas. Y el ángel echó su hoz aguda en la tierra, y vendimió la viña de la tierra, y echó la uva en el grande lagar de la ira de Dios. Y el lagar fué hollado fuera de la ciudad, y del lagar salió sangre hasta los frenos de los caballos por mil y seiscientos estadios.

El lagar de la ira de Dios—Los últimos dos ángeles tienen algo que ver con los impíos, a quienes representan en forma muy idónea los purpúreos racimos de la viña de la tierra. ¿No será que la suerte final de aquella clase al fin de los mil años nos es presentada aquí, y la profecía nos muestra lo que sucede finalmente tanto a los justos como a los impíos: los justos quedan revestidos de immortalidad, establecidos en salvo en el reino, mientras que los impíos perecen fuera de la ciudad? Es difícil aplicar esto al tiempo del segundo advenimiento, porque los acontecimientos se dan aquí en orden cronológico, y la destrucción de los impíos sería contemporánea con el recogimiento de los justos. Además, los impíos que están vivos cuando viene Cristo beben de la copa de su ira. Pero este pasaje nos presenta el momento en que perecen en el lagar de su ira, acerca del cual se dice que fué hollado "fuera de la ciudad," lo cual corresponde totalmente a la descripción de Apocalipsis 20:9, donde se denota en forma más natural su destrucción completa y final.

El ángel sale del templo, donde se guardan los registros y se determinan los castigos. El otro ángel tiene poder sobre el fuego. Esto puede relacionarse con el hecho de que el fuego es el agente que destruye al final a los impíos, aunque, para seguir con la figura, se compara a los impíos con los racimos de la viña de la tierra, y se dice que son echados en el gran lagar que es hollado fuera de la ciudad. Del lagar sale sangre que llega hasta los frenos de los caballos. Sabemos que los impíos están condenados a ser absorbidos al fin por una llama devoradora que bajará del cielo de Dios, pero no sabemos qué matanza precedente debe realizarse entre la hueste condenada. No es improbable que estas expresiones se cumplirán literalmente. Como los primeros cuatro ángeles de esta serie denotaron un movimiento notable de parte del pueblo de Dios, los dos últimos pueden denotar lo mismo; porque los santos han de desempeñar cierto papel en la determinación y ejecución del castigo final de los impíos (1 Corintios 6:2; Salmo 149:9.)

Los santos triunfantes—Esta profecía termina como otras, con el triunfo de Dios, de Cristo y de los redimidos.

Notas del Capítulo 14:

[1] Guillermo Cuninghame, "A Dissertation on the Seals and Trumpets of the Apocalypse," pág. 255.

[2] Martin Lutero, "Familiar Discourses," págs. 7, 8.

[3] Alberto Whalley, "The Red Letter Days of Israel," pág. 101.

[4] id., pág. 116.

[5] F. W. Farrar, "The Early Days of Christianity," págs. 237, 238.

[6] "Jewish Encyclopedia," tomo 2, pág. 286.

[7] Editorial en "The Advent Herald," 14 de diciembre, 1850, pág. 364.

[8] J. M. Campbell, 'The Everlasting Gospel."

[9] Juan Bayford, "The Messiah's Kingdom," pág. 283.

[10] J. W. Brooks, "Elements of Prophetical Interpretation," págs. 166, 167.

[11] Mourant Brock, "Glorification," nota al pie de las págs. 10, 11.

[12] José Wolff "Narrative of a Mission to Bokhara," págs. 40, 42.

[13] D. T. Taylor, "The Voice of the Church," págs. 343, 344.

[14] Guillermo Cuninghame, "A Dissertation on the Seals and Trumpets of the Apocalypse." pág. 443.

[15] "El remedio," en la revista "Christian Palladium," 15 de mayo, 1844, pág. 409.

[16] "Gran pobreza espiritual," en el periódico "Religious Telescope," 4 de diciembre, 1844, pág. 76.

[17] "Philadelphia Sun," 11 de noviembre, 1844.

[18] "Reavivamientos," en la revista "Oberlin Evangelist," 20 de noviembre, 1844, pág. 189.

[19] "Amplitud de la cultura cristiana," en la revista "Congregationalist," 19 de noviemb re, 1858, pág. 186.

[20] "Christian Advocate," de Nueva York, 30 de agosto, 1883, pág. 549.

[21] "Western Christian Advocate," 19 de julio, 1893, pág. 456.

[22] Dwight L.. Moody, en el "Independent," de Nueva York, 3 de diciembre, 1896, pág. 1.

[23] Juan Herman Randall, en la revista "Current History," junio, 1929 págs. 359-361.

[24] Santiago Gordin Gilkey, "A Faith to Affirm," pág. 3. Con autorización de los editores, Macmillan Company.

[25] Id., págs. 9, 10.

[26] Id., pág. 24.

[27] Id., pág. 26.

[28] Roberto M. Hutchins, citado en "The Christian Century," 24 de enero, 1934.

[29] "Inquirer," de Filadelfia, 24 de mayo, 1941, pág. 10.

Capítulo 15—Se Preparan los Cálices de la Ira Divina

ESTE capítulo introduce las siete postreras plagas, manifestación de la ira sin mezcla del cielo, volcada en plena medida sobre la última generación de los impíos. La obra de la misericordia habrá terminado entonces para siempre.

VERS. 1-8*: Y vi otra seña] en el cielo, grande y admirable, que era siete ángeles que tenían las siete plagas postreras; porque en ellas es consumada la ira de Dios. Y vi asi como un mar de vidrio mezclado con fuego; y los que habían alcanzado la victoria de la bestia, y de su imagen, y de su señal, y del número de su nombre, estar sobre el mar de vidrio, teniendo las arpas de Dios. Y cantan el cántico de Moisés, siervo de Dios, y el cántico del Cordero, diciendo: Grandes y maravillosas son tus obras, Señor Dios Todopoderoso; justos y verdaderos son tus caminos, Rey de los santos. ¿Quien no te temerá, oh Señor, y engrandecerá tu nombre? porque tu solo eres santo; por lo cual todas las naciones vendrán, y adorarán delante de ti, porque tus juicios son manifestados. Y después de estas cosas miré, y he aquí el templo del tabernáculo del testimonio fué abierto en el cielo; y salieron del templo siete ángeles, que tenían siete plagas, vestidos de un lino limpio y blanco, y ceñidos alrededor de los pechos con bandas de oro. Y uno de los cuatro animales dió a los siete ángeles siete copas de oro, llenas de la ira de Dios, que vive para siempre jamás. Y fué el templo lleno de humo por la majestad de Dios, y por su potencia; y ninguno podía entrar en el templo, hasta que fuesen consumadas las siete plagas de los siete ángeles.*

Una escena preparatoria—Esto es lo que nos dice el capítulo 15. Nos hace recorrer una nueva serie de acontecimientos. Todo el capítulo no es sino una introducción para los juicios más terribles que el Todopoderoso hará caer jamás sobre la tierra: las siete postreras plagas. Lo que contemplamos aquí es una solemne preparación para el derramamiento de estas copas sin mezcla de misericordia. El vers. 5 demuestra que las plagas caerán después que haya cesado el ministerio del santuario, porque el templo está abierto antes que sean derramadas. Son dadas a siete ángeles vestidos de lino puro y blanco, emblema adecuado de la pureza de la justicia de Dios manifestada en estos castigos. Reciben estas copas de uno de los cuatro seres vivientes. En los comentarios sobre Apocalipsis 4 se demostró que estos seres vivientes asistían a Cristo en la obra realizada por él en el santuario. ¡Cuán apropiado es entonces que les toque entregar a los ministros de la venganza los cálices de la ira que han de derramarse sobre aquellos que despreciaron la misericordia de Cristo, abusaron de su longanimidad, acumularon oprobio sobre su nombre y le crucificaron de nuevo al perseguir a sus discípulos! Mientras que los siete ángeles cumplen su terrible misión, el templo se llena de la gloria de Dios y nadie *(oudeís,* ningún ser) podía entrar allí. Esto demuestra que terminó la obra de misericordia, puesto que no hay ministerio en el santuario durante el derramamiento de las plagas. De ahí que son manifestaciones de la ira de Dios sin mezcla de misericordia.

El pueblo de Dios recordado—Los hijos de Dios no quedan olvidados en esta escena. En los vers. 2-4 se le permite al profeta contemplarlos anticipadamente como vencedores sobre el mar que tenía apariencia de vidrio mezclado con fuego. Cantan el cántico de Moisés y del Cordero mientras están sobre esa expansión chispeante de gloria. El mar de vidrio sobre el cual están estos vencedores, es el mismo que el presentado en Apocalipsis 4:6, como situado delante del trono en el cielo. En vista de que nada prueba que haya cambiado de lugar, y como se ve a los santos sobre él, encontramos aquí una prueba indubitable, corroborada por Apocalipsis 14:1-5 de que los santos son llevados al cielo a recibir parte de su recompensa. En esta forma, como si el sol resplandeciente atravesara de repente una nube de la medianoche, alguna escena es presentada o alguna promesa dada a los humildes discípulos del Cordero en toda hora de tentación, para asegurarles el amor y cuidado de Dios tanto como la certidumbre de su recompensa final. "Decid al justo--escribió antaño Isaías--que le irá bien," pero, "¡Ay del impío! Mal le irá." (Isaías 3:10, 11.)

El himno que cantan los vencedores, el cántico de Moisés y del Cordero, nos es dado aquí en epítome: "Grandes y maravillosas son tus obras, Señor Dios Todopoderoso; justos y verdaderos son tus caminos, Rey de los santos." Es un canto de infinita grandeza. ¡Cuánto abarcan sus términos! ¡Cuán sublime es su tema! Evoca las obras de Dios que son una manifestación de su gloria. Con visión inmortal los santos podrán comprenderlas como no pueden hacerlo en su condición actual, aunque la astronomía revela lo suficiente para llenar de admiración todos los corazones. De nuestro pequeño mundo pasamos a nuestro sol, a 155 millones de kilómetros de distancia; de allí al sol más cercano al nuestro, a cuarenta billones de kilómetros de él; luego a la doble estrella polar, cuya luz necesita cuatrocientos años para llegar a nuestro mundo, y cruzando muchos sistemas, grupos y constelaciones, llegamos a la gran estrella Rígel, en Orión, que resplandece con la potencia de 15.000 astros como nuestro sol. ¡Qué será entonces el gran centro alrededor del cual giran estas miríadas de orbes resplandecientes! Bien puede exclamar el canto: "Grandes y maravillosas son tus obras." Pero el cántico menciona también otra cosa, la providencia y la gracia de Dios: "Justos y verdaderos son tus caminos, Rey de los santos." Todo el trato de Dios con todas sus criaturas quedará para siempre vindicado a los ojos de los redimidos y a la vista de todos los mundos. Después de toda nuestra ceguera, todas nuestras perplejidades, todas nuestras pruebas, podremos exclamar al fin en la exuberancia del gozo satisfecho: "Justos y verdaderos son tus caminos, Rey de los santos."

Capítulo 16—Las Siete Plagas Devastan la Tierra

VERS. 1, 2*: Y oí una gran voz del templo, que decía a los siete ángeles: Id, y derramad las siete copas de la ira de Dios sobre la tierra. Y fué el primero, y derramó su copa sobre la tierra; y vino una plaga mala y dañosa [úlcera maligna y gravosa, V.M.] sobre los hombres que tenían la señal de la bestia, y sobre los que adoraban su imagen.*

ESTE capítulo describe las siete copas de la ira de Dios sin mezcla de misericordia, y los efectos que se producen cuando ellas son derramadas en la tierra. Lo primero que preguntamos es: ¿Cuál es la interpretación verdadera de estas cosas? ¿Son simbólicas? ¿Se habrán cumplido mayormente en lo pasado? ¿O son literales, y pertenecen al futuro?

El tiempo de las plagas—La descripción de la primera plaga revela claramente y en seguida el tiempo en que caerá sobre la tierra, porque es derramada sobre los que tienen la marca de la bestia y adoran su imagen, precisamente las cosas contra las cuales nos amonesta el tercer ángel. Esta es una prueba concluyente de que estos juicios no caerán hasta después que este tercer ángel haya terminado su obra, y de que la clase de personas que oye su amonestación y la rechaza, será la que reciba las primeras gotas de la indignación de Dios cuando rebosan los cálices. Si estas plagas están en lo pasado, también hay que situar allí la imagen de la bestia y su adoración. Si éstas son cosas pasadas, la bestia de dos cuernos, que hace esta imagen, y toda su obra pertenecen también al pasado. Si tal es el caso, entonces el mensaje del tercer ángel, que nos amonesta con referencia a esta obra, es también pasado; y si se dió hace siglos, entonces el mensaje del primer ángel y el del segundo pertenecen también al pasado. Entonces los períodos proféticos, sobre los cuales se basan los mensajes, especialmente los 2.300 días, terminaron hace siglos. Si tal es el caso, las 70 semanas de Daniel 9 pertenecen completamente a la época judía, y queda destruída la gran prueba de que Cristo fué el Mesías. Pero en las observaciones sobre Apocalipsis 7, 13 y 14, se ha demostrado que el primer mensaje y el segundo se dieron en nuestra propia época; que el tercero se está cumpliendo ahora; que la bestia de dos cuernos subió al escenario y se está preparando para realizar la obra que le ha sido asignada;

y que la formación de la imagen y la imposición de su culto están precisamente por suceder. A menos que todas estas opiniones puedan refutarse, las siete postreras plagas deben asignarse también por completo al futuro.

Pero tenemos todavía otros motivos para situarlas en lo futuro y no en lo pasado.

Bajo la quinta plaga, los hombres blasfeman a Dios por causa de sus dolores y plagas, a saber, por supuesto, las llagas o úlceras causadas por el derramamiento de la primera plaga. Esto demuestra que estas plagas caen todas sobre una misma generación de hombres, algunos de los cuales son indudablemente arrebatados por cada una, pero otros sobreviven a través de todas las terribles escenas.

Estas plagas son el vino de la ira de Dios sin mezcla de misericordia, con el cual el tercer ángel amenazó al mundo. (Apocalipsis 14:10; 15:1.) Las expresiones usadas allí no pueden aplicarse a otro juicio alguno que caiga sobre la tierra mientras Cristo intercede con su Padre en favor de nuestra familia humana caída. Por lo tanto, debemos situar esas plagas en lo futuro, a saber, para cuando haya terminado el tiempo de gracia.

Otro testimonio más definido con respecto al comienzo y la duración de estas plagas se halla en estas palabras: "Y fué el templo lleno de humo por la majestad de Dios, y por su potencia; y ninguno podía entrar en el templo, hasta que fuesen consumadas las siete plagas de los siete ángeles." (Apocalipsis 15:8.) El templo presentado aquí es evidentemente el que se menciona en Apocalipsis 11:19: "Y el templo de Dios fué abierto en el cielo, y el arca de su testamento fué vista en su templo." En otras palabras, tenemos delante de nosotros el santuario celestial. Cuando los siete ángeles que tienen las siete copas de oro reciben sus órdenes, el templo se llena de humo por la gloria de Dios, y nadie puede entrar en el templo, o santuario, hasta que los ángeles hayan cumplido su obra. No habrá por lo tanto ministerio sacerdotal en el santuario durante ese tiempo. Por consiguiente, estas copas no se derraman antes que se haya clausurado el ministerio de Cristo en el tabernáculo celestial, sino inmediatamente después. Cristo ya no es mediador. La misericordia, que durante tanto tiempo detuvo la mano de la venganza, ya no intercede más. Los siervos de Dios han sido todos sellados. ¿Qué podría esperarse sino castigo y destrucción para la tierra?

Puesto que estos juicios han de caer en un futuro muy cercano, cuando se manifieste el día de la ira, procedamos a averiguar su naturaleza raleza, y cuál será el resultado cuando desde el templo se dé a los siete ángeles la solemne y terrible orden; "Id, y derramad las siete copas de la ira de Dios sobre la tierra." Aquí se nos invita a echar una mirada a la "armería" de Jehová, y a contemplar las "armas de su indignación." (Jeremías 50:25, V.M.) Aquí se descubren los depósitos de granizo que se reservan para el tiempo de angustia, para el día de batalla y guerra. (Job 38:22, 23.)

La primera plaga—"Y fué el primero, y derramó su copa sobre la tierra; y vino una plaga mala y dañosa sobre los hombres que tenían la señal de la bestia, y sobre los que adoraban su imagen." (Véase también Zacarías 14:12.)

No hay motivo aparente para no considerar esto como estrictamente literal. Estas plagas son casi idénticas a aquellas que Dios infligió a los egipcios cuando estaba por libertar a su pueblo del yugo de servidumbre, de cuya realidad nadie puede dudar. Dios está por recompensar a su pueblo con la liberación final y la redención, y sus juicios se manifestarán de una manera no menos literal y terrible. No *se nos* dice cuál es la naturaleza de las llagas o úlceras. Tal vez sean similares a la plaga de tumores que cayó sobre Egipto. (Exodo 9:8-11.)

VERS. 3: Y el segundo ángel derramó su copa sobre el mar, y se convirtió en sangre como de un muerto; y toda alma viviente fué muerta en el mar.

La segunda plaga—Es difícil concebir una substancia más infecciosa y mortífera que la sangre de un muerto; y es ciertamente espantoso el cuadro evocado por el pensamiento de que los grandes depósitos de agua de la tierra, que son indudablemente designados por el término mar, se hayan de transformar de tal manera bajo esta plaga. Fijémonos aquí en el hecho notable de que la expresión "alma viviente" se aplica a seres irracionales, como los peces y otros animales del mar. Es posiblemente el único caso en que se aplica de esta manera en nuestra versión, pero en los idiomas originales se presenta con frecuencia, y ello demuestra que el hecho de que el término se aplique al hombre en el comienzo (Génesis 2:7) no nos proporciona prueba alguna de que esté dotado de una esencia inmaterial e inmortal llamada alma.

VERS. 4-7: *Y el tercer ángel derramó su copa sobre los ríos, y sobre las fuentes de las aguas, y se convirtieron en sangre. Y oí al ángel de las aguas, que decía: Justo eres tu, oh Señor, que eres y que eras, el Santo, porque has juzgado estas cosas: porque ellos derramaron la sangre de los santos y de los profetas, también tú les has dado a beber sangre; pues lo merecen. Y oí a otro del altar, que decía: Ciertamente, Señor Dios Todopoderoso, tus juicios son verdaderos y justos.*

La tercera plaga—Tal es la descripción que se hace de la terrible retribución exigida por la "sangre de los santos" que derramaron manos violentas, y cae sobre los que han cometido o desean cometer tales acciones. Aunque nos resulten incomprensibles los horrores de aquella hora en que las fuentes de las aguas y los ríos serán como sangre, la justicia de Dios quedará vindicada, y aprobados sus juicios. Hasta los ángeles exclaman: "Justo eres tú, oh Señor, . . . porque has juzgado estas cosas: porque ellos derramaron la sangre de los santos y de los profetas. . . . Ciertamente, Señor Dios Todopoderoso, tus juicios son verdaderos y justos."

Puede ser que alguien pregunte cómo puede decirse que la última generación de los impíos ha derramado la sangre de los santos y los profetas, puesto que no se ha de dar muerte a la última generación de santos. Hallaremos la explicación si leemos Mateo 23:34, 35; 1 Juan 3:15. Estos pasajes demuestran que la culpabilidad proviene tanto de los motivos como de las acciones. Ninguna generación formuló jamás un propósito más resuelto de entregar a los santos a la matanza sin discriminación, que el que se trazará en un futuro no lejano la generación actual. (Véanse los comentarios sobre Apocalipsis 12:17; 13:15.) Por sus motivos y designios, derraman la sangre de los santos y de los profetas, y son tan culpables como si pudieran ejecutar sus perversas intenciones.

Parecería que ningún miembro de la familia humana hubiera de sobrevivir mucho tiempo si durase una plaga tan terrible corno ésta. Por lo tanto, debe ser de corta duración, como lo fué la plaga similar que cayó sobre Egipto. (Exodo 7:17-21, 25.)

VERS. 8, 9: *Y el cuarto ángel derramó su copa sobre el sol; y le fué dado quemar a los hombres con fuego. Y los hombres se quemaron con el grande calor, y blasfemaron el nombre de Dios, que tiene potestad sobre estas plagas, y no se arrepintieron para darle gloria.*

La cuarta plaga—Debe notarse que toda plaga sucesiva tiende a aumentar la calamidad de las anteriores y a recalcar la angustia de los culpables. Se nos presenta aquí una plaga dolorosa y molesta que hace sufrir a los hombres, inflama su sangre, y ejerce su influencia febrífica en sus venas. Además, no obtienen sino sangre para placar la sed que los devora. Y para colmo, se da al sol un poder insólito, y derrama sobre ellos un torrente de fuego, de modo que se sienten abrasados por el gran calor. Pero, según el relato, sus sufrimientos no logran sino arrancarles terribles blasfemias.

VERS. 10, 11: *Y el quinto ángel derramó su copa sobre la silla de la bestia; y su reino se hizo tenebroso, y se mordían sus lenguas de dolor; y blasfemaron del Dios del cielo por sus dolores, y por sus plagas, y no se arrepintieron de sus obras.*

La quinta plaga—Ese testimonio establece un hecho importante. Las plagas no destruyen inmediatamente todas sus víctimas, porque algunos de los que al principio fueron aquejados por las llagas, viven todavía cuando se vacía la quinta copa, y se roen la lengua de dolor. En Éxodo 10:21-23 se hallará una ilustración de esta copa. Es derramada sobre la silla de la bestia, el papado. La silla de la bestia se halla dondequiera que esté la sede papal, que ha estado hasta ahora, y sin duda continuará, en la ciudad de Roma. "Su reino" abarca probablemente todos aquellos que son súbditos eclesiásticos del papa, doquiera estén.

Como los que sitúan las plagas en lo pasado consideran ya cumplidas completamente las primeras cinco, nos detenemos aquí un momento para preguntar en qué momento pasado se han cumplido estos castigos anunciados aquí. ¿Pueden haber sido infligidos juicios tan terribles sin que nadie lo sepa? Si no, ¿en qué punto de la historia se cumplieron? ¿Cuándo cayó la plaga mala y dañosa sobre una parte especificada y extensa de la humanidad? ¿Cuándo se transformó el mar en sangre de hombre muerto, y murió toda alma viviente que había en él? ¿Cuándo se transformaron las fuentes de las aguas y los ríos en sangre, y la gente hubo de beber sangre? ¿Cuándo quemó el sol a los hombres con fuego hasta el punto de arrancarles maldiciones y blasfemias? ¿Cuándo se royeron la lengua de dolor los súbditos de la bestia, al mismo tiempo que blasfemaban contra Dios a causa de sus llagas? En estas plagas, dice la inspiración, se completa la ira de Dios, pero si pueden caer sin que nadie lo sepa, ¿quién considerará de aquí en adelante su ira como cosa tan terrible, o procurará rehuir sus juicios cuando se vea amenazado por ellos?

VERS. 12-16: *Y el sexto ángel derramó su copa sobre el gran rio Éufrates; y el agua de él se secó, para que fuese preparado el camino de los reyes del Oriente. Y vi salir de la boca del dragón, y de la boca de la bestia, y de la boca del falso profeta, tres espíritus inmundos a manera de ranas: porque son espíritus de demonios, que hacen señales, para ir a los reyes de la tierra y de todo el mundo, para congregarlos para la batalla de aquel gran día del Dios Todopoderoso. He aquí, yo vengo como ladrón. Bienaventurado el que vela, y guarda sus vestiduras, para que no ande desnudo, y vean su vergüenza. Y los congregó en el lugar que en hebreo se llama Armagedón.*

La sexta plaga—¿Qué es el gran río Éufrates, sobre el cual se derrama esta copa? Algunos opinan que es el río Éufrates literal, que corre en Asia. Otros, que es un símbolo de la nación que ocupa el territorio por el cual fluye dicho río. Esta última opinión es preferible por muchas razones.

Sería difícil comprender qué se habría de ganar con el secamiento del río literal, puesto que no ofrece obstáculos serios al progreso de un ejército en marcha. Es de notarse que el secamiento se produce para preparar el camino de los rayes del Oriente, es decir organizaciones militares regulares, y no una muchedumbre mixta y sin equipo, de hombres, mujeres y niños, como eran los hijos de Israel frente al mar Rojo o al río Jordán. Éufrates tiene solamente unos 2.200 kilómetros de longitud, o sea la tercera parte de los que tiene el Misisipí. Sin dificultad alguna, Ciro desvió todo el río de su cauce cuando sitiaba a Babilonia. Durante las numerosos guerras que se han reñido a lo largo de sus riberas, muchos ejércitos poderosos han cruzado y vuelto a cruzar su cauce, sin que jamás fuese necesario secarlo para dejarlos pasar.

Sería tan necesario secar el río Tigris como el Éufrates, porque el primero es casi tan grande como el último. Sus fuentes se hallan a unos 25 kilómetros solamente una de otra en las montañas de Armenia, y el primero sigue un curso casi paralelo y a corta distancia del último en todo su recorrido. Sin embargo, la Biblia no dice nada del Tigris.

El secamiento *literal* de los ríos se produce bajo la cuarta plaga, cuando se da al sol poder de quemar a los hombres con fuego. Durante esta plaga se producen indudablemente las escenas de sequía y hambre tan gráficamente descritas por Joel, y como resultado de ellas, se declara expresamente que "los ríos de las aguas se secaron." (Véase Joel 1:14-20.) Difícilmente podría el Éufrates ser exceptuado de este castigo; y no le quedaría ya mucha agua para secarlo literalmente bajo la sexta copa.

Estas plagas, de acuerdo con la misma naturaleza del caso, deben ser manifestaciones de ira y juicios contra los hombres; pero si el secamiento del Éufrates literal es todo lo que se presenta aquí, esta plaga no es de esta índole, y no resulta ser muy grave.

Con todas estas objeciones contra la posibilidad de considerar aquí el Éufrates como río literal, debe entenderse figurativamente ese nombre como símbolo de la potencia que, al comenzar este secamiento posea el territorio regado por aquel río. Todos concuerdan en que esta potencia fué Turquía. De ahí que podemos buscar el cumplimiento de las especificaciones de esta profecía en algo que afecte definidamente a la nación turca.

El río es usado así como símbolo en otros lugares de las Escrituras. (Véase Isaías 8:7; Apocalipsis 9:14.) Con referencia a este último texto, todos deben conceder que el Éufrates simboliza la potencia turca; y como es la primera y única otra vez que esta palabra se presenta en el Apocalipsis, es muy propio considerar que conserva el mismo significado en todo el libro.

El secamiento del río sería, pues, la disminución del poderío turco, la reducción gradual de sus fronteras. Esto es lo que ha sucedido realmente.

En su apogeo, el imperio otomán se extendía por el este hasta el Tigris y el mar Caspio; por el sur hasta Adén, e incluía a Arabia, Palestina, Egipto, Argelia; por el norte abarcaba el reino de Hungría, los países balcánicos, Crimea. Turquía guerreó repetidas veces contra los ejércitos más poderosos de Europa, con Alemania, Rusia y otras naciones. Llevó sus conquistas hasta el interior del Asia, y recibió pedidos de ayuda de la India. Pero este poderoso azote de la cristiandad no superó sus límites. En los acontecimientos que produjeron la crisis de 1840, casi se desmoronó, y desde entonces ha estado declinando rápidamente. Consideremos algunas de sus pérdidas.

Turquía perdió el reino de Hungría en 1718; la Crimea en 1774; Grecia en 1832; Rumania, Montenegro y Bulgaria en 1878; Tripolitania en 1912; Egipto en 1914, Mesopotamia le fué quitada por Gran Bretaña en 1917. Perdió Palestina en 1917; Siria en 1918; el Hechaz más o menos al mismo tiempo. Al finalizar la primera guerra mundial, los Dardanelos y Constantinopla fueron internacionalizados, y la capital turca se trasladó a Angora. Turquía recobró de los griegos la Anatolia occidental, inclusive Esmirna; recuperó la porción occidental de Armenia y las fuentes del Éufrates, como también su antigua capital, Constantinopla, en Europa, y una porción de Tracia; pero aun así le queda poco territorio a este imperio que fué una vez poderoso. Su dominio se ha ido reduciendo provincia tras provincia, hasta que le queda apenas una sombra de sus antiguas posesiones. Por cierto que la nación simbolizada por el Éufrates se está secando.

Pero se puede objetar que mientras contendemos por el carácter literal de las plagas, vemos un símbolo en una de ellas, y así la hacemos simbólica. Contestamos que no. Es verdad que, bajo la sexta plaga, se introduce una potencia en su forma simbólica, así como sucede bajo la quinta, donde se menciona la silla de la bestia, que es un símbolo bien conocido; o como leemos también en la primera plaga algo acerca de la marca de la bestia, su imagen y su adoración, que son también símbolos. Todo lo que recalcamos es que los castigos resultantes de cada copa tienen carácter literal. En el caso de la sexta plaga esto es así como con todas las demás, aunque las organizaciones que sufren estos juicios pueden ser presentadas en su forma simbólica.

La batalla de Armagedón—Puede preguntarse: ¿Cómo quedará preparado el camino de los reyes del Oriente por el secamiento, o consunción, del poder otomano? La respuesta es obvia. ¿Para qué se ha de preparar el camino de estos reyes? ¿No es para que suban a la batalla del gran día del Dios Todopoderoso? ¿Dónde se ha de pelear esta batalla? La respuesta del profeta es que los que pelean esta batalla serán congregados "en el lugar que en hebreo se llama Armagedón." Este nombre proviene del antiguo valle de Meguido, donde en tiempos del Antiguo Testamento se riñeron tantas batallas decisivas, según lo atestigua la historia. Acerca del nombre de Armagedón, dice Lyman Abbott, en un diccionario de conocimientos religiosos;

"Este nombre se da a la gran llanura de la Palestina central que se extiende desde el Mediterráneo hasta al Jordán, y separa las sierras del Carmelo y de Samaria de las de Galilea. . . . Es la antigua llanura de Meguido, el Armagedón de Apocalipsis 16:16."[1] Acerca de la importancia de este campo de batalla, Jorge Cormack dice:

"Meguido era la clave militar de Siria, Dominaba a un tiempo el camino hacia el norte, hacia Fenicia y Celesiria, y el camino que cruzaba Galilea hacia Damasco y el valle del Eufrates. . . . El valle de Kishon y la región de Meguido eran campos de batalla inevitables. A través de toda la historia conservaron ese carácter; allí se decidieron muchas de las grandes contiendas del sudoeste de Asia."[2]

Admitiendo que "Meguido era la clave militar de Siria" y que dominaba los caminos del Cercano Oriente, el lector tendrá, sin embargo, interés en saber por qué, además de la declaración profética directa de que la batalla final se peleará allí, esta región haya de ser escogida por las naciones de la tierra como escenario del último gran conflicto. Para responder a esta pregunta lógica sometemos las conclusiones de otros escritores cuyos anos de investigación acerca de las razones sociales, económicas y políticas que inducen a las naciones a pelear, los hacen acreedores a nuestra consideración.

"Con la caída de la soberanía otomana . . . se volverá a suscitar la eterna cuestión de la posición del Asia Menor. Esa tierra es el corredor entre Europa y Asia, a lo largo del cual han pasado la mayoría de los conquistadores europeos que invadieron el Asia, con la sola excepción de los rusos, y la mayoría de los conquistadores asiáticos que invadieron a Europa."[3]

Notemos ahora la opinión que, acerca de Constantinopla y sus alrededores, ha sostenido durante mucho tiempo H. Huntington Powers: "Constantinopla con su estrecho tributario es el sitio más estratégico del mundo. . . . Cuando Napoleón y el zar Alejandro se sentaron en Tilsit para dividirse el mundo entre sí, Alejandro dijo a Napoleón, según se afirma: 'Dénos o quítenos lo que quiera, pero dénos Constantinopla. Mi pueblo está preparado a hacer cualquier sacrificio por Constantinopla.' Napoleón estuvo inclinado largo rato sobre el mapa, y luego enderezándose con resolución repentina, contestó: '¡Constantinopla! ¡Nunca! Significa el dominio del mundo.'. . . Tanto los mercaderes como los estrategos consideran a Constantinopla como la más valiosa de las posesiones territoriales."[4]

Leemos, además, acerca de cómo el interés del mundo se ha transferido de Constantinopla a la Turquía Asiática:

"El problema de Constantinopla ha dejado perplejo y angustiado al mundo durante muchos siglos. Las naciones han reunido numerosas guerras y han sacrificado innumerables vidas para poseer o controlar esa gloriosa ciudad y los admirables estrechos que separan a Europa de Asia y que conectan el Mar Negro con el Mediterráneo, el Oriente con el Occidente, el mundo eslavo con el latino-germánico. Hasta aquí se creyó generalmente que una tentativa de decidir la cuestión de Constantinopla llevaría inevitablemente a una guerra mundial entre los Estados que pretendieran hacerlo, pues su acuerdo era imposible. De ahí que los diplomáticos miraran con temor la cuestión de Constantinopla y la consideraran insoluble. . . . Sin embargo, aunque podemos regocijarnos de que el siempre amenazante problema de Constantinopla ha sido por fin eliminado, parece posible que otro problema, mucho mayor y peligroso, se suscite casi inmediatamente en su lugar. La cuestión de la Turquía Asiática está pasando al primer plano."[5]

Debido a que el territorio durante tanto tiempo ocupado por los turcos domina las grandes rutas comerciales de tres continentes, fué siempre codiciado por cuantos ambicionaran llegar a ejercer el dominio mundial. El descubrimiento de grandes yacimientos de petróleo en el Cercano Oriente ha aumentado enormemente el deseo de las naciones por poseer el Asia Menor y la región regada por el Éufrates. En verdad el descubrimiento de que las palabras de Job 29:6: "Y la piedra me derramaba ríos de aceite," no era una hipérbole sino una verdad literal, ha inducido a toda nación de primera categoría a reconocer que esos yacimientos de petróleo, por su parte bien comparables a los del hemisferio occidental, constituirían una posesión inestimable en las manos de los que quieran dominar el mundo comercial y militar.

Pero, ¿por qué se habrían de interesar los reyes del Oriente en esa cuestión que afecta en forma definida al Cercano Oriente? No nos olvidemos de que la historia nos dice que tres veces ya fué invadido el Cercano Oriente por conquistadores orientales y que esas invasiones dieron ricas recompensas a los invasores. En vista de que todo el Oriente está en trance de renacimiento, no es ilógico que sus gobiernos también codicien el oro líquido del valle del Éufrates.

En una entrevista concedida por el general británico Sr. Ian Hamilton a Kingsbury Smith, corresponsal de la agencia noticiosa International News Service, mientras el general Hamilton hablaba de la amenaza que para la civilización occidental y europea representa la penetración asiática, predijo que "el lugar donde Europa intente detener la penetración asiática llegará a ser el último campo de batalla de todo tiempo y señalará el fin de la civilización." Dijo además: "He estudiado cuidadosamente el mapa y el lugar más propicio para que Europa haga frente y rechace al Asia se llama Meguido, o, en algunos mapas, Armagedón."[6]

De lo que dicen estos escritores parecería desprenderse que si ejércitos poderosos como los que podrían movilizar "los reyes de la tierra y de todo el mundo" se hubiesen de reunir en alguna parte situada entre el antiguo valle de Meguido y las vastas expansiones del valle del Eufrates y del Asia Menor, para pelear la "batalla de aquel gran día del Dios Todopoderoso," se cumpliría ciertamente la profecía en lo que se refiere al territorio designado por el término "Armagedón."

Durante siglos los territorios de Palestina y del Éufrates han estado bajo el dominio de gobernantes mahometanos, responsables ante la nación turca. Es, por lo tanto, lógico creer que Turquía llegará a su fin antes de que los reyes de la tierra hagan desembocar sus ejércitos en aquel territorio. El fin de Turquía prepara el terreno para la batalla del Armagedón.

Los tres espíritus inmundos—Un suceso digno de notarse bajo esta plaga es la salida de los tres espíritus inmundos para congregar a las naciones para la gran batalla. El espiritismo, que ya se ha difundido por el mundo, resultaría muy adecuado para hacer esta obra. Pero alguien preguntará si es posible que una obra ya en pleno desarrollo puede ser designada por la expresión que consideramos, en vista de que con ella la profecía no introduce los espíritus hasta el derramamiento de la sexta plaga, que es todavía cosa futura. Contestamos que en éste, como en muchos otros movimientos, los instrumentos que el cielo designa como los que serán empleados en el cumplimiento de ciertos fines pasan por un proceso de preparación preliminar para el papel que han de desempeñar. Así que, antes que los espíritus puedan tener una autoridad tan absoluta sobre la especie humana como para congregarla para la batalla contra el Rey de reyes y Señor de señores, deben primero afianzar su influencia entre las naciones de la tierra, y hacer que su enseñanza sea recibida como de autoridad divina y su palabra como ley. Esta obra se está realizando ahora, y una vez que el espiritismo haya adquirido plena influencia sobre las naciones en cuestión, ¿qué instrumento más adecuado podría emplearse para congregarlas en tan temeraria y desesperada empresa?

A muchos puede parecerles increíble que las naciones estén dispuestas a empeñarse en una guerra tan desigual como sería el subir en batalla contra el Señor de los ejércitos; pero engañar es una de las ocupaciones de estos espíritus de demonios, porque van realizando milagros y con ellos engañan a los reyes de la tierra, para que crean una mentira.

Una declaración que hizo sir Eduardo Grey, mientras hablaba en la Cámara de los Comunes, demuestra que algunos grandes estadistas reconocen que los espíritus de demonios influyen en las naciones para incitarlas a la guerra. Al describir la acción de estas fuerzas, el ministro de Relaciones Exteriores británico dijo: "Es realmente como si en la atmosfera del mundo obrase alguna influencia maligna, que perturba y excita a cada una de sus partes."[7]

Ramsay MacDonald, dos veces primer ministro de Gran Bretaña, dijo:

"Parecería que estuvieran todos hechizados, o que obraran bajo alguna condenación a ellos impuesta por los demonios. . . . Los pueblos empezaron a sentir que había algo demoníaco en las operaciones que se realizan ahora para acrecentar los ejércitos, las marinas y las fuerzas aéreas."[8]

El origen de estos espíritus denota que obrarán en tres grandes divisiones religiosas de la humanidad, que son representadas por el dragón, la bestia y el falso profeta, es decir el paganismo, el catolicismo romano y el protestantismo apóstata.

Pero, ¿en qué consiste la fuerza de la recomendación hecha en el versículo 15? El tiempo de gracia debe haber terminado, y Cristo debe haber dejado su cargo de mediador, antes que empiecen a caer las plagas. ¿Corre algún creyente el peligro de caer después de esto? Se notará que esta advertencia se da en relación con la obra de los espíritus. De ello se deduce que es retroactiva, y se aplica desde el momento en que estos espíritus empiezan a obrar hasta el fin del tiempo de gracia. Por el empleo del presente en lugar del pasado en el tiempo gramatical de los verbos, que es permisible en el griego, el pasaje corresponde a esta forma: Bienaventurado es aquel que haya velado y guardado sus vestiduras, puesto que la vergüenza y desnudez de cuantos no hayan hecho esto se verá especialmente en este tiempo.

"Los congregó." ¿Quiénes son los mencionados aquí como "congregados," y cuál es el instrumento empleado para congregarlos? Si la palabra "los" se refiere a los reyes del vers. 14, no es instrumento bueno el que los ha de congregar; pero si el sujeto del verbo "congregó" es "espíritus," ¿por qué está el verbo en singular? El carácter peculiar de esta construcción ha inducido a algunos a leer así el pasaje: "Y él [Cristo] los congregó [a los santos] en un lugar que se llama en hebreo Armagedón [la ciudad ilustre, o Nueva Jerusalén]." Pero esta interpretación es insostenible.

Notemos lo que dice exactamente el pasaje. La palabra que se traduce por "espíritus" es *pneumata,* substantivo plural. De acuerdo a una ley del idioma griego, cuando un substantivo plural es del género neutro, como *pneumata,* requiere que el verbo esté en singular. Por consiguiente, en el versículo 14, el verbo "salir" que tiene a los "espíritus" como sujeto, está en singular en el original griego. Igualmente, cuando la narración se reanuda después del paréntesis de exhortación del vers. 15, el verbo "congregó" está también en singular en el griego para concordar con "salir" del vers. 14, puesto que los dos verbos tienen el mismo sujeto, a saber "espíritus." Es, por lo tanto, muy razonable traducir así el vers. 16: "Ellos [los espíritus] los congregaron [a los reyes] en un lugar que se llama en hebreo Armagedón." Esta interpretación es la que siguen otras versiones.

"Y los juntaron en el lugar que en hebreo se llama Armagedón," dice la Versión Moderna. Así también dicen la Versión Revisada Americana y la traducción literal de Young. Es, por lo tanto, lógico concluir que las personas congregadas son los secuaces de Satanás y no los santos, que se trata de una obra de los malos espíritus y no de Cristo; y que el lugar donde se congregan no es la Nueva Jerusalén, para las bodas del Cordero, sino el Armagedón, (o monte de Meguido), para "la batalla de aquel gran día del Dios Todopoderoso."

VERS. 17-21: *Y el séptimo ángel derramó su copa por el aire: y salió una grande voz del templo del cielo, del trono, diciendo: Hecho es. Entonces fueron hechos relámpagos y voces y truenos; y hubo un gran temblor de tierra, un terremoto tan grande, cual no fué jamás desde que los hombres han estado sobre la tierra, Y la ciudad grande fué partida en tres partes, y las ciudades de las naciones cayeron; y la grande Babilonia vino en memoria delante de Dios, para darle el cáliz del vino del furor de su ira. Y toda isla huyó, y los montes no fueron hallados. Y cayó del cielo sobre los hombres un grande granizo como del peso de un talento: y los hombres blasfemaron de Dios por la plaga del granizo: porque su plaga fue muy grande.*

La séptima plaga—Así describió la inspiración el último castigo que ha de infligirse en el estado actual de la tierra a los que han sido incorregiblemente rebeldes contra Dios. Algunas de las plagas son de aplicación local, pero ésta se derrama en el aire. La atmósfera envuelve a toda la tierra, y de esto se desprende que esta plaga afectará por igual a todo el globo habitable; será universal. El mismo aire se volverá mortífero.

La reunión de las naciones se ha producido bajo la sexta copa, y la batalla queda por reñirse bajo la séptima. Aquí se nos presentan los instrumentos con los cuales Dios matará a los impíos. Se dirá en esta oportunidad: "Ha abierto Jehová su armería, y sacado las armas de su indignación." (Jeremías 50:25, V.M.)

La Escritura declara que se oyeron "voces." Sobre todas ellas se oirá la voz de Dios. "Y Jehová bramará desde Sión, y dará su voz desde Jerusalén, y temblarán los cielos y la tierra: mas Jehová será la esperanza de su pueblo, y la fortaleza de los hijos de Israel." (Joel 3:16. Véase también Jeremías 25:30; Hebreos 12:26.) La voz de Dios producirá un gran terremoto cual no lo hubo desde que hubo hombres en la tierra.

"Truenos y relámpagos." Estas son otras alusiones a los juicios de Egipto. (Véase Éxodo 9:23.) La gran ciudad está dividida en tres partes; que representan las tres grandes divisiones de las religiones falsas y apóstatas del mundo (la gran ciudad): el paganismo, el catolicismo romano y el protestantismo apóstata, que parecen quedar separados para recibir cada uno su apropiada condenación. Caen las naciones; la desolación universal se extiende por toda la tierra; toda isla huye, y ya no se hallan las montañas. Así viene en memoria la gran Babilonia delante de Dios. Leeremos una descripción más completa de sus juicios en Apocalipsis 18.

"Y cayó del cielo sobre los hombres un grande granizo," que es el último instrumento que se usa para infligir el castigo a los impíos. Constituye las amargas heces de la séptima copa. Dios se ha dirigido solemnemente a los impíos diciendo: "Y ajustaré el juicio a cordel, y a nivel la justicia; y granizo barrerá la acogida de la mentira, y aguas arrollarán el escondrijo." (Isaías 28:17.)

Véase también Isaías 30:30.) El Señor preguntó a Job si había visto las acumulaciones de granizo que había "reservado para el tiempo de angustia, para el día de la guerra y de la batalla." (Job 38:23.)

Se dice que cada piedra era "como del peso de un talento." Según diversas autoridades un talento es más o menos 26 kilogramos. ¿Qué podrá resistir a la fuerza de piedras de ese peso cuando caigan del cielo? En aquel momento la humanidad no tendrá refugio. Las ciudades habrán sido derribadas por un terremoto, las islas habrán huído y las montañas no se hallarán. Nuevamente los impíos expresan su desgracia en blasfemias, "porque su plaga fué muy grande."

La descripción de una tempestad de granizo experimentada en el Bósforo por el comodoro Porter nos permitirá obtener una débil idea del efecto terrible que tendría un desastre como el predicho aquí:

"Habíamos avanzado como dos kilómetros cuando apareció una nube que nos dió indicios de que se acercaba la lluvia. A los pocos minutos descubrimos que caía de los cielos algo que producía un fuerte salpiqueo, y era de apariencia blancuzca. Yo no podía concebir lo que era, pero al observar que las gaviotas procuraban esquivarlo en su vuelo, supuse primero que se precipitaban a la caza de peces, pero pronto descubrí que se trataba de grandes bolas de hielo que caían. Inmediatamente oímos un ruido como de trueno sordo, o diez mil carruajes que rodasen furiosamente por el pavimento. Todo el Bósforo estaba cubierto de espuma, como si la artillería del cielo se hubiese descargado sobre nosotros y nuestra frágil máquina. Nuestra suerte parecía inevitable; levantamos nuestros paraguas para protegernos, pero los trozos de hielo los destrozaron. Afortunadamente teníamos una piel de buey en el barco y nos arrastramos debajo de ella, con lo que nos evitamos mayores daños. A uno de los tres remeros el granizo le aplastó literalmente la mano; otro quedó muy lastimado en un hombro; el Sr. H. recibió un golpe grave en la pierna; mi mano derecha quedó parcialmente inhabilitada, y todos recibimos mayor o menor daño...

"Fué la escena más espantosa que haya presenciado, y ojalá que no me vuelva a ver expuesto a otra semejante. Cayeron en el barco bolas de hielo tan grandes como mis dos puños, y algunas de ellas llegaron con tanta violencia que nos habrían roto un brazo o una pierna si hubiesen dado en esos miembros. Una de ellas dió contra la parte ancha de un remo y lo partió. La escena duró tal vez cinco minutos; pero durante ellos experimenté verdadero pavor. Cuando hubo pasado vimos las colinas de los alrededores cubiertas de masas de hielo, pues no lo puedo llamar granizo; los árboles estaban despojados de todas sus hojas y ramas, y todo parecía asolado...

"La escena era indescriptible. He presenciado muchos terremotos; el rayo ha jugado, por así decirlo, en derredor de mi cabeza; he oído rugir el viento; me he sentido levantado por momentos por las olas hacia el cielo y al siguiente me hundían en el profundo abismo. He estado en acciones bélicas, y he visto la muerte y la destrucción en derredor mío en todas sus formas horribles; pero nunca había tenido antes la sensación de pavor que se apoderó de mí en esa ocasión, y todavía me obsesiona y temo que me obsesione siempre.... Mi portero, el más audaz del grupo, que se apartó un instante de la puerta, fué derribado por una piedra, y si no se le hubiese arrastrado adentro por los talones, habría quedado muerto por el granizo.... Dos barqueros fueron muertos en la parte superior de la aldea, y hubo una abundancia de huesos rotos.... Imaginaos que los cielos se quedasen repentinamente helados, y tan repentinamente desmenuzados en trozos irregulares, que pesaran cada uno de 200 a 500 gramos cada uno y fuesen precipitados a la tierra."[9]

Lector, si tales fueron los efectos asoladores de una granizada, que descargó piedras como los dos puños de un nombre, que pesaban cuando mucho medio kilo, ¿quién podrá describir las consecuencias de aquella venidera tempestad, en la cual *"cada piedra"* pesará más de 25 kilos? Tan ciertamente como es verdad la Palabra de Dios, él va a castigar pronto así a un mundo culpable. ¡Ojalá que, según su promesa, tengamos "morada de paz, y . . . habitaciones seguras" en aquella hora terrible! (Isaías 32:18, 19.)

"Y salió una grande voz del templo del cielo, del trono, diciendo: Hecho es." Así queda todo terminado. Se colmó la copa de la culpabilidad humana. La última alma se ha valido del plan de salvación. Los libros están cerrados. El número de los salvos se ha completado. Se ha puesto el punto final a la historia de este mundo. Las copas de la ira de Dios han sido derramadas sobre una generación corrompida. Los impíos las han bebido hasta las heces, y se han hundido en el reino de la muerte por mil años. Lector, ¿dónde deseas que se te encuentre después de aquella grande decisión?

¿Cuál es la condición de los santos mientras "pasare el turbión del azote"? Ellos son el objeto especial de la protección de Dios, que no deja caer al suelo un solo pajarillo sin tomar nota de ello. Muchas son las promesas dadas para consolarnos. Se hallan contenidas sumariamente en el hermoso y expresivo lenguaje del salmista:

"Diré yo a Jehová: Esperanza mía, y castillo mío; mi Dios, en él confiaré. Y él te librará del lazo del cazador: de la peste destruidora. Con sus plumas te cubrirá, y debajo de sus alas estarás seguro: escudo y adarga es su verdad. No tendrás temor de espanto nocturno, ni de saeta que vuele de día; ni de pestilencia que ande en oscuridad, ni de mortandad que en medio del día destruya. Caerán a tu lado mil, y diez mil a tu diestra: mas a ti no llegará. Ciertamente con tus ojos mirarás, y verás la recompensa de los impíos. Porque tú has puesto a Jehová, que es mi esperanza, al Altísimo por tu habitación. No te sobrevendrá mal, ni plaga tocará tu morada." (Salmo 91:2-10.)

Notas del Capítulo 16:

[1] Lyman Abbott y T. J. Conant, "A Dictionary of Religious Knowledge," págs. 326, 327, art. "Esdraelon."

[2] Jorge Cormack, "Egypt in Asia," pág. 83.

[3] J. B. Firth, en "The Fortnightly Review," mayo, 1915, pág. 795.

[4] H. Huntington Powers, "The Things Men Fight For," págs. 74, 77.

[5] J. Ellis Barker, "The Great Problems of British Statesmanship," pág. 55.

[6] "Journal and American," de Nueva York, 17 de enero, 1938, pág. 2.

[7] Sir Eduardo Grey, en el "Times," de Londres, 38 de noviembre, 1911, pág. 13.

[8] Ramsay MacDonald, citado en "Moción de Desarme del Partido Laborista," "Times," de Londres, 24 de julio, 1923, pág. 7.

[9] David Porter, "Constantinople and Its Environs," tomo I, págs. 44-47.

Capítulo 17—Unión Mundial de la Iglesia con el Estado

VERS. 1-5*: Y vino uno de los siete ángeles que tenían las siete copas, y habló conmigo, diciéndome: Ven acá, y te mostraré la condenación de la grande ramera, la cual está sentada sobre muchas aguas: con la cual han fornicado los reyes de la tierra, y los que moran en la tierra se han embriagado con el vino de su fornicación. Y me llevó en Espíritu al desierto; y vi una mujer sentada sobre una bestia bermeja llena de nombres de blasfemia y que tenía siete cabezas y diez cuernos. Y la mujer estaba vestida de purpura y de escarlata, y dorada con oro, y adornada de piedras preciosas y de perlas, teniendo un cáliz de oro en su mano lleno de abominaciones, y de la suciedad de su fornicación; y en su frente un nombre escrito: MISTERIO, BABILONIA LA GRANDE, LA MADRE DE LAS FORNICACIONES [RAMERAS, V.M.] Y DE LAS ABOMINACIONES DE LA TIERRA.*

EN EL vers. 19 del capítulo anterior, se nos ha informado que "la grande Babilonia vino en memoria delante de Dios, para darle el cáliz del vino del furor de su ira." El profeta considera ahora más detalladamente el tema de esta gran Babilonia. A fin de presentarla en forma completa, retrocede y relata algunos de los hechos de su historia. Los protestantes en general creen que esta mujer apóstata presentada en este capítulo es un símbolo de la iglesia católica romana. Entre esta iglesia y los reyes de la tierra ha habido relaciones ilícitas. Los habitantes de la tierra han sido embriagados con el vino de su fornicación, o sea con su falsa doctrina.

La Iglesia y el Estado—Esta profecía es más definida que otras aplicables al poder romano, por el hecho de que hace una distinción entre la Iglesia y el Estado. Vemos aquí a la mujer, la Iglesia, sentada sobre una bestia escarlata, el poder civil, que la sostiene, y al que ella, a su vez, controla y guía según le conviene, como un jinete controla al animal sobre el cual está sentado.

Las vestiduras y los atavíos de esta mujer, según se presentan en el vers. 4, armonizan en forma sorprendente con la interpretación dada a este símbolo. Los principales colores que se notan en los mantos de los papas y los cardenales son precisamente el purpúreo y el escarlata. Según los testigos oculares, entre las miríadas de piedras preciosas que adornan sus ceremonias, casi no se conoce la plata, y el oro mismo es menos notable que las gemas costosas. De la copa de oro que tiene en la mano--que, por ser un símbolo de pureza en la doctrina y la profesión de fe, debiera haber contenido solamente algo puro y de acuerdo con la verdad--sólo salieron abominaciones y el vino de su fornicación, símbolo adecuado de sus doctrinas abominables y prácticas aun más abominables.

Se dice que en ocasión de un jubileo papal se empleó el símbolo de una mujer con una copa en la mano:

"En 1825, en ocasión del jubileo, el papa León XII hizo acuñar una medalla que llevaba de un lado su propia imagen, y del otro, la de la iglesia de Roma simbolizada como una 'mujer' que sostenía en su mano izquierda una cruz y en la derecha una *copa,* y tenía en derredor suyo la leyenda, *Sedet super universum,* 'El mundo entero es su sede.' "[1]

Esta mujer es explícitamente llamada Babilonia. ¿Es Roma, por lo tanto, Babilonia, con exclusión de todos los otros cuerpos religiosos? No; no puede serlo, por el hecho de que es llamada la *madre* de las rameras, según se ha notado ya, lo cual demuestra que hay otras organizaciones religiosas independientes que constituyen las hijas apóstatas, que pertenecen a la misma gran familia.

VERS. 6, 7: *Y vi la mujer embriagada de la sangre de los santos, y de la sangre de los mártires de Jesús: y cuando la vi, quedé maravillado de grande admiración. Y el ángel me dijo: ¿Por qué te maravillas? Yo te diré el misterio de la mujer, y de la bestia que la trae, la cual tiene siete cabezas y diez cuernos.*

Una causa de admiración—¿Por qué habría de maravillarse Juan con gran admiración, como dice en el original, cuando vió la mujer embriagada con la sangre de los santos? ¿Era acaso cosa extraña en su tiempo que el pueblo de Dios sufriese persecución? ¿No había visto él a Roma lanzar sus más fieros anatemas contra la iglesia? ¿Y no estaba él mismo desterrado bajo su cruel poder mientras escribía? ¿Por qué se asombró entonces al mirar hacia adelante, y al ver a Roma perseguir todavía a los santos? El secreto de su admiración era éste: Todas las persecuciones que había presenciado provenían de la Roma pagana, que era enemiga declarada de Cristo. No era extraño que los paganos persiguiesen a los discípulos de Cristo. Pero cuando miró Juan hacia adelante y vió que una iglesia que profesaba ser *cristiana* perseguía a los discípulos del Cordero y se embriagaba con su sangre, no pudo menos que sentirse embargado por el asombro.

VERS. 8-11: *La bestia que has visto, fué, y no es; y ha de subir del abismo, y ha de ir a perdición: y los moradores de la tierra, cuyos nombres no están escritos en el libro de la vida desde la fundación del mundo, se maravillarán viendo la bestia que era y no es, aunque es. Y aquí hay mente que tiene sabiduría. Las siete cabezas son siete montes, sobre los cuales se asienta la mujer. Y son siete reyes. Los cinco son caídos; el uno es, el otro aun no es venido; y cuando viniere, es necesario que dure breve tiempo. Y la bestia que era, y no es, es también el octavo, y es de los siete, y va a perdición.*

Tres fases de Roma—La bestia de la cual habla aquí el ángel es evidentemente la bestia escarlata. Una fiera, como la que se introduce aquí, simboliza una potencia opresora y perseguidora. Aunque la potencia romana tuvo como nación una existencia larga e ininterrumpida, pasó por ciertas fases durante las cuales este símbolo no se le habría aplicado, y durante dichas fases se puede decir que una profecía como la que nos ocupa habría de considerar la bestia como inexistente. Así Roma era en su forma pagana una potencia perseguidora del pueblo de Dios, y durante ese tiempo constituía la bestia que era. Pero cuando el imperio fué nominalmente convertido al cristianismo, se produjo una transición del paganismo a otra fase de una religión falsamente llamada cristiana. Durante un breve período, mientras se realizaba esta transición, perdió su carácter feroz y perseguidor, y se pudo decir entonces de la bestia que no era. Con el transcurso del tiempo, se desarrolló en el papado, y volvió a asumir su carácter sediento de sangre y opresor.

Las siete cabezas—Se explica aquí que las siete cabezas son, primero, siete montañas, y luego siete reyes. "Las siete cabezas son siete montes, ... y son siete reyes," con lo que se identifican las cabezas, los montes y los reyes.

El ángel dice, además: "Cinco [reyes] son caídos," o desaparecidos. Luego dice: "Uno [rey] es," es decir el sexto que reinaba entonces. "El otro aun no es venido; y cuando viniere, es necesario que dure breve tiempo." Y a lo último: "La bestia que era, y no es, es también el octavo, y es de los siete." Por esta explicación de los siete reinos, entendemos que cuando el que "aun no es venido" (en el momento en que Juan escribía) aparece en el escenario, se lo llama el octavo, aunque es realmente de los "siete" en el sentido de que absorbió y ejerció su poder. Este es aquel cuya carrera nos interesa seguir. Acerca de él, se dice que su destino era ir "a perdición," es decir que ha de perecer en absoluto. Esto repite la afirmación hecha en el vers. 8 acerca de "la bestia que viste," que a su vez es la "bestia escarlata," sobre la cual está sentada la mujer. Hemos demostrado que esta bestia simboliza el poder civil, que de acuerdo con la narración que nos ocupa, pasa por siete fases representadas también en la bestia semejante a un leopardo, mencionada en Apocalipsis 13, hasta que aparece una octava que continúa hasta el fin. Puesto que ya hemos demostrado que la Roma papal se desarrolló de la Roma pagana y le sucedió, debemos concluir que la octava cabeza, que era de las siete y finalmente ejerció su poder, representa al papado y su mezcla de doctrinas así llamadas cristianas con supersticiones y ritos del paganismo.

VERS. 12-14: *Y los diez cuernos que has visto, son diez reyes, que aun no han recibido reino; mas tomarán potencia por una hora como reyes con la bestia. Estos tienen un consejo, y darán su potencia y autoridad a la bestia. Ellos pelearán contra el Cordero, y el Cordero los vencerá, porque es el Señor de los señores, y el Rey de los reyes: y los que están con él son llamados, y elegidos, y fieles.*

Los diez cuernos—Acerca de este asunto, véanse las observaciones hechas sobre Daniel 7:7, donde vemos que los cuernos representan a los diez reinos que surgieron del Imperio Romano. Reciben el poder una hora (o sea un lapso indefinido) con la bestia. Es decir que reinan durante cierto lapso *contemporáneamente* con la bestia, y durante ese lapso le dan su poder y fortaleza.

Croly ofrece este comentario con referencia al vers. 12: "La predicción define la época del papado al mencionar la formación de los diez reinos del Imperio Occidental. 'Mas tomarán potencia por *una hora* como reyes con la bestia.' La traducción debiera ser: 'En la misma era *(mían horan).* Los diez reinos serán *contemporáneos,* en contraste con las 'siete cabezas,' que fueron sucesivas."[2]

Este lenguaje se refiere indudablemente al pasado, cuando los reinos de Europa apoyaban unánimemente al papado. El trato que estos reyes darán finalmente al papado queda expuesto en el vers. 16, donde se dice que aborrecerán a la ramera, la dejarán desolada y desnuda, comerán su carne y la quemarán con fuego. Las naciones de Europa han estado haciendo parte de esto durante años. La terminación de esta obra, que consiste en quemarla con fuego, se realizará cuando se cumpla Apocalipsis 18:8.

"Ellos pelearán contra el Cordero." (Vers. 14.) Aquí se nos hace penetrar en el futuro, y se nos transporta al tiempo de la grande batalla final, pues entonces es cuando el Cordero lleva el título de Rey de reyes y Señor de señores, que asume al terminar el tiempo de gracia, cuando cesa su obra de intercesión sacerdotal. (Apocalipsis 19:11-16.)

VERS. 15-18: *Y él me dice: Las aguas que has visto donde la ramera se sienta, son pueblos y muchedumbres y naciones y lenguas. Y los diez cuernos que viste en la bestia, éstos aborrecerán a la ramera, y la harán desolada y desnuda: y comerán sus carnes, y la quemarán con fuego: porque Dios ha puesto en sus corazones ejecutar lo que le plugo, y el ponerse de acuerdo, y dar su reino a la bestia, hasta que sean cumplidas las palabras de Dios. Y la mujer que has visto, es la grande ciudad que tiene reino sobre los reyes de la tierra.*

Destino de la ramera—En el vers. 15 tenemos una definición clara de lo que significa el símbolo bíblico de las aguas: representan pueblos, multitudes, naciones y lenguas. El ángel dijo a Juan, mientras llamaba su atención al tema, que le mostraría el juicio de esta gran ramera. En el vers. 16 ese juicio queda especificado. Este capítulo se refiere naturalmente en forma más especial a la madre, o la Babilonia católica. El capítulo siguiente, si no nos equivocamos, trata del carácter y destino de otra gran rama de Babilonia, las hijas caídas.

Notas del Capítulo 17:

[1] Alejandro Hislop, "The Two Babylons," pág. 6.

[2] Jorge Croly, "The Apocalypse of St. John," págs. 264, 265.

Capítulo 18—La Condenación de la Babilonia Moderna

VERS. 1-3: Y después de estas cosas vi otro ángel descender del cielo teniendo grande potencia; y la tierra fué alumbrada de su gloria. Y clamó con fortaleza en alta voz, diciendo: Caída es, caída es la grande Babilonia, y es hecha habitación de demonios, y guarida de todo espíritu inmundo, y albergue de todas aves sucias y aborrecibles. Porque todas las gentes han bebido del vino del furor de su fornicación; y los reyes de la tierra han fornicado con ella, y los mercaderes de la tierra se han enriquecido de la potencia de sus deleites.

EN ESTOS versículos se simboliza algún movimiento de gran poder. (Véanse los comentarios sobre el vers. 4 de este capítulo.) La consideración de algunos hechos nos guiará inequívocamente para darles aplicación. En Apocalipsis 14 tenemos un mensaje que anuncia la caída de Babilonia. "Babilonia" es un término que no abarca solamente el paganismo y la iglesia católica romana, sino también los cuerpos religiosos que se han retirado de esa iglesia, aunque conservando muchos de sus errores y tradiciones.

Una caída espiritual—La caída de Babilonia mencionada aquí no puede ser la destrucción literal, pues el hecho de que se han de realizar acontecimientos en Babilonia después de su caída, nos impide aceptar esta idea. Por ejemplo, hay hijos de Dios allí después de su caída, y son llamados a salir para que no reciban de sus plagas, las cuales incluyen su destrucción literal. La caída **es** por lo tanto espiritual, pues el resultado de ella es que Babilonia se vuelve habitación de demonios, guarida de todo espíritu inmundo, y jaula de toda ave inmunda y aborrecible. Estas son terribles descripciones de la apostasía, y demuestran que, como consecuencia de su caída, Babilonia acumula pecados hasta los cielos, y se hace objeto de los impostergables juicios de Dios.

Puesto que la caída aquí introducida es espiritual, debe aplicarse a alguna rama de Babilonia que no sea su división pagana ni la papal; porque desde el comienzo de su historia el paganismo ha sido una religión falsa, y el papado una religión apóstata. Además, como se dice que esta caída ocurre tan sólo poco tiempo antes de la destrucción final de Babilonia, ciertamente después del nacimiento y triunfo que se había, predicho para la iglesia católica, este testimonio no puede aplicarse a otras organizaciones religiosas que las que brotaron de aquella iglesia. Ellas se iniciaron con una reforma. Corrieron bien por un tiempo, y tuvieron la aprobación de Dios; pero al haber conservado algunas de las doctrinas erróneas de Roma, y al haberse encerrado en sus credos propios, no avanzaron con la luz progresiva de la verdad profética. Tal actitud será finalmente la causa de que desarrollen un carácter tan odioso para Dios como el de la iglesia de la cual se retiraron.

Alejandro Campbell, fundador de la Iglesia de los Discípulos de Cristo, dice: "Hace tres siglos se intentó reformar al papado en Europa. Esa tentativa acabó en una jerarquía protestante, y en enjambres de disidentes. El protestantismo se reformó a su vez y fué presbiterianismo, éste se transformó en congregacionalismo, y de éste salió la Iglesia Bautista, etc. El metodismo intentó reformarlos a todos, pero se cuajó en muchas formas de wesleyisrno.... Todas ellas conservan en su seno, en sus organizaciones eclesiásticas, cultos, doctrinas y ritos, diversas reliquias del papado. Son, en el mejor de los casos, una reforma del papado, y tan sólo reformas parciales. Las doctrinas y tradiciones de los hombres siguen estorbando en sus manos el poder y el progreso del Evangelio."[1]

Podrían presentarse abundantes testimonios de personas que ocupan altos cargos en estas diversas denominaciones y que escribieron, no con el propósito de censurar, sino impulsadas por un agudo sentido de la espantosa condición en que han caído esas iglesias. El término Babilonia, que se les aplica, no es un término de oprobio, sino que expresa simplemente la confusión y la diversidad de sentimiento que existe entre ellas. Babilonia no necesitaba caer. Podría haberse curado (Jeremías 51:9) recibiendo la verdad, pero la rechazó.

Al no aceptar la verdad de la segunda venida de Cristo y al rechazar el mensaje del primer ángel, las iglesias dejaron de andar en la luz progresiva que brillaba sobre su senda desde el trono de Dios. Como resultado, reinan en sus confines la confusión y la disensión. La mundanalidad y el orgullo están ahogando prestamente toda planta de crecimiento celestial.

Pero en este capítulo se vuelve a mencionar la caída de Babilonia. En la referencia anterior dicha caída seguía a la proclamación del mensaje del primer ángel, y la declaración era entonces: "Otro ángel le siguió, diciendo: Ha caído, ha caído Babilonia." Ahora la última declaración celestial es: "Clamó con fortaleza en alta voz, diciendo: Caída es, caída es la grande Babilonia, y es hecha habitación de demonios." Se ve aquí un paso ulterior en el desarrollo de la apostasía, y las páginas siguientes revelarán la extensión de esta parte final de la caída de Babilonia.

Época de esta caída—¿A qué época se aplican estos versículos? ¿Cuándo puede buscarse este movimiento? Si es correcta la opinión expuesta aquí, a saber que estas iglesias, o esta rama de Babilonia, experimentaron una caída espiritual al rechazar el mensaje del primer ángel de Apocalipsis 14, el anuncio hecho en el capítulo que consideramos no podría haberse dado antes de ese tiempo. Se da, por lo tanto, simultáneamente con el mensaje de la caída de Babilonia de Apocalipsis 14, o en una época ulterior. No puede darse al mismo tiempo, porque el primero anuncia simplemente la caída de Babilonia, mientras que éste último añade varios detalles que en aquel tiempo no se habían cumplido o estaban cumpliéndose. Debemos buscar entonces el anuncio presentado en este capítulo en un tiempo ulterior a 1844, cuando se proclamó el mensaje previo. Por lo tanto, preguntamos;

¿Se ha estado dando un mensaje tal desde aquel tiempo hasta el actual? Respondemos que sí. Estamos oyendo ahora el mensaje del tercer ángel, que es el último que se ha de dar antes de la venida del Hijo del hombre. A medida que la decadencia ha aumentado en el mundo religioso, el mensaje ha sido reforzado por la amonestación de Apocalipsis 18:1-4, que constituye así una característica del mensaje del tercer ángel que se está proclamando ahora con poder e ilumina el mundo con su gloria.

La obra del espiritismo—La última fase de la obra presentada en el vers. 2 se está cumpliendo, y pronto quedará completada por la obra del espiritismo. Los agentes que en Apocalipsis 16:14 son llamados "espíritus de demonios, que hacen señales," están penetrando secreta, pero rápidamente en las denominaciones religiosas a las cuales nos hemos referido ya. Sus credos han sido formulados bajo la influencia del vino (errores) de Babilonia, uno de los cuales es que los espíritus de los difuntos están conscientes, inteligentes y activos en derredor nuestro.

Un detalle significativo de la obra espiritista actual es precisamente el manto religioso que está asumiendo. Mantiene ocultos sus principios más groseros, que antes estuvieron mayormente al frente, y asume ahora un aspecto tan religioso como el de cualquier otra denominación. Habla del pecado, del arrepentimiento, la expiación, la salvación por Cristo, en un lenguaje casi tan ortodoxo como el de los cristianos genuinos. Bajo el disfraz de esta profesión, ¿qué puede impedirle que se atrinchere en casi todas las denominaciones de la cristiandad? Hemos demostrado que la base del espiritismo, la inmortalidad del alma, es un dogma fundamental del credo de casi cada iglesia. ¿Qué puede entonces salvar a la cristiandad de su influencia seductora? Vemos aquí otro triste resultado del rechazamiento de las verdades ofrecidas al mundo por los mensajes de Apocalipsis 14. Si las iglesias hubiesen recibido estos mensajes, se habrían visto protegidas contra este engaño; porque entre las grandes verdades desarrolladas por el movimiento religioso que se produjo durante el gran despertar adventista, se cuenta la enseñanza importante de que el alma del hombre no es naturalmente inmortal; que la vida eterna es el don de Jesucristo, y puede obtenerse únicamente por su medio; que los muertos están inconscientes; y que las recompensas y los castigos del mundo futuro se darán después de la resurrección y del día del juicio.

Estas verdades asestan un golpe mortal al aserto primero y vital del espiritismo. ¿Puede acaso penetrar esta doctrina en una mente fortalecida por la verdad? Viene el espíritu, y asevera ser el alma desencarnada, o espíritu, de un muerto. Se le hace frente con el hecho de que tal no es la clase de alma o espíritu que posee el hombre; que los "muertos nada saben;" que su primer aserto es una mentira y que las credenciales que ofrece demuestran que pertenece a la sinagoga de Satanás. Queda así rechazado en seguida y se evita eficazmente el daño que quisiera hacer. Pero la gran masa de los miembros de las diferentes religiones se opone a la verdad que los protegería así, y con ello se exponen a esta última manifestación de la astucia satánica.

El liberalismo moderno—Mientras que obra así el espiritismo, se están produciendo cambios sorprendentes en las esferas superiores de algunas de las denominaciones. La incredulidad de la época actual, bajo los nombres seductores de la "ciencia," "alta crítica," "evolución," y "liberalismo moderno," ha compenetrado la mayoría de los colegios teológicos del país, y realizado graves incursiones en las iglesias protestantes.

En el *Cosmopolitan Magazine* de mayo de 1909, un escritor, el Sr. Haroldo. Bolce, llamó la atención del público a esta situación. Después de investigar el carácter de la enseñanza impartida en algunas de las principales universidades del país, presentó los resultados en el *Cosmopolitan* y ellos arrancaron este comentario al redactor:

"Lo que el Sr. Bolce presenta aquí es de lo más asombroso. En base a las materias enseñadas en los colegios americanos, un movimiento dinámico está minando los fundamentos antiguos y promete crear una manera revolucionaria de pensar y de vivir. Los que no tratan con los grandes colegios del país se quedarán asombrados al conocer los credos fomentados por los cuerpos docentes de nuestras grandes universidades. En centenares de aulas se está enseñando diariamente que el Decálogo no es más sagrado que un sílabo; que la familia es una institución condenada a desaparecer; que no hay males absolutos; que la inmoralidad es simplemente una contravención a las normas aceptadas de la sociedad. . . . Estas son algunas de las enseñanzas revolucionarias y sensacionales que se presentan con garantía académica al espíritu de centenares de miles de estudiantes en los Estados Unidos."[2]

Los resultados del liberalismo moderno se han dejado ver con demasiada claridad en la obra de las iglesias protestantes. Escritores pertenecientes a las diversas comuniones han señalado francamente la falta de interés que hay en la predicación del Evangelio y la decadencia de las misiones en particular. Uno de ellos presenta así la situación:

"Sospecho que en su gran mayoría nuestras iglesias se han vuelto débiles y en cuanto a su propósito inseguras e inertes, y las caracteriza una mortífera respetabilidad y falta de sentido de su misión. El término medio de las congregaciones se preocupan mayormente por obtener suficiente dinero con qué pagar al pastor y mantener sus propiedades reparadas. Ya es muy poca la convicción profunda de 'que tenemos una historia que contar a las naciones.' En cuanto respecta al mundo el Evangelio de la salvación y la evangelización se han diluido en una ética satisfactoria y responsable, y la iglesia es una sociedad de personas buenas que quieren que las bendiciones de la religión las acompañen durante sus momentos de exaltación o pesar, pero se conforman con mantenerse ausentes de la iglesia y su misión divina, mientras puedan revestirse del aura de respetabilidad que acompaña a la condición de miembros de la iglesia. ¿Es ésta una acusación demasiado cáustica contra la iglesia?"[3]

Otro escritor presenta así la actitud de las iglesias hacia las misiones:

"No sólo representan una minoría de la iglesia los miembros que dan concienzudamente, sino que ha cambiado la creencia con respecto a las misiones. Las juntas misioneras pueden procurar convencerse de que la baja de sus entradas se debe a los altos impuestos, y a la disminución de las rentas, pero los pastores que tratan con los donantes reconocen que ha aumentado en forma definida la resistencia a hacer donaciones destinadas a extender el Evangelio fuera de nuestras fronteras. Va en aumento el número de feligreses que son leales en otras cosas, pero anuncian persistentemente que 'no creen en las misiones.' El calibre de estos oponentes nos hace reflexionar...

"El promedio de ofrendas por persona en 22 comuniones protestantes es de $11,28 para los gastos de la congregación, y de $2,19 para toda obra que no sea local...

"El promedio de los donativos que no se destinan a la obra del país mismo oscila entre el 29,69 por ciento de la entrada total, que es lo que resulta en la Iglesia Presbiteriana Unida, hasta 11,14, 12,30 y 10,02 por ciento en las últimas tres iglesias de la lista. No es extraño que se nos inste a 'volver a pensar en las misiones.' "[4]

Según declaraciones autorizadas, éstos son los resultados:

"Mientras que va desvaneciéndose el celo misionero, la situación se complicaba aun más por el hecho ahora revelado de que otros misioneros que los evangélicos eran enviados a los campos extranjeros. Estos eran los 'aventureros' de una 'nueva civilización,' los 'creadores de un mundo nuevo,' movidos principalmente por una pasión social....

"La evangelización mundial volvió a recibir un golpe cruel en las comprobaciones críticas del informe de investigación presentado por una comisión laica que estudió las misiones en el extranjero. Aunque el objeto de esta empresa, que se inició en 1930 y continuó hasta 1931, era 'ayudar a los laicos para determinar cuál debe ser su actitud hacia las misiones en el extranjero, por una nueva consideración de las funciones de las tales misiones en el mundo moderno' con el objeto, indudablemente, no sólo de reformar las misiones sino aumentar las recetas financieras, lo único que se obtuvo fueron mayores controversias y menos donaciones."[5]

Resultado de la apostasía—Con una perspectiva tan lamentable, y bajo la dirección de hombres tales, ¿cuánto tiempo transcurrirá antes que Babilonia esté llena de espíritus inmundos, y de aves sucias y aborrecibles? ¡Cuánto progreso se ha hecho ya en esa dirección! Si los padres piadosos de la generación que vivió I precisamente antes que se diese el mensaje de! primer ángel pudiesen oír la enseñanza y contemplar las prácticas del mundo religioso actual, ¡cuán espantados se quedarían ante el contraste que hay entre su tiempo y el nuestro, y cuánto deplorarían la triste degeneración! No, el cielo no ha de dejar pasar en silencio todo *esto*. Se está haciendo una gran proclamación, que llama la atención de todo el mundo a los terribles detalles de la acusación presentada contra las organizaciones religiosas infieles, a fin de que se destaque claramente la justicia de los castigos.

El vers. 3 demuestra cuán amplia fue la influencia de Babilonia, y cuánto mal ha resultado y resultará de su conducta, y por lo tanto cuán justo es su castigo. Los mercaderes de la tierra se han enriquecido por la *abundancia* de sus delicadezas. ¿Quiénes se destacan en todos los lujos de su época? ¿Quiénes cargan sus mesas con las viandas más suculentas y escogidas? ¿Quiénes se destacan por el lujo de sus atavíos costosos? ¿Quiénes son la personificación del orgullo y la arrogancia? ¿No son acaso miembros de la iglesia los que casi siempre llevan la delantera en la

búsqueda de aquellas cosas materiales que fomentan el orgullo de la vida?

Pero hay un detalle capaz de redimir este cuadro. Por degenerada que se haya vuelto Babilonia como cuerpo, hay excepciones a la regla general; porque Dios todavía tiene un pueblo en ella, y a causa de este pueblo debe prestársele cierta consideración hasta que hayan salido de su comunión todos los que quieran contestar al llamamiento. No será necesario aguardar mucho tiempo esta consumación. Pronto Babilonia quedará tan leudada por la influencia de estos malos agentes que su condición quedará plenamente desenmascarada para todos los de corazón sincero, y se habrá preparado el camino para la obra que el apóstol introduce luego.

VERS 4-8: Y oí otra voz del cielo, que decía: Salid de ella, pueblo mío, porque no seáis participantes de sus pecados, y que no recibáis de sus plagas; porque sus pecados han llegado hasta el cielo, y Dios se ha acordado de sus maldades. Tornadle a dar como ella os ha dado, y pagadle al doble según sus obras; en el cáliz que ella os dió a beber, dadle a beber doblado. Cuanto ella se ha glorificado, y ha estado en deleites, tanto dadle de tormento y llanto; porque dice en su corazón: Yo estoy sentada reina, y no soy viuda, y no veré llanto. Por lo cual en un día vendrán sus plagas, muerte, llanto y hambre, y será quemada con fuego; porque el Señor Dios es fuerte, que la juzgará.

La voz proveniente del cielo denota que el dado es un mensaje de poder acompañado de gloria celestial. ¡Cuán marcada se vuelve la intervención del cielo, y cómo se multiplican los agentes destinados a cumplir la obra de Dios, a medida que se acerca la gran crisis! Esta voz del cielo es llamada "otra voz," lo cual demuestra que se introduce aquí un nuevo instrumento. Ya se han mencionado expresamente cinco mensajeros celestiales que se empeñan en esta última reforma religiosa. Son el primer ángel, el segundo y el tercero de Apocalipsis 14; en cuarto lugar viene el ángel del vers. 1 de este capítulo, y en quinto lugar, el instrumento indicado por la "voz" del vers. 4, que consideramos. Tres de éstos ya están obrando. El segundo ángel se unió al primero, y el tercero se les unió a ambos. El primero y el segundo no han cesado. Los tres están ahora unidos para proclamar un mensaje triple. El ángel del vers. 1 inicia aquí su misión, porque las condiciones reinantes exigen su obra. El llamamiento divino a salir de Babilonia se proclama en relación con esta obra.

"Salid de ella, pueblo mío"—Ya se han presentado pruebas para demostrar que el mensaje de los vers. 1 y 2 de este capítulo se da en relación con el triple mensaje. Una idea de su extensión y poder puede obtenerse de la descripción del ángel aquí dada. Se dice que el mensaje del primer ángel se proclama "en alta voz." Lo mismo se dice acerca del tercer mensaje, pero en vez de verlo volar simplemente "por en medio del cielo" como los demás, se lo ve "descender del cielo." Viene con un mensaje más directo. Tiene "grande potencia," y la tierra queda "alumbrada de su gloria." En ninguna parte de toda la Biblia se encuentra una descripción tal de un mensaje del cielo al hombre.

Este es el último, y es apropiado que venga con gloria insuperable y poder inusitado. El momento en que se ha de decidir el destino de un mundo es una hora pavorosa, y se presenta una crisis solemnísima cuando toda una generación de la familia humana cruzará el límite final del tiempo de gracia, cuando se deje oír la última nota de misericordia.

En un tiempo tal, el mundo no debe ser dejado sin amonestación. Tan ampliamente deben ser proclamados los grandes hechos que nadie podrá alegar razonablemente que ignoraba la inminencia de la condenación. Toda excusa debe quedar eliminada. Han de quedar vindicadas la justicia, longanimidad y tolerancia de Dios al postergar la venganza hasta que todos hayan tenido oportunidad de recibir el conocimiento de su voluntad, y hayan tenido tiempo para arrepentirse. Es enviado un ángel dotado del poder celestial. Lo envuelve la luz que circuye el trono. Baja a la tierra. Nadie sino los que están espiritualmente muertos, sí, "dos veces muertos y desarraigados," podría dejar de notar su presencia. La luz fulgura por doquiera. Los lugares obscuros quedan iluminados. Mientras que su presencia disipa las sombras, su voz deja oír una amonestación como trueno. "Clamó con fortaleza." No es un anuncio en secreto; es un *clamor,* un *gran* clamor, un clamor con *gran voz.*

Vuelven a señalarse los defectos fatales de una iglesia mundana. Se exponen nuevamente, y por última vez, sus errores. Se recalca en forma inequívoca el carácter inadecuado de la norma actual de piedad para hacer frente a la crisis final. La relación inevitable que hay entre los errores que albergaron y la destrucción eterna e irremisible, es pregonada hasta hacer repercutir el clamor por toda la tierra. Mientras tanto, los pecados de la gran Babilonia suben hasta el cielo, y llega a Dios el recuerdo de sus iniquidades. Se acumulan los nubarrones de la venganza. Pronto estallará su tempestad sobre la gran ciudad de la confusión, y la orgullosa Babilonia caerá como una piedra de molino se hunde a las profundidades del mar. De repente se oye desde el cielo otra voz: "Salid de ella, pueblo mío." Los humildes, sinceros y devotos hijos de Dios que todavía quedan, y que suspiran y lloran por las abominaciones cometidas en la tierra, escuchan la voz, se lavan las manos de los pecados de Babilonia, se separan de su comunión, escapan y se salvan, mientras que Babilonia cae víctima de los justos juicios de Dios. Estos son momentos conmovedores para la iglesia. Preparémonos para la crisis.

El hecho de que los hijos de Dios sean llamados a salir para no participar de los pecados de Babilonia, demuestra que hasta llegar a cierto momento no entraña culpabilidad el estar relacionado con ella.

Los vers. 6 y 7 son una declaración profética de que ella será recompensada o castigada según sus obras. Debe tenerse presente que ese testimonio se aplica a la parte de Babilonia sujeta a una caída espiritual. Como ya se ha indicado debe aplicarse especialmente a "las hijas," las denominaciones que persisten en aferrarse a los rasgos personales de la "madre" y a conservar la semejanza de familia. Ellas, como se ha demostrado ya, intentarán una persecución abarcante contra la verdad y el pueblo de Dios. Son ellas las que formarán "una imagen de la bestia." Experimentarán algo que les resultará nuevo: el empleo del brazo civil para imponer sus dogmas.

Es indudablemente esta primera embriaguez del poder lo que induce a esta rama de Babilonia a jactarse en su corazón y decir: "Yo estoy sentada reina, y no soy viuda;" ya no soy *chera,* "enlutada," o destituida de poder, como lo he sido antes. Declara: Ahora gobierno como reina, y no veré pesar. Con expresiones blasfemas se jacta de que Dios está en la constitución, y la iglesia está entronizada, y de allí en adelante dominará. La expresión: "Tornadle a dar como ella os ha dado," parece demostrar que el momento en que este mensaje alcanzará a su culminación, y los santos serán llamados finalmente a salir, será cuando ella empieza a alzar contra ellos el brazo de la opresión. Cuando llene la copa de la persecución contra los santos, el ángel del Señor la perseguirá a ella. (Salmo 35:6.) Los juicios de lo alto harán caer sobre ella en un grado doble ("pagadle al doble") el mal que ella pensó infligir a los humildes siervos del Señor.

El día en que caigan sus plagas mencionadas en el vers. 8, debe ser un día profético, o por lo menos no puede ser un día literal, porque sería imposible que se produjera hambre en ese corto lapso. Las plagas de Babilonia son sin duda las siete postreras plagas, que ya se han examinado. Del lenguaje de este versículo se deduce claramente que, en relación con Isaías 34:8, esos terribles castigos durarán un año.

***VERS. 9-11**: Y llorarán y se lamentarán sobre ella los reyes de la tierra, los cuales han fornicado con ella y han vivido en deleites, cuando ellos vieren el humo de su incendio, estando lejos por el temor de su tormento, diciendo: ¡Ay, ay, de aquella gran ciudad de Babilonia, aquella fuerte ciudad; porque en una hora vino tu juicio! Y los mercaderes de la tierra lloran y se lamentan sobre ella, porque ninguno compra más sus mercaderías.*

Una retribución apropiada—La caída de la primera plaga debe resultar en una completa suspensión del tráfico en aquellos artículos de lujo que distinguen a Babilonia. Cuando los mercaderes de estas cosas, que han sido mayormente ciudadanos de esta ciudad simbólica, y que se han enriquecido traficando en estas cosas, se encuentren repentinamente, ellos mismos y sus vecinos, afectados por llagas putrefactas, todo negocio suspendido, y grandes reservas de mercaderías en existencia, sin que haya nadie para comprarlas, alzan su voz en lamentos por la suerte de aquella gran ciudad. Si hay algo capaz de arrancar a los hombres de esta generación un sincero clamor de angustia, es lo que concierne a sus tesoros. Esta retribución es muy adecuada. Los que poco tiempo antes promulgaron un decreto que prohibía a los santos de Dios que compraran o vendieran, se hallan ahora bajo la misma restricción, pero en forma más eficaz.

Puede ser que alguien pregunte cómo pueden estar lejos y lamentarse las personas afectadas por la misma calamidad. Debe recordarse que esta desolación se presenta bajo la figura de una ciudad castigada por la destrucción. Si cayese una calamidad sobre una ciudad literal, sería natural que sus habitantes huyesen de ella al tener oportunidad de hacerlo, y se mantuviesen lejos, lamentando su caída. Proporcional a su terror y asombro por el mal a punto de ocurrir, sería la distancia que pondrían entre sí y su amada ciudad. La figura que usa el apóstol no quedaría completa sin un detalle de esta clase, y él lo añade, no para implicar que la gente huirá literalmente de la ciudad simbólica, cosa que sería imposible, sino para denotar su *terror y asombro* por los juicios que caen.

***VERS. 12, 13**: Mercadería de oro, y de plata, y de piedras preciosas, y de margaritas, y de lino fino, y de escarlata, y de seda, y de grana, y de toda madera olorosa, y de todo vaso de marfil, y de todo vaso de madera preciosa, y de cobre, y de hierro, y de mármol; y canela, y olores, y ungüentos, y de incienso, y de vino, y de aceite; y flor de harina y trigo, y de bestias, y de ovejas; y de caballos, y de carros, y de siervos, y de almas de hombres.*

La mercadería de Babilonia—En estos versículos se enumeran las mercaderías de la gran Babilonia, que incluyen todo lo perteneciente a la vida lujosa, la pompa y la ostentación mundana. Está incluida toda clase de tráfico mercantil. La declaración concerniente a los "siervos, y . . . almas de hombres," se refiere más particularmente al dominio espiritual, es decir a la esclavitud de las conciencias por los credos de esas organizaciones, esclavitud que es en algunos casos más opresiva que la servidumbre física.

VERS. 14: *Y los frutos del deseo de tu alma se apartaron de ti; y todas las cosas gruesas y excelentes te han faltado, y nunca más las hallarás.*

La glotonería reprendida—Los frutos mencionados aquí, según el original, son "frutos otoñales." En ello encontramos una profecía de que "las delicadezas de la estación," que son el objeto del apetito refinado del goloso, desaparecerán repentinamente. Esto sucede, por supuesto, por obra de la escasez causada por la cuarta copa. (Apocalipsis 16:8.)

VERS. 15-19: *Los mercaderes de estas cosas, que se han enriquecido, se pondrán lejos de ella por el temor de su tormento, llorando y lamentando, y diciendo: ¡Ay, ay, aquella gran ciudad, que estaba vestida de lino fino, y de escarlata, y de grana, y estaba dorada con oro, y adornada de piedras preciosas y de perlas! Porque en una hora han sido desoladas tantas riquezas; Y todo patrón, y todos los que viajan en naves, y marineros, y todos los que trabajan en el mar, se estuvieron lejos; y viendo el humo de su incendio, dieron voces, diciendo: ¿Qué ciudad era semejante a esta gran ciudad? Y echaron polvo sobre sus cabezas; y dieron voces, llorando y lamentando, diciendo: ¡Ay, ay, de aquella gran ciudad, en la cual todos los que tenían navíos en la mar se habían enriquecido de sus riquezas; que en una hora ha sido desolada!*

Emociones de los impíos—El lector puede imaginarse con facilidad la causa de esta voz universal de lamentación y aflicción. Imagínese la plaga de las llagas que carcomen a los hombres, los ríos transformados en sangre, el mar como sangre de muertos, el sol que quema a los hombres como fuego, el tráfico de los mercaderes agotado, y ellos sin poder obtener, con todo su oro y su plata, la liberación que anhelan, y no necesitamos asombrarnos por sus exclamaciones de angustia, ni porque los patrones de los barcos y los marineros se unan al lamento general. Muy diferente es la emoción de los santos, como lo revela el siguiente testimonio:

VERS. 20-24: *Alégrate sobre ella, cielo, y vosotros, santos, apóstoles, y profetas; porque Dios ha vengado vuestra causa en ella. Y un ángel fuerte tomó una piedra como una grande piedra de molino, y la echó en la mar, diciendo: Con tanto ímpetu será derribada Babilonia, aquella grande ciudad, y nunca jamás será hallada. Y voz de tañedores de arpas, y de músicos, y de tañedores de flautas y de trompetas, no será más oída en ti; y todo artífice de cualquier oficio, no será más hallado en ti; y el sonido de muela no será más en ti oído: y luz de antorcha no alumbrará más en ti; y voz de esposo ni de esposa no será más en ti oída; porque tus mercaderes eran los magnates de la tierra; porque en tus hechicerías todas las gentes han errado. Y en ella fué hallada la sangre de los profetas y de los santos, y de todos los que han sido muertos en la tierra.*

Emociones de los justos—Se invita aquí a los apóstoles y los profetas a regocijarse por la destrucción de la gran Babilonia, porque esta destrucción va estrechamente relacionada con su liberación del poder de la muerte y del sepulcro por la primera resurrección.

Como una gran piedra de molino arrojada al mar, Babilonia se hunde para no levantarse más. Las diferentes artes y oficios que se han ejercido en su medio, y se han dedicado a satisfacer sus deseos, ya no se practicarán más. Se apaga para siempre la música pomposa que se oía en sus servicios imponentes pero formales y sin vida. No se presenciarán más las escenas de festividad y alegría que se veían cuando los novios comparecían ante sus altares.

Sus hechicerías constituyen su crimen principal, y la hechicería es una práctica que se encuentra en el espiritismo moderno. "En ella fué hallada la sangre" de "todos los que han sido muertos en la tierra." Esto demuestra que desde que se introdujo una religión falsa en el mundo, existió Babilonia. En ella se encontró siempre oposición a la obra de Dios, y persecución de su pueblo, Con referencia a la culpabilidad de la última generación, véanse los comentarios sobre Apocalipsis 16:6.

Notas del Capítulo 18:

[1] Alejandro Campbell, "Christian Baptism," pág. 15.

[2] "Cosmopolitan Magazine," mayo, 1909, pág. 665.

[3] Dale D. Welch, en la revista "The Presbyterian," 9 de enero, 1941, pág 3.

[4] Felipe Endecott Osgood, en la revista "The Atlantic Monthly," enero, 1940, nota al píe de la pág. 56.

[5] Editorial en "The Watchman-Examiner," 1° de febrero, 1940, pág. 105.

Capítulo 19—Rey de Reyes y Señor de Señores

VERS. 1-3*: Después de estas cosas oí una gran voz de gran compañía en el cielo, que decía: Aleluya: Salvación y honra y gloria y potencia al Señor Dios nuestro. Porque sus juicios son verdaderos y justos; porque él ha juzgado a la grande ramera, que ha corrompido la tierra con su fornicación, y ha vengado la sangre de sus siervos de la mano de ella. Y otra vez dijeron: Aleluya. Y su humo subió para siempre jamás.*

EL APOSTOL continúa considerando el tema de Apocalipsis 18 e introduce aquí el canto de triunfo, que, acompañándose con sus arpas, cantan los redimidos cuando contemplan la destrucción completa del sistema de la gran Babilonia, que se opuso a Dios y su culto verdadero. Esta destrucción se produce y este himno se canta en relación con la segunda venida de Cristo cuando comienzan los mil años.

Para siempre jamás—Una sola pregunta puede surgir acerca de este pasaje: ¿Cómo puede decirse que su humo subió para siempre jamás? ¿No implica este lenguaje cierta idea de sufrimientos eternos? Recuérdese que esta expresión proviene del Antiguo Testamento, y para comprenderla correctamente debemos regresar al lugar dónde se introduce por primera vez, y considerar el significado que tiene allí. En Isaías 34 se hallarán las frases de las cuales, con toda probabilidad, se han sacado estas expresiones. Bajo la figura de un castigo infligido a Edom, o sea la tierra de Idumea, se presenta cierta destrucción. Se dice acerca de ese país que sus arroyos serán transformados en pez, su polvo en azufre, y que llegará a ser pez ardiente, que no se apagará ni de día ni de noche, sino que su humo subirá para siempre jamás. Todos deben reconocer que estas palabras se aplican a una de dos cosas. O se trata del país particular llamado Idumea, o de toda la tierra bajo ese nombre. En cualquier caso, es evidente que esta frase "para siempre jamás," debe ser limitada en su aplicación. Probablemente se quiere hablar de toda la tierra, por el hecho de que el capítulo se inicia con palabras dirigidas a la tierra y "lo que la hinche, el mundo y todo lo que él produce. Porque Jehová está airado sobre todas las gentes."

Sea que esto se refiera a la despoblación y desolación de la tierra cuando se produzca el segundo advenimiento, o a los fuegos purificadores que la limpiarán de los efectos de la maldición al fin de los mil años, la expresión debe ser limitada; porque después de esto ha de surgir una tierra renovada, para que sirva de morada de los salvos durante toda la eternidad. En la Biblia se habla tres veces de un humo que sube para siempre jamás: una vez en Isaías 34, donde *se* menciona la tierra de Idumea como figura de la tierra; en Apocalipsis 14 (véase) con respecto a los adoradores de la bestia y su imagen; y nuevamente en el capítulo que estamos considerando, con respecto a la destrucción de la gran Babilonia. Cada vez la expresión se aplica al mismo tiempo, y describe las mismas escenas, a saber, la destrucción que cae sobre esta tierra, los adoradores de la bestia, y toda la pompa de la gran Babilonia, cuando se produce el segundo advenimiento de nuestro Señor y Salvador.

VERS. 4-8*: Y los veinticuatro ancianos y los cuatro animales se postraron en tierra, y adoraron a Dios que estaba sentado sobre el trono, diciendo: Amén: Aleluya. Y salió una voz del trono, que decía: Load a nuestro Dios todos sus siervos, y los que le teméis, así pequeños como grandes. Y oí como la voz de una grande compañía, y como el ruido de muchas aguas, y como la voz de grandes truenos, que decía: Aleluya: porque reinó el Señor nuestro Dios Todopoderoso. Gocémenos y alegrémonos y* *démosle gloria; porque son venidas las bodas del Cordero, y su esposa se ha aparejado. Y le fué dado que se vista de lino fino, limpio y brillante: porque el lino fino son las justificaciones de los santos.*

Un canto de triunfo—"Reinó el Señor nuestro Dios Todopoderoso," dice este himno. Reina actualmente, y siempre reinó en realidad, aun cuando no siempre se ejecutó con presteza la sentencia contra una obra mala. Ahora reina por la abierta manifestación de su poder al subyugar a todos sus enemigos.

"Gocémonos; . . . porque son venidas las bodas del Cordero, y su esposa se ha aparejado." ¿Quién es la "esposa, mujer del Cordero," y qué es la boda? La esposa del Cordero es la nueva Jerusalén celestial. Esto se notará más ampliamente en Apocalipsis 21. Las bodas del Cordero significan su recepción de esa ciudad. Cuando recibe esta ciudad, la recibe como la gloria y metrópoli de su reino. Por esto con ella recibe su reino, y el trono de David su padre. Bien puede ser éste el acontecimiento designado como las bodas del Cordero.

Se reconoce que la relación matrimonial se emplea con frecuencia para ilustrar la unión que reina entre Cristo y su pueblo, pero las bodas del Cordero que se mencionan aquí constituyen un acontecimiento definido que ha de suceder en un momento definido. Si la declaración de que Cristo es la cabeza de la iglesia como el esposo es la cabeza de la mujer (Efesios 5:23), prueba que la iglesia es ahora la esposa del Cordero, entonces las bodas del Cordero sucedieron hace mucho. Pero esto no puede ser, según este pasaje, que las sitúa en el futuro. Pablo dijo a sus conversos corintios que los había desposado a un esposo a saber, Cristo. Esto es verdad con respecto a todos los conversos. Pero, aunque esta figura se usa para denotar la relación que habían asumido entonces para con Cristo, ¿puede afirmarse que las bodas del Cordero se realizaron en Corinto en el tiempo de Pablo, o que se han estado realizando durante los últimos 1.900 años? Posterguemos cualesquiera otras consideraciones al respecto para cuando estudiemos Apocalipsis 21.

Pero si la ciudad es la esposa, se puede preguntar: ¿Cómo puede decirse que *se* preparó? Contestamos: Por la figura de la personificación, que atribuye vida y acción a los objetos inanimados. (Véase un ejemplo notable en el Salmo 114.) Igualmente, puede preguntarse acerca del vers. 8: ¿Cómo puede una ciudad vestirse con la justicia de los santos? Pero si consideramos que una ciudad sin habitantes no sería sino un lugar muerto, vemos en seguida cómo puede ser aquello. La declaración alude al número incontable de sus habitantes glorificados en sus atavíos resplandecientes. A ella fue *concedida* la vestidura. ¿Qué le fue concedido? Los pasajes de Isaías 54 y Gálatas 4:21-31 lo explicarán. A la ciudad del nuevo pacto fueron concedidos muchos más hijos que a la del antiguo pacto. Ellos eran su gloria y regocijo. El hermoso atavío de esta ciudad consiste, por así decirlo, en las huestes de los redimidos e inmortales que andan por sus calles de oro.

VERS. 9, 10: *Y él me dice: Escribe: Bienaventurados los que son llamados a la cena del Cordero. Y me dijo: Estas palabras de Dios son verdaderas. Y yo me eché a sus pies para adorarle. Y él me dijo: Mira que no lo hagas: yo soy siervo contigo y con tus hermanos que tienen el testimonio de Jesús: adora a Dios; porque el testimonio de Jesús es el espíritu de la profecía.*

La cena de bodas—En el Nuevo Testamento se alude muchas veces a esta cena de bodas. Se la menciona en la parábola de las bodas del hijo del rey (Mateo 22:1-14), y nuevamente en Lucas 14:16-24. Es el tiempo en que comeremos pan en el reino de Dios cuando recibamos la recompensa de la resurrección de los justos. (Lucas 14:12-15.) Es el tiempo cuando beberemos del fruto de la vid, con nuestro Redentor en su reino celestial. (Mateo 26:29;

Marcos 14:25; Lucas 22:18.) Es el tiempo cuando nos sentaremos a la mesa en el reino (Lucas 22:30), y él se ceñirá para servirnos (Lucas 12:37). Bienaventurados serán de veras los que tengan el privilegio de participar de este glorioso festín.

El consiervo de Juan—Permítasenos una palabra acerca del vers. 10, con referencia a los que piensan hallar allí un argumento en favor del estado consciente en la muerte. El error que cometen las tales personas acerca de este pasaje consiste en suponer que el ángel declara a Juan que es uno de los antiguos profetas que vino a darle una comunicación. La persona empleada para dar la revelación a Juan es llamada ángel, y los ángeles no son espíritus desencarnados de los muertos. Cualquiera que opina que lo son, pertenece en realidad a las filas espiritistas, porque esta creencia es la piedra fundamental de su teoría. Pero el ángel no dice tal cosa. Dice simplemente que es el consiervo de Juan como había sido consiervo de sus hermanos los profetas. La expresión "consiervo" implica que eran todos iguales como siervos del gran Dios; de ahí que Juan no debía adorarlo. Al llamar a los profetas "tus hermanos" quiere decir que todos pertenecen a la misma clase en el servicio de Dios. (Véase el comentario sobre Apocalipsis 1:1, titulado "Su Angel.")

VERS. 11-21: *Y vi el cielo abierto; y he aquí un caballo blanco, y el que estaba sentado sobre él, era llamado Fiel y Verdadero, el cual con justicia juzga y pelea. Y sus ojos eran como llama de fuego, y había en su cabeza muchas diademas; y tenía un nombre escrito que ninguno entendía sino él mismo. Y estaba vestido de una ropa teñida en sangre: y su nombre es llamado EL VERBO DE DIOS. Y los ejércitos que están en el cielo le seguían en caballos blancos, vestidos de lino finísimo, blanco y limpio. Y de su boca sale una espada aguda, para herir con ella las gentes: y él los regirá con vara de hierro; y él pisa el lagar del vino del furor, y de la ira del Dios Todopoderoso. Y en su vestidura y en su muslo tiene escrito este nombre: REY DE REYES Y SEÑOR DE SEÑORES. Y vi un ángel que estaba en el sol, y clamó con gran voz, diciendo a todas las aves que volaban por medio del cielo: Venid, y congregaos a la cena del gran Dios, para que comáis carnes de reyes, y de capitanes, y carnes de fuertes, y carnes de caballos, y de los que están sentados sobre ellos; y carnes de todos, libres y siervos, de pequeños y de grandes. Y vi la bestia, y los reyes de la tierra y sus ejércitos, congregados para hacer guerra contra el que estaba sentado sobre el caballo, y contra su ejército. Y la bestia fué presa, y con ella el falso profeta que había hecho las señales delante de ella, con las cuales había engañado a los que tomaron la señal de la bestia, y habían adorado su imagen. Estos dos fueron lanzados vivos dentro de un lago de fuego ardiendo en azufre. Y los otros fueron muertos con la espada que salía de la boca del que estaba sentado sobre el caballo, y todas las aves fueron hartas de las carnes de ellos.*

La segunda venida de Cristo—Con el vers. 11 se introduce una nueva escena. Se nos hace regresar a la segunda venida de Cristo, esta vez bajo el símbolo de un guerrero que sale a la batalla. ¿Por qué se le representa así? Porque sale a la guerra, a enfrentarse con "los reyes de la tierra y sus ejércitos," y ésta es la única caracterización bajo la cual conviene representarle en una misión tal. Su vestidura ha sido teñida en sangre. (Véase una descripción de la misma escena en Isaías 63:1-4.) Los ejércitos del cielo, los ángeles de Dios le siguen. El vers. 15 demuestra como rige las naciones con vara de hierro cuando le son dadas como heredad, según se relata en el Salmo 2, que la teología popular interpreta como significando la conversión del mundo.

Pero ¿no resultaría ser muy singular como descripción de la obra de gracia sobre los corazones de los paganos para convertirlos, una expresión como esta: "Pisa el lagar del vino del furor, y de la ira del Dios Todopoderoso"? La grande manifestación final del "lagar de la ira de Dios" y también "del lago de fuego" ocurre al fin de los mil años, según se describe en Apocalipsis 20; y a ella parecería aplicarse la descripción completa y formal de Apocalipsis 14:18-20. Pero la destrucción de los impíos que vivan cuando venga Cristo por segunda vez, al comienzo de los mil años, proporciona en menor escala una escena similar en ambos respectos a lo que sucede cuando termina ese período. De ahí que los versículos que consideramos mencionan tanto el lagar de la ira como el lago de fuego.

Al llegar a ese momento Cristo terminó su obra de mediación, y depuso sus vestiduras sacerdotales para ponerse el atavío regio; porque tiene sobre su vestidura y sobre el muslo un nombre escrito: Rey de reyes y Señor de señores. Esto está en armonía con el carácter con que se presenta, porque era costumbre de los guerreros antiguos llevar alguna clase de título inscrito en su vestidura. (Vers. 16.)

¿Qué se debe entender por el ángel que estaba en el sol? En Apocalipsis 16:17 leemos que la séptima copa fue derramada en el aire, de lo cual se desprende que, como el aire envuelve toda la tierra, esa plaga sería universal. ¿No puede aplicarse aquí el mismo principio de interpretación, y admitirse que el ángel que estaba en el sol y lanzaba desde allí su invitación a las aves del cielo para que viniesen a la cena del gran Dios, denota que esta proclamación llegará hasta donde caen los rayos del sol sobre esta tierra? Las aves obedecerán a la invitación, y se hartarán con la carne de los caballos, reyes, capitanes y hombres fuertes. Así, mientras los santos están participando de la cena de bodas del Cordero, los impíos proporcionan con su propia persona una gran cena para las aves de los cielos.

La bestia y el falso profeta son tomados. El falso profeta es el que realiza prodigios delante de la bestia y es idéntico a la bestia de dos cuernos de Apocalipsis 13, a la cual se atribuye la misma obra y con el mismo propósito. El hecho de que son arrojados vivos al lago de fuego, demuestra que estas potencias no desaparecerán para que otras les sucedan, sino que existirán cuando se produzca el segundo advenimiento de Cristo.

Hace mucho que el papado está en el campo de acción, y ha llegado a las escenas finales de su carrera. Su derrocamiento ha sido predicho enfáticamente en otras profecías además de la que consideramos, notablemente en Daniel 7:11, donde el profeta dice que miró hasta que la bestia fue muerta, y su cuerpo destruido y entregado a las llamas de fuego. Esta potencia ya ha llegado muy cerca del final de su existencia. Pero no perece hasta que Cristo aparece, porque entonces es arrojada viva en el lago de fuego.

A la otra potencia asociada con él, la bestia de dos cuernos, la vemos acercarse rápidamente a la culminación de la obra que ha de hacer antes de ser también echada viva en el lago de fuego. ¡Cuán impresionante es el pensamiento de que tenemos ante nuestros ojos dos de los grandes instrumentos proféticos, que, por todas las evidencias que tenemos, se acercan al fin de su historia, y que sin embargo no han de dejar de actuar hasta que el Señor aparezca en toda su gloria.

Del vers. 21 se desprende que queda un residuo que no es contado con la bestia ni el falso profeta. Este residuo es muerto por la espada de aquel que está sentado en el caballo, cuya espada procede de su boca. Esta espada es indudablemente lo que en otra parte se llama "el espíritu de su boca" y "el espíritu [resuello, V.M.] de sus labios," con que el Señor matará a los impíos cuando venga a recibir su reino. (Véase 2 Tesalonicenses 2:8; Isaías 11:4.)

Capítulo 20—La Noche Milenaria Del Mundo

VERS. 1-3*: Y vi un ángel descender del cielo, que tenía la llave del abismo, y una grande cadena en su mano. Y prendió al dragón, aquella serpiente antigua, que es el Diablo y Satanás, y le ató por mil años; y lo arrojó al abismo, y le encerró, y selló sobre él, porque no engañe más a las naciones, hasta que mil años sean cumplidos: y después de esto es necesario que sea desatado un poco de tiempo.*

EL ACONTECIMIENTO con que se inicia este capítulo parece seguir en orden cronológico a los sucesos del capítulo precedente. Las preguntas que surgen aquí son: ¿Quién es el ángel que baja del cielo? ¿Qué son la llave y la cadena que tiene en su mano? ¿Qué es el abismo? ¿Qué significa atar a Satanás por mil años?

¿Es este ángel Cristo, como lo suponen algunos? Evidentemente no. El antiguo servicio típico arroja un brillante rayo de luz directamente sobre este pasaje.

Satanás es el macho cabrío emisario—Cristo es el gran Sumo Sacerdote de la era evangélica. Antiguamente en el día de las expiaciones el sacerdote tomaba dos machos cabríos y, sobre ellos se echaban suertes. Uno era para Jehová y el otro estaba destinado a ser el macho cabrío emisario. El macho cabrío sobre el cual caía la suerte de Jehová, era entonces muerto y su sangre llevada al interior del santuario para hacer expiación en favor de los hijos de Israel. Después de esto los pecados del pueblo eran confesados sobre la cabeza del otro macho cabrío, el emisario, pues era enviado por la mano de un hombre idóneo al desierto, a un lugar sin habitantes. Como Cristo es el sacerdote de la era evangélica, unos pocos argumentos demostrarán que Satanás es el macho cabrío emisario antitípico.

La palabra hebrea empleada para designar el macho cabrío emisario, se encuentra en Levítico 16:8, y es "Azazel." Acerca de este pasaje, Guillermo Jenks observa: "Macho cabrío emisario.

Véanse las diferentes opiniones en la obra de Bochart. Spencer, siguiendo las más antiguas opiniones hebreas y cristianas, piensa que Azazel *es el nombre del diablo;* y así lo piensa Rosenm., a quien se puede consultar. El siríaco tiene Azzail, el 'ángel (el fuerte) que se rebeló.' "[1] Esto designa evidentemente al diablo. De modo que tenemos la definición del término bíblico en dos idiomas antiguos para apoyar la opinión más antigua de los cristianos, de que el macho cabrío emisario es una figura de Satanás.

Carlos Beecher dice: "Lo que contribuye a confirmar esto es que en su paráfrasis las traducciones más antiguas tratan la palabra Azazel como nombre propio. La paráfrasis caldea y las colecciones de Onkelos y Jonathan la habrían traducido ciertamente si no fuese nombre propio, pero no la traducen. La Septuaginta, o sea la más antigua versión griega, rinde ese término por *apopompaíos,* palabra aplicada por los griegos a una divinidad maligna a veces apaciguada por sacrificios. Otra confirmación se halla en el libro de Enoc, donde el nombre Azalzel, evidentemente una corrupción de Azazel, es dado a uno de los ángeles caídos, lo cual demuestra claramente cómo comprendían generalmente los judíos esa palabra en aquel tiempo. Otra prueba se halla en el arábigo, donde Azazel se emplea como nombre del mal espíritu."[2]

Esta es la interpretación judía:

"Lejos de significar que se reconocía a Azazel como una divinidad, el envío del macho cabrío era, según lo declara Nahmanides, una expresión simbólica de la idea de que los pecados del pueblo y sus malas consecuencias debían devolverse al espíritu de desolación y ruina, fuente de toda impureza."[3]

Estas opiniones armonizan en forma sorprendente con los acontecimientos que debían producirse en relación con la purificación del santuario celestial, según nos son revelados en la Escritura de verdad. En la figura, vemos que el pecado del tranagresor era transferido a la víctima. Vemos que el pecado era llevado al interior del santuario por el ministerio del sacerdote y la sangre de la ofrenda. Y el décimo día del mes séptimo vemos al sacerdote con la sangre de la víctima ofrecida por el pecado del pueblo, quitar todos sus pecados del santuario, y ponerlos sobre la cabeza del macho cabrío emisario. Y vemos que ese macho cabrío los lleva luego a una tierra deshabitada. (Levítico 1:1-4; 4:3-6; 16:5-10, 15, 16, 20-22.)

En respuesta a estos actos realizados en la figura, contemplamos, en el antitipo, la gran ofrenda que fué hecha en el Calvario en favor del mundo. Los pecados de todos los que por la fe en Cristo se apropien los méritos de la sangre que derramó, son llevados por el ministerio de Cristo al santuario del nuevo pacto. Después que Cristo, ministro del verdadero tabernáculo (Hebreos 8:2), termine su ministerio, eliminará del santuario los pecados de su pueblo, y los pondrá sobre la cabeza de su autor, el macho cabrío antitípico, o sea el diablo. El diablo es entonces enviado lejos, para que los lleve a una tierra deshabitada.

"Contemplemos la escena que se produce cuando Cristo regresa a la tierra. La iglesia ha sido juzgada; Israel ha sido juzgado; las naciones gentiles han sido también juzgadas.... Ahora le toca a Satanás el turno de ser juzgado también; y vemos a nuestro Sumo sacerdote colocar la culpabilidad moral donde pertenece legítimamente; juzga al gran corruptor y lo destierra a un lugar donde queda aislado de los asuntos de los hombres."[4]

"No se coloca aquí a Satanás, como algunos alegan al oponerse a esta opinión, sobre un pie de igualdad con Dios; porque los dos machos cabríos eran llevados ante Jehová, y eran suyos; y el mismo acto de echar suertes, que en sí mismo era una solemne apelación a Dios, demuestra que Jehová aseveraba tener la facultad de disponer de ellos. Tampoco puede objetarse que esto era en algún sentido un sacrificio a Satanás, porque no se le sacrificaba el animal; sólo se lo mandaban en forma deshonrosa. Cuando ya llevaba sobre sí los pecados que Dios había perdonado, se lo enviaba a Azazel en el desierto.

"La frase 'Macho cabrío o chivo emisario' por la cual el término extraño Azazel se rinde en algunas versiones, proviene de la Vulgata *hircus emissarius* [chivo emisario]. El término Azazel puede significar 'el apóstata,' nombre que Satanás merece, y que parece haber llevado entre los judíos. Fué Satanás quien trajo el pecado al mundo; su seducción del hombre aumenta su culpabilidad, y por consiguiente su castigo. El pecado es ahora perdonado en la misericordia de Dios. Uno de los machos cabríos se sacrificaba como ofrenda por el pecado; su sangre era llevada al interior del lugar santo [santísimo], y con ella se rociaba el propiciatorio. La culpabilidad quedaba por lo tanto cancelada; por este derramamiento de sangre había remisión. Pero el pecado, aunque perdonado, sigue siendo aborrecible para Dios, y no puede continuar delante de sus ojos; por lo tanto es trasladado al desierto, separado del pueblo de Dios, y enviado lejos, al primer seductor del hombre. Sus pecados les son quitados a los creyentes, y echados sobre Satanás, su primer autor e instigador. Aunque a los creyentes se les perdona la pena, ésta no le es perdonada a aquel que los hizo caer en la apostasía y la ruina. Los tentados son restaurados, pero se ve que todo el castigo puede caer sobre el principal autor de la tentación. El infierno está 'preparado para el diablo y para sus ángeles.' "[5]

Creemos que éste es precisamente el acontecimiento descripto en los versículos que consideramos. En el momento especificado aquí, el servicio del santuario se cierra. Cristo coloca sobre la cabeza del diablo los pecados que han sido transferidos al santuario, y que ya no son imputados a los santos. El diablo es enviado lejos, no por mano del sumo sacerdote, sino por mano de otra persona, según la figura, a un lugar llamado aquí el abismo.

La llave y la cadena—No puede suponerse que la llave y la cadena sean literales, sino simplemente un símbolo del poder y la autoridad con que este ángel está revestido en esta ocasión para cumplir su misión.

El abismo—La palabra original significa un precipicio sin fondo. Su empleo parece demostrar que la palabra denota cualquier lugar de tinieblas, desolación y muerte. Así en Apocalipsis 9:1, 2, se aplica a las tierras desiertas de Arabia, y en Romanos 10:7, al sepulcro. Pero el empleo que arroja una luz especial sobre el significado de la palabra en este lugar se halla en Génesis 1:2, donde leemos que "las tinieblas estaban sobre la haz del abismo." Vemos pues que la palabra "abismo" se usó allí para representar la tierra en su estado caótico. Esto es precisamente lo que debe significar la palabra abismo en este vers. 3 de Apocalipsis 20. Debe recordarse que en el momento en que el ángel realiza esta obra, la tierra es una vasta expansión desolada y cubierta de muertos. La voz de Dios la ha conmovido hasta sus fundamentos; las islas y las montañas han sido trasladadas de sus lugares; el gran terremoto ha derribado las mayores obras de los hombres; las siete últimas plagas han dejado sus huellas por toda la tierra; la ardiente gloria que acompañó a la venida del Hijo del hombre ha cumplido su parte en el asolamiento general; los impíos han sido entregados a la matanza; y sus carnes putrefactas y huesos blanqueados se encuentran insepultos, sin que nadie los haya reunido ni llorado de un extremo de la tierra hasta el otro.

Así ha quedado la tierra vacía, desolada y trastornada. (Isaías 24:1.) Así volvió, en parte a lo menos, a su condición original de confusión y caos. (Véase Jeremías 4:19-26, especialmente el vers. 23.) ¿Qué término más exacto que esta expresión "abismo" podría usarse para describir la tierra mientras avanza en su carrera de tinieblas y desolación durante mil años? Aquí estará encerrado Satanás durante este tiempo, entre las ruinas ocasionadas indirectamente por él mismo, sin poder huir de esta habitación de desgracia, ni reparar en lo mínimo sus espantosas ruinas.

Satanás atado—Bien sabemos que Satanás, a fin de poder actuar, necesita súbditos en los cuales obrar. Nada puede hacer sin ellos. Pero durante los mil años de su encarcelamiento en esta tierra, todos los santos estarán en el cielo, inaccesibles al poder de sus tentaciones, y todos los impíos estarán en sus tumbas, de modo que le será imposible engañarlos. Su esfera de acción queda circunscrita, y está así atado. Queda condenado a un estado de inactividad desesperada durante todo este período. Para un espíritu activo, como lo ha sido el suyo durante los últimos seis mil años mientras seducía a los habitantes del mundo de generación en generación, esa inactividad será un castigo de la más intensa severidad.

Según esta exposición, el acto de atar a Satanás significa simplemente poner fuera de su alcance a los súbditos sobre los cuales actúa. El acto de soltarle significa que ellos vuelven a ser colocados por una resurrección en una condición en la cual él puede nuevamente ejercer su poder sobre ellos. Acerca de esta exposición puede ser que alguien diga que nos hemos equivocado y que debemos considerar a los impíos atados en vez del diablo. Sin embargo, cuán a menudo oímos, en las conversaciones diarias de la vida, dichos como éstos: "Me vi completamente aprisionado. Tenía las manos completamente atadas." Pero cuando nuestros semejantes usan expresiones tales, ¿nos imaginamos acaso que algún obstáculo insuperable se atravesó literalmente en la senda en la cual viajaban, o que sus manos fueron literalmente atadas con sogas? No; entendemos que una combinación de circunstancias los incapacitó para actuar. Así también en este pasaje. ¿Por qué no concederíamos a la Biblia la misma libertad de lenguaje que otorgamos sin vacilación a nuestros semejantes?

Más aún, queda realmente tan limitado el poder de Satanás, que se lo puede considerar atado. Ya no tiene la facultad de atravesar el espacio y visitar otros mundos, sino que, como el hombre, se halla encerrado en esta tierra, y no puede ya abandonarla. El lugar donde produjo tantas ruinas viene a ser la lóbrega cárcel donde queda encerrado hasta que de ella se lo saca para su ejecución al fin de los mil años.

VERS. 4-6: *Y vi tronos, y se sentaron sobre ellos, y les fué dado juicio; y vi las almas de los degollados por el testimonio de Jesús, y por la palabra de Dios, y que no habían adorado la bestia, ni a su imagen, y que no recibieron la señal en sus frentes, ni en sus manos, y vivieron y reinaron con Cristo mil años. Mas los otros muertos no tornaron a vivir hasta que sean cumplidos mil años. Esta es la primera resurrección. Bienaventurado y santo el que tiene parte en la primera resurrección; la segunda muerte no tiene potestad en éstos; antes serán sacerdotes de Dios y de Cristo, y reinarán con él mil años.*

Exaltación de los santos—Después de mostrarnos al diablo en su lóbrego encarcelamiento, Juan dirige nuestra atención a los santos que han alcanzado la victoria y la gloria, a los santos que reinan con Cristo. Su ocupación consiste en asignar a los impíos muertos el castigo que merecen sus malas acciones. Entre esa asamblea general, Juan elige luego dos clases como merecedoras de atención especial: los mártires que fueron decapitados por el testimonio de Jesús, y los que no adoraron la bestia ni su imagen. La última clase, la de aquellos que se negaron a aceptar la marca de la bestia y su imagen, son por supuesto los que oyen y obedecen el mensaje de Apocalipsis 14. Pero no son los que fueron decapitados por el testimonio de Jesús, como quisieran hacernos creer quienes sostienen que todos los miembros de la última generación de santos sufrirán el martirio. La palabra traducida por "que," en la expresión "que no habían adorado la bestia," demuestra que se introduce aquí otra clase de personas. El vocablo original es el relativo compuesto *hostís*, "quienquiera," no simplemente el relativo simple *hos*, "quien," y así lo definen Liddell y Scott: "Quienquiera, cualquiera que, cualquier cosa que." Juan vió los mártires como miembros de una clase, y como miembros de la otra vió a *aquellos que* no habían adorado a la bestia ni su imagen.

Es verdad que *hostis* se usa a veces como relativo simple, como en 2 Corintios 3:14; Efesios 1:23, pero nunca en construcciones como ésta, donde la palabra va precedida por la conjunción *kai*, "y."

Podría alguien decir que si traducimos el pasaje así: "Y quienquiera que no había adorado la bestia," incluimos en ese grupo a los millones de paganos y pecadores que no adoraron la bestia, y les prometemos el reinado de mil años con Cristo. Para demostrar que no hacemos tal cosa, llamamos la atención al hecho de que el capítulo precedente declara que los impíos habían sido muertos todos, y habían de quedar muertos mil años. Juan contempla aquí solamente a la compañía de los justos que participan en la primera resurrección.

Para evitar la doctrina de las dos resurrecciones, algunos sostienen que el pasaje: "Mas los otros muertos no tornaron a vivir hasta que sean cumplidos mil años," ha sido añadido; es decir que no se halla en el original, y que por lo tanto no es genuino. Aun cuando fuese tal el caso, ello no refutaría la propuesta principal de que los justos muertos resucitan por separado en una "primera resurrección," y que mil años más tarde hay una segunda resurrección, en la cual todos los impíos salen de sus tumbas.

Pero la crítica no es acertada, porque los eruditos la refutan. La Versión Revisada Inglesa no indica que la frase en cuestión no se halle en los manuscritos antiguos. La Versión Revisada Americana no da la menor indicación de que parte del texto haya sido omitido. La traducción de Rotherham, aunque en otros lugares anota ciertos pasajes como "dudosos," no indica que lo sea este texto. Se lo encuentra en las ocho ediciones del Nuevo Testamento griego que hizo Tischendorf, y en el texto griego de Westcott y Hort. La frase aparece también en todos los Nuevos Testamentos griegos publicados por críticos de renombre mundial como Griesbach, Wordsworth, Lachmann, Tregelles y Alford. Hay tres o cuatro manuscritos griegos que no tienen esta frase; pero otros 1.697 la tienen, si contienen el Apocalipsis.

Dos resurrecciones—"Mas los otros muertos no tornaron a vivir hasta que sean cumplidos mil años." Por mucho que se diga en sentido contrario, no podría pedirse al lenguaje una indicación más clara de que habrá dos resurrecciones. La primera es la de los justos al comienzo de los mil años. La segunda es la de los impíos al fin del milenario. La segunda muerte no tendrá potestad sobre los que tengan parte en la primera resurrección. Ellos no sufrirán daño de los elementos que destruirán a los impíos como tamo. Podrán subsistir a pesar del fuego devorador cuyos resultados son eternos. (Isaías 33:14, 15.) Podrán salir y mirar los cuerpos de los muertos que pecaron contra Jehová, mientras el fuego inextinguible y el gusano que no muere los hace su presa. (Isaías 66:24.) La diferencia que hay al respecto entre los justos y los impíos se vuelve a ver en el hecho de que, mientras Dios es para los últimos un fuego consumidor, es para su pueblo a la vez sol y escudo.

Los impíos reciben la vida—Los impíos que resucitan al fin de los mil años vuelven a vivir como vivieron una vez en la tierra. Negar esto es cometer violencia contra este pasaje. No se nos da información acerca de la condición física en que resucitarán. Se suele decir que lo que perdimos incondicionalmente en Adán, nos es devuelto incondicionalmente en Cristo. Con respecto a la condición física, esto no debe tal vez tomarse en un sentido ilimitado, porque el género humano perdió mucha estatura y fuerza vital que no es necesario devolver a los impíos. Si se les devuelve la condición mental y física que poseyeron durante esta vida o mientras duró su tiempo de gracia, esto basta ciertamente para permitirles recibir comprensivamente el último castigo que merecen por todas las acciones que cometieron mientras vivían aquí.

VERS. 7-10: *Y cuando los mil años fueren cumplidos. Satanás será suelto de su prisión, y saldrá para engañar las naciones que están sobre los cuatro ángulos de la tierra, a Gog y a Magog, a fin de congregarlos para la batalla; el número de los cuales es como la arena del mar. Y subieron sobre la anchura de la tierra, y circundaron el campo de los santos, y la ciudad amada: y de Dios descendió fuego del cielo, y los devoró. Y el diablo que los engañaba, fué lanzado en el lago de fuego y azufre, donde está la bestia y el falso profeta; y serán atormentados día y noche para siempre jamás.*

La perdición de los impíos—Al fin de los mil años, la santa ciudad, o sea la Nueva Jerusalén, en la cual los santos moraron en el cielo durante ese período, baja y se sitúa en la tierra. Viene a ser entonces el campo de los santos, en derredor del cual se congregan los impíos resucitados, innumerables como la arena del mar. El diablo los seduce, y los congrega para esta batalla. Son inducidos a emprender una guerra impía contra la santa ciudad, con la perspectiva de obtener alguna ventaja contra los santos. Satanás los convence indudablemente de que pueden vencer a los santos, despojarlos de su ciudad, y ejercer la posesión de la tierra. Pero del cielo baja el fuego de Dios que los devora. Moisés Stuart reconoce que la palabra traducida aquí por "devoró," expresa una acción "intensiva," y significa "comer, devorar, y denota una completa supresión."[6]

Este es el tiempo de la perdición de los impíos, el tiempo en que "los elementos serán disueltos con ardiente calor; la tierra también," y cuando serán quemadas las obras que hay en ella. (2 Pedro 3:7, 10, V.M.) Al leer estos pasajes, podemos ver cómo habrán de recibir los impíos su recompensa en la tierra. (Proverbios 11:31.) Podemos ver también que esta recompensa no es una vida eterna miserable, sino una "supresión completa," una destrucción absoluta.

Los impíos no pisan la tierra nueva—Dos opiniones merecen que las consideremos al pasar. La primera es que la tierra queda renovada cuando viene Cristo por segunda vez, y es la morada de los santos durante los mil años. La otra es que cuando aparece Cristo por segunda vez, establece su reino en Palestina y ejecuta, en relación con sus santos, una obra de conquista de las naciones que quedan en la tierra durante los mil años, y las subyuga.

Una de las muchas objeciones que se pueden presentar a la primera opinión es que hace subir a los impíos para que, encabezados por el diablo, pisen con sus pies profanos la tierra purificada y santa, mientras que los santos que la han poseído durante mil años, se ven obligados a ceder terreno y huir a la ciudad. No podemos creer que la herencia de los santos sea jamás así mancillada, y que las hermosas llanuras de la tierra renovada han de ser contaminadas por las pisadas de los impíos resucitados. Además de que esta opinión ultraja toda idea de propiedad, es imposible presentar un solo pasaje bíblico que la apoye.

En cuanto a la segunda opinión, creemos que entre muchos de sus absurdos, se destaca éste, a saber que a pesar de que Cristo y sus santos han conquistado la tierra durante los mil años, al fin de este período los impíos triunfan y queda anulada la obra de mil años, pues Cristo y los suyos pierden su territorio y se ven obligados a ejecutar una ignominiosa retirada a la ciudad en busca de refugio, dejando la tierra bajo el dominio indisputado de sus enemigos.

Mil años en el cielo—En contraste con estas teorías, hay armonía en la opinión que presentamos aquí. Los santos están con Cristo en el cielo durante los mil años mientras que la tierra yace desolada. Los santos y la ciudad descienden del cielo, y los impíos muertos resucitan y suben contra ella. Allí reciben su castigo. De los fuegos purificadores que los destruyen surgen los nuevos cielos y la nueva tierra, para ser morada de los justos a través de los siglos sin fin.

Los sometidos al tormento—Basándose en el vers. 10, algunos han argüido que solamente el diablo será atormentado día y noche. Pero el testimonio de este pasaje incluye más que esto. La frase "serán atormentados" está en plural, y hace una afirmación acerca de la bestia y el falso profeta, mientras que estaría en singular si se refiriese al diablo solamente. Debe notarse que en la expresión "donde está la bestia y el falso profeta," la palabra "está" no se halla en el original. Y al añadir algo para suplir el sentido sería más propio poner las palabras "fueron arrojados," coordinando esto con lo que se dijo del diablo precisamente antes. Una traducción más exacta añade, además, la palabra "también" después de "donde." La cláusula se lee entonces así: "El diablo fue arrojado al lago de fuego, donde *también fueron arrojadas* la bestia y el falso profeta." La bestia y el falso profeta fueron arrojados al lago de fuego y destruidos, al comienzo de los mil años.

(Apocalipsis 19:20.) Los miembros individuales de sus organizaciones se levantan ahora en la segunda resurrección, y una destrucción similar y final cae sobre ellos bajo los nombres de Gog y Magog.

El lago de fuego—Puede ser que algún lector se sienta inclinado a pedir una definición del lago de fuego. Como definición abarcante, ¿no se le puede llamar símbolo de los agentes que Dios emplea para poner fin a su controversia con los impíos vivos al comienzo de los mil años, y con todas las huestes de los impíos al fin de dicho período? Por supuesto, lo que emplea para esta obra es mayormente el fuego literal. Nos resulta más fácil describir sus efectos que el fuego mismo. En ocasión de la segunda venida de Cristo, es la llama de fuego con que se revela el Señor Jesús, el espíritu de su boca y el resplandor de su venida, lo que consume al hombre de pecado, el fuego que quema por completo la gran Babilonia. (Apocalipsis 18:8.) Al fin de los mil años, es el día que los quemará como horno (Malaquías 4:1); es el tremendo calor que derretirá los elementos y la tierra, y quemará las obras que contiene; es el fuego de Tophet preparado para el rey (el diablo y sus ángeles, Mateo 35:41), cuya acumulación es profunda y grande, y "el soplo de Jehová, como torrente de azufre, la enciende" (Isaías 30:33). En fin, es el fuego que baja de Dios desde el cielo. (Acerca de la frase "atormentados día y noche para siempre jamás," véanse los comentarios sobre Apocalipsis 14:11.)

VERS. 11-15: *Y vi un gran trono blanco y al que estaba sentado sobre él, de delante del cual huyó la tierra y el cielo; y no fué hallado el lugar de ellos. Y vi los muertos, grandes y pequeños, que estaban delante de Dios; y los libros fueron abiertos: y otro libro fué abierto, el cual es de la vida: y fueron juzgados los muertos por las cosas que estaban escritas en los libros, según sus obras. Y el mar dió los muertos que estaban en él; y la muerte y el infierno dieron los muertos que estaban en ellos; y fué hecho juicio de cada uno según sus obras. Y el infierno y la muerte fueron lanzados en el lago de fuego. Esta es la muerte segunda. Y el que no fué hallado escrito en el libro de la vida, fué lanzado en el lago de fuego.*

El trono del juicio—Con el vers. 11 introduce Juan otra escena relacionada con la condenación final de los impíos. Es el gran trono blanco del juicio, delante del cual todos ellos están congregados para recibir su espantosa sentencia de condenación y muerte. Ante este trono, los cielos y la tierra huyen, de manera que su lugar no es más hallado. Un momento de reflexión sobre los cambios que deben producirse entonces en la tierra, pone de relieve el gran vigor de este lenguaje. La escena es la del día ardiente de Pedro, que trae "la perdición de los hombres impíos," en el cual aún los "elementos" se derriten por el tremendo calor. (2 Pedro 3:7-13.)

Baja del cielo el fuego de Dios. Las obras que hay en el mundo son consumidas, y los impíos destruídos. Este es el fuego de la Gehenna, que contiene todos los elementos necesarios para consumir absolutamente todo ser mortal que caiga bajo su poder. (Marcos 9:43-48.) Entonces se cumplirá Isaías 66:24: "Y saldrán [los justos], y verán los cadáveres de los hombres que se rebelaron contra mí: porque su gusano nunca morirá, ni su fuego se apagará; y serán abominables a toda carne."

También se cumplirá entonces Isaías 33:14: "¿Quién de nosotros morará con el fuego consumidor? ¿Quién de nosotros habitará con las llamas eternas?" La respuesta que dan las frases siguientes demuestra que serán los justos. Tal debe ser el momento al cual se aplican las preguntas y las respuestas de Isaías.

En toda esta conflagración, los elementos no quedan destruidos. Tan sólo son derretidos y purificados de la contaminación del pecado y de todo rastro de la maldición. Se promulga entonces el fíat todopoderoso; "He aquí, yo hago nuevas todas las cosas... Hecho es." (Apocalipsis 21:5, 6.) En ocasión de la primera creación, "las estrellas todas del alba alababan, y se regocijaban todos los hijos de Dios." (Job 38:7.) En ocasión de esta nueva creación, aquel canto y clamor de alegría será acrecentado por las gozosas voces de los redimidos. Así será cómo esta tierra, arrancada momentáneamente por el pecado de la órbita de gozo y paz que le era destinada, será reintegrada de nuevo a la armonía con un universo leal, para ser la morada eterna de los salvos.

Los libros de registro—Los hombres son juzgados por las cosas escritas en los libros. Esto nos inculca el hecho solemne de que en el cielo se lleva un registro de todas las acciones. Los secretarios angélicos llevan un registro fiel e infalible. Los impíos no pueden ocultarles ninguno de sus actos tenebrosos. No pueden sobornarlos para que pasen por alto sus actos ilegales. Tendrán que hacerles frente, y ser juzgados de acuerdo con ellos.

La ejecución de la sentencia—Los impíos serán castigados según sus obras. Las Escrituras declaran que serán recompensados según sus actos. Es evidente que se tiene en cuenta, como parte del castigo de cada uno, el grado de sufrimiento que ha de soportar: "Porque el siervo que entendió la voluntad de su señor, y no se apercibió, ni hizo conforme a su voluntad, será azotado mucho. Mas el que no entendió, e hizo cosas dignas de azotes, será azotado poco: porque a cualquiera que fué dado mucho, mucho será vuelto a demandar de él." (Lucas 12:47, 48.)

El libro de la vida—Puede ser que alguien pregunte por qué se menciona en esta ocasión el libro de la vida, cuando los que tienen parte en la segunda resurrección, después de la cual se produce esta escena, están ya todos juzgados y condenados a la segunda muerte. Vemos por lo menos una razón aparente, a saber, que ello se hace para que todos puedan ver que ninguno de los nombres de aquellos que componen la multitud que muere por segunda vez se encuentra en el libro de la vida, y por qué no están allí; y, además, si los nombres han estado alguna vez allí, por qué no se los ha conservado. En esta forma, todos los seres del universo pueden ver que Dios obra con justicia e imparcialidad.

Se declara también que "el infierno y la muerte fueron lanzados en el lago de fuego. Esta es la muerte segunda." Tal es el epitafio final de todas las fuerzas que desde el principio hasta el fin se han levantado contra la voluntad y la obra del Señor. Satanás inició y encabezó esta obra nefasta. Parte de los ángeles del cielo se le unió en esta oposición y obra homicida, y el fuego eterno fué preparado para él y para ellos. (Mateo 25:41.) Los hombres sufren el efecto de este fuego porque se unen a Satanás en su rebelión. Pero aquí termina la controversia. El fuego es eterno para ellos porque no les permite escapar, y no cesa hasta que estén consumidos. La segunda muerte es su castigo, y es "tormento eterno" (Mateo 25:46), porque nunca podrán ellos librarse de su abrazo espantoso. "La paga del pecado es *muerte*," y no el tormento eterno. (Romanos 6:23.)

Para resumir el argumento leemos: "Y el que no fue hallado escrito en el libro de la vida, fué lanzado en el lago de fuego." Lector, ¿está tu nombre escrito en el libro de la vida? ¿Estás procurando evitar la terrible condenación que aguarda a los impíos? No te des descanso hasta tener motivo por creer que tu nombre está entre los de aquellos que tendrán parte al fin en la vida eterna.

Notas del Capítulo 20:

[1] Guillermo Jenks, "The Comprehensive Commentary," tomo 1, pág, 410, nota sobre Levítico 16:8.

[2] Carlos Beecher, "Redeemer and Redeemed," págs. 67, 68.

[3] "Jewish Encyclopedia," tomo 2, pág. 366, art. "Azazel."

[4] Alberto Whalley, "The Red Letter Days of Israel," pág. 125.

[5] Juan Eadie, "Biblical Cyclopaedia," pág. 577, art. "Scape-Goat."

[6] Moisés Stuart, "A Commentary on the Apocalypse," tomo 2, pág. 369.

Capítulo 21—Un Cielo Nuevo y una Tierra Nueva

A PARTIR del vers. 2, el tema de este capítulo es la Nueva Jerusalén; pero antes de introducirla, Juan nos dice cómo desaparecerán los cielos, la tierra y la mar actuales:

VERS. 1: *Y vi un cielo nuevo, y una tierra nueva: porque el primer cielo y la primera tierra se fueron, y el mar ya no es.*

Los cielos nuevos y la nueva tierra—Al hablar de los primeros cielos y la primera tierra, Juan se refiere indudablemente a los actuales, "los cielos que son ahora, y la tierra." (2 Pedro 3:7.) Algunos han supuesto que cuando la Biblia habla del tercer cielo, en el cual están el Paraíso y el árbol de la vida (2 Corintios 12:2 y Apocalipsis 2:7), se refiere al cielo todavía futuro, y que no hay pruebas de que existan actualmente en el cielo un paraíso y un árbol de la vida. Basan su opinión en el hecho de que Pedro habla de tres cielos y tierras: los que hubo antes del diluvio, los que ahora existen, y los que han de venir. Pero esa teoría queda completamente refutada por el vers. 1 de Apocalipsis 21, pues allí Juan habla solamente de dos cielos y tierras. A los que existen ahora los llama *primeros,* de manera que los futuros nuevos cielos serían, de acuerdo con este cálculo, los *segundos,* y no los *terceros,* como se le hace decir a Pedro. Es por lo tanto seguro que Pedro no se propuso establecer un orden numérico, de acuerdo con el cual hablaríamos de un cielo como del primero, de otro como del segundo, y del último como del tercero. El objeto de su raciocinio consistía simplemente en demostrar que un cielo y una tierra literales sucedieron a la destrucción de la tierra por el diluvio, y asimismo un cielo y una tierra literales resultarán de la renovación del sistema actual por el fuego. No hay por lo tanto prueba alguna de que, cuando la Biblia habla del tercer cielo, se refiere simplemente al tercer estado de los cielos y la tierra actuales, porque entonces todos los escritores bíblicos

habrían usado la misma terminología. Así los argumentos de los que se esfuerzan por demostrar que no existen actualmente el Paraíso y un árbol de la vida literales, caen al suelo.

La Biblia reconoce ciertamente tres cielos en la actual constitución de las cosas, a saber, el primero, o cielo atmosférico, donde habitan las aves del aire; el segundo, el cielo planetario, que es la región del sol, la luna y las estrellas; y el tercero está por encima de los demás, donde se hallan el Paraíso y el árbol de la vida (Apocalipsis 2:7), donde Dios tiene su residencia y su trono (Apocalipsis 22:1,2), adonde Pablo fué arrebatado en visión celestial (2 Corintios 12:2). Es el cielo al cual Cristo ascendió cuando dejó la tierra (Apocalipsis 12:5), donde está ahora, como sacerdote rey, sentado en el trono con su Padre (Zacarías 6:13), y donde está la gloriosa ciudad, aguardando a los santos cuando entren en la vida (Apocalipsis 21:2). ¡Alabado sea Dios porque desde aquel lugar resplandeciente le ha comunicado inteligencia a este lejano mundo nuestro! ¡Gracias le sean dadas porque abrió un camino que conduce como una senda recta y resplandeciente de luz hasta aquellas bienaventuradas moradas!

El mar ya no es—Debido a que Juan dice: "Y el mar ya no es," se pregunta a veces: ¿No habrá por lo tanto mar en la nueva tierra? Este pasaje no dice tal cosa; porque Juan habla solamente del cielo, la tierra y el mar actuales. Podría traducirse así: Porque el primer cielo y la primera tierra desaparecieron, y el mar *(ouk estin eti,* no es ya) también desapareció; es decir que ya no se veía el viejo mar, como tampoco se veían los viejos cielos y la vieja tierra. Sin embargo, puede haber un nuevo mar como hay una nueva tierra.

Adán Clarke dice acerca de este pasaje: "El *mar* ya no aparecía, como no aparecían los primeros *cielos* y la *tierra*. Todo fue hecho *nuevo;* y probablemente el nuevo mar ocupó una situación diferente, y quedó distribuido en forma diferente de la asumida por el viejo mar."[1]

El río de la vida, cuya descripción leemos en el capítulo siguiente, procede del trono de Dios, y fluye por la calle ancha de la ciudad. Debe hallar algún lugar en el cual descargar sus aguas, y ¿cuál podría ser sino el mar de la nueva tierra? Que habrá un mar o mares, en la nueva tierra, se puede deducir de la profecía que habla como sigue del futuro reinado de Cristo; "Y su señorío será de mar a mar, y desde el río hasta los fines de la tierra." (Zacarías 9:10.) Pero es difícil creer que tres cuartas partes del globo serán sacrificadas como ahora a las aguas. El nuevo mundo, donde han de morar los fieles hijos de Dios, tendrá todo lo que sea necesario para darle proporción, utilidad y belleza.

VERS. 2-4: *Y yo Juan vi la santa ciudad, Jerusalén nueva, que descendía del cielo, de Dios, dispuesta como una esposa ataviada para su marido. Y oí una gran voz del cielo que decía: He aquí el tabernáculo de Dios con los hombres, y morará con ellos; y ellos serán su pueblo, y el mismo Dios será su Dios con ellos. Y limpiará Dios toda lágrima de los ojos de ellos. y la muerte no será más; y no habrá más llanto, ni clamor, ni dolor: porque las primeras cosas son pasadas.*

La casa del Padre—En relación con la visión que Juan tiene, de la santa ciudad que baja de Dios desde el cielo, se oye una voz que dice: "He aquí el tabernáculo de Dios con los hombres, y morará con ellos." El gran Dios establece su morada en esta tierra, pero no hemos de suponer que Dios se vea limitado a este mundo o cualquier otro de los de su creación. Tiene un trono aquí, y la tierra disfruta tanto de su presencia que puede decirse que él mora entre los hombres y reside aquí en un sentido diferente del que se pudo dar a su presencia en cualquier tiempo anterior. ¿Por qué se habría de considerar esto extraño? El unigénito Hijo de Dios es quien gobierna éste su reino especial. La santa ciudad estará aquí. Las huestes celestiales sienten por este mundo más interés que por cualquier otro; y de acuerdo con una de las parábolas del Señor, habrá más gozo en el cielo por un mundo redimido que por noventa y nueve que no necesitaron redención.

No habrá causa para derramar lágrimas—"Y limpiará Dios toda lágrima de los ojos de ellos." No limpiará literalmente las lágrimas de los ojos de su pueblo, porque no habrá lágrimas que enjugar en aquel reino. Enjugará las lágrimas al eliminar todo lo que podría hacerlas derramar.

VERS. 5, 6: *Y el que estaba sentado en el trono dijo: He aquí, yo hago nuevas todas las cosas. Y me dijo: Escribe; porque estas palabras son fieles y verdaderas. Y díjome; Hecho es. Yo soy Alpha y Omega, el principio y el fin. Al que tuviere sed, yo le daré de la fuente del agua de vida gratuitamente.*

La nueva creación—El que está sentado en el trono es el mismo ser que se menciona en los vers. 11 y 12 del capítulo anterior. Dice: "Yo hago nuevas todas las cosas." No dice que hace nuevas cosas. La tierra no queda destruída ni aniquilada, para que sea necesario crear una nueva, sino que todas las cosas son hechas nuevas. Regocijémonos de que estas palabras son verdad. Cuando esto se cumpla, todo estará listo para que se pronuncie aquella frase sublime: "Hecho es." Se habrá desvanecido para siempre la obscura sombra del pecado. Los impíos, raíz y rama (Malaquías 4:1), quedarán destruídos de la tierra de los vivos, y la antífona universal de alabanza y agradecimiento (Apocalipsis 5:13) subirá de un mundo redimido y de un universo limpio hacia un Dios observador del pacto.

VERS. 7, 8: *El que venciere, poseerá todas las cosas; y yo seré su Dios, y él será mi hijo. Mas a los temerosos e incrédulos, a los abominables y homicidas, a los fornicarios y hechiceros, a los idólatras, y a todos los mentirosos, su parte será en el lago ardiendo con fuego y azufre, que es la muerte segunda.*

La gran herencia—Los vencedores son "la simiente de Abraham," "y conforme a la promesa los herederos." (Gálatas 3:29.) La promesa abarca el mundo (Romanos 4:13); y los santos saldrán y pisarán la haz de la nueva tierra, no como siervos o extranjeros, sino como herederos legítimos del estado celestial y propietarios del suelo.

Temor y tormento—Pero los temerosos e incrédulos tendrán su parte en el lago de fuego y azufre. La palabra "temerosos" ha dejado perplejas a ciertas personas concienzudas, que han sentido mayores o menores temores en toda su experiencia cristiana. Es por lo tanto apropiado averiguar a qué clase de temor se alude aquí. No es al temor de nuestra propia debilidad, ni el sentido con referencia al poder que ejerce el tentador. No es el temor de pecar, o de caer por el camino, ni de resultar deficiente al final. Un temor tal nos hace acudir al Señor en busca de ayuda. Pero el temor mencionado aquí está relacionado con la incredulidad; es el temor del ridículo y de la oposición del mundo, es la falta de confianza en Dios y sus promesas, un temor de que él no cumplirá lo que ha declarado, y de que por consiguiente uno quedará avergonzado y sufrirá pérdidas por creer en él. Al albergar un temor tal, uno no puede servir a Dios sino a medias. Esto le deshonra. Este es el temor que se nos ordena no tener. (Isaías 51:7.) Tal es el temor que atrae la condenación en este pasaje, y que llevará finalmente al lago de fuego, que es la segunda muerte, a todos aquellos que se dejen dominar por él.

VERS. 9-14: *Y vino a mí uno de los siete ángeles que tenían las siete copas llenas de las siete postreras plagas, y habló conmigo, diciendo: Ven acá, yo te mostraré la esposa, mujer del Cordero. Y llevóme en Espíritu a un grande y alto monte, y me mostró la grande ciudad santa de Jerusalén, que descendía del cielo de Dios, teniendo la claridad de Dios: y su luz era semejante a una piedra preciosísima, como piedra de jaspe, resplandeciente como cristal. Y tenía un muro grande y alto con doce puertas; y en las puertas, doce ángeles, y nombres escritos, que son los de las doce tribus de los hijos de Israel. Al oriente tres puertas; al norte tres puertas; al mediodía tres puertas; al poniente tres puertas. Y el muro de la ciudad tenía doce fundamentos, y en ellos los doce nombres de los doce apóstoles del Cordero.*

La esposa del Cordero—Aquí tenemos un testimonio positivo de que la Nueva Jerusalén es la esposa del Cordero. El ángel dijo distintamente a Juan que le mostraría "la esposa, mujer del Cordero." Podemos estar seguros de que no lo engañó, sino que cumplió su promesa al pie de la letra. Todo lo que le mostró fué la Nueva Jerusalén, que debe ser por lo tanto la esposa del Cordero. Sería innecesario ofrecer pruebas de que esta ciudad no es la iglesia, si no fuese que la teología popular ha torcido de tal manera las Escrituras que le ha dado esta aplicación. La ciudad no puede ser la iglesia, porque sería absurdo hablar de la iglesia como asentada en cuadrado, con un lado mirando al norte, otro al sur, otro al este y otro al poniente. Sería incongruente hablar de la iglesia como teniendo una grande y alta muralla, con doce puertas, tres a cada lado hacia los cuatro puntos cardinales. En verdad toda la descripción de la ciudad que se da en este capítulo sería más o menos obscura si se aplicase a la iglesia.

Al escribir a los gálatas. Pablo habla de la misma ciudad y dice que es la madre de todos nosotros, pero se refiere a la iglesia. La iglesia, no es pues la ciudad misma, sino los hijos de la ciudad. El vers. 24 del capítulo que comentamos, habla de las naciones de los salvos, que andan en la luz de esta ciudad. Estas naciones, que son los salvos y constituyen en la tierra la iglesia, son algo distinto de la ciudad, en cuya luz andan. De ahí se desprende que la ciudad es una ciudad literal construída con todos los materiales preciosos descritos aquí.

Pero, ¿cómo puede ser entonces la esposa del Cordero? La inspiración consideró propio hablar de ella bajo esta figura, y esto debiera bastar para todo aquel que cree en la Biblia. La figura se introduce primero en Isaías 54. Allí se presenta la ciudad del nuevo pacto. Se la presenta desolada mientras estaba en vigor el viejo pacto, y los judíos y la vieja Jerusalén eran objeto especial del cuidado de Dios. Se le dice que "los hijos de la dejada" eran muchos más "que los de la casada." Se le dice además: "Porque tu marido es tu Hacedor," y la promesa final que hace el Señor a esta ciudad contiene una descripción similar a la que tenemos aquí en Apocalipsis, a saber: "He aquí que yo cimentaré tus piedras sobre carbunclo, y sobre zafiros te fundaré. Tus ventanas pondré de piedras preciosas, tus puertas de piedras de carbunclo, y todo tu término de piedras de buen gusto. Y todos tus hijos serán enseñados de Jehová." (Isaías 54:11-13.)

A esta misma promesa se refiere Pablo y la comenta en su epístola a los gálatas cuando dice: "Mas la Jerusalén de arriba libre es; la cual es la madre de todos nosotros" (Gálatas 4:26), porque en el contexto cita esta misma profecía del libro de Isaías para apoyar su declaración. Allí Pablo da luego a la profecía de Isaías una aplicación inspirada acerca de cuyo significado no puede uno equivocarse, y demuestra que bajo la figura de una "mujer," o "esposa" cuyos "hijos" habían de ser multiplicados, el Señor hablaba por el profeta de la Nueva Jerusalén, la ciudad celestial, en contraste con la Jerusalén terrenal de la tierra de Palestina. Acerca de aquella ciudad el Señor dice que es su "esposo." En adición, tenemos el testimonio positivo relativo a los mismos hechos en Apocalipsis 21.

Todo armoniza con esta opinión. Cristo es llamado el Padre de su pueblo (Isaías 9:6), la Jerusalén celestial es llamada nuestra madre, y somos llamados los hijos. Continuando con la figura del matrimonio, se representa a Cristo como el esposo, a la ciudad como la esposa, y nosotros, la iglesia, como los convidados. No hay confusión de personalidades allí. Pero la opinión popular, que hace de la ciudad la iglesia, y de la iglesia la esposa, hace que sea al mismo tiempo la madre y los hijos, la esposa y los convidados.

La opinión de que las bodas del Cordero constituyen la inauguración de Cristo como rey en el trono de David, y que las parábolas de Mateo 22:1-14; 25:1-13; Lucas 12:35-37; 19:12-27, se aplican a dicho acontecimiento, queda, además, confirmada por una bien conocida costumbre antigua. Se dice que cuando una persona asumía su cargo de gobernante sobre el pueblo y era investida del poder, ello era llamado una boda, y el festín que generalmente acompañaba a la asunción del poder era llamado cena de bodas. Adán Clarke en su nota sobre Mateo 22:2, dice así:

"Una boda para su Hijo—Un festín de bodas, es lo que significa propiamente la palabra *gamous*. O una fiesta de inauguración, cuando su hijo fué puesto en posesión del gobierno, y así se casó con sus nuevos súbditos. (Véase 1 Reyes 1:5-9, 19, 25, etc., donde se menciona un festín tal.)"[2] Muchos críticos eminentes entienden que esta parábola indica el momento en que el Padre introduce a su Hijo en su reino mesiánico.

La ciudad cristiana—El hecho de que los nombres de los doce apóstoles están sobre los fundamentos demuestra que es una ciudad cristiana y no judía. La presencia de los nombres de las doce tribus en las puertas demuestra que todos los salvados de todas las épocas son reconocidos como pertenecientes a alguna de las doce tribus, porque todos deben entrar en la ciudad por alguna de esas doce puertas. Esto explica los casos en los cuales los cristianos son llamados Israel, o mencionados como las doce tribus, como en Romanos 2:28, 29; 9:6-8; Gálatas 3:29; Efesios 2:12, 13; Santiago 1:1; Apocalipsis 7:4.

VERS. 15-18: Y el que hablaba conmigo, tenía una medida de una caña de oro para medir la ciudad, y sus puertas, y su muro. Y la ciudad está situada y puesta en cuadro, y su largura es tanta como su anchura: y él midió la ciudad con la caña, doce mil estadios: la largura y la altura y la anchura de ella son iguales. Y midió su muro, ciento cuarenta y cuatro codos, de medida de hombre, la cual es del ángel. Y el material de su muro era de jaspe: mas la ciudad era de oro puro, semejante al vidrio limpio.

Las dimensiones de la ciudad—Según este testimonio la ciudad se asienta en un cuadrado perfecto, que tiene las mismas medidas en cada uno de sus lados. La medida de la ciudad, declara Juan, era doce mil estadios.[*] Doce mil estadios, a razón de 185 metros por estadio, equivalen a 2.220 kilómetros. Puede entenderse que esta medida es la de toda la circunferencia de la ciudad y no solamente de un lado. De acuerdo con Kitto, éste parecía ser antiguamente el método de medir las ciudades. Se tomaba toda la circunferencia, y se la llamaba la medida de la ciudad. De acuerdo con esta regla, la Nueva Jerusalén tendría 555 kilómetros en cada costado. Se dice que su longitud, su anchura y su altura son iguales. Este lenguaje suscita la pregunta de si la ciudad mostrada a Juan era tan alta como larga y ancha. La palabra que se traduce "igual" es *isos*. Por las definiciones dadas por Liddell y Scott, sabemos que se puede usar para expresar la idea de proporción; así tendríamos que la altura era proporcional a la longitud y la anchura. Greenfield, al definir una de sus palabras compuestas, *isotes,* le da el sentido de "igual proporción," y alude a 2 Corintios 8:13, 14, como ejemplo de un pasaje donde es admisible esta definición. Y esta idea queda reforzada por el hecho de que la muralla tenía solamente 144 codos de altura. Asignando el valor de medio metro al codo, nos daría unos 72 metros de altura. Si la ciudad fuese tan alta como larga y ancha, es decir que tuviese 555 kilómetros de altura, esta muralla de solamente 72 metros sería insignificante en comparación. Por lo tanto, es probable que la altura de los edificios de la ciudad se ha de juzgar por la altura de la muralla, que nos es dada en palabras bien claras.

La muralla era de jaspe. Esta piedra preciosa se describe generalmente como de "un hermoso color, verde brillante, que tiene a veces nubes blancas con manchas amarillas." Entendemos que tal es el material del cuerpo principal de la muralla edificada sobre los doce fundamentos descritos más tarde. Recuérdese que esta muralla de jaspe es "clara como cristal." (Vers. 11.) Es decir que deja ver todas las glorias del interior.

VERS. 19, 20: Y los fundamentos del muro de la ciudad estaban adornados de toda piedra preciosa. El primer fundamento era jaspe: el segundo, zafiro; el tercero, calcedonia; el cuarto, esmeralda; el quinto, sardónica; el sexto, sardio; el séptimo, crisólito; el octavo, berilo; el nono, topacio; el décimo, crisopraso; el undécimo, jacinto; el duodécimo, amatista.

Una ciudad literal—Si consideramos esta descripción como exclusivamente metafórica, como lo hacen muchos de los que profesan enseñar la Biblia, y le damos un sentido espiritual, de manera que esta ciudad sea tenida por cosa etérea e inexistente, ¡cuán carentes de sentido parecen ser estas descripciones minuciosas! Pero si admitimos su significado natural y obvio, y consideramos la ciudad como evidentemente quería el profeta que se la considerase, como una morada celestial literal y tangible, nuestra herencia gloriosa, cuyas bellezas hemos de contemplar con nuestros propios ojos, ¡cuánto realce obtiene la esplendorosa escena!

Aunque no le toca al hombre mortal concebir la grandeza de las cosas que Dios ha preparado para los que le aman, si se les reconoce un carácter literal, los hombres pueden deleitarse en la contemplación de las glorias de su morada futura. Nos deleita espaciarnos en aquellas descripciones que nos dan una idea de la belleza que caracterizará nuestra patria eterna. Cuando nos dejamos absorber por la contemplación de una herencia tangible y segura, recobramos ánimo, revive nuestra esperanza, y cobra alas nuestra fe. Con agradecimiento hacia *Dios* porque nos permite tener entrada a las mansiones de los redimidos, resolvemos nuevamente, a pesar del mundo y de todos sus obstáculos, que nos contaremos entre los que han de participar de los goces ofrecidos. Miremos pues las piedras preciosas que sirven de fundamento para aquella gran ciudad, a través de cuyas puertas de perla los hijos de Dios pueden esperar pasar pronto. Aunque muchas autoridades en gemas aseveran que es difícil identificar las piedras preciosas de la Biblia, la siguiente descripción hecha por Moisés Stuart nos da cierta idea de la belleza y variedad de los colores que hay en el fundamento de la ciudad.

El glorioso fundamento—"La palabra *adornada* puede suscitar una duda aquí acerca de si el autor quiere decir que en las diversas capas del fundamento las piedras preciosas ornamentales están insertadas tan sólo aquí y allí. Pero considerando el conjunto de la descripción, no me parece que haya sido esto lo que quiso decir.

"*Jaspe,* como ya lo hemos visto, es generalmente una piedra de color verde y transparente, con vetas rojas. Pero hay muchas variedades.

"El *zafiro* es de un hermoso color celeste, casi tan transparente y resplandeciente como el diamante.

"La *calcedonia* parece ser una especie de ágata, o mejor dicho, es el ónix. El ónix de los antiguos era probablemente de un blanco azulado, y translúcido.

"La *esmeralda* es de un verde vívido, y sigue al rubí en dureza.

"La *sardónica* es una mezcla de calcedonia y cornalina. Esta última es de un color rojo obscuro.

"El *sardio* es probablemente la cornalina. Sin embargo, tiene a veces un color rojo bien vívido.

"El *crisólito,* como lo indica su nombre, es de un color amarillo u oro, y es translúcido. De esta piedra se origina probablemente el concepto del oro translúcido que constituye el material de la ciudad. El *berilo* es de un color verde mar.

"El *topacio* de nuestra época parece considerarse como amarillo; pero el de los antiguos parece haber sido de un verde pálido...

"El *crisopraso* era de un amarillo pálido y verduzco, como ciertas cebollas; se lo clasifica actualmente como topacio.

"El *jacinto* es de un rojo profundo o violeta.

"La *amatista,* es una gema de gran dureza y brillo, de un color violeta, que suele encontrarse actualmente en la India.

"Al considerar de nuevo estas diversas clases, encontramos que las cuatro primeras son de un tinte verde o azulado; la quinta y sexta, son rojas o escarlatas; la séptima amarilla; la octava, novena y décima tienen diferentes matices de un verde más claro;

la undécima y duodécima son de un color escarlata o magnífico rojo. Hay por lo tanto una clasificación en este arreglo; una mezcla que no difiere mucho del arreglo del arco iris, aunque más compleja."[3]

VERS. 21: *Y las doce puertas eran doce perlas, en cada una, una; cada puerta era de una perla. Y la plaza de la ciudad era de oro puro como vidrio trasparente.*

Puertas de perla—La hermosa ciudad de Dios construída con los materiales más preciosos que hay aquí en la tierra, se describe muy apropiadamente como teniendo puertas de perla. Más aún, la Escritura dice que cada puerta es una sola perla. Con los reflejos irisados y el resplandor de los hermosos colores que contienen los fundamentos, estos portales se abren de par en par para dar la bienvenida a los redimidos en su hogar eterno.

Calles de oro bruñido—En este versículo, como también en el 18, se habla de la ciudad como edificada de oro puro, como cristal claro, es decir transparente. Pensemos por un momento en el aspecto que presentaría una ciudad así pavimentada. Los gloriosos palacios situados a ambos lados se reflejarían abajo como también la ilimitada expansión de los cielos; de manera que al que anduviese por aquellas calles de oro le parecería que se encontrara él mismo y la ciudad suspendidos entre las alturas infinitas y las profundidades insondables, mientras que las mansiones de ambos lados de la calle, por sus propios reflejos, multiplicarían maravillosamente los palacios y las personas, y darían a toda la escena un aspecto novedoso, agradable y hermoso, cuya grandiosidad superaría toda concepción.

VERS. 22: *Y no vi en ella templo; porque el Señor Dios Todopoderoso es el templo de ella, y el Cordero.*

El templo viviente—Con el templo se asocia naturalmente la idea de los sacrificios y la obra de mediación, pero cuando la ciudad esté situada en la nueva tierra, no habrá que ejecutar una obra tal. Estarán para siempre en lo pasado los sacrificios, las ofrendas y la obra de mediación. Ya no habrá necesidad de símbolo externo de una obra tal. Pero el templo de la antigua Jerusalén, además de ser un lugar de cultos y sacrificios, constituía la belleza y la gloria del lugar. Como para anticiparse a la pregunta que podría surgir en cuanto a lo que constituye el ornamento y la gloria de la nueva ciudad, si no hubiese templo allí, el profeta responde: "El Señor Dios Todopoderoso es el templo de ella, y el Cordero."

VERS. 23-27: *Y la ciudad no tenía necesidad de sol, ni de luna, para que resplandezcan en ella: porque la claridad de Dios la iluminó, y el Cordero era su lumbrera. Y las naciones que hubieren sido salvas andarán en la lumbre de ella: y los reyes de la tierra traerán su gloria y honor a ella. Y sus puertas nunca serán cerradas de día, porque allí no habrá noche. Y llevarán la gloria y la honra de las naciones a ella. No entrará en ella ninguna cosa sucia, o que hace abominación y mentira; sino solamente los que están escritos en el libro de la vida del Cordero.*

No hay noche allí—Probablemente es solamente en la ciudad donde no hay noche. Habrá por supuesto días y noches en la nueva tierra, pero serán días y noches de gloria insuperables. Al hablar de ese tiempo, el profeta dice: "Y la luz de la luna será como la luz del sol, y la luz del sol siete veces mayor, como la luz de siete días, el día que soldará Jehová la quebradura de su pueblo, y curará la llaga de su herida." (Isaías 30:26.) Pero si en ese estado la luz de la luna es como la luz del sol, ¿cómo puede decirse que habrá noche allí? La luz del sol será siete veces mayor, de manera que aunque la noche sea como nuestro día, el día será siete veces más brillante, y habrá un contraste entre el día y la noche tan marcado tal vez como en nuestro tiempo. Ambos serán insuperablemente gloriosos.

El vers. 24 habla de naciones y reyes. Las naciones son las de los salvos, y en el estado de la nueva tierra seremos todos reyes en cierto sentido. Poseeremos un "reino," y reinaremos para siempre jamás.

Pero de algunas de las parábolas de nuestro Salvador, como en Mateo 25:21, 23, parece desprenderse que algunos ocuparán en un sentido especial el cargo de gobernantes, y puede hablarse de ellos como reyes de la tierra en relación con las naciones de los salvos. Estos traerán su gloria y honor a la ciudad, cuando en ocasión de los sábados y las nuevas lunas vengan a adorar delante de Dios. (Isaías 66:23.)

Lector, ¿quieres tener parte en las glorias eternas de esta ciudad celestial? Cuida entonces de que tu nombre esté escrito en el libro de la vida del Cordero; porque únicamente aquellos cuyos nombres estén en este "rol de honor" celestial podrán entrar.

Notas del Capítulo 21:

[1] Adán Clarke, "Commentary on the New Testament," tomo 2, pág. 1.058, nota sobre Apocalipsis 21:1.

[2] Id., tomo 1, pág. 209, nota sobre Mateo 22 :2.

[3] Moisés Stuart, "A Commentary on the Apocalypse," tomo 2, págs. 383, 384.

[*] El estadio era una medida de los antiguos que variaba según las localidades. En Atenas tenia 185 metros, pero el olímpico tenia 192 metros. La versión inglesa más común rinde estadio por "furlong," nombre de una medida equivalente a 1/8 de milla, es decir 201 metros.---Nota del traductor.

Capítulo 22—Al Fin Reina la Paz

VERS. 1, 2*: Después me mostró un río limpio de agua de vida, resplandeciente como cristal, que salía del trono de Dios y del Cordero. En el medio de la plaza de ella, y de la una y de la otra parte del río, estaba el árbol de vida, que lleva doce frutos, dando cada mes su fruto: y las hojas del árbol eran para la sanidad de las naciones.*

EL ANGEL continúa mostrando a Juan las cosas admirables de la ciudad de Dios. En medio de la plaza o calle ancha de la ciudad se hallaba el árbol de la vida.

La calle ancha—La palabra traducida por plaza en las versiones castellanas es *plateías* en griego y significa "calle ancha." Aunque la palabra se usa en singular y va precedida del artículo definido "la," no debe suponerse que la ciudad tiene una sola calle, pues hay doce puertas y debe haber una calle que conduce a cada puerta. Pero la mencionada aquí es *la* calle ancha o principal, la gran vía o avenida.

El río de vida—El árbol de la vida se halla en medio de esta calle, pero a cada lado del río de la vida. Este, por lo tanto, se encuentra también en medio de la calle, y procede del trono de Dios. El cuadro que se ofrece así a la imaginación es éste: El glorioso trono de Dios en la cabecera de esta ancha avenida; de este trono brota el río de vida que fluye a lo largo del centro de la calle, y el árbol de la vida que crece a ambos lados y forma un alto y magnífico arco sobre aquella majestuosa corriente, pero extiende lejos por ambos lados sus ramas cargadas de frutos y hojas vivificantes. No tenemos medio de determinar cuán ancha es esta calle, pero se percibe en seguida que una ciudad de 2.200 kilómetros de perímetro no escatimará el espacio para su gran avenida.

El árbol de la vida—Pero ¿cómo puede el árbol de la vida formar un solo árbol, y estar, sin embargo, a ambos lados del río? Es evidente que hay un solo árbol de la vida. Desde el Génesis hasta el Apocalipsis se menciona solamente uno: *el* árbol de la vida. Para estar a ambos lados del río a la vez, debe tener más de un tronco, y en este caso se unirá en la parte superior para formar un solo árbol. Juan, arrebatado en visión por el espíritu, al serle presentado un cuadro minucioso de este objeto maravilloso, dice que estaba en ambos lados del río.

El árbol de la vida lleva doce clases de frutos, y da su fruto cada mes. Este hecho ilumina la declaración de Isaías 66:23, a saber que toda carne subirá "de sábado en sábado," para adorar delante de Jehová de los ejércitos. La frase griega que encontramos en el versículo que nos ocupa es: *katá mena hékaston,* "cada mes."

La Septuaginta dice en Isaías *men ek menos,* "de mes en mes." De mes a mes los redimidos van a la santa ciudad para comer del fruto del árbol de la vida. Sus hojas son para la sanidad de las naciones, literalmente el *servicio* de las naciones. Esto no puede entenderse como implicación de que entrarán en la ciudad seres aquejados de enfermedades o deformidades que requieran ser curadas; porque esto nos llevaría a concluir que habrá siempre allí personas en tal condición, pues no tenemos motivo por entender que el servicio de las hojas, sea lo que fuere, no será perpetuo, como el consumo de la fruta. Pero la idea de que haya enfermedad y deformidad en el estado inmortal contraría las declaraciones expresas de la Escritura. "No dirá el morador: Estoy enfermo." (Isaías 33:34.)

VERS. 3: *Y no habrá más maldición; sino que el trono de Dios y del Cordero estará en ella, y sus siervos le servirán.*

Este lenguaje prueba que aquí se menciona al gran Dios el Padre como también al Hijo. Las señales de la maldición, los miasmas mortíferos, y las espantosas escenas de desolación y decadencia, ya no se verán en la tierra. Cada brisa será suave y vivificante, toda escena hermosa y todo sonido musical.

VERS. 4: *Y verán su cara; y su nombre estará en sus frentes.*

La frase "verán su cara," se refiere al Padre; porque él es Aquel cuyo nombre llevan en la frente. Esto lo aprendemos en Apocalipsis 14:1. Será un cumplimiento de la promesa hecha en Mateo 5:8: "Bienaventurados los de limpio corazón: porque ellos verán a Dios."

VERS. 5-7: *Y allí no habrá más noche; y no tienen necesidad de lumbre de antorcha, ni de lumbre de sol: porque el Señor Dios los alumbrará: y reinarán para siempre jamás. Y me dijo: Estas palabras son fieles y verdaderas. Y el Señor Dios de los santos profetas ha enviado su ángel, para mostrar a sus siervos las cosas que es necesario que sean hechas presto. Y he aquí, vengo presto. Bienaventurado el que guarda las palabras de la profecía de este libro.*

Encontramos aquí nuevamente la declaración de que no habrá noche en la ciudad, pues el Señor Dios será su luz. Cristo mismo, por cuyo intermedio nos llegaron todas estas declaraciones, repite la promesa que ha sido la esperanza de los hombres a través de los siglos: "He aquí, yo vengo presto." Guardar las palabras de la profecía de este libro es obedecer las órdenes relacionadas con la profecía, como, por ejemplo, las halladas en Apocalipsis 14:9-12

VERS. 8-12: *Yo Juan soy el que ha oído y visto estas cosas. Y después que hube oído y visto, me postré para adorar delante de los pies del ángel que me mostraba estas cosas. Y él me dijo: Mira que no lo hagas: porque yo soy siervo contigo, y con tus hermanos los profetas, y con los que guardan las palabras de este libro. Adora a Dios. Y me dijo: No selles las palabras de la profecía de este libro; porque el tiempo está cerca. El que es injusto, sea injusto todavía: y el que es sucio, ensúciese todavía: y el que es justo, sea todavía justificado: y el santo sea santificado todavía. Y he aquí, yo vengo presto, y mi galardón conmigo, para recompensar a cada uno según fuere su obra.*

En cuanto a las observaciones referentes a los vers. 8 y 9, véanse los comentarios sobre Apocalipsis 19:10. En el vers. 10 se le dice a Juan que no selle las palabras de la profecía de este libro. La teología popular de nuestra época dice que el libro está sellado. Esto significa una de dos cosas: o Juan desobedeció las instrucciones que recibió, o la teología aludida considera el asunto con los ojos cerrados por "espíritu de sueño." (Léase Isaías 29:10-14.) El vers. 11 prueba que antes de la venida de Cristo el tiempo de gracia termina y quedan inalterablemente fijados todos los casos; pues en el siguiente Cristo dice: "He aquí, yo vengo presto." ¡Cuánta presunción encierra el aserto que hacen algunos, de que habrá un tiempo de prueba después de aquel acontecimiento! Cristo trae su galardón consigo para darlo a cada uno según fueren sus obras. Esta es otra prueba concluyente de que no habrá tiempo de gracia después de aquel suceso. Todos los impíos vivos, los que "no conocieron a Dios," los paganos y los que "ni obedecen al evangelio de nuestro Señor Jesucristo," los pecadores de las tierras cristianas (2 Tesalonicenses 1:8), serán castigados por una rápida destrucción infligida por Aquel que viene en llama de fuego para vengarse de sus enemigos.

La declaración del vers. 11 señala el fin del tiempo de gracia, que ocurre al finalizar la obra de Cristo como mediador. Pero el tema del santuario nos enseña que esta obra termina con el examen de los casos de los seres humanos vivos cuando se realiza el juicio investigador. Terminado éste, se puede pronunciar el decreto irrevocable.

VERS. 13, 14: *Yo soy Alpha y Omega, principio y fin, el primero y el postrero. Bienaventurados los que guardan sus mandamientos, para que su potencia sea en el árbol de la vida, y que entren por las puertas en la ciudad.*

Cristo se llama aquí a sí mismo Alpha y Omega, principio y fin, primero y último. Como se ha notado ya, en el vers. 14 es Cristo mismo quien habla. Los mandamientos que menciona son los de su Padre.

La observancia de sus mandamientos—Debe referirse aquí a los Diez Mandamientos dados en el monte Sinaí. Pronuncia una bendición sobre los que los guardan. De modo que, en el capítulo final de la Palabra de Dios, casi al mismo fin del último testimonio que allí dejó para su pueblo el Testigo fiel y verdadero, pronuncia solemnemente una bendición sobre los que guardan los mandamientos de Dios. Consideren sinceramente la importancia decisiva de este hecho importante aquellos que creen en la abolición de la ley.

En vez de decir: "Bienaventurados los que guardan sus mandamientos," algunas traducciones, como la Versión Moderna, dicen: "Bienaventurados los que lavan sus ropas." Acerca de este punto Alford tiene esta nota: "La diferencia que hay en los textos es curiosa. En el original, es la que hay entre *poiountes tas entolas autou*, y *plunontes tas stolas auton*, frases que con relativa facilidad pueden tomarse una por la otra."[1] En vista de que las palabras y las letras de ambas frases se parecen en forma tan sorprendente, no es extraño que se encuentre esta divergencia. Pero parece haber buenas evidencias de que la primera frase es la original, mientras que la última es una variante causada por error de los copistas. El Nuevo Testamento en siríaco, que es una de las primeras traducciones que se hicieron del griego original, rinde este texto como la versión de Valera. Y Cipriano, cuyos escritos son más antiguos que cualquier manuscrito griego existente hoy cita así el texto: "Bienaventurados los que hacen sus mandamientos."[2] Por lo tanto, podemos sentirnos seguros de que éstas son las expresiones originales.

VERS. 15: *Mas los perros estarán fuera, y los hechiceros, y los disolutos, y los homicidas, y los idólatras, y cualquiera que ama y hace mentira.*

En la Biblia el perro es símbolo de un hombre desvergonzado e impudente. ¿Quién habría de desear estar en la compañía de aquellos a quienes les tocará permanecer fuera de la ciudad de Dios? Sin embargo, ¡cuántos serán condenados como idólatras, cuántos lo serán por haberse contado entre quienes hacen mentira, y cuántos por haber amado la mentira y haberse deleitado en ella y en hacerla circular!

VERS. 16: *Yo Jesús he enviado mi ángel para daros testimonio de estas cosas en las iglesias. Yo soy la raíz y el linaje de David, la estrella resplandeciente, y de la mañana.*

Jesús testifica acerca de estas cosas en las iglesias, lo cual demuestra que todo el libro del Apocalipsis es dado a las siete iglesias, y nos ofrece otra prueba incidental de que las siete iglesias son representantes de la iglesia en su conjunto a través de toda la era evangélica. Cristo es posteridad de David, porque al aparecer en la tierra vino como uno de los descendientes de David. Es la raíz de David, por cuanto es el gran prototipo de David, y es el Hacedor y Sustentador de todas las cosas.

VERS. 17: *Y el Espíritu y la Esposa dicen: Ven. Y el que oye, diga: Ven. Y el que tiene sed, venga: y el que quiere, tome del agua de la vida de balde.*

La invitación a venir—Así están todos invitados a venir. El amor del Señor hacia la humanidad no se quedaría satisfecho con sólo preparar las bendiciones de la vida eterna, abrir el camino que conduce a ellas, y anunciar que todos pueden venir si quieren; así que manda una ferviente invitación a venir. Indica que los invitados le hacen un favor si quieren venir y participar de las infinitas bendiciones provistas por su amor infinito. ¡Cuán misericordiosa, amplia y gratuita es su invitación! Ninguno de los que se pierdan al fin tendrá ocasión de quejarse de que las medidas tomadas para su salvación no fueron suficientes. Nunca podrán objetar razonablemente que no se les dió luz para ver con claridad el camino de la vida. No podrán nunca disculparse diciendo que las invitaciones y las súplicas que les dirigió la misericordia para que se convirtiesen y viviesen, no eran suficientemente completas y libres. Desde el mismo comienzo, ejerció Dios tanto poder como le era posible sin quitar al hombre su carácter de libre agente moral; a saber, un poder que lo atrajese hacia el cielo y lo sacase del abismo en el cual había caído. "¡Venid!" ha sido la súplica del Espíritu, que ha procedido de los labios de Dios mismo, de los labios de sus profetas y de sus apóstoles, y de los de su Hijo, aun mientras, en su infinita compasión y humildad, pagaba la penalidad que merecía nuestra transgresión.

El último mensaje de misericordia que se está proclamando ahora, es otra expresión, esta vez la última, de la longánime compasión divina. "Venid," es la invitación que nos da. "Venid," porque todo está listo. La última expresión que caerá de los labios de la misericordia en los oídos del pecador antes que estallen sobre él los truenos de la venganza, será la invitación divina: "Venid." Tal es la magnitud del bondadoso amor de un Dios misericordioso hacia el hombre rebelde.

Sin embargo, los hombres no quieren venir. Actúan en forma independiente y deliberada, y se niegan a venir. De modo que cuando vean a Abrahán, Isaac y Jacob en el reino de Dios, y a sí mismos desechados, no podrán acusar ni censurar a nadie sino a sí mismos. Lo sentirán en toda su amargura, porque llegará el momento en que se cumplirá al pie de la letra la descripción que se ha hecho de la condenación de los perdidos.

La esposa dice también: "Ven." Si la esposa es la ciudad, ¿cómo sucede que dice: "Ven"? Si tuviésemos suficiente fuerza para contemplar las vívidas glorias de aquella ciudad y sobrevivir, y mientras contempláramos su deslumbrante belleza se nos asegurase el derecho a entrar en ella y gozar para siempre de su gloria, ¿no nos estaría entonces diciendo: "Venid," con persuasión irresistible? ¿Cuál de nosotros, viéndola, podría apartarse y decir: No deseo tener herencia allí?

Aunque no podemos mirar ahora esa ciudad, nos la ha prometido la Palabra infalible de Dios, y esto basta para inspirarnos una fe viva e implícita. Por intermedio de esta fe, nos dice: Venid, si queréis heredar mansiones donde no entrarán nunca la enfermedad, el pesar, el sufrimiento ni la muerte; si queréis tener acceso al árbol de la vida, y arrancar su fruto inmortal para comerlo y vivir; si queréis beber del agua del río de la vida, que fluye del trono de Dios clara como el cristal. Venid, si queréis obtener abundante entrada a la ciudad eterna por esas resplandecientes puertas de perla; si queréis andar en sus calles de oro transparente; si queréis contemplar las deslumbrantes piedras de sus fundamentos; si queréis ver al Rey en su hermosura sobre su trono. Venid, si queréis cantar el himno jubiloso de millones de redimidos y compartir su gozo. Venid, si queréis uniros a las antífonas de los redimidos con sus arpas melodiosas, y saber que terminó para siempre vuestro destierro, y que ésa es vuestra patria eterna. Venid, si queréis recibir palmas de victoria, y saber que estáis libres para siempre. Venid, si queréis cambiar las arrugas de vuestra frente agobiada por una corona enjoyada. Venid, si queréis ver la salvación de las miríadas redimidas, la glorificada muchedumbre que nadie puede contar. Venid, si queréis beber de la fuente pura de la bienaventuranza celestial, si queréis resplandecer como las estrellas para siempre en el firmamento de gloria, si queréis compartir el indecible arrobamiento que embarga las huestes triunfantes cuando contemplan delante de sí los siglos inacabables de gloria y gozo que se renovarán para siempre.

La esposa dice: "Ven." ¿Cuál de nosotros puede resistir tal invitación? La Palabra de verdad garantiza que si guardamos los mandamientos de Dios y la fe de Jesús, tendremos derecho al árbol de la vida, y entraremos por las puertas en la ciudad. Sabremos que estamos en la casa de nuestro Padre; en las mansiones preparadas para nosotros, y comprenderemos toda la verdad de las alentadoras palabras: "Bienaventurados los que son llamados a la cena del Cordero." (Apocalipsis 19:9.)

"El que oye, diga: Ven." Hemos oído hablar de la gloria, la belleza y las bendiciones de aquella buena tierra, y decimos: Ven. Hemos oído hablar del río con sus verdegueantes riberas, del árbol con sus hojas sanadoras, de las enramadas que florecen en el Paraíso de Dios, y decimos: Venid. Vengan todos los que quieran, y tomen del agua de la vida de balde.

VERS. 18, 19: *Porque yo protesto a cualquiera que oye las palabras de la profecía de este libro: Si alguno añadiere a estas cosas, Dios pondrá sobre él las plagas que están escritas en este libro. Y si alguno quitare de las palabras del libro de esta profecía, Dios quitará su parte del libro de la vida, y de la santa ciudad, y de las cosas que están escritas en este libro.*

¿Qué significa añadir o quitar del libro de esta profecía? Recuérdese que el objeto de la observación es el libro de esta profecía, o del Apocalipsis. De ahí que la advertencia relativa a añadirle o quitarle palabras se refiere exclusivamente a este libro. No puede referirse esta advertencia sino a las tentativas de añadir cosas con la intención de que se las considere como parte genuina del libro de la Revelación. Quitar del libro sería suprimir alguna parte de él. Así como el libro del Apocalipsis no puede ser llamado adición al libro de Daniel, si Dios viese propio darnos otras revelaciones por su Espíritu, ellas no serían una adición al libro del Apocalipsis a menos que se las presentase como parte de dicho libro.

VERS. 20, 21: *El que da testimonio de estas cosas, dice: Ciertamente, vengo en breve. Amén, sea así. Ven, Señor Jesús. La gracia de nuestro Señor Jesucristo sea con todos vosotros. Amén.*

La Palabra de Dios nos es dada para instruirnos con referencia al plan de salvación. La segunda venida de Cristo ha de ser la culminación de aquel plan. Es por lo tanto muy apropiado que el libro termine con el solemne anuncio: "Ciertamente, vengo en breve." A nosotros nos incumbe unirnos con corazón ferviente a la respuesta del apóstol: "Amén, sea así. Ven, Señor Jesús."

Así se cierra el volumen inspirado. Se cierra con lo que constituye la mejor de todas las promesas y la substancia de la esperanza del cristiano: la segunda venida de Cristo. Entonces serán congregados los escogidos, y dirán para siempre adiós a todos los males de esta vida mortal. ¡Cuán preciosa es esta promesa para el creyente! Mientras anda desterrado en este mundo malo, separado de los pocos que comparten su fe preciosa, anhela tener la compañía de los justos, la comunión de los santos. Allí la obtendrá, porque todos los buenos serán congregados, no sólo de un país, sino de todos los países; no sólo de una era, sino de todas las épocas. Será la gran mies de todos los buenos, que subirá en larga y gloriosa procesión, acompañada hasta su hogar por ángeles que cantan mientras que en las bóvedas celestes repercute el gozoso concierto. Un cántico que nunca antes se oyó en el universo, el cántico de los redimidos, añadirá al júbilo universal sus palpitantes notas de melodía arrobada. Así se congregarán los santos, a gozar para siempre mutuamente unos y otros de su presencia, "mientras que la gloria de Dios, como mar de luz inmarcesible, envuelve a la compañía inmortal.'"

Esta reunión no tiene sino rasgos deseables. Los santos no pueden sino suspirar y orar por ella. Como Job, claman por la presencia de Dios. Como David, no pueden estar satisfechos hasta que se despierten semejantes a él. En esta condición mortal, gemimos, llevamos cargas, no porque quisiéramos ser "desnudados, sino sobrevestidos." No podemos sino anhelar la adopción, a saber la redención del cuerpo. Nuestros ojos buscan sus visiones, nuestros oídos aguardan para sorprender los acentos de la música celestial, nuestros corazones palpitan en anticipación de sus goces infinitos. Nuestro apetito se aguza para la cena de bodas. Clamamos por el Dios viviente, y anhelamos llegar a su presencia. Ven, Señor Jesús, ven pronto. No hay nuevas que puedan ser más bienvenidas que el anuncio de que el Señor dió a sus ángeles la orden de juntar "sus escogidos de los cuatro vientos, de un cabo del cielo hasta el otro."

El lugar de reunión no tiene sino atractivos. Allí está Jesús, el más hermoso entre diez mil. Allí está el trono de Dios y del Cordero, ante cuya gloria se desvanece el sol como las estrellas desaparecen ante la luz del día. Allí está la ciudad de jaspe y de oro, cuyo Arquitecto y Hacedor es Dios. Allí está el río de la vida, en cuyas ondas chispea la gloria de Dios, mientras fluye de su trono de pureza y paz infinitas. Allí está el árbol de la vida, con sus hojas sanadoras, y sus frutos vivificantes. Allí estarán Abrahán, Isaac y Jacob, Noé, Job y Daniel, los profetas, los apóstoles y los mártires, la perfección de la sociedad celestial. Allí habrá visiones de belleza insuperable, campos siempre verdes, flores inmarcesibles, ríos inagotables, productos de variedad infinita, frutas incorruptibles, coronas que nunca se empañan, arpas que no conocen discordia, y cuantas otras cosas pueda imaginar o considerar deseable un gusto purificado de la influencia del pecado y elevado al plano de la inmortalidad, sí, todas estas cosas estarán allí.

La bendición—Debemos estar allí. Debemos regocijarnos en la perdonadora sonrisa de Dios, con quien hemos sido reconciliados, y no pecar más. Debemos tener acceso a aquella fuente inagotable de vitalidad: la fruta del árbol de vida, y nunca morir. Debemos llegar a reposar a la sombra de sus hojas, que son para el servicio de las naciones, y nunca más cansarnos. Debemos beber del manantial vivificante, y no tener más sed; debemos bañarnos en su espuma plateada, y ser refrigerados; debemos andar en sus arenas áureas, y no sentirnos ya desterrados. Debemos trocar la cruz por la corona, y saber que terminaron los días de nuestra humillación. Debemos deponer el bordón del peregrino y tomar la palma del triunfo, y saber que la jornada terminó. Debemos deponer las vestiduras de nuestra guerra por los blancos mantos del triunfo, y saber que acabó el conflicto y se obtuvo la victoria. Debemos cambiar la vestimenta gastada y polvorienta de nuestra peregrinación por la gloriosa vestidura de inmortalidad, y sentir que el pecado y la maldición no podrán ya contaminarnos. ¡Oh día de reposo y triunfo de todo lo bueno, no demores tu amanecer! Sean pronto enviados los ángeles para congregar a los escogidos. Cúmplase la promesa que trae en su estela estas glorias sin par.

Otros libros de otros autores y del Mensaje de 1888 que pronto estarán disponibles:

Español e Ingles

1. Descubriendo la Cruz, Autor: Robert J. Wieland.
2. Introducción al Mensaje de 1888, Autor: Robert J. Wieland.
3. 1888 Re-examinado, Autores: Robert J. Wieland y Donald K. Short.
4. He aquí, Yo estoy a la Puerta y llamo, Autor: Robert J. Wieland.
5. Diez Grandes Verdades del Evangelio, Autor: Robert J. Wieland.
6. Nuestro Glorioso Futuro, Autor: Robert J. Wieland.
7. Reavivamientos Modernos, Autor: Robert J. Wieland.
8. La Palabra se Hizo Carne, Autor: Ralph Larson.
9. Proclamen su Poder, Autor: Ralph Larson.
10. El Evangelio en Gálatas, Autor: E. J. Waggoner.
11. Carta a los Romanos, Autor: E. J. Waggoner.
12. El Pacto Eterno, Autor: E. J. Waggoner.
13. Cristo y su Justicia, Autor: E. J. Waggoner.
14. 1888 Materiales; Volúmenes 1-4 en español, Autor: Elena G. de White.
15. El Camino Consagrado a la Perfección Cristiana, Autor: A. T. Jones.
16. El Mensaje del Tercer Ángel; 3 Volúmenes, Autor: A. T. Jones.
17. Lecciones sobre la Fe, Autores: A. T. Jones y E. J. Waggoner.
18. Las Dos Babilonias, Alexander Hislop.
19. Las Llaves de Esta Sangre, Malachi Martin.

*Si desea adquirirlos al por mayor, son por cajas de 50 libros y nos puede contactar a este correo para más información y saber nuestras próximas publicaciones: kalhelministries21@ gmail.com

Otros libros de otros autores y del Mensaje de 1888 que estarán disponibles en inglés:

1. In Search of the Cross, Author: Robert J. Wieland.
2. Introduction to the 1888 message, Author: Robert J. Wieland.
3. 1888 Re-examinated, Authors: Robert J. Wieland y Donald K. Short.
4. The Knocking at the Door, Author: Robert J. Wieland.
5. Diez Grandes Verdades del Evangelio, Author: Robert J. Wieland.
6. Nuestro Glorioso Futuro, Author: Robert J. Wieland.
7. Reavivamientos Modernos, Author: Robert J. Wieland.
8. The Word was made Flesh, Author: Ralph Larson.
9. Proclaim his Power, Author: Ralph Larson.
10. The Gospel in the Book of Galatians, Author: E. J. Waggoner.
11. Letters to Romans, Author: E. J. Waggoner.
12. Everlasting Covenant, Author: E. J. Waggoner.
13. Christ and his Righteousness, Author: E. J. Waggoner.
14. 1888 Materials; Volumes 1-4 in english, Author: Elena G. de White.
15. The Consecrated Way to Christian Perfection, Author: A. T. Jones.
16. The Third Angel's Message; 3 Volúmenes, Author: A. T. Jones.
17. Lessons on Faith, Authors: A. T. Jones y E. J. Waggoner.

*If you want to purchase at wholesale, the minimum are 50 books and you can contact us by email: kalhelministries21@gmail.com

LIBROS DISPONIBLES NUEVOS Y EXCLUSIVOS

1. Comentario Exhaustivo de los Escritos de Elena G de White sobre Génesis.
2. Guía de Estudio: Fundamentos de la Biblia Volumen 1.
3. Comentario Exhaustivo de los Escritos de Elena G de White sobre el libro de Apocalipsis Volumen 1.
4. Serie: El Gran Conflicto en Tapa Dura Rojo.

INGLÉS

5. Revelation: Bible Study Guide Volume 1 (with Ellen white quotes)

LIBROS QUE VIENEN EN CAMINO

6. Guía de Estudio: Fundamentos de la Biblia Volumen 2.
7. Guía de Estudio: Fundamentos de la Biblia Volumen 3.
8. Comentario Exhaustivo de sus Escritos sobre el libro de Daniel.
9. Historia de los Profetas y Reyes en letra Grande.
10. El Deseado de todas las Gentes en letra Grande.

¡Y MUCHO MAS!

www.ingramcontent.com/pod-product-compliance
Lightning Source LLC
Chambersburg PA
CBHW060420010526
44118CB00017B/2288